A Nova Lei de ABUSO DE AUTORIDADE

Joaquim Leitão Júnior
Marcel Gomes de Oliveira

A Nova Lei de ABUSO DE AUTORIDADE

Lei nº 13.869/2019 comentada artigo por artigo e com enfoque nos órgãos da segurança pública

Rio de Janeiro
2020

Copyright© 2020 por Brasport Livros e Multimídia Ltda.

Todos os direitos reservados. Nenhuma parte deste livro poderá ser reproduzida, sob qualquer meio, especialmente em fotocópia (xerox), sem a permissão, por escrito, da Editora.

Editor: Sergio Martins de Oliveira
Gerente de Produção Editorial: Marina dos Anjos Martins de Oliveira
Editoração Eletrônica: Abreu's System
Capa: Use Design

Técnica e muita atenção foram empregadas na produção deste livro. Porém, erros de digitação e/ou impressão podem ocorrer. Qualquer dúvida, inclusive de conceito, solicitamos enviar mensagem para **editorial@brasport.com.br**, para que nossa equipe, juntamente com o autor, possa esclarecer. A Brasport e o(s) autor(es) não assumem qualquer responsabilidade por eventuais danos ou perdas a pessoas ou bens, originados do uso deste livro.

Dados Internacionais de Catalogação na Publicação (CIP)

L533n	Leitão Júnior, Joaquim.
	A nova lei de abuso de autoridade Lei nº 13.869/2019 comentada artigo por artigo e com enfoque nos órgãos da segurança pública / Joaquim Leitão Júnior, Marcel Gomes de Oliveira.– Rio de Janeiro: Brasport, 2020.
	368 p. ; 17 x 24 cm.
	Inclui bibliografia.
	ISBN 978-65-990621-4-8
	1. Abuso de autoridade. 2. Responsabilidade (Direito). 3. Delitos específicos. 4. Direito penal. I. Oliveira, Marcel Gomes de. II. Título.
	CDU 343.353

Bibliotecária responsável: Bruna Heller – CRB 10/2348

Índice para catálogo sistemático:
1. Abuso de autoridade do poder / Violação dos poderes   343.353

BRASPORT Livros e Multimídia Ltda.
Rua Teodoro da Silva, 536 A – Vila Isabel
20560-005 Rio de Janeiro-RJ
Tels. Fax: (21)2568.1415/3497.2162
e-mails: marketing@brasport.com.br
vendas@brasport.com.br
editorial@brasport.com.br
www.brasport.com.br

Agradeço em primeiro lugar a Deus!

Depois agradeço a minha esposa Denise Leitão e a meus filhos Guilherme Leitão e Gustavo Leitão pelo apoio e carinho incondicional.

Agradeço ainda meu pai Joaquim Leitão (*in memoriam*) e minha mãe Carlinda Rodrigues Paniago pelos ensinamentos e por terem me forjado um cidadão de bem.

Enfim, a todos os meus familiares e parentes um grande abraço fraternal!

Joaquim Leitão Júnior

Agradeço a Deus, presente de forma virtuosa em minha vida!

Também agradeço aos meus pais e minha esposa pelo carinho e apoio de sempre.

Amo vocês!

Marcel Gomes de Oliveira

Agradecimentos

Agradecemos o apoio irrestrito que recebemos da nossa instituição Polícia Judiciária Civil do Estado do Mato Grosso.

Sumário

Introdução **1**
    Os direitos e garantias fundamentais da Constituição Federal 10
    "Abolitio criminis" *versus* o princípio da continuidade normativo-típica:
    uma análise comparativa entre a Lei nº 4.898/1965 e a Lei nº 13.869/2019...... 11
    Da inconstitucionalidade formal e material da nova lei de abuso de autoridade .. 12

1. A Convenção Americana de Direitos Humanos **15**

2. Disposições gerais acerca da lei nº 13.869/2019 .... **17**
    2.1. Introdução 17
    2.2. Representações indevidas contra os agentes públicos 18
    2.3. Representações indevidas e eventual suspeição da autoridade 18
    2.4. O especial fim de agir 19
    2.5. O especial fim de agir e a restrição do dolo eventual........................... 20
    2.6. Divergência na interpretação de lei ou na avaliação de fatos e provas
    não configura abuso de autoridade 20
    2.7. Divergência na interpretação da lei ou na avaliação de fatos e provas
    pelo delegado de polícia 21
    2.8. A interpretação e a Convenção Americana de Direitos Humanos 25
    2.9. O bem jurídico protegido pela norma 25
    2.10. Agente público, servidor ou não, no exercício de suas funções ou a
    pretexto de exercê-las.. 25
    2.11. Abuso do poder que lhe tenha sido atribuído 26
    2.12. Suspensão condicional do processo... 26

3. Dos sujeitos do crime **27**
    3.1. Sujeito ativo... 27
    3.2. O particular como sujeito ativo 28
    3.3. Agente público gozando férias, de licença ou equivalente..................... 33
    3.4. Agente público civil aposentado ou demitido................................... 34
    3.5. Agente público militar aposentado ou demitido 34
    3.6. Agente público percebendo abono de permanência 34
    3.7. Jornalistas ou profissionais da comunicação no exercício da atividade
    profissional.. 34

X A nova lei de abuso de autoridade

3.8. Sujeito passivo 35
3.9. Os incapazes e estrangeiros 35
3.10. Pessoas jurídicas de direito público ou privado 35
3.11. Regras de fixação da competência em matéria penal 36
3.12. Por que a Justiça Militar não julgava esse crime antes? 36
3.13. Competência criminal na Justiça Federal para o crime de abuso de autoridade 38
3.14. Conflito de competência na demissão do militar estadual condenado pelo crime de tortura, previsto na Lei nº 9.455/1997 em concurso de crimes com abuso de autoridade e o advento da Lei nº 13.491, de 13 de outubro de 2017 40
3.15. O foro por prerrogativa de função 40
3.16. A (des)necessidade ou não de autorização judicial para instauração de investigação criminal e indiciamento de investigado com prerrogativa de função 41
3.17. O que de fato altera com a nova posição do STJ acerca da desnecessidade de autorização judicial para início das investigações criminais? .. 42

4. Da ação penal **50**
4.1. Ação penal pública incondicionada 50
4.2. Ação penal privada subsidiária da pública 51
4.3. Novas diligências requeridas pelo Ministério Público e inércia 51
4.4. Promoção do arquivamento da ação e inércia 52
4.5. Razões iniciais do veto presidencial 52

5. Dos efeitos da condenação e das penas restritivas de direitos **53**
5.1. Dos efeitos da condenação – análise do art. 4º 53
5.2. Das penas restritivas de direitos – análise do art. 5º 56

6. Das sanções de natureza civil e administrativa **59**
6.1. Independência das instâncias – Criminal, civil e administrativa – Análise do art. 6º 59
6.2. Efeitos da condenação criminal no âmbito civil e administrativo – Análise do art. 7º 59
6.3. Efeitos civis da absolvição penal com fundamento nas excludentes da ilicitude – Análise do art. 8º 63

7. Dos crimes e das penas **64**
7.1. Decretar medida de privação da liberdade em manifesta desconformidade com as hipóteses legais (art. 9º) 64
7.2. Decretar a condução coercitiva de testemunha ou investigado manifestamente descabida ou sem prévia intimação de comparecimento ao juízo (art. 10) 96
7.3. Art. 11 (VETADO) 107
7.4. Deixar injustificadamente de comunicar prisão em flagrante à autoridade judiciária no prazo legal (art. 12) 107

Sumário **XI**

7.5. Constranger o preso ou o detento, mediante violência, grave ameaça ou redução de sua capacidade de resistência (art. 13) 120

7.6. Art. 14 (VETADO) 135

7.7. Constranger a depor, sob ameaça de prisão, pessoa que, em razão de função, ministério, ofício ou profissão, deva guardar segredo ou resguardar sigilo e formas equiparadas (art. 15) 135

7.8. Deixar de identificar-se ou identificar-se falsamente ao preso por ocasião de sua captura ou quando deva fazê-lo durante sua detenção ou prisão (art. 16) 143

7.9. Art. 17 (VETADO) 151

7.10. Submeter o preso a interrogatório policial durante o período de repouso noturno, salvo se capturado em flagrante delito ou se ele, devidamente assistido, consentir em prestar declarações (art. 18) 151

7.11. Impedir ou retardar, injustificadamente, o envio de pleito de preso à autoridade judiciária competente para a apreciação da legalidade de sua prisão ou das circunstâncias de sua custódia (art. 19) 158

7.12. Impedir, sem justa causa, a entrevista pessoal e reservada do preso com seu advogado (art. 20) 163

7.13. Manter presos de ambos os sexos na mesma cela ou espaço de confinamento (art. 21) 171

7.14. Invadir ou adentrar, clandestina ou astuciosamente, ou à revelia da vontade do ocupante, imóvel alheio ou suas dependências, ou nele permanecer nas mesmas condições, sem determinação judicial ou fora das condições estabelecidas em lei (art. 22) 182

7.15. Inovar artificiosamente, no curso de diligência, de investigação ou de processo, o estado de lugar, de coisa ou de pessoa, com o fim de eximir-se de responsabilidade ou de responsabilizar criminalmente alguém ou agravar-lhe a responsabilidade (art. 23) 198

7.16. Constranger, sob violência ou grave ameaça, funcionário ou empregado de instituição hospitalar pública ou privada a admitir para tratamento pessoa cujo óbito já tenha ocorrido, com o fim de alterar local ou momento de crime, prejudicando sua apuração (art. 24) 208

7.17. Proceder à obtenção de prova, em procedimento de investigação ou fiscalização, por meio manifestamente ilícito (art. 25) 215

7.18. Art. 26 (VETADO) 228

7.19. Requisitar instauração ou instaurar procedimento investigatório de infração penal ou administrativa, em desfavor de alguém, à falta de qualquer indício da prática de crime, de ilícito funcional ou de infração administrativa (art. 27) 229

7.20. Divulgar gravação ou trecho de gravação sem relação com a prova que se pretenda produzir, expondo a intimidade ou a vida privada ou ferindo a honra ou a imagem do investigado ou acusado (art. 28) 247

7.21. Prestar informação falsa sobre procedimento judicial, policial, fiscal ou administrativo com o fim de prejudicar interesse de investigado (art. 29) 255

7.22. Dar início ou proceder à persecução penal, civil ou administrativa sem justa causa fundamentada ou contra quem sabe inocente (art. 30) 260

XII A nova lei de abuso de autoridade

7.23. Estender injustificadamente a investigação, procrastinando-a em prejuízo do investigado ou fiscalizado (art. 31) 271

7.24. Negar ao interessado, seu defensor ou advogado acesso aos autos de investigação preliminar, ao termo circunstanciado, ao inquérito ou a qualquer outro procedimento investigatório de infração penal, civil ou administrativa, assim como impedir a obtenção de cópias, ressalvado o acesso a peças relativas a diligências em curso, ou que indiquem a realização de diligências futuras, cujo sigilo seja imprescindível (art. 32) 277

7.25. Exigir informação ou cumprimento de obrigação, inclusive o dever de fazer ou de não fazer, sem expresso amparo legal (art. 33) 290

7.26. Art. 34 (VETADO) 296

7.27. Art. 35 (VETADO) 296

7.28. Decretar, em processo judicial, a indisponibilidade de ativos financeiros em quantia que extrapole exacerbadamente o valor estimado para a satisfação da dívida da parte e, ante a demonstração, pela parte, da excessividade da medida, deixar de corrigi-la (art. 36) 297

7.29. Demorar demasiada e injustificadamente no exame de processo de que tenha requerido vista em órgão colegiado, com o intuito de procrastinar seu andamento ou retardar o julgamento (art. 37) 301

7.30. Antecipar o responsável pelas investigações, por meio de comunicação, inclusive rede social, atribuição de culpa, antes de concluídas as apurações e formalizada a acusação (art. 38) 307

8. Do procedimento – Análise do art. 39 318

8.1. Introdução 318

8.2. Do processo e do julgamento dos crimes de responsabilidade dos funcionários públicos 318

9. Disposições finais – Análise do art. 40 320

9.1. Introdução 320

9.2. Breves comentários 321

10. Alterações no crime do art. 10 da Lei nº 9.296/1996 – Análise do art. 41 322

10.1. Introdução 322

10.2. Fundamento constitucional 322

10.3. *Novatio legis* incriminadora 323

10.4. *Novatio legis in pejus* 323

10.5. Objeto jurídico 323

10.6. Objeto material 323

10.7. Núcleo do tipo 323

10.8. Conceito de interceptação das comunicações telefônicas, de informática ou telemática 324

10.9. Conceito de escuta ambiental 324

10.10. Conceito de quebra de segredo de justiça 324

10.11. Modalidade equiparada 325

10.12.	Normal penal em branco	325
10.13.	Sem autorização judicial	325
10.14.	Objetivos não autorizados em lei	325
10.15.	Meios de execução	326
10.16.	Sujeito ativo	326
10.17.	Sujeito passivo	326
10.18.	Elemento subjetivo	326
10.19.	Consumação	327
10.20.	Tentativa	327
10.21.	Pena cominada	327
10.22.	Ação penal	327
10.23.	Competência para processo e julgamento	327
10.24.	Classificação doutrinária	328

11. Alterações na Lei nº 8.069/1990 – Análise do art. 42 329

11.1.	Introdução	329
11.2.	Breves comentários	329
11.3.	Reincidência	330

12. Alterações na Lei nº 8.906/1994 – Análise do art. 43 331

12.1.	Introdução	331
12.2.	Fundamento constitucional	331
12.3.	*Novatio legis* incriminadora	332
12.4.	Objeto jurídico	332
12.5.	Objeto material	332
12.6.	Núcleo do tipo	332
12.7.	Norma penal em branco	332
12.8.	Meios de execução	333
12.9.	Sujeito ativo	333
12.10.	Sujeito passivo	333
12.11.	Elemento subjetivo	333
12.12.	Elemento subjetivo específico (ou especial)	334
12.13.	Consumação	334
12.14.	Tentativa	334
12.15.	Pena cominada	334
12.16.	Ação penal	334
12.17.	Lei nº 9.099/1995	334
12.18.	Competência para processo e julgamento	335
12.19.	Classificação doutrinária	335
12.20.	Conflito aparente entre o art. 7º-B e o art. 22 da Lei nº 13.869/2019	335
12.21.	Razões iniciais do veto do art. 43	336

13. Análise do art. 44 337

13.1.	Revogação expressa da Lei nº 4.898/1965	337
13.2.	Revogação expressa do § 2º do art. 150 do CP	337
13.3.	Revogação expressa do art. 350 do CP	338

XIV   A nova lei de abuso de autoridade

13.4. Não revogação do delito de violência arbitrária – Art. 322 do Código Penal 338

14. Análise do art. 45 339

14.1. *Vacatio legis* de 120 dias 339

14.2. Observações importantes quanto às discussões ao redor da *vacatio legis* da nova Lei de Abuso de Autoridade (Lei Federal nº 11.869/2019) 339

Referências bibliográficas 341

Introdução

Numa pauta totalmente contrária ao momento histórico que o país atravessa, o Congresso Nacional aprovou uma lei que não deixa de ser um retrocesso nos avanços ao combate à macrocriminalidade moderna e organizada, ao nosso ver, ainda que de forma parcial.

No dia 05 de setembro de 2019, foi publicada a Lei nº 13.869 – nova Lei de Abuso de Autoridade – com *vacatio legis* de 120 dias, só entrando em vigor no dia 03 de janeiro de 2020. Tal lei dispõe sobre:

a) os crimes de abuso de autoridade (Lei nº 13.869/2019);
b) alteração da Lei nº 7.960/1989 (lei da prisão temporária);
c) alteração da Lei nº 9.296/1996 (lei das interceptações telefônicas);
d) alteração da Lei nº 8.069/1990 (Estatuto da Criança e do Adolescente);
e) alteração a Lei nº 8.906/1994; (Estatuto da Advocacia)
f) revogação da Lei nº 4.898/1965 (antiga lei de abuso de autoridade);
g) revogação de dispositivos do Decreto-Lei nº 2.848, de 07 de dezembro de 1940 (Código Penal).

Cabe aduzir que não vemos com bons olhos muitos dos dispositivos da nova lei de abuso de autoridade, onde se constata um objetivo nítido-velado de coagir os órgãos repressores da criminalidade organizada, em especial os crimes que há séculos permaneceram em berço esplêndido sem qualquer tipo de punição.

Quando acreditávamos que alvíssaras estariam aportando em solo jurídico penal, com punição eficaz dos crimes pecaminosos praticados pela grande elite, com interesses vultuosos e quantias incalculáveis de dinheiro em jogo, percebeu-se, em especial, que nos últimos meses há uma sanha indescritível com o objetivo de afanar tudo aquilo conquistado na última década, em especial a condenação dos inatingíveis políticos.

2 A nova lei de abuso de autoridade

A lei em exame é um tanto lacunosa, imprecisa e com dispositivos vagos e abertos por demais, sem qualquer técnica jurídica a esmerar *pelo princípio da taxatividade*. Discorrendo sobre o assunto, o sempre saudoso Gianpaolo Smanio e Humberto Fabretti (2010, p. 149) aduzem que o aludido princípio também pode ser chamado de princípio da "determinação, taxatividade-determinação, certeza ou mandato da certeza". Prosseguem os autores afirmando que por determinação de tal princípio "não pode a lei penal ser ambígua, genérica, vazia, indeterminada ou abusar de cláusulas gerais e conceitos indeterminados, mas sim buscar, com simplicidade, a maior determinação possível".

Os dispositivos legais incriminadores da nova Lei de Abuso de Autoridade, por mais que distem desde 2009 (início do projeto de lei), coisa boa não nos parecem de fundo, porquanto até soam que da forma que foram escritos a "toque de caixa", sabe lá "com qual objetivo", embora suposições e ilações não faltem no viés político.

Contudo, há entendimentos diferentes do nosso a sustentar que tecnicamente a nova lei de abuso de autoridade seria superior à Lei nº 4.898/65, sem qualquer vício de inconstitucionalidade; ao contrário, constituiria em uma autêntica blindagem aos operadores do Direito, neste sentido o professor Guilherme de Souza Nucci (2019, p. 1).

Seguindo esta linha, o referido penalista (2019, p. 1) enumera as vantagens da nova lei de abuso de autoridade, que pedimos vênia para transcrever:

> *1) a lei anterior, editada na época da ditadura militar, carecia de reforma integral, adaptando-se aos tempos atuais. Nesse perfil, é extremamente relevante destacar que os tipos penais da lei 4.898/65 eram muito mais abertos e não taxativos do que o cenário ofertado pela lei 13.869/19. Para se certificar disso, basta a leitura do art. 3º, "a", da lei anterior: constitui abuso de autoridade qualquer atentado à liberdade locomoção. Seria perfeitamente amoldável a esse tipo penal toda e qualquer prisão preventiva decretada "sem justa causa" ou até mesmo uma condução coercitiva "fora das hipóteses legais". Dependeria de interpretação? Sem dúvida. Porém, na atual lei tudo ficou muito mais claro e taxativo;*

> *2) toda lei penal pode apresentar defeitos de redação no tocante aos tipos penais incriminadores. Entretanto, as falhas da lei anterior são muito mais gritantes do que as da atual lei. Esta deixou claríssimo que um abuso de autoridade somente ocorre quando manifestamente excessiva foi a atitude do agente público. É forte a indicação. Manifesto é algo notório, patente, inegável. Nada disso envolvia a*

lei 4.898/65. Em direito, convenhamos, o que pode ser tachado de manifesto? *Quase nada. Portanto, a aplicação da nova lei de abuso de autoridade é quase nula;*

3) *qual lei penal estabelece,* como norma geral, *que além do dolo é preciso buscar o elemento subjetivo específico (dolo específico)? Esta é a primeira. Deve-se, inclusive, elogiar o cuidado legislativo em colocar, de maneira destacada, que todos os tipos penais configuradores de crime de abuso de autoridade exigem, além do dolo, a especial finalidade de "prejudicar outrem ou beneficiar a si mesmo ou a terceiro, ou, ainda, por mero capricho ou satisfação pessoal". São variadas alternativas finalísticas, embora todas sejam particularmente reprováveis, razão pela qual se o agente público prender uma pessoa apenas para prejudicá-la;* somente *para se beneficiar disso;* exclusivamente *por capricho (vontade arbitrária ou birrenta) ou unicamente para satisfação pessoal (regozijo),* indiscutivelmente estão *abusando do seu poder. Ora, a imensa maioria dos agentes de segurança pública, membros do Ministério Público e autoridades judiciárias atua de maneira lisa e honesta, sem nem pensar em se exceder no campo da sua autoridade. É preciso lembrar que, na lei 4.898/65, coube à doutrina e à jurisprudência exigir, para configurar abuso de autoridade, a finalidade específica de se exceder para prejudicar outrem ou satisfazer a si mesmo. A atual lei 13.869/19 é muito mais garantista e protetora. O agente público está amparado pelo escudo do elemento subjetivo específico, que é muito difícil de explorar e provar;*

4) *qual outra lei fornece tamanha blindagem ao operador do direito, evocando, com nitidez, a divergência de interpretação? Não há no Código Penal, nem em leis especiais. Esta nova lei, entretanto, afirma que a "divergência na interpretação de lei ou na avaliação de fatos e provas não configura abuso de autoridade". Noutros termos, duas autoridades judiciárias podem pensar em situações diametralmente opostas, como prender ou soltar alguém, pois interpretam a lei de maneira divergente. Não há abuso de autoridade por parte de quem prendeu e, portanto, também não se fala em prevaricação por quem soltou. Noutra ilustração, um promotor pode denunciar, ao avaliar que o fato é típico, enquanto outro, em caso similar, pedir o arquivamento, acreditando ser fato atípico. Finalmente, como terceiro exemplo, um delegado pode avaliar a prova e entender cabível a prisão em flagrante; outro colega seu, de maneira* divergente, *avaliando de modo diverso a prova, entender incabível. Não há abuso de autoridade, nem outro ilícito para a posição diferente;*

5) *quanto às penas, é preciso ressaltar que várias delas demonstram crimes de* menor potencial ofensivo e *outras apontam para a viabilidade de aplicação* de *suspensão condicional do processo. Enfim, não há um único delito que sig-*

4 A nova lei de abuso de autoridade

nifica pena de prisão como primeira hipótese. Na realidade, o crime de abuso de autoridade é grave, mas não está sendo tratado nem como hediondo nem tampouco com severidade no tocante às penas cominadas, admitindo, claramente, penas restritivas de direitos (mesmo quando não couber transação ou sursis processual);

6) aprimorando a lei processual penal, a nova legislação preceitua que cabe indenização à vítima, a ser fixada na sentença penal, desde que o ofendido assim tenha requerido. Correto e na sequência do decidido pelas Cortes Superiores. Outra vantagem da nova lei de abuso de autoridade;

7) o sentenciado por abuso de autoridade pode tornar-se inabilitado para o exercício de cargo, mandato ou função pública, pelo período de 1 (um) a 5 (cinco) anos, além de perder o cargo, mandato ou função pública. De modo benevolente, a lei prevê a recuperação do direito de se tornar, outra vez, autoridade. No âmbito do Código Penal, a perda do cargo, mandato ou função é definitiva. Aliás, quem age abusivamente e é por isso condenado não deveria mesmo voltar ao poder. A lei atual é favorável ao agente público.

Pode-se sustentar que a lei 13.869/19 foi editada em momento impróprio porque, com o enfraquecimento da Operação Lava Jato, fornece a impressão de ser uma resposta vingativa do Parlamento aos operadores do direito. Em teoria, isto pode ser sustentado; na prática, torna-se impossível. Todo o conjunto da nova lei de abuso de autoridade é favorável ao agente público.

Uma análise de alguns tipos penais é suficiente para demonstrar a vantagem da lei 13.869/19 em contraste com a anterior.

Preceitua o art. 9º da novel legislação constituir crime de abuso de autoridade "decretar medida de privação da liberdade em manifesta desconformidade com as hipóteses legais: Pena – detenção, de 1 (um) a 4 (quatro) anos, e multa. Parágrafo único. Incorre na mesma pena a autoridade judiciária que, dentro de prazo razoável, deixar de: I – relaxar a prisão manifestamente ilegal; II – substituir a prisão preventiva por medida cautelar diversa ou de conceder liberdade provisória, quando manifestamente cabível; III – deferir liminar ou ordem de habeas corpus, quando manifestamente cabível."

Qual juiz, em sã consciência, decretaria a prisão preventiva de um réu sabendo ser legalmente incabível? Qual magistrado deixaria de relaxar uma prisão em flagrante nitidamente ilegal? Qual desembargador ou ministro deixaria de conceder liminar em ordem de habeas corpus quando evidentemente cabível? Em nosso entendimento, nenhum membro do Poder Judiciário, agindo dentro das suas funções, com boa-fé, padeceria desses males. São intangíveis pela nova lei.

Poder-se-ia argumentar que o conceito de **manifestamente** *ilegal é duvidoso. Acredito que o termo é forte o suficiente (manifestamente) para indicar o caminho da interpretação, mas é fundamental relembrar dois pontos: a) a finalidade específica de prejudicar terceiro ou se favorecer; b) não se pode punir a divergência de interpretação. Então, como atingir o agente público? Senão inviável, impossível.*

Alguns tipos penais foram criados especialmente dedicados à operação Lava Jato, como é o caso do art. 10 da nova lei de abuso de autoridade. Desde o início da nova modalidade de condução coercitiva, tanto em palestras como em aulas na PUC-SP e nos meus livros eu deixei bem claro o meu entendimento de se tratar de abuso de autoridade, sob a égide da lei 4.898/65. Não se pode conduzir uma pessoa, seja testemunha (pior) ou suspeito, para prestar esclarecimento à autoridade sem nunca antes tê-la intimado a comparecer para fornecer o seu depoimento, livre de constrangimento. Com a devida vênia, o argumento de que a condução coercitiva (sem prévia intimação e fora dos termos legais) é melhor do que a decretação da prisão cautelar é frágil. Se cabia prisão temporária, fosse essa decretada nos termos legais. Não cabendo, inviável utilizar-se de meio alternativo.

Retirando da cena o suspeito – que pode calar-se, pois tem direito ao silêncio – a testemunha não se sujeita à prisão cautelar, a bem da verdade. Inexiste no ordenamento jurídico brasileiro nenhum dispositivo permitindo prender a testemunha (fora de casos de falso testemunho). Logo, a condução coercitiva inventada pela operação Lava Jato configurava, sim, um abuso de autoridade. Mas ninguém foi indiciado, processado ou punido, sob a lei 4.898/65, muito mais aberta que a atual.

Aqui está o tipo penal criado para a operação Lava Jato, hoje confirmado, quanto à impropriedade dessa condução coercitiva, pelo Plenário do STF: "art. 10. Decretar a condução coercitiva de testemunha ou investigado manifestamente descabida ou **sem prévia intimação de comparecimento ao juízo**: *Pena – detenção, de 1 (um) a 4 (quatro) anos, e multa" (grifei).*

Sob o aspecto policial, a Constituição Federal determina que o agente, ao executar a prisão, identifique-se, assim como quem conduzir o interrogatório (art. 5º, LXIV). Por questão absolutamente natural, surge o tipo penal incriminador: "art. 16. Deixar de identificar-se ou identificar-se falsamente ao preso por ocasião de sua captura ou quando deva fazê-lo durante sua detenção ou prisão: Pena – detenção, de 6 (seis) meses a 2 (dois) anos, e multa. Parágrafo único. Incorre na mesma pena quem, como responsável por interrogatório em sede de procedimento investigatório de infração penal, deixa de identificar-se ao preso ou atribui a si mesmo falsa identidade, cargo ou função". O tipo penal encontra-se em perfeita harmonia com a norma constitucional.

Sob o prisma do órgão acusatório, criou-se o art. 30: "dar início ou proceder à persecução penal, civil ou administrativa **sem justa causa fundamentada ou contra quem sabe inocente***: Pena – detenção, de 1 (um) a 4 (quatro) anos, e multa" (grifamos). Quem, dentro do Estado Democrático de Direito, pode defender que um promotor de justiça denuncie uma pessoa que ele* sabe *inocente e isto não ser considerado abuso de autoridade? O mesmo se diga de o órgão acusatório fazer o mesmo quando tem certeza de que não há justa causa.*

Como última ilustração, é crime de abuso de autoridade o disposto pelo art. 38: "antecipar o responsável pelas investigações, por meio de comunicação, inclusive rede social, atribuição de culpa, antes de concluídas as apurações e formalizada a acusação: Pena – detenção, de 6 (seis) meses a 2 (dois) anos, e multa". Este é outro delito criado para a operação Lava Jato. Em vez de colocar no palco da mídia quem é culpado, deve-se guardar sigilo, respeitando-se a figura de todo réu. Por que antecipar culpa? E se a pessoa for absolvida? Quem retira da mente das pessoas a culpa lançada em rede social ou, pior, em rede nacional de TV e rádio? É preciso responsabilidade e absoluta honestidade para ser autoridade, exercendo o poder de suas atribuições. Não se pode banalizar a reputação alheia e jamais se deve eleger um alvo para perseguir, por mais culpado que ele possa parecer.

Pode-se argumentar que a nova lei de abuso de autoridade foi editada em época equivocada, pois pareceu uma resposta vingativa do Parlamento contra a operação Lava Jato. Mas, na essência técnica, trata-se de uma lei absolutamente normal, sem nenhum vício de inconstitucionalidade, s. m. j., a ser proferido pelo Colendo STF, já acionado por variadas ações diretas para tal finalidade.

Enfim, se o objetivo do Parlamento era atemorizar agentes policiais, membros do Ministério Público, integrantes da Magistratura e outras carreiras de Estado, o tiro saiu pela culatra.

Em pensamento similar, o juiz de direito goiano, Dr. Rodrigo Foureaux (p. 1, 2019), assinala que:

No dia 24 de setembro de 2019 o Congresso Nacional derrubou o veto ao artigo 43 da Nova Lei de Abuso de Autoridade que altera a Lei n. 8.906/94 – Estatuto da Advocacia e da OAB – para passar a prever o crime de violação à prerrogativa de advogado, nos seguintes termos:

Art. 7º-B. Constitui crime violar direito ou prerrogativa de advogado previstos nos incisos II a V do caput do art. 7º:

Pena – detenção, de 3 (três) meses a 1 (um) ano, e multa.

A imprensa e as redes sociais têm noticiado que violar prerrogativa de advogado passou a ser crime diante da criação do art. 7º-B do Estatuto da Advocacia e da OAB.

Ocorre que tal conduta (violar prerrogativas de advogados) já é crime e não passou a ser crime com a Nova Lei de Abuso de Autoridade, razão pela qual a Nova Lei de Abuso de Autoridade não criminaliza a violação às prerrogativas do advogado, pois já é criminalizado. Não há um crime novo, mas mera continuidade normativo-típica. Isto é, revoga-se um artigo de lei ou uma lei, mas mantém a conduta prevista na norma revogada como crime em outro artigo de lei ou lei.

Isso porque o art. 3º, "j", da Lei n. 4.898/65 (atual Lei de Abuso de Autoridade até a entrada em vigor da Nova Lei, o que ocorrerá em 03 de janeiro de 2020) prevê que constitui abuso de autoridade qualquer atentado aos direitos e garantias legais assegurados ao exercício profissional.

Art. 3º. Constitui abuso de autoridade qualquer atentado:

j) aos direitos e garantias legais assegurados ao exercício profissional.

O art. 3º, "j", da Lei n. 4.898/65 será revogado com a entrada em vigor da Nova Lei de Abuso de Autoridade, mas foi criado o art. 7º-B da Lei n. 8.906/94.

Na verdade o que houve foi uma restrição às condutas consideradas criminosas quando se trata de violação às prerrogativas dos advogados, pois o art. 3º, "j", da atual Lei de Abuso de Autoridade considera criminosa qualquer violação aos direitos e garantias legais assegurados ao exercício profissional, o que abrange a violação a qualquer direito dos advogados previstos no art. 7º do Estatuto da Advocacia e da OAB, que supera vinte.

Com o advento da Nova Lei de Abuso de Autoridade somente a violação aos direitos dos advogados previstos nos incisos II, III, IV e V do art. 7º da Lei n. 8.906/94 é considerada crime.

Art. 7º São direitos do advogado:

II – a inviolabilidade de seu escritório ou local de trabalho, bem como de seus instrumentos de trabalho, de sua correspondência escrita, eletrônica, telefônica e telemática, desde que relativas ao exercício da advocacia; (Redação dada pela Lei nº 11.767, de 2008)

III – comunicar-se com seus clientes, pessoal e reservadamente, mesmo sem procuração, quando estes se acharem presos, detidos ou recolhidos em estabelecimentos civis ou militares, ainda que considerados incomunicáveis;

IV – ter a presença de representante da OAB, quando preso em flagrante, por motivo ligado ao exercício da advocacia, para lavratura do auto respectivo, sob pena de nulidade e, nos demais casos, a comunicação expressa à seccional da OAB;

V – não ser recolhido preso, antes de sentença transitada em julgado, senão em sala de Estado Maior, com instalações e comodidades condignas, assim reconhecidas pela OAB, e, na sua falta, em prisão domiciliar; (Vide ADIN 1.127-8)

A título de exemplo, a atual Lei de Abuso de Autoridade considera que pode ser crime a conduta do juiz consistente em não receber advogados, conforme já decidido pelo Superior Tribunal de Justiça, ao fundamentar que "A negativa infundada do juiz em receber advogado durante o expediente forense, quando este estiver atuando em defesa do interesse de seu cliente, configura ilegalidade e pode caracterizar abuso de autoridade".

Isso porque o art. 7º, VIII, do Estatuto da Advocacia e OAB prevê como direito do advogado "dirigir-se diretamente aos magistrados nas salas e gabinetes de trabalho, independentemente de horário previamente marcado ou outra condição, observando-se a ordem de chegada", e a atual Lei de Abuso de Autoridade prevê que a violação aos direitos e garantias legais assegurados ao exercício profissional é crime (art. 3º, "j").

Diante da Nova Lei de Abuso de Autoridade, o fato do juiz deixar de receber advogados não poderá mais ser considerado crime de abuso de autoridade, pois essa prerrogativa do advogado está assegurada no inciso VIII do art. 7º da Lei n. 8.906/94 e a Nova Lei de Abuso de Autoridade prevê como crime violar os direitos previstos nos incisos II, III, IV e V do art. 7º da Lei n. 8.906/94.

Trata-se de somente um exemplo, dentre vários outros que poderiam aqui ser citados. Basta analisar todos os direitos e prerrogativas dos advogados para concluir que houve na verdade abolitio criminis, pois antes qualquer violação a direitos dos advogados no exercício da profissão poderia ser considerada crime, desde que presente, por óbvio, o elemento subjetivo do tipo (dolo específico). Agora, somente as condutas previstas na Nova Lei de Abuso de Autoridade são consideradas criminosas – e não mais qualquer violação aos direitos dos advogados no exercício da função.

Para a atual Lei de Abuso de Autoridade é suficiente que haja qualquer atentado aos direitos e garantias legais assegurados ao exercício profissional para que o crime fosse consumado (crime de atentado), enquanto que para a Nova Lei de Abuso de Autoridade é necessário que a conduta reúna todos os elementos do tipo penal para que haja a consumação. Ou seja, antes havia um rigor maior, pois o crime de abuso de autoridade sempre seria consumado e para a nova lei o crime pode ser tentado ou consumado e no crime tentado a pena pode ser reduzida de um a dois terços.

De qualquer forma, as penas da Nova Lei de Abuso de Autoridade são mais rigorosas, pois o crime de violação às prerrogativas dos advogados prevê como pena a detenção de 03 (três) meses a 01 (um) ano, enquanto que a atual Lei de Abuso de Autoridade prevê pena de detenção de 10 (dez) dias a 06 (seis) meses. Todavia, para ambos os casos é possível a concessão dos benefícios da Lei n. 9.099/95, razão pela qual, na prática, os efeitos poderão ser os mesmos.

A despeito dos respeitáveis pontos de vistas citados, entendemos que, por mais que a Nova Lei de Abuso de Autoridade tenha avançado em alguns pontos em termos de incriminação e de relativa proteção ao cargo, acabou por repetir velhos problemas crônicos da Lei de Abuso pretérita, como tipos penais abertos, vagos e imprecisos.

De outro quadrante, a Lei nº 13.869/2019 (nova Lei de Abuso de Autoridade) utiliza ao longo de sua redação terminologias como "prisão", "investigado", "detento" e "preso". Em harmonia ao sistema internacional de proteção à pessoa humana, aquelas duas últimas terminologias são dotadas de conceitos técnicos distintos, senão vejamos:

[...]Terminologia
Para efeitos do Conjunto de Princípios:

a) "captura" designa o ato de deter um indivíduo por suspeita da prática de infração ou por ato de uma autoridade;

10 A nova lei de abuso de autoridade

*b) **"pessoa detida"** designa a pessoa privada de sua liberdade, exceto se o tiver sido em consequência de condenação pela prática de um delito;*

*c) **"pessoa presa"** designa a pessoa privada da sua liberdade em consequência de condenação pela prática de um delito;*

*d) **"detenção"** designa a condição das pessoas detidas nos termos acima referidos;*
*e) **"prisão"** designa a condição das pessoas presas nos termos acima referidos;*

*f) A expressão **"autoridade judiciária ou outra autoridade"** designa a autoridade judiciária ou outra autoridade estabelecida nos termos da lei cujo estatuto e mandato ofereçam as mais sólidas garantias de competência, imparcialidade e independência[1].*

Além disso, a citada lei abusa das expressões "em manifesta", "claramente" etc. Diga-se, essas expressões são extremamente lacunosas, não se sabendo precisar, por exemplo, de forma taxativa os seus reais limites, ou seja, onde o fato deixa de ser ilegal e passa a ser manifestamente ilegal e assim sucessivamente.

Os direitos e garantias fundamentais da Constituição Federal

Os direitos e garantias fundamentais são conquistas importantes de uma sociedade no Estado Democrático de Direito.

Com isso, a Constituição Federal é que dá lastro em regra, a direitos e garantias fundamentais e, em caso de inobservância por parte do Estado e de particulares, se tornam abuso.

A Constituição Federal assegura, por exemplo, o respeito à integridade física e psíquica da pessoa presa; bem como o direito de informar alguma pessoa da sua família sobre sua prisão, o direito de ser acompanhado por advogado se for o caso e dos policiais que efetuaram sua detenção; comunicação imediata da prisão a um juiz (CF/88, art. 5º, XLIX, LXII).

---

[1] Conjunto de Princípios para a Proteção de Todas as Pessoas Sujeitas a Qualquer forma de Detenção ou Prisão – 1988. Documento das Nações Unidas n. [8] 43/173 de 9 de dezembro de 1988. Disponível no em: <http://www.direitoshumanos.usp.br/index.php/Direitos-Humanos-na-Administra%C3%A7%C3%A3o--da-Justi%C3%A7a.-Prote%C3%A7%C3%A3o-dos-Prisioneiros-e-Detidos.-Prote%C3%A7%C3%A3o--contra-a-Tortura-Maus-tratos-e-Desaparecimento/conjunto-de-principios-para-a-protecao-de-todas--as-pessoas-sujeitas-a-qualquer-forma-de-detencao-ou-prisao.html>. Acesso em: 27 mar. 2020.

Todavia, nada impede que legislações infraconstitucionais tratem também de direitos e prerrogativas, que podem desaguar num abuso. A título de exemplo, temos as Convenções e Pactos Internacionais que tratam de direitos humanos – que hierarquicamente estão num patamar de supralegalidade abaixo da Constituição Federal e acima das leis, conforme entendimento do Supremo Tribunal Federal e da doutrina, independentemente de terem experimentado a inteligência do art. 5º, § 3º, da CF/88 – e num controle de convencionalidade podem trazer consequências jurídicas ao Brasil. No plano legal, há direitos e prerrogativas previstas, como, por exemplo, no Estatuto da Advocacia, que confere prerrogativas aos profissionais no exercício da advocacia, dentre outras carreiras.

Ademais, é imprescindível para configuração dos crimes da nova lei de abuso de autoridade que haja violação aos direitos, garantias constitucionais e prerrogativas legais, com o fim específico de abusar ou exorbitar de seus poderes por mero capricho, vingança, perseguição ou satisfação pessoal para tanto.

"Abolitio criminis" *versus* o princípio da continuidade normativo-típica: uma análise comparativa entre a Lei nº 4.898/1965 e a Lei nº 13.869/2019

A antiga lei de Abuso de Autoridade (Lei nº 4.898/1965) foi revogada expressamente em sua totalidade, conforme o art. 44, da Lei nº 13.869/2019. Tal revogação traz algumas consequências ao mundo jurídico, como, por exemplo, a *abolitio criminis* de algumas condutas antes consideradas criminosas, a exclusão dos crimes de atentado (revogado art. 3º), a criação de novos crimes (*novatio legis incriminadora*), ademais, diversas condutas antes previstas na Lei nº 4.898/65 permaneceram como crime na Lei nº 13.869/2019, onde se operou o princípio da continuidade normativo-típica.

- ❖ *Abolitio criminis:* opera-se quando há a revogação da conduta antes considerada criminosa. Assim, no que tange a algumas condutas da presente lei, operou--se a *abolitio criminis*, e, por força do art. 2º, *caput* do CP, "ninguém poderá ser punido por fato que lei posterior deixar de considerar crime, cessando em virtude dela a execução e os efeitos penais da sentença condenatória".
- ❖ *Novatio legis in pejus:* a conduta já considerada criminosa sofre modificações, ficando mais rigorosas. Estas prejudicam o réu de alguma forma. Por exemplo, a pena do crime sofre uma elevação e, por força constitucional (art. 5º, XL) esta não poderá retroagir jamais.
- ❖ **Nova lei penal incriminadora:** conforme Cleber Masson (2015, p. 129) "é a lei que tipifica como infrações penais comportamentos até então considerados

irrelevantes". Dito isso, a lei que criou novos tipos penais aplica-se para o futuro, também por força constitucional (art. 5º, XXXIX) e infraconstitucional (art. 1º, CP): "não há crime sem lei anterior que o defina. Não há pena sem prévia cominação legal".

❖ **Princípio da continuidade normativa típica:** por este princípio, nas palavras de Cleber Masson (2015, p. 131), "nada obstante a revogação formal do tipo penal, o fato criminoso passa a ser disciplinado perante dispositivos legais diversos. Nesses casos, verifica-se a incidência do princípio da continuidade normativo (ou da continuidade típico-normativa), operando-se simplesmente a alteração geográfica (ou topográfica) da conduta ilícita". Na análise da presente lei, constata-se que diversas condutas antes previstas na Lei nº 4.898/65 permaneceram como crime na Lei nº 13.869/2019.

No decorrer dos comentários da presente lei, esmiuçaremos cada uma das situações, traçando os comentários pertinentes e as observações a serem destacadas.

Da inconstitucionalidade formal e material da nova lei de abuso de autoridade

Vozes surgem apontando que a lei em voga é lacunosa, imprecisa, com dispositivos vagos e abertos por demais, sem qualquer técnica jurídica, o que poderia ter vício de inconstitucionalidade material, por não observar o mandato de certeza, taxatividade e legalidade estrita em matéria penal.

Entretanto, as críticas não param apenas no campo da inconstitucionalidade material e desbordam para a inconstitucionalidade formal.

O devido processo legislativo na vertente de observância dos procedimentos legislativos formais teria sido violado para a aprovação dessa lei no Congresso Nacional.

Isso porque os parlamentares, além de criarem a "votação secreta" que não existiria no regimento interno para esta hipótese de Projeto de Lei, visando não se expor perante seu eleitorado e votar numa indigesta lei como tal, quando da votação ainda se manifestaram sobre o tema e, mesmo havendo um número mais que suficiente dos parlamentares rechaçando o "voto secreto", prosseguiram com o "voto secreto" ao arrepio do regimento e da vontade parlamentar como se nada tivesse ocorrido, quando na verdade a votação deveria ser aberta.

O nefasto Projeto de Lei, que foi aprovado em regime de urgência[2], também se furtou de maiores discussões públicas e, sem que se soubesse ao certo, seguiu adiante sem alardear os verdadeiros responsáveis diretos por tal aprovação.

A fraude ao procedimento legislativo, além de desprezar o regimento das casas legislativas, torna-se uma modalidade para aviltar a democracia, já que permite que a representatividade popular (substancial) seja desprezada pela representatividade parlamentar (formal), ferindo a legalidade e legitimidade do próprio processo de elaboração das leis.

---

[2] Mesmo sendo o projeto de 2009, mas agora em outro contexto no auge da Lava Jato e outras operações contra grandes figurões da nossa República na mira, eis que surge uma urgência de duvidosa constitucionalidade e legalidade revestida por esta Lei de Abuso de Autoridade.

1. A Convenção Americana de Direitos Humanos

Por força constitucional (art. 5º, § 3º, CF/88), "os tratados e convenções internacionais sobre direitos humanos que forem aprovados, em cada Casa do Congresso Nacional, em dois turnos, por três quintos dos votos dos respectivos membros, serão equivalentes às emendas constitucionais". Por tal motivo a importância da Convenção Americana de Direitos Humanos (Pacto de San José da Costa Rica) ser aqui tratada, tendo em vista que esta foi recepcionada pela Carta de 1988 e, posteriormente, aprovada em conformidade com o § 3º do art. 5º, CF/88, estando, assim, no ordenamento jurídico nacional como emenda constitucional.

Dissertando sobre o tema, o professor Valério de Oliveira Mazzuoli (2015, p. 931-932) afirma que:

> Assim, nunca entendemos que os tratados de direitos humanos ratificados pelo Brasil integram formalmente a Constituição. O que sempre defendemos é que eles têm status de norma constitucional por integrarem materialmente a ordem jurídica estabelecida pela Carta Política (o que é absolutamente normal em quase todas as democracias modernas). Nem se argumente que a aprovação legislativa dos tratados internacionais se dá ordinariamente por maioria relativa de votos no Congresso Nacional e, por isso, não se poderia atribuir a um tratado de direitos humanos assim aprovado o status de norma constitucional. Objeta-se que se estaria a permitir que a Constituição, que é rígida, pudesse ser modificada pela aprovação de decretos legislativos, já que tais espécies normativas é que são as necessárias para a aprovação e ingresso de um tratado internacional no plano interno (o que não é verdade no que diz respeito ao ingresso) [...] Mas agora, uma vez aprovados pelo quórum que estabelece o § 3º do art. 5º da Constituição, os tratados de direitos humanos ratificados pelo Brasil integrarão formalmente a Constituição, uma vez que serão equivalentes às emendas constitucionais. Contudo, frise-se que essa integração formal dos tratados de direitos humanos ao ordenamento brasileiro não abala a integração material que esses mesmos instrumentos já apre-

> *sentam desde a sua ratificação e entrada em vigor no Brasil. Assim, quer tenham sido ratificados anterior ou posteriormente à EC 45/04, os tratados de direitos humanos em vigor no país têm status de norma (materialmente) constitucional, mas somente os aprovados pelo quórum qualificado do art. 5º, § 3º, terão status material e formalmente constitucional.*

Por tais motivos, quando for a hipótese, pontuaremos em cada um dos delitos comentados as possíveis violações à Convenção Americana de Direitos Humanos.

2. Disposições gerais acerca da lei nº 13.869/2019

Art. 1º Esta Lei define os crimes de abuso de autoridade, cometidos por agente público, servidor ou não, que, no exercício de suas funções ou a pretexto de exercê-las, abuse do poder que lhe tenha sido atribuído.

§ 1º As condutas descritas nesta Lei constituem crime de abuso de autoridade quando praticadas pelo agente com a finalidade específica de prejudicar outrem ou beneficiar a si mesmo ou a terceiro, ou, ainda, por mero capricho ou satisfação pessoal.

§ 2º A divergência na interpretação de lei ou na avaliação de fatos e provas não configura abuso de autoridade.

2.1. Introdução

Conforme aduzia José Frederico Marques (1999, p. 71) "as formas particulares que vem tomando a tutela penal nos dias de hoje, ao influxo da exigência de específica proteção jurídica a bens e valores, postos em perigo pelo surgir de problemas novos na vida em comunhão, estão multiplicando o rol de leis extravagantes no campo das fontes normativas do Direito Penal". Assim, a nova lei de abuso de autoridade encontra-se no âmbito do Direito Penal Complementar (expressão de Francesco Antolisei, 1959, p. 261, *apud* MARQUES, 1999, p. 70), também denominado de Legislação Penal Extravagante ou Legislação Penal Especial.

Em avanço às análises da presente Lei, cumpre asseverar que, em termos gerais, a normatização em testilha define os crimes de abuso de autoridade que podem ser praticados por agente público, servidor e particular, que, no exercício das funções ou a pretexto delas, venha abusar do poder da sua esfera de atribuição.

Outrossim, em termos gerais, o legislador ordinário exigiu que, para configurar crime de abuso de autoridade, as condutas descritas no diploma legal deverão, quando praticadas pelo agente, ter a finalidade específica de prejudicar outrem ou beneficiar a si mesmo ou a terceiro, ou, ainda, por mero capricho ou satisfação pessoal. É imprescindível que restem claras essas finalidades, sem as quais estaremos diante de hipótese de atipicidade da conduta, porquanto faltaria o dolo de abusar da autoridade que constitui a conduta delituosa em si, assunto este que será mais bem analisado mais adiante.

2.2. Representações indevidas contra os agentes públicos

O Conselho Nacional dos Procuradores-Gerais dos Ministérios Públicos dos Estados e da União (CNPG) e o Grupo Nacional de Coordenadores de Centro de Apoio Criminal (CNCCRIM) editaram o **enunciado n. 29** informando que "representações indevidas por abuso de autoridade podem, em tese, caracterizar crime de denunciação caluniosa (CP, art. 339), dano civil indenizável (CC, art. 953) e, caso o reclamante seja agente público, infração disciplinar ou político-administrativa".

No mesmo sentido o enunciado n. 10 da orientação nº 01/2020 do Ministério Público do Rio Grande do Sul: "10. A imputação da prática do crime de abuso de autoridade desprovida de justa causa ou sabendo o noticiante que o agente público não violou seus deveres funcionais configura, em tese, o crime de denunciação caluniosa".

2.3. Representações indevidas e eventual suspeição da autoridade

O Conselho Nacional dos Procuradores-Gerais dos Ministérios Públicos dos Estados e da União (CNPG) e do Grupo Nacional de Coordenadores de Centro de Apoio Criminal (CNCCRIM) também editaram o **enunciado n. 30** tratando o assunto, nos seguintes termos: "a representação indevida por abuso de autoridade contra juiz, promotor de Justiça, delegados ou agentes públicos em geral não enseja, por si só, a suspeição ante a aplicação da regra de que ninguém pode se beneficiar da própria torpeza, nos termos do que disposto, inclusive, no art. 256 do CPP[3]".

---

[3] CPP, Art. 256. A suspeição não poderá ser declarada nem reconhecida, quando a parte injuriar o juiz ou de propósito der motivo para criá-la.

2.4. O especial fim de agir

Todos os crimes da lei de Abuso de Autoridade possuem um elemento subjetivo específico; assim, além do dolo – seja ele direto ou eventual[4] – dirigido de forma consciente e voluntária, deverá haver o especial fim de agir, seja beneficiando a si próprio ou terceiro ou prejudicando outrem, ou apenas por mero capricho ou satisfação pessoal. Ou seja, verifica-se que todos os delitos exigem uma finalidade especial por parte do agente, onde deverá ser comprovado que o agente tinha a finalidade específica de prejudicar outrem ou beneficiar a si mesmo ou a terceiro, ou ainda, por mero capricho ou satisfação pessoal. Assim, nas palavras de Alexandre Couto Joppert (2008, p. 179) "nos crimes em que há a inserção no próprio tipo de um elemento subjetivo particularmente necessário (fim específico de agir, inerente aos chamados delitos de intenção) a tipicidade subjetiva deve, além do dolo, abranger este".

Isto é tão claro que partindo de uma premissa que a autoridade na justa intenção de cumprir seu dever ou de proteger o interesse público acaba por exceder ou se omitir, em nossa ótica, não haveria crime de abuso de autoridade por falta da finalidade específica de abusar, ainda que o ato seja considerado ilegal.

Um exemplo prático é o hipotético fato de um delegado de polícia que, dentro da sua independência funcional e autonomia, autua um indivíduo em flagrante delito, com o recolhimento ao cárcere após as fases flagranciais. Na sequência, com a comunicação da prisão em flagrante, o promotor de justiça opina pelo relaxamento da prisão porque, dentro da sua independência funcional, ele entende que o flagrante foi ilegal. Após, o juiz de direito acolhe a manifestação ministerial com relaxamento da prisão.

Sobre o assunto vale a transcrição do **enunciado n. 01** do Conselho Nacional dos Procuradores-Gerais dos Ministérios Públicos dos Estados e da União (CNPG) e do Grupo Nacional de Coordenadores de Centro de Apoio Criminal (CNCCRIM): "os tipos incriminadores da Lei de Abuso de Autoridade exigem elemento subjetivo diverso do mero dolo, restringindo o alcance da norma"[5].

---

[4] Lembramos que entendemos que diante do elemento subjetivo específico do tipo (especial fim de agir), o dolo eventual fica praticamente descartado.

[5] No mesmo sentido a o enunciado n. 01 da Orientação nº 01/2020 do Ministério Público do Rio Grande do Sul: "1. Os tipos incriminadores da Lei de Abuso de Autoridade somente se perfectibilizam quando praticados pelo agente com a finalidade específica de prejudicar outrem ou beneficiar a si mesmo ou a terceiro, ou, ainda, por mero capricho ou satisfação pessoal, nos termos do disposto no § 1º do art. 1º da Lei nº 13.869/2019".

20 A nova lei de abuso de autoridade

Por fim, o Ministério Público do Rio Grande Sul, na Orientação nº 01/2020, editou o enunciando n. 11, de forma a deixar claro que, para a configuração de qualquer delito da lei de abuso de autoridade é imprescindível a demonstração na denúncia do especial fim de agir. Nestes termos: "11. Carece de justa causa a notícia-crime por abuso de autoridade que não apresente, de forma clara e delimitada, elementos concretos de informação mínima e razoável a indicar que o agente público agiu com alguma das finalidades específicas previstas no artigo 1º, § 1º, da Lei nº 13.869/19".

2.5. O especial fim de agir e a restrição do dolo eventual

Conforme o art. 18, I, do Código Penal: "Art. 18 – Diz-se o crime: I – doloso, quando o agente quis o resultado ou assumiu o risco de produzi-lo", quando o agente "assume o risco de produzir o resultado" há o denominado dolo eventual, ou seja, o agente pode até não querer o resultado, mas sabendo que este possa acontecer assume o risco de causá-lo. Enfim, como todos os delitos da nova lei de abuso de autoridade necessitam do especial fim de agir conforme dito antes, certo é que o alcance do dolo eventual ficará praticamente nulo, de difícil visualização. No mesmo sentido Rogério Sanches e Rogério Greco (2020, p. 13); em sentido oposto, entendendo ser perfeitamente possível o dolo eventual, temos Renato Brasileiro de Lima (2020, p. 36).

2.6. Divergência na interpretação de lei ou na avaliação de fatos e provas não configura abuso de autoridade

O saudoso Carlos Maximiliano (2006, p. 10) já ensinava que "o intérprete é o renovador inteligente e cauto, o sociólogo do Direito. O seu trabalho rejuvenesce e fecunda a fórmula prematuramente decrépita, e atua como elemento integrador e complementar da própria lei escrita. Esta é estática, e a função interpretativa, a dinâmica do Direito". Na redação textual da nova Lei de Abuso de Autoridade, o legislador ordinário contemplou que a divergência na interpretação de lei ou na avaliação de fatos e provas não configura abuso de autoridade. Embora fosse justamente este o projeto do legislativo – incriminar a hermenêutica –, talvez, por desconhecer a importância de tal ciência na aplicação das normas.

Ao nosso ver, a natureza jurídica de tal dispositivo seria uma hipótese de atipicidade da conduta, vez que faltaria o dolo de abusar da autoridade que constitui a conduta em si, lembrando que o dolo integra a própria conduta. No mesmo sentido o **enunciado n. 02** do Conselho Nacional dos Procuradores-Gerais dos Ministérios Públicos dos Estados e da União (CNPG) e do Grupo Nacional de Coordenadores de Centro de Apoio Criminal (CNCCRIM): "a divergência na interpretação de lei ou na avaliação de fatos e provas, salvo quando teratológica, não configura abuso de autoridade, ficando excluído o dolo".

Uma conclusão intuitiva podemos extrair daqui, qual seja: somente existe crime de abuso de autoridade se houver a finalidade específica de agir ou omitir abusivamente.

> **Conclusão:** dolo + finalidade específica de abusar ou exorbitar do poder por mero capricho, vingança, perseguição ou satisfação pessoal = **crime de abuso de autoridade.**

2.7. Divergência na interpretação da lei ou na avaliação de fatos e provas pelo delegado de polícia[6]

Muito se tem avançado sobre a independência funcional e a autonomia do Delegado de Polícia no exercício das suas atribuições constitucionais, legais e regulamentares.

Além dos diplomas legais de âmbito estadual (como Constituições Estaduais, legislações etc.), a Lei Federal nº 12.830/2013 assegurou ao Delegado de Polícia a independência funcional e autonomia.

Assim, o Delegado de Polícia que no exercício da função adote determinada interpretação não pode ser punido porque aquele ou outro entende que a tomada de decisão deveria ser em outra direção[7].

Mesmo com essa conclusão inarredável, não raras vezes temos nos deparado com alguns agentes públicos que pensam estarem acima da lei e de todos para questionar deliberações dos atos policiais devidamente motivadas.

Exemplo disso são alguns membros ministeriais, que, a pretexto do controle externo, acabam instaurando procedimentos (inquéritos civis; procedimento de investigação

---

[6] Para um estudo aprofundado da Interpretação da Lei Penal e analogia, consulte OLIVEIRA, 2019.

[7] A título de exemplo, teríamos o ato do indiciamento realizado de forma fundamentada pela autoridade policial, salientando Cleyson Brene e Paulo Lépore (2018, p. 30) que "o indiciamento privativo, previsto no § 6º do art. 2º da Lei 12.830/13 destaca que tal atribuição é prerrogativa do Delegado de Polícia, que deverá promovê-lo por ato fundamentado, mediante análise técnico-jurídica do fato, que deverá indicar a autoria, materialidade e suas circunstâncias, demonstrando, mais uma vez, o perfil jurídico da atuação do Delegado de Polícia".

22 A nova lei de abuso de autoridade

criminal) ou encaminhando o Delegado de Polícia para a Corregedoria de Polícia sob o argumento falacioso de que o Delegado de Polícia não poderia ter adotado a deliberação numa vertente ou noutra. Isso, além de ser uma afronta à independência funcional e autonomia do Delegado de Polícia, não pode ser tolerado também nem pela Corregedoria e nem pela instituição onde o Delegado de Polícia está lotado, porquanto constitui uma clara intromissão inerente às atribuições do próprio cargo.

Ora, por mais que a deliberação policial não esteja em harmonia com a posição do *Parquet*, não pode o Delegado de Polícia ser responsabilizado nesse viés.

Interessante que o crime de hermenêutica ou de interpretação surgiu quando um magistrado negou aplicação à lei vigente à época no Rio Grande do Sul que afastava a recusa de jurado pela defesa e o segredo do voto dos membros do Tribunal do Júri, por entender que a previsão seria inconstitucional.

O ano em que ocorreram os fatos era 1896 e os governantes do Rio Grande do Sul, em virtude da aludida decisão judicial, representaram contra o magistrado pelo hipotético crime de prevaricação, previsto no art. 207, § 1º, do Código Penal de 1890, com as agravantes previstas no art. 39, §§ 2º e 4º, do mesmo diploma legal.

Após o trâmite da ação penal, o magistrado foi condenado pelo Tribunal de Justiça do Rio Grande do Sul, mas por conduta diversa, prevista no art. 226 daquele Código Penal, que punia "exceder os limites das funções próprias do emprego", ocasião em que a sentença o condenou a nove meses de afastamento de suas funções.

Perante o Supremo Tribunal Federal, o jurista Rui Barbosa, em sua sustentação oral, argumentara que não seria possível a aplicação de pena ao juiz por suposto "crime de hermenêutica", ou seja, o magistrado não poderia ser incriminado por negar aplicação de dispositivo legal que entendia inconstitucional por ferir dispositivos insculpidos na Constituição Federal.

O Supremo Tribunal Federal, por unanimidade, julgou procedente a pretensão na revisão criminal que o réu-juiz ofertara e o absolveu por entender que seria lícito a este não aplicar a lei local sob o argumento de inconstitucionalidade desta.

Com isso, os personagens protagonistas da persecução penal devem se respeitar mutuamente, assim como o desenho constitucional de atuação de cada um. Ainda que haja divergências de entendimentos, estas não podem servir de instrumento de abuso por um ou por outro órgão.

Aliás, o Delegado de Polícia como intérprete no exercício do cargo deve deliberar de acordo com a sua consciência, independência funcional e autonomia dentro do ordenamento jurídico. Nem mesmo atos normativos de Corregedorias de Polícia podem, com todo o respeito, ter o condão de sobrepor à consciência do Delegado de Polícia e usurpar esta tarefa que é exclusiva e personalíssima de cada um que esteja lotado no cargo dentro dos preceitos legais.

Joaquim Leitão Júnior e João Biffe Júnior (2017, p. 171-173) já diziam sobre o crime de hermenêutica que:

> O crime de hermenêutica corresponde à responsabilização, administrativa ou penal, imposta a um magistrado pelas suas "rebeldias", ou seja, por externar posições jurídicas que se contrapõem aos preceitos legais, agindo de acordo com sua consciência no campo hermenêutico.
>
> [...]
>
> Como se percebe, essa passagem histórica é de suma importância para refletirmos melhor sobre o papel da hermenêutica como elemento que torna possível a atividade essencial do juiz: interpretar as normas jurídicas no momento de sua aplicação ao caso concreto.
>
> Desse modo, o pano de fundo e de levante contra o crime discorrido era a possível mordaça que se imporia ao magistrado no exercício da judicatura se negasse aplicação de uma lei, vez que aquele deveria seguir uma única linha – a da lei –, tirando-lhe o direito de interpretar os comandos legais e colocando, ao mesmo tempo, no plano de decidir de forma linear e uniforme como um verdadeiro burocrata de automação da lei nas decisões judiciais.
>
> No contexto mais antigo da época em que foi tratado, o crime de hermenêutica dizia respeito apenas ao aspecto criminal.
>
> Entretanto, num passado mais recente, o Ministro Luiz Fux, quando pertencia ainda ao Superior Tribunal de Justiça, no julgamento de uma representação em âmbito administrativo dirigida contra uma desembargadora do Tribunal Regional Federal (TRF) da 3ª Região, citou que o magistrado não poderia ser coagido ou punido por suas decisões e, agindo dentro dos limites legais, teria ampla autonomia na prestação jurisdicional, destacando, ainda, as palavras de Rui Barbosa sobre a crítica aos chamados "crimes de hermenêutica". Com essa fundamentação, a

> *Corte Especial do Superior Tribunal de Justiça decidiu arquivar a representação por unanimidade.*
>
> *Rui Barbosa, sobre o crime de hermenêutica, ponderou que: para fazer do magistrado uma impotência equivalente, criaram a novidade da doutrina, que inventou para o Juiz os crimes de hermenêutica, responsabilizando-o penalmente pelas rebeldias da sua consciência ao padrão oficial no entendimento dos textos. Esta hipérbole do absurdo não tem linhagem conhecida: nasceu entre nós por geração espontânea. E, se passar, fará da toga a mais humilde das profissões servis, estabelecendo, para o aplicador judicial das leis, uma subalternidade constantemente ameaçada pelos oráculos da ortodoxia cortes (BARBOSA, p. 228, XX).*

Obviamente que não se está pregando uma imunidade irrestrita, pois, em casos de dolo em condutas escusas e com fortes indícios de ilícitos penais, entre outros, do ponto de vista objetivo, será possível a censura aos atos.

Por fim, o Delegado de Polícia, assim como o Juiz de Direito, não pode cometer "crime de hermenêutica" (interpretação) ou de exegese no exercício das suas atribuições constitucionais, legais e regulamentares e ser responsabilizado em regra pela sua linha de interpretação, devendo haver respeito pelos órgãos de persecução penal, entre outros, pela sua tomada de decisão.

O Delegado de Polícia no desempenho do cargo não pode ser servil e subserviente à consciência dos integrantes de outros órgãos, mas apenas à sua própria consciência e ao ordenamento jurídico, e esse ato não deve acarretar nenhuma responsabilização na esfera criminal, administrativa, civil, entre outras. Não por acaso a Polícia Civil de São Paulo em seminário realizado sobre a nova lei de abuso de autoridade editou a **Súmula nº 1**, aduzindo que "ao Delegado de Polícia é garantida autonomia intelectual para interpretar o ordenamento e decidir, de modo imparcial e fundamentado, quanto ao rumo das diligências adotadas e quanto aos juízos de tipicidade, ilicitude, culpabilidade e demais avaliações de caráter jurídico imanentes à presidência da investigação criminal".

Por sua vez, não há que se discutir que o mesmo raciocínio se aplica ao Juiz de Direito e ao Promotor de Justiça.

2.8. A interpretação e a Convenção Americana de Direitos Humanos

Abordamos ao longo dos comentários da Lei nº 13.869/19 diversos dispositivos da CADH, pelo motivo de estar intimamente relacionada aos direitos e garantias fundamentais e encontrar total respaldo constitucional em nosso ordenamento jurídico. Em relação à interpretação das normas, o art. 29 da CADH disciplina que:

> *Artigo 29. Normas de interpretação. Nenhuma disposição desta Convenção pode ser interpretada no sentido de: a) permitir a qualquer dos Estados Partes, grupo ou pessoa, suprimir o gozo e exercício dos direitos e liberdades reconhecidos na Convenção ou limitá-los em maior medida do que a nela prevista; b) limitar o gozo e exercício de qualquer direito ou liberdade que possam ser reconhecidos de acordo com as leis de qualquer dos Estados Partes ou de acordo com outra convenção em que seja parte um dos referidos Estados; c) excluir outros direitos e garantias que são inerentes ao ser humano ou que decorrem da forma democrática representativa de governo; e d) excluir ou limitar o efeito que possam produzir a Declaração Americana dos Direitos e Deveres do Homem e outros atos internacionais da mesma natureza".*

2.9. O bem jurídico protegido pela norma

Trata-se de crime pluriofensivo, porquanto, além de tutelar o regular funcionamento da administração pública, sua credibilidade e dignidade, tutela também os direitos e garantias fundamentais prescritos no art. 5º da Constituição Federal, por isso se fala em crime de dupla objetividade jurídica. Assim, nas palavras do professor Silvio Maciel (2010, p. 16), "os crimes de abuso de autoridade possuem dupla objetividade jurídica: a) imediata ou principal, que é a proteção dos direitos e garantias fundamentais das pessoas físicas e jurídicas; b) mediata ou secundária, que é a normalidade e lisura dos serviços públicos".

2.10. Agente público, servidor ou não, no exercício de suas funções ou a pretexto de exercê-las

Mais adiante será vista a amplitude da acepção da expressão agente público, servidor público ou não (particular), entre outros. Também será enfrentada a parte conceitual de "agente político", pois a Lei de Abuso de Autoridade, segundo classe considerável de juristas, teria sido direcionada a Promotores de Justiça (Procuradores da República) e Juízes – além dos policiais em concepção *lato sensu*.

2.11. Abuso do poder que lhe tenha sido atribuído

Este ponto também será enfrentado mais adiante, embora possamos adiantar que a nova Lei de Abuso de Autoridade em diversos crimes é vaga, aberta e indeterminada por demais, o que certamente dará voz para inconstitucionalidade de determinados tipos penais.

2.12. Suspensão condicional do processo

Todos os dispositivos penais incriminadores da nova Lei de Abuso de Autoridade (Lei Federal nº 11.869/2019) possibilitam a aplicação da suspensão condicional do processo, nos termos do art. 89, da Lei do Juizado Especial Criminal (Lei Federal nº 9.099/1995).

Dito isso, nos crimes em que a pena mínima cominada for igual ou inferior a um ano, abrangidas ou não pela lei nº 9.099/95, o Ministério Público, ao oferecer a denúncia, poderá propor a suspensão do processo, por dois a quatro anos, desde que o acusado não esteja sendo processado ou não tenha sido condenado por outro crime, presentes os demais requisitos que autorizariam a suspensão condicional da pena (art. 77 do Código Penal). No mais, em sendo aceita a proposta pelo acusado e seu defensor, na presença do Juiz, este, recebendo a denúncia, poderá suspender o processo, submetendo o acusado a período de prova, sob as seguintes condições: a) reparação do dano, salvo impossibilidade de fazê-lo; b) proibição de frequentar determinados lugares; c) proibição de ausentar-se da comarca onde reside, sem autorização do Juiz; d) comparecimento pessoal e obrigatório a juízo, mensalmente, para informar e justificar suas atividades. Poderá ainda o Juiz especificar outras condições a que fica subordinada a suspensão, desde que adequadas ao fato e à situação pessoal do acusado.

Se, todavia, no curso do prazo, o beneficiário vier a ser processado por outro crime ou não efetuar, sem motivo justificado, a reparação do dano, a suspensão será revogada. Já no caso de o acusado vir a ser processado, no curso do prazo, por contravenção, ou descumprir qualquer outra condição imposta, será facultada a revogação da suspensão.

Por fim, expirado o prazo sem revogação, o Juiz declarará extinta a punibilidade. Além do mais, não correrá a prescrição durante o prazo de suspensão do processo. E se o acusado não aceitar a proposta da suspensão condicional o processo prosseguirá em seus ulteriores termos.

3. Dos sujeitos do crime

> **Art. 2º** É sujeito ativo do crime de abuso de autoridade qualquer agente público, servidor ou não, da administração direta, indireta ou fundacional de qualquer dos Poderes da União, dos Estados, do Distrito Federal, dos Municípios e de Território, compreendendo, mas não se limitando a:
>
> I – servidores públicos e militares ou pessoas a eles equiparadas;
> II – membros do Poder Legislativo;
> III – membros do Poder Executivo;
> IV – membros do Poder Judiciário;
> V – membros do Ministério Público;
> VI – membros dos tribunais ou conselhos de contas.
>
> **Parágrafo único.** Reputa-se agente público, para os efeitos desta Lei, todo aquele que exerce, ainda que transitoriamente ou sem remuneração, por eleição, nomeação, designação, contratação ou qualquer outra forma de investidura ou vínculo, mandato, cargo, emprego ou função em órgão ou entidade abrangidos pelo *caput* deste artigo.

3.1. Sujeito ativo

A nova Lei de Abuso de Autoridade, procurando inovar, diferentemente da antiga lei de regência sobre o tema, lista a saber o agente público buscando uma abrangência maior como sujeito ativo dos crimes previstos aqui, servidor ou não, da administração direta, indireta ou fundacional de qualquer dos Poderes da União, dos Estados, do Distrito Federal, dos Municípios e de Território, compreendendo, mas não se limitando aos I – servidores públicos e militares ou pessoas a eles equiparadas; II – membros do Poder Legislativo; III – membros do Poder Executivo; IV – membros do Poder Judiciário; V – membros do Ministério Público; VI – membros dos tribunais ou conselhos de contas.

O legislador ordinário vai adiante para dizer que reputa-se "agente público", para os efeitos desta Lei, "todo aquele que exerce, ainda que transitoriamente ou sem remuneração, por eleição, nomeação, designação, contratação ou qualquer outra forma de investidura ou vínculo, mandato, cargo, emprego ou função em órgão ou entidade abrangidos pelo *caput* deste artigo".

Sujeito ativo é o agente público em acepção ampla para fins penais. Portanto, em regra, trata-se de crime funcional, próprio, portanto, praticado por funcionário público que exerça cargo de autoridade.

Esse conceito de agente público em sentido amplo é o mesmo conceito de funcionário público para fins penais do art. 327, *caput*, do Código Penal.

A doutrina de uma forma geral faz a classificação do crime quanto ao sujeito ativo da seguinte forma: **a) crimes comuns** (aqueles que podem ser praticados por qualquer pessoa); **b) crimes próprios ou especiais** (aqueles que exigem uma qualidade ou condição especial do agente); e **c) crimes de mão própria** (aqueles nos quais o autor realizará a pessoalmente a conduta típica). Nos crimes próprios ou especiais, admitem-se a coautoria e a participação. Por outra via, nos crimes de mão própria apenas se admite a participação. Por isso, o professor Nilo Batista (2004, p. 97) afirma que nos crimes de mão própria o conteúdo de injusto é "pessoal e indeclinável à realização da atividade proibida".

3.2. O particular como sujeito ativo

O particular, em regra, é aquele que não integra os quadros de servidores da Administração Pública. Logo, o particular é a pessoa que legalmente não exerce cargo ou função pública. Poderia até surgir o questionamento: se a Lei de Abuso de Autoridade é destinada aos agentes públicos, por que se aplicaria ao particular?

O conceito de agente público para fins desta lei consiste naquele que possui vínculo formal e de investidura, regularmente, nos cargos empregos e funções públicas, como os agentes políticos, servidores públicos e particulares em colaboração.

Por sua vez, o agente público de fato cuida de particular que não possui vínculo jurídico formal válido com o Estado, mas desempenha funções públicas com o propósito de satisfazer o interesse público. Em verdade, este é o particular que exerce a função pública sem a investidura prévia e válida.

O art. 2º da nova Lei de Abuso de Autoridade é fundamental e nuclear ao tipo penal, razão pela qual aplica-se o raciocínio do art. 30 do Código Penal Brasileiro, acerca da comunicabilidade das elementares do crime e, por via de consequência, o particular que de qualquer forma concorrer para a prática de abuso de autoridade também incorrerá no crime de abuso de autoridade.

Assim, o particular pode responder pelo crime de abuso de autoridade desde que cometa o crime com um agente público e desde que tenha ciência prévia ou concomitante da qualidade de agente público do comparsa.

O juiz de direito Rodrigo Foureaux (2019, p. 1) explana sobre o assunto dizendo que:

> *O particular é a pessoa que não exerce cargo ou função pública. A Lei de Abuso de Autoridade é destinada aos agentes públicos. O art. 2º da Nova Lei de Abuso de Autoridade – Lei n. 13.869/19 – define os sujeitos ativos do crime de abuso de autoridade. (...) Nota-se a ausência de previsão do "particular" como autor do crime de abuso de autoridade, na medida em que não possui atribuições públicas.*
>
> *O rol do art. 2º é meramente exemplificativo, como se nota quando o* caput *diz "compreendendo, mas não se limitando a", além do parágrafo único conceituar agente público de forma a abranger todos que possuam qualquer vínculo com a função pública.*
>
> *Em que pese o particular não constar na relação do art. 2º da Nova Lei de Abuso de Autoridade, pode praticar o crime de abuso de autoridade quando atua em conjunto com um agente público e, excepcionalmente, ainda que atue sozinho.*
>
> *Caso atue com um agente público, o particular responderá por crime de abuso de autoridade em razão da comunicabilidade das elementares do crime, ainda que de caráter pessoal (art. 30 do Código Penal).*
>
> *O art. 30 do Código Penal, que encontra-se disposto na parte que trata do concurso de pessoas, diz que "Não se comunicam as circunstâncias e as condições de caráter pessoal, salvo quando elementares do crime". Isto é, as elementares do crime, sejam subjetivas ou objetivas, comunicam-se aos partícipes, desde que tenham conhecimento.*
>
> *As elementares são os dados, elementos, componentes essenciais de uma figura típica, as quais em caso de ausência implicarão na atipicidade absoluta ou atipicidade relativa. Isto é, a conduta deixa de ser crime ou passa a ser outro crime.*

A elementar será objetiva quando se referir a fatos (emprego de violência no roubo) e subjetiva quando se referir à pessoa (condição de funcionário público para a incidência do crime de peculato).

(...)

Cita-se ainda o exemplo da elementar "funcionário público" (elementar de caráter subjetivo) prevista no art. 312 do Código Penal.

Art. 312 – Apropriar-se o funcionário público de dinheiro, valor ou qualquer outro bem móvel, público ou particular, de que tem a posse em razão do cargo, ou desviá-lo, em proveito próprio ou alheio:

Caso o funcionário público convide um particular para subtrair um carro da administração pública, valendo-se de sua facilidade em entrar na garagem do prédio público, e o particular tenha ciência de que quem o convidou é um funcionário público, o particular responderá pelo crime de peculato e não por furto, pois a condição de "funcionário público" é elementar do tipo e ainda que seja subjetiva comunica-se ao coautor (art. 30 do Código Penal). O conhecimento do particular de que o coautor é funcionário público é necessário para que não haja responsabilidade penal objetiva.

Caso o particular não tivesse conhecimento da condição de "funcionário público", responderia pelo crime de furto.

Em se tratando do crime de abuso de autoridade, o raciocínio é o mesmo.

Em que pese os crimes de abuso de autoridade não conterem expressamente a condição de autoridade para a sua prática, o art. 2º da Lei n. 13.869/19 é uma norma de extensão pessoal, necessária para que os agentes pratiquem os atos definidos como crime de abuso de autoridade, razão pela qual aplica-se o disposto no art. 30 do Código Penal.

A norma de extensão, também denominada adequação típica de subordinação mediata, ampliada ou por extensão, é necessária quando o fato praticado não se enquadra de imediato no tipo penal, sendo necessário que haja uma ponte, uma interligação entre a conduta humana e o tipo penal, como ocorre na tentativa (norma de extensão temporal) na participação (norma de extensão pessoal) e nos crimes omissivos impróprios (norma de extensão da tipicidade).

Nota-se que a norma de extensão é necessária para a caracterização do tipo penal, para que seja possível enquadrar a conduta ao tipo penal, razão pela qual se torna essencial para que haja a tipificação correta.

A título exemplificativo, somente é possível falar em concurso de pessoas em razão da norma de extensão prevista no art. 29 do Código Penal (quem, de qualquer modo, concorre para o crime incide nas penas a este cominadas, na medida de sua culpabilidade).

Com o disposto no art. 29 do Código Penal é possível enquadrar o partícipe do crime e não somente quem executou o ato criminoso, mas todos que de alguma forma concorreram para a prática do crime, como no caso do homicídio. Será responsabilizado criminalmente não só quem puxou o gatilho, mas também quem emprestou a arma para que o homicídio ocorresse. Sem o disposto no art. 29 do Código Penal, o agente que emprestou a arma ficaria impune.

O executor do crime não necessita da norma de extensão pessoal, pois enquadra-se diretamente no art. 121 do Código Penal. Noutro giro, os partícipes necessitam da norma de extensão pessoal (art. 29 do Código Penal).

Trata-se de uma norma de extensão pessoal, pois se refere aos sujeitos do crime.

A Nova Lei de Abuso de Autoridade contém norma de extensão pessoal, disposta no art. 2º, ao tratar dos sujeitos do crime.

Assim, sempre que houver a prática do crime de abuso de autoridade, para que haja tipificação correta, além de apontar o crime praticado deve combinar com o art. 2º da Nova Lei de Abuso de Autoridade.

Nesse sentido, tem-se que o art. 2º é essencial ao tipo penal, razão pela qual aplica--se o raciocínio do art. 30 do Código Penal (comunicabilidade das elementares do crime) e, consequentemente, o particular que concorrer para a prática de abuso de autoridade, também praticará o crime de abuso de autoridade.

Tome como exemplo um particular, conhecido dos policiais, que adentre a uma residência juntamente com os policiais, sem que estivesse presente qualquer circunstância que autorizasse o ingresso na residência. Neste caso, o policial e o particular responderão por crime de abuso de autoridade previsto no art. 22 da Lei n. 13.869/19. O policial com fundamento no art. 22 c/c art. 2º e o particular com fundamento no art. 22 c/c art. 2º, ambos da Lei n. 13.869/19 c/c arts. 29 e 30 do Código Penal.

O particular também poderá praticar o crime de abuso de autoridade ainda que atue isoladamente, isto é, sem a participação de uma autoridade, pois o próprio particular pode se tornar, em um dado momento, um agente público de fato.

A categoria de agentes públicos subdivide-se em dois grupos: a) agentes públicos de direito e b) agentes públicos de fato.

Os agentes públicos de direito são aqueles que possuem vínculos formais e foram investidos, regularmente, nos cargos, empregos e funções públicas, como os agentes políticos, servidores públicos e particulares em colaboração.

Os agentes públicos de fato, conforme lições de Rafael Carvalho Rezende Oliveira, "são os particulares que não possuem vínculos jurídicos válidos com o Estado, mas desempenham funções públicas com a intenção de satisfazer o interesse público. São os particulares que exercem a função pública sem a investidura prévia e válida".

Rafael Carvalho Rezende Oliveira ensina ainda que os agentes públicos de fato dividem-se em duas categorias:

a) agentes de fato putativos: exercem a função pública em situação de norma-lidade e possuem a aparência de servidor público (ex.: agentes públicos que desempenham a função pública sem a aprovação em concurso público válido); e

b) agentes de fato necessários: exercem a função pública em situações de ca-lamidade ou de emergência (ex.: particulares que, espontaneamente, auxiliam vítimas em desastres naturais).

José dos Santos Carvalho Filho leciona que os agentes necessários "são aqueles que praticam atos e executam atividades em situações excepcionais, como, por exemplo, as de emergência, em colaboração com o Poder Público e como se fossem agentes de direito".

Nota-se, portanto, que o particular pode, por vontade própria, em uma situação concreta, colocar-se em uma condição que exercerá função pública, como a hi-pótese em que atua em um desastre ou que efetua a prisão em flagrante de uma pessoa, valendo-se da autorização contida no art. 301 do Código de Processo Penal (flagrante facultativo).

Nesses casos o particular será agente de fato necessário, razão pela qual passará a ser considerado sujeito ativo do crime de abuso de autoridade, caso pratique um dos crimes previstos na Lei de Abuso de Autoridade – Lei n. 13.869/19.

Isso porque o art. 2º, parágrafo único, da Lei 13.869/19 considera como sujeito ativo do crime de abuso de autoridade qualquer agente público, ainda que não seja servidor da administração pública, sendo suficiente que exerça, mesmo que transitoriamente e sem remuneração, qualquer função pública, onde se encaixam, perfeitamente, os agentes públicos de fato necessários (agentes necessários). O conceito é amplo e engloba qualquer hipótese de exercício de função pública, por qualquer pessoa.

Assim, na hipótese em que um particular em via pública visualize um agente que acabou de praticar um furto e decida prendê-lo (flagrante facultativo), momento em que passa a atuar como agente público de fato, ocasião em que constrange o preso, mediante violência ou grave ameaça, a exibir-se ao público presente, como forçá-lo que mostre o rosto às pessoas que estão assistindo a prisão, com o fim de humilhá-lo, praticará o crime de abuso de autoridade previsto no art. 13, I, da Nova Lei de Abuso de Autoridade.

Da mesma forma, um particular que atua em um desastre, como o rompimento de barragem em Brumadinho, durante a atuação será considerado agente público de fato e poderá praticar crime de abuso de autoridade, como a hipótese em que adentra a uma residência durante a atuação no local dos fatos, sem que houvesse qualquer justificativa ou autorização (art. 22), ou então exige informação ou cumprimento de obrigação, inclusive o dever de fazer ou de não fazer, sem expresso amparo legal (art. 33), como obrigar que moradores na região doem alimentos e forneçam moradia para as vítimas do desastre que tenham ficado sem casa.

Não é possível que o particular, na condição de particular, pratique sozinho crime de abuso de autoridade. Assim, se o particular adentrar a uma residência, sozinho, sem qualquer justificativa ou autorização, praticará o crime de violação de domicílio (art. 150 do Código Penal).

No entanto, é perfeitamente possível que o particular, na condição de agente público de fato (agente necessário), pratique crime de abuso de autoridade, ainda que não atue em conjunto com um agente público de direito (servidor público, por exemplo), pois já reunirá, sozinho, a condição necessária para praticar abuso de autoridade, por enquadrar-se como sujeito ativo do crime de abuso de autoridade definido no art. 2º da Lei n. 13.869/19.

3.3. Agente público gozando férias, de licença ou equivalente

Caso isso ocorra e o agente se valha da condição de autoridade pública, poderá ocorrer a prática do delito em estudo.

3.4. Agente público civil aposentado ou demitido

Como se operou a ruptura do vínculo funcional de ligação do agente e o Estado, em nossa concepção não haverá o crime de abuso de autoridade, exceto se na condição de particular perpetrar fatos em concurso de pessoas com quem goza da qualidade de agente público para a prática de crime de abuso de autoridade.

3.5. Agente público militar aposentado ou demitido

O servidor militar, em regra, vai para a reserva remunerada após a aposentadoria, porém, pode retornar à "ativa" – a fim de exercer suas atribuições legais e constitucionais que exercia antes da aposentadoria – em caso de convocação dos aposentados na fileira da "reserva remunerada". Ocorrendo a convocação e o militar convocado vir a praticar condutas previstas na nova Lei de Abuso de Autoridade, incorrerá nos crimes ali previstos, observando os reflexos trazidos pela Lei nº 13.491/2017. Vide sobre o assunto o tópico sobre competência de crimes perpetrados por policiais militares.

3.6. Agente público percebendo abono de permanência

Em nossa concepção, apesar de nestas hipóteses o servidor preencher os requisitos para aposentadoria, como preferiu continuar a exercer suas atribuições legais e constitucionais na ativa, poderá incorrer em crimes previstos na nova Lei de Abuso de Autoridade como qualquer agente da ativa está sujeito.

3.7. Jornalistas ou profissionais da comunicação no exercício da atividade profissional

Pensamos que o fato de o jornalista ter a imunidade constitucional de não revelar o sigilo da fonte na obtenção de informações para o exercício do labor desta nobre profissão, isso não implica em "carta branca" para não incorrer em crime de abuso de autoridade em concurso de pessoas, como, por exemplo, nos crimes do art. 13 da nova Lei de Abuso de Autoridade (Lei Federal nº 11.869/2019), de divulgar e expor o preso ou detento nas situações ali enumeradas. Obviamente, para ele incorrer nos crimes previstos nesta Lei deve concorrer faticamente com outro agente público, nos termos da nova Lei de Abuso de Autoridade. Do contrário, o jornalista não incorrerá nestes crimes, embora esteja sujeito a outras infrações penais, caso pratique fatos relevantes para o Direito Penal. Devemos ter o cuidado para não criminalizar a liberdade da atividade jornalística, quando exercida nos exatos termos da lei.

3.8. Sujeito passivo

Temos o sujeito passivo imediato ou principal e o sujeito passivo mediato ou secundário, que são dúplices ou de dupla subjetividade passiva, eis que os crimes da lei são pluriofensivos, por ofender mais de um bem juridicamente tutelado. Explicando melhor, o sujeito passivo é dúplice ou de dupla subjetividade passiva porque há dois objetos jurídicos protegidos na Lei de Abuso de Autoridade, conforme já visto: objeto jurídico principal ou imediato – consiste na tutela dos direitos e garantias individuais e coletivos, acerca das pessoas físicas e jurídicas; e objeto jurídico secundário ou mediato – diz respeito a normal e regular prestação dos serviços públicos através do Estado.

Vejamos um a um dos sujeitos passivos na classificação doutrinária:

a) **Sujeito passivo imediato ou principal** – É a pessoa física ou jurídica que sofre a conduta abusiva. Pessoa jurídica pode ser vítima de abuso de autoridade. Só que, além desse sujeito passivo principal ou imediato, temos um sujeito passivo mediato ou secundário.

b) **Sujeito passivo mediato ou secundário** – É o Estado. Pois o abuso de autoridade significa sempre uma irregular prestação de serviço público. Ou seja, o abuso de autoridade sempre acarreta um prejuízo à prestação dos serviços públicos. Portanto, o Estado é vítima do abuso de autoridade também na medida em que o funcionário não está prestando o serviço público como devido. Neste caso, o funcionário não estaria (re)presentando o Estado corretamente.

3.9. Os incapazes e estrangeiros

Os incapazes e os estrangeiros também podem ser vítimas de abuso de autoridade, já que qualquer pessoa física, nacional ou estrangeira, capaz ou incapaz, pode figurar como vítima neste delito. Aliás, o próprio agente público ou autoridade pública pode ser vítima de abuso de autoridade também.

3.10. Pessoas jurídicas de direito público ou privado

As pessoas jurídicas de direito público ou privado também podem ser vítimas de abuso de autoridade, porquanto o delito de abuso de autoridade é crime de dupla subjetividade passiva ou de caráter dúplice.

3.11. Regras de fixação da competência em matéria penal

A regra prevalecente é que a Justiça Comum Estadual seja a competente para processar e julgar crimes nessas circunstâncias.

3.12. Por que a Justiça Militar não julgava esse crime antes?

O delito de abuso de autoridade não era crime militar até o advento da Lei nº 13.491/2017, pois não estava previsto no Código Penal Militar. Ademais, quando havia concurso de crimes entre crime militar e crime de abuso de autoridade, ocorria a separação de processos (art. 79, I, CPP).

A propósito, analisemos o que dispõe a redação do art. 79, I, CPP: "Art. 79. A conexão e a continência importarão unidade de processo e julgamento, salvo: I – no concurso entre a jurisdição comum e a militar". Nesse sentido, a jurisprudência do Supremo Tribunal Federal antes da Lei nº 13.491/2017 acenava para o seguinte entendimento:

> (...) 2. A jurisprudência do Supremo Tribunal Federal firmou entendimento no sentido de que, por não estar inserido no Código Penal Militar, o crime de abuso de autoridade seria da competência da Justiça comum, e os crimes de lesão corporal e de violação de domicílio, por estarem estabelecidos nos arts. 209 e 226 do Código Penal Militar, seriam da competência da Justiça Castrense. Precedentes. 3. Ausência da plausibilidade jurídica dos fundamentos apresentados na inicial. 4. Habeas corpus indeferido. (STF – HC 92912/RS)

No Superior Tribunal de Justiça encontramos precedentes antes da Lei nº 13.491/2017 na mesma linha:

> STJ HC 81752/RS – PROCESSUAL PENAL. COMETIMENTO SIMULTÂNEO DE CRIME MILITAR E CRIME PREVISTO NO CÓDIGO PENAL – INVASÃO DE DOMICÍLIO, LESÃO CORPORAL LEVE E ABUSO DE AUTORIDADE. CONEXÃO. IMPOSSIBILIDADE. SEPARAÇÃO DOS JULGAMENTOS. TRANSAÇÃO PENAL QUANTO AO CRIME DE ABUSO DE AUTORIDADE NÃO IMPLICA EM RECONHECIMENTO DE COISA JULGADA EM RELAÇÃO AOS CRIMES MILITARES – APLICAÇÃO DA SÚMULA 90 DO STJ. ORDEM DENEGADA. 1. Mesmo havendo a conexão entre o crime de abuso de autoridade, de competência da Justiça comum e de lesão corporal leve e violação de domicílio, previsto no Código Penal Militar, não é possível o seu julgamento por uma única das Justiças, diante de vedação expressa. 2. O crime de abuso de

autoridade deve ser examinado pelo Juizado Especial e os de invasão de domicílio e lesão corporal leve pela Justiça Militar. 3. A transação penal ofertada aceita e homologada no Juizado Especial não constitui causa de extinção da punibilidade em relação aos crimes de lesões corporais leves e invasão de domicílio, previstos no Código Penal Militar. 4. Ordem denegada. (STJ HC 81752/RS)

Em sintonia a isto, alertamos para o enunciado da Súmula 172 do STJ, qual seja: "STJ Súmula nº 172: Compete à Justiça Comum processar e julgar militar por crime de abuso de autoridade, ainda que praticado em serviço".

Percebemos que o STF e o STJ já tinham pacificado que o abuso de autoridade não absorveria os crimes conexos (ou seja, era possível a existência simultânea de injúria e abuso de autoridade) e de que haveria cisão de julgamento.

Porém, com a vigência da nova Lei nº 13.491/2017, é possível que o entendimento pelo menos quanto à cisão seja revisto.

3.12.1. Militar que antes do advento da Lei nº 13.491, de 13 de outubro de 2017, perpetrasse delito de abuso de autoridade, em face de civil

Quando um militar antes do advento da Lei nº 13.491, de 13 de outubro de 2017, praticava um delito comum, até mesmo junto de um civil, ambos eram julgados na Justiça Comum Criminal, visto que o fato não estava previsto no Código Penal Militar, ou seja, como a competência era definida em razão do crime e não da pessoa, atraía o entendimento citado.

Esse entendimento da competência da Justiça Comum Criminal se dava também com policiais militares que cometiam hipotéticos crimes de abuso de autoridade sem participação de civil.

Por mais que comunguemos do entendimento de que a Lei nº 13.491, de 13 de outubro de 2017, seja de duvidosa constitucionalidade (Ação Direta de Inconstitucionalidade nº 5.901, inclusive pendente de julgamento no STF), caso esses militares estejam respondendo a ação penal, certamente haverá discussão de modificação de competência superveniente, com remessa dos autos ao juízo castrense para tanto.

Com a vigência da Lei nº 13.491/2017, e a modificação do Código Penal Militar, houve revogação (ou superação) da Súmula 172 do STJ?

38 A nova lei de abuso de autoridade

Em nosso pensar, com o advento da nova lei, o fundamento contido na Súmula supra restaria superado (revogado) pela Lei nº 13.491/2017[8].

3.12.2. Militar após o advento da Lei nº 13.491, de 13 de outubro de 2017, que venha a perpetrar o delito de abuso de autoridade, em face de civil

Para nós, após o advento da Lei nº 13.491, de 13 de outubro de 2017, o militar que venha a perpetrar o delito de abuso de autoridade, em face de civil, deve responder por inquérito militar na fase de investigação, e eventual ação penal deve ser ajuizada na Justiça Militar.

3.13. Competência criminal na Justiça Federal para o crime de abuso de autoridade

No que tange à competência para julgamento do crime de abuso de autoridade quando o crime é perpetrado por servidor público federal, há duas correntes sobre o tema:

- ❖ **Primeira corrente:** diante de o crime praticado por funcionário público federal no exercício da função comprometer o serviço público, a competência criminal é da justiça criminal federal.
- ❖ **Segunda corrente:** o mero fato de o infrator ser servidor federal não fixa por si só a competência da justiça criminal federal.

Encampando a última posição, o Superior Tribunal de Justiça decidiu que a simples condição de servidor federal não justifica, por si só, a competência criminal da justiça federal:

> *Abuso de autoridade (delegado). Competência (Federal/Estadual). Ato praticado fora do exercício funcional (hipótese). 1. Aos olhos do Relator, há de ser restritiva a interpretação da cláusula em detrimento de bens, serviços ou interesse da União ou de suas entidades autárquicas ou de empresas públicas, constante do art. 109, IV, da Constituição. 2. Por isso mesmo, o ato praticado por delegado de polícia federal tendo como vítima médica em hospital quando não se encontrava no exercício da função não é bastante para se fixar a competência da Justiça Federal.*

---

[8] Comungamos do entendimento de que a **Lei nº 13.491, de 13 de outubro de 2017**, seja de duvidosa constitucionalidade (Ação Direta de Inconstitucionalidade nº 5.901, inclusive pendente de julgamento no STF).

3. *Ordem concedida para se proclamar a incompetência da Justiça Federal (STJ – HC 102049/ES, julgado em 14 jun. 2010).*

De qualquer forma, o assunto é tormentoso e merece mais análise sobre o crime de abuso de autoridade praticado por funcionário federal ou contra ele, como autor ou como vítima do abuso de autoridade. O próprio Superior Tribunal de Justiça possui precedente de que a competência nessas circunstâncias seria da Justiça Federal, quando for praticado relacionado com o exercício da função, nos termos da inteligência da súmula 147 do STJ: "compete à justiça federal processar e julgar os crimes praticados contra funcionário público federal, quando relacionados com o exercício da função".

Para reforçar o entendimento sobre o tema, num caso concreto em que policiais foram denunciados por ameaça, abuso de autoridade, disparo de arma de fogo, calúnia, injúria e prevaricação cometida contra juiz federal, o Superior Tribunal de Justiça entendeu diversamente da sua súmula.

O argumento foi de que, como a vítima era juiz federal, o abuso deveria ser julgado pela Justiça Federal. Para a Corte de Cidadania, como juiz federal é órgão do Poder Judiciário federal, não é funcionário público. Essa qualidade de órgão não pode ser afastada mesmo que a vítima não esteja no exercício de suas funções jurisdicionais. A interpretação restritiva da Súmula 147 não se aplica aos juízes federais, senão vejamos:

CONFLITO DE COMPETÊNCIA. PROCESSUAL PENAL. CRIMES DE AMEAÇA, ABUSO DE AUTORIDADE, DISPARO DE ARMA DE FOGO EM VIA PÚBLICA, CA-LÚNIA, INJÚRIA E PREVARICAÇÃO COMETIDOS CONTRA JUIZ FEDERAL. COM-PETÊNCIA DA JUSTIÇA FEDERAL PARA PROCESSAR E JULGAR A AÇÃO PENAL. 1. Nos termos do art. 92, III da Lei Maior, os Juízes Federais são órgãos do Poder Judiciário, qualidade essa que impõe o reconhecimento do interesse da União no julgamento de crimes de que sejam vítimas, o que atrai a competência da Justiça Federal para processar e julgar a respectiva Ação Penal, nos termos do art. 109, IV da CF/88. Outrossim, tal qualidade não pode ser ignorada quando da fixação do Juízo competente, devendo ser levada em consideração, ainda que a vítima não esteja no exercício das funções jurisdicionais. 2. A interpretação restritiva prevista na Súmula 147/STJ não se aplica aos Juízes Federais, ocupantes de cargos cuja natureza jurídica não se confunde com a de funcionário público, mas sim com a de órgão do Poder Judiciário, o que reclama tratamento e proteção diferencia-dos, em razão da própria atividade por eles exercida. 3. O art. 95 da Constituição Federal, que assegura a garantia da vitaliciedade aos Magistrados, e o art. 35, VIII da LC 35/79, que dispõe sobre o dever destes de manterem conduta irrepreensível na vida pública e particular, revelam a indissolubilidade da qualidade de órgão do Poder Judiciário da figura do cidadão investido no mister de Juiz Federal e demonstram o interesse que possui a União em resguardar direitos, garantias e prerrogativas daqueles que detêm a condição de Magistrado. 4. O art. 109, IV da Constituição Federal é expresso ao determinar a competência da Justiça Federal para o processo e julgamento de infrações penais praticadas em detrimento de bens, serviços ou interesse da União ou de suas entidades autárquicas ou empresas públicas. 5. Conflito conhecido para declarar a competência do Juízo Suscitante, o Juízo Federal da 2ª Vara da Seção Judiciária do Estado do Acre. (STJ – CC 89.397/ AC – 28/03/08)

3.14. Conflito de competência na demissão do militar estadual condenado pelo crime de tortura, previsto na Lei nº 9.455/1997 em concurso de crimes com abuso de autoridade e o advento da Lei nº 13.491, de 13 de outubro de 2017

Apesar de plenamente discutível, antigamente havia o entendimento de que caberia ao Juízo Comum decretar a demissão do militar estadual condenado pelo crime de tortura em concurso de crime com abuso de autoridade, em sentença transitada em julgado, vez que se trataria de crime comum e não militar, com exceção do homicídio (se for integrante das Forças Armadas e até mesmo no efetivo cumprimento da Lei e da Ordem, onde a situação muda de cenário também).

Agora com a nova Lei nº 13.491/2017, aliado à nova lei de abuso de autoridade, pensamos que caberia à Justiça Castrense, em regra. Realçamos que a Lei nº 13.491/17 foi questionada pelo Partido Socialismo e Liberdade (PSOL) através de uma Ação Direta de Inconstitucionalidade (ADI) nº 5.901 no Supremo Tribunal Federal (STF), que pende de julgamento.

3.15. O foro por prerrogativa de função

O foro privativo por prerrogativa de função consiste em uma jurisdição especial assegurada pela Constituição Federal (e até mesmo pela Constituição Estadual e Lei Orgânica por simetria) a certas funções públicas, tendo como matriz o interesse maior da sociedade para que os que ocupam certos cargos possam exercê-los em sua plenitude de forma destemida, com alto grau de autonomia e independência, partindo da premissa de que seus atos, se eventualmente questionados, deverão ser processados e julgados por um tribunal imparcial e isento de grau maior.

3.16. A (des)necessidade ou não de autorização judicial para instauração de investigação criminal e indiciamento de investigado com prerrogativa de função

O tema sobre a (des)necessidade ou não de autorização judicial prévia para instauração de investigação criminal e indiciamento de investigado com prerrogativa de função voltou a reacender a velha celeuma, com a recente decisão do Superior Tribunal de Justiça, que entendeu pela desnecessidade de autorização prévia para que o Ministério Público investigasse um indivíduo detentor de foro por prerrogativa (foro privilegiado).

Segundo decidiu o Superior Tribunal de Justiça, a instauração de procedimentos investigatórios criminais pelo Ministério Público relativos a agentes públicos com foro por prerrogativa de função não dependeria de prévia autorização do respectivo tribunal. Esse entendimento foi adotado pela 5ª Turma, que acolheu recurso do Ministério Público do Rio Grande do Norte contra decisão de segunda instância que havia considerado necessária a autorização judicial para instauração de investigação.

O relator, ministro Reynaldo Soares da Fonseca, apontou que a legislação atual não indica a forma de processamento da investigação, devendo ser aplicada, nesses casos, a regra geral trazida pelo artigo 5º do Código de Processo Penal, que não exige prévia autorização do Poder Judiciário.

O Ministro Relator destacou também que "não há razão jurídica para condicionar a investigação de autoridade com foro por prerrogativa de função a prévia autorização judicial. Note-se que a remessa dos autos ao órgão competente para o julgamento do processo não tem relação com a necessidade de prévia autorização para investigar, mas antes diz respeito ao controle judicial exercido nos termos do artigo 10, parágrafo 3º, do Código de Processo Penal".

O relator acrescentou que a norma regimental – recepcionada no ordenamento jurídico atual por ser anterior à Constituição de 1988 – não possui força de lei e ainda pontuou que: "nada obstante, ainda que se entenda pela necessidade de prévia autorização do Supremo Tribunal Federal para investigar pessoas com foro naquela corte, não se pode estender a aplicação do Regimento Interno do Supremo Tribunal Federal, que disciplina situação específica e particular, para as demais instâncias do Judiciário, que se encontram albergadas pela disciplina do Código de Processo Penal e em consonância com os princípios constitucionais pertinentes".

Caso algum agente público com foro por prerrogativa de função (foro privilegiado) venha a praticar crime da nova lei de abuso de autoridade, poderá ser investigado

42 A nova lei de abuso de autoridade

e indiciado sem autorização judicial, embora, em termos práticos, recomendemos sempre uma solicitação prévia, a fim de não correr risco de desdobramentos negativos até que o assunto seja deveras pacificado.

3.17. O que de fato altera com a nova posição do STJ acerca da desnecessidade de autorização judicial para início das investigações criminais?

Com a recente posição do Superior Tribunal de Justiça acerca da desnecessidade de autorização judicial para início das investigações criminais, sem dúvida se criam e geram expectativas positivas em nossos horizontes, apesar de ao mesmo tempo gerar insegurança jurídica. É bem verdade também que a decisão não enfrentou as singularidades da exigência jurisprudencial de autorização prévia para fins de indiciamento, exigência esta igualmente que não estaria prevista nem na Constituição Federal e em nenhuma legislação propriamente dita em nosso país.

A reflexão sobre o assunto é necessária, principalmente pelo momento conturbado que vivemos de "estranhamento institucional", em que é necessário ficar bem delineado cada coisa em seu lugar, pois o princípio da legalidade é um pilar fundamental que norteia nossa República e não pode ser desprezado e ignorado – como vem sendo diuturnamente.

Aliás, esse desprezo de ignorar o princípio da legalidade gera também insegurança jurídica, porque se criam exigências surpreendentes e desconhecidas não previstas em lei aos aplicadores do Direito e ao cidadão, onde o limite de atuação estaria na lei positivada.

Mas qual a finalidade dessas indagações – e da problemática que reascendeu o debate – de algo que deveria pelo menos à míngua de lei (princípio da legalidade) ser assunto pacífico?

No que toca a esta exigência, cumpre salientar que nossa Constituição da República optou por atribuir o julgamento de certos agentes públicos a órgãos diferenciados. Assim é que os detentores de foro por prerrogativa são julgados por crimes comuns no Tribunal de Justiça ou Tribunal Regional Federal, Tribunais Regionais Eleitorais e Tribunais Superiores, conforme arts. 29, X, 105, I, a e 102, I, b, da CR/88, respectivamente. Mas, repita-se, a Carta Política fez referência a julgamento e processamento, nada comentando sobre a parte investigativa.

Parece claro um silêncio eloquente por parte do legislador constituinte.

Diante disso, entendemos que não seria necessária autorização judicial para iniciar investigações a qualquer detentor de foro privilegiado investigado. Em sintonia com a nossa posição, o Tribunal Regional Eleitoral de Rondônia julgou pela desnecessidade de autorização judicial prévia para início das investigações de detentor por prerrogativa de função, consoante o aresto a seguir:

> *Ementa: Questão de Ordem. Instauração de inquérito policial em desfavor de Prefeito Municipal. Desnecessária autorização do Tribunal. I – Não é necessária a autorização do Tribunal à autoridade policial para instauração de inquérito policial em desfavor de prefeito municipal. II – Questão de Ordem desacolhida (TRE-RO – QO-INQ 24085 RO; Data de publicação: 21/03/2012).*

Entretanto, o assunto não é simples e sofre nuances, mormente no Supremo Tribunal Federal. À guisa disso, o Supremo Tribunal Federal já decidiu que:

> *A inobservância da prerrogativa de foro conferida a Deputado Estadual, ainda que na fase pré-processual, torna ilícitos os atos investigatórios praticados após sua diplomação (Supremo Tribunal Federal: Habeas Corpus 94.705/RJ, relator Ministro Ricardo Lewandowski). A partir da diplomação, o Deputado Estadual passa a ter foro privativo no Tribunal de Justiça, inclusive para o controle dos procedimentos investigatórios, desde o seu nascedouro até o eventual oferecimento da denúncia (STF – Inquérito 2411/MT, Informativo 483 do Supremo Tribunal Federal).*

Outrossim, sob a ótica da necessidade de autorização judicial prévia para indiciamento, o Supremo Tribunal Federal durante julgamento de pedido de arquivamento do inquérito em que um Senador da República foi indiciado por Delegado de Polícia Federal por prática de crime eleitoral ("Operação Sanguessuga"), o Plenário da Corte decidiu anular o ato de indiciamento, ao argumento de que, em ação penal originária, a atividade judicial de supervisão do procedimento não permite a formalização do indiciamento sem autorização judicial prévia, *in verbis*:

> *[...] entendeu-se que, no exercício da competência penal originária do STF (art. 102, I, b, da CF c/c o art. 2º da Lei 8.038/90), a atividade de supervisão judicial deve ser constitucionalmente desempenhada durante toda a tramitação das investigações, ou seja, desde a abertura dos procedimentos investigatórios até o eventual oferecimento, ou não, de denúncia pelo Ministério Público, sob pena de esvaziamento da própria ideia dessa prerrogativa. Em razão disso, **concluiu-se que***

44 A nova lei de abuso de autoridade

> *a autoridade policial não poderia ter indiciado o parlamentar sem autorização prévia do Ministro-relator do inquérito. Ademais, em manifestação obiterdictum, asseverou-se que a autoridade policial também dependeria dessa autorização para a abertura de inquérito em que envolvido titular de prerrogativa de foro perante esta Corte [...]. (Pet 3825 QO/MT, rel. Orig. Min. Sepúlveda Pertence, rel. P/ o acórdão Min. Gilmar Mendes, 10.10.2007) (grifo acrescido).*

Não custa lembrar que, nos termos da decisão exarada pelo plenário do Supremo Tribunal Federal, em Questão de Ordem suscitada no Inquérito nº 2.411 firmou-se o entendimento de que o delegado de polícia não poderia indiciar parlamentares sem prévia autorização do ministro-relator do inquérito, ficando a própria instauração do procedimento investigativo vinculada à esta autorização. Ao analisar a referida decisão, o professor Renato Brasileiro de Lima (2012, p. 166) concluiu o seguinte:

> *Portanto, a partir do momento em que determinado titular de foro por prerrogativa de função passe a figurar como suspeito em procedimento investigatório, impõe-se a autorização do Tribunal (por meio do Relator) para o prosseguimento das investigações. Assim, caso a autoridade policial que preside determinada investigação pretenda intimar autoridade que possui foro por prerrogativa de função, em razão de outro depoente ter afirmado que o mesmo teria cometido fato criminoso, deve o feito ser encaminhado previamente ao respectivo Tribunal, por estar caracterizado procedimento de natureza investigatória contra titular de foro por prerrogativa de função.*

Essas análises são importantes para eventual aplicação da nova lei de abuso de autoridade em vista de possíveis agentes públicos com foro por prerrogativa de função.

3.17.1. Afinal, a recente decisão do Superior Tribunal de Justiça traz algum ponto de avanço para as Polícias Judiciárias em termos de investigação?

Em que pese ser prematuro falar sobre o tema de forma segura – mesmo porque o assunto oscila e no STF ainda há posição firme de exigir autorização judicial prévia para instauração de investigação e indiciamento – a resposta é positiva e não haveria de ser diferente, pois a atribuição e função de investigar naturalmente é conferida às Polícias Judiciárias (Polícia Civil, Polícia Federal, entre outras) pela nossa Constituição Federal.

Portanto, em nosso sentir, as implicações práticas com a nova decisão do Superior Tribunal de Justiça, ao aplicar o entendimento ao Ministério Público de dispensabilidade de autorização judicial prévia para iniciar investigações, consequentemente, por maior razão e até mesmo pela isonomia de nivelamento institucional, se estenderia com aplicação direta às Polícias Judiciárias, para se permitir o ato de deflagração de investigação criminal sem necessidade de autorização judicial anterior àquela.

Entretanto, pensamos que as repercussões práticas com o referido precedente não param por aí e vão mais longe ainda, para sustentar-se pela desnecessidade de autorização judicial prévia para fins de indiciamento de investigado com foro privilegiado (independentemente de autorização judiciária prévia aos atos), pelas mesmas razões de direito já invocadas. O adágio de que onde há o mesmo fundamento se aplica o mesmo direito, jungido com a máxima no campo da interpretação de que onde há a mesma razão de fundamento se aplica a mesma razão de decidir, cabe perfeitamente aqui no caso vertente.

Cumpre asseverar que o indiciamento mencionado no Código de Processo Penal foi positivado no art. 2º, § 6º, da Lei nº 12.830/2013 (o que antes era muito criticado pela doutrina por falta de regulamentação):

> *Art. 2º.*
>
> *[...]*
>
> *6º O indiciamento, privativo do delegado de polícia, dar-se-á por ato fundamentado, mediante análise técnico-jurídica do fato, que deverá indicar a autoria, materialidade e suas circunstâncias.*

Ao fazer um adendo sobre o ato de indiciamento, vale explicar que esse expediente é ato privativo do Delegado de Polícia – não podendo ele ser compelido a indiciar ninguém sem sua análise técnico-jurídica do fato. Nessa senda é a jurisprudência do Supremo Tribunal Federal.

Isso porque, quanto à vedação do indiciamento, com exceção das Leis Orgânicas da Magistratura e do Ministério Público, não existe lei propriamente dita dentro do princípio da legalidade, derivada do Congresso Nacional, a versar sobre processo penal e nesse ponto reclamar prévia autorização judicial para o indiciamento de investigado detentor de foro privilegiado. Como pontuado, apenas as respectivas leis (Leis Orgânicas da Magistratura e do Ministério Público) desses cargos impedem o indiciamento de juízes e promotores pela Autoridade Policial, embora ainda sim exista discussão ao redor desse ponto.

46 A nova lei de abuso de autoridade

Diga-se de passagem que, no ordenamento jurídico pátrio, também não se encontrará na Lei Maior e nem em leis propriamente ditas prevendo essa hipótese de autorização judiciária prévia aos atos de deflagração para início de investigação criminal e de indiciamento de investigado detentor de foro privilegiado (foro por prerrogativa de função).

A prerrogativa de foro é critério exclusivo de determinação da competência originária do tribunal quando da oferta de denúncia, ou eventualmente antes dela se for necessária alguma diligência sujeita à cláusula de reserva de jurisdição. Parece que falar da prerrogativa de foro antes da ação penal "stricto sensu" é estranho e com todo respeito demonstra ser uma exigência despida de força de lei, com exceção de medidas que impliquem intervenções judiciais pelo princípio da reserva de jurisdição (tais como: interceptação telefônica, busca e apreensão domiciliar etc.).

No mesmo diapasão, são as lições do delegado de polícia Henrique Hoffmann Monteiro de Castro (2016, p. 1), senão vejamos:

> O constituinte originário consagrou o foro privilegiado na Constituição de 1988 por meio da expressão processar e julgar (não abrangendo o termo investigar). Nessa esteira, a prerrogativa de foro é critério exclusivo de determinação da competência originária do tribunal, quando do oferecimento da denúncia ou, eventualmente antes dela, se se fizer necessária diligência sujeita à cláusula de reserva de jurisdição. Inexiste na Constituição Federal dispositivo demandando autorização judicial para a instauração de inquérito policial ou para o indiciamento do agente público com foro especial.

Os poderes constituídos precisam respeitar o limite de cada um, se abstendo de imiscuir em assuntos privativos um dos outros, sob pena de violação do pacto federativo (art. 2º, da CF/88).

Apesar de não se descartar a existência de eventuais regimentos internos dos Tribunais e dos Tribunais Superiores prevendo ambas as situações tratadas (embora não se tenha encontrado nada no regimento do STF e STJ), com todo respeito afeto aos atos regimentais, mas estes jamais teriam o condão para legitimar essas exigências, primeiro porque a competência para legislar nesse ponto seria da União (matéria processual penal), não havendo espaço para interpretação para adoção de outro mecanismo. Ademais, numa remota hipótese interpretativa, sustentando dizer que essa previsão fosse norma de procedimento e o Estado competente para legislar (ainda que estivesse espaço), a exigência seria de lei formal (derivada da atividade legiferante) e não de regimento interno.

Por isso, com à máxima deferência ao Poder Judiciário, órgão este a quem estes subscritores respeitam grandiosamente e nutrem uma imensa admiração, este não pode criar o "princípio da legalidade" por decisão judicial, mesmo porque aquele deriva de lei formal propriamente dita (vinda dos representantes constitucionais e legais do povo) e não de decisão jurisdicional, com obediência às diretrizes do art. 2º da CF/88.

Essa atividade jurisdicionalmente supervisionada, em termos práticos e absolutos na atividade persecutória da fase investigativa (de envolver toda ou alguma diligência policial ou ministerial sem cláusula de reserva de jurisdição) – que num caso simples, sem a figura do detentor do foro por prerrogativa, seria realizada normalmente –, tem se revelado extremamente nociva e inoportuna, por demandar considerável lapso temporal até a obtenção de autorização e uma alta carga de responsabilidade muito além do que o Poder Judiciário já absorve no cotidiano, o que acaba por travar a marcha investigativa.

Nesse aspecto, não se pode olvidar que alguns tribunais, de fato – encampando o entendimento da necessidade de autorização prévia para início de investigações, em face de investigados com foro por prerrogativa –, autorizam desde já e de plano todos os atos necessários a serem encetados pelo Delegado de Polícia (diligências, acareações, avaliações, perícias etc.), com as ressalvas dos atos de reserva de jurisdição absoluto que necessitam de apreciação judicial (interceptação telefônica, prisão, quebra de sigilo telefônico, busca e apreensão domiciliar etc.). Todavia, há outros tribunais com o máximo de respeito, extremamente burocráticos nessa atividade supervisional, exigindo para qualquer passo investigativo uma anuência judicial, ainda que aquele ato (ato que pode ser realizado pela Autoridade Policial sem intervenção judicial) não esteja acobertado pelo manto da reserva jurisdicional absoluta. Aqui reside um dos pontos negativos, porquanto qualquer avanço investigativo necessita de anuência judicial, e isso implica em tempo e logística que podem prejudicar a agilidade reclamada num ato investigativo crucial, principalmente quando analisamos o aspecto geográfico nos interiores do nosso Brasil.

A investigação é algo dinâmico e célere, e, a depender do caso e entendimento, a espera de um ato do Poder Judiciário, sem reserva de jurisdição, pode sem dúvida fulminar todo o aparato e arcabouço investigativo, frustrando os princípios da oportunidade e conveniência do dinamismo das investigações na colheita de elementos informativos.

Sabe-se que um dos argumentos para a manutenção dessa supervisão judicial no inquérito policial de investigado por prerrogativa de função é evitar excessos e a aplicação da simetria de foro por prerrogativa para alcançar a fase inquisitiva.

48 A nova lei de abuso de autoridade

Ora, todos os agentes públicos conhecem e sabem os seus exatos limites de atuação, pelo menos é isto que se espera e se presume. Nesse viés, é impositiva e regra geral, a premissa de que se deve presumir legítima qualquer ação e diligência de agente público investido no cargo, e essa presunção não pode ser invertida ou mitigada, com o argumento da supervisão judicial em inquéritos policiais, pois essa realidade não é diferente aos Delegados de Polícia, vez que existe a lei de abuso de autoridade para coibir eventuais excessos, assim como a figura do "habeas corpus", mandado de segurança, reclamação e representações. Somado a isso, a aplicação da simetria buscada na ação penal de agentes com foro por prerrogativa para a fase investigativa não parece respeitosamente algo razoável e proporcional, sem dizer que o legislador constituinte deixou a impressão de um silêncio eloquente nesse ponto – que não poderia jamais ter sido preenchido.

Desse modo, criar essa figura de supervisão judicial (guardadas as ressalvas) parece, com as vênias de estilo, algo ilógico e na contramão da celeridade processual e procedimental (que abrangeria a figura do Inquérito Policial), além de outros valores tutelados juridicamente que o procedimento policial estaria a proteger no Estado Democrático de Direito.

Conjugado a isso, com a "permissa vênia", a supervisão judicial com as ressalvas quanto à Lei Orgânica da Magistratura Nacional[9] e do Ministério Público parece algo desconectado do sistema acusatório, pelo fato de o Poder Judiciário desempenhar um papel ativo, desde o nascedouro da investigação, no seu curso de desenvolvimento e na sua finalização, anotando que, na maioria das vezes, o julgador poderá lá na frente ter contato novamente com o caso, se a investigação vier a se transformar em ação penal.

Portanto, os argumentos dessa atividade supervisional não poderiam ser criados sob esse pretexto e muito menos na ausência de previsão constitucional (com impressão de verdadeiro silêncio eloquente), ausência de lei propriamente dita e com violação ao sistema acusatório. Aliás, esses argumentos são idôneos por si sós para afastar o argumento de necessidade de autorização judicial prévia para início de investigações – e também eventual indiciamento com as ressalvas já destacadas em linhas anteriores.

Acerca do assunto, o delegado de polícia Francisco Sannini Neto (2016, p. 1) preleciona que:

> *Reforçando esses argumentos, lembramos que a decisão de indiciamento implica em um juízo de probabilidade em relação à autoria, juízo este que não cabe ao*

---

[9] Disponível em: <https://presrepublica.jusbrasil.com.br/legislacao/103992/lei-organica-da-magistratura-nacional-lei-complementar-35-79>.

Poder Judiciário nesta fase de investigação, constituindo, nesse contexto, verdadeira antecipação da análise do mérito.

Como é cediço, os requisitos para o indiciamento são semelhantes aos exigidos para o oferecimento da denúncia, ou seja, prova da materialidade do crime e indícios suficientes de autoria. Assim, a representação do delegado de polícia para o indiciamento, na prática, teria quase a mesma força da denúncia, uma vez que propiciaria uma antecipação na análise do Poder Judiciário sobre os seus requisitos, deixando transparecer, ainda na fase de investigação, o destino final daquele caso, qual seja, um inevitável processo.

Por óbvio, o indiciamento efetivado diretamente pelo delegado de polícia, independentemente de autorização judicial, também representa um indicativo do futuro de determinado caso penal, haja vista que neste ato são expostas as conclusões da Polícia Judiciária (Civil ou Federal) acerca dos fatos apurados. Contudo, em tais situações não há qualquer manifestação do Poder Judiciário ou do Ministério Público, daí se dizer que "o indiciado de hoje nem sempre será o acusado de amanhã". Por outro lado, no indiciamento complexo, que depende de prévia autorização judicial, uma eventual "decisão positiva" resultará num legítimo "sinal verde" para que o Ministério Público ofereça a denúncia, gerando uma indesejável confusão entre as etapas que constituem a persecução penal.

Frente ao exposto, concluímos que o aqui denominado indiciamento complexo é inconstitucional por ferir os princípios da isonomia (se a Constituição não fez distinção, não cabe ao intérprete fazê-la) e da imparcialidade do juiz (que proferirá uma análise de mérito durante a investigação), ofendendo, outrossim, o sistema acusatório, que veda posturas ativas do Poder Judiciário antes da fase processual.

Embora o debate esteja aberto a críticas e apontamentos, encerramos a exposição em tela sustentando a desnecessidade de ordem judicial prévia para início das investigações criminais de investigado com foro por prerrogativa, assim como a desnecessidade de ordem judicial prévia para fins de indiciamento, à míngua de previsão constitucional (com impressão de verdadeiro silêncio eloquente), lei formal propriamente dita para tanto, violação ao sistema acusatório, entre outros argumentos jurídicos e implicações de cunho prático que as exigências em voga estariam a soçobrar e assolar à persecução penal na esfera policial.

Por fim, de qualquer forma, até que o assunto seja consolidado, recomenda-se a solicitação prévia para instauração e indiciamento de agentes públicos com foro por prerrogativa de função investigados por crimes da nova lei de abuso de autoridade.

4. Da ação penal

> **Art. 3º** Os crimes previstos nesta Lei são de ação penal pública incondicionada.
>
> **§ 1º** Será admitida ação privada se a ação penal pública não for intentada no prazo legal, cabendo ao Ministério Público aditar a queixa, repudiá-la e oferecer denúncia substitutiva, intervir em todos os termos do processo, fornecer elementos de prova, interpor recurso e, a todo tempo, no caso de negligência do querelante, retomar a ação como parte principal.
>
> **§ 2º** A ação privada subsidiária será exercida no prazo de 6 (seis) meses, contado da data em que se esgotar o prazo para oferecimento da denúncia.

4.1. Ação penal pública incondicionada

Essa é a regra geral do sistema jurídico brasileiro, no tocante ao direito penal. Conforme o artigo 100 do Código Penal Brasileiro, "a ação penal será sempre pública incondicionada, salvo quando a lei expressamente declarar o contrário"; assim, qualquer disposição que venha afirmar ser crime de ação penal pública incondicionada é desnecessária, pois, no silêncio da lei, subentende-se se tratar de crime de ação penal pública incondicionada. Portanto, as regras delineadas no art. 3º e seus §§ 1º e 2º são ululantes, tendo em vista o ordenamento jurídico como um todo.

Salienta-se que, na antiga Lei de Abuso de Autoridade, o art. 12 causava discussão em sua parte final, quando fazia remissão de que "a ação penal será iniciada, independentemente de inquérito policial ou justificação por denúncia do Ministério Público, instruída com a representação da vítima do abuso".

Na antiga Lei de Abuso de Autoridade, a ação penal pública era incondicionada também, apesar desse dispositivo legal falar em representação. Aliás, em regra, todos os crimes da legislação penal especial são de ação penal pública incondicionada. A exceção à regra é a lesão corporal culposa no trânsito e desde que haja situações do Código de Trânsito Brasileiro que faça tornar-se ação penal pública incondicionada.

Defendíamos em sintonia com a doutrina e jurisprudência que a terminologia "representação" concernente ao art. 12 da antiga Lei de Abuso de Autoridade não era condição de procedibilidade do Código de Processo Penal, mas apenas o direito de petição contra abuso de poder (art. 5º, XXXIV, do CF/88).

4.2. Ação penal privada subsidiária da pública

Será admitida ação penal privada subsidiária da pública se a ação penal pública não for intentada no prazo legal, cabendo ao Ministério Público aditar a queixa, repudiá-la e oferecer denúncia substitutiva, intervir em todos os termos do processo, fornecer elementos de prova, interpor recurso e, a todo tempo, no caso de negligência do querelante, retomar a ação como parte principal (§ 1º, art. 3º). Ademais, a ação privada subsidiária será exercida no prazo de seis meses, contado da data em que se esgotar o prazo para oferecimento da denúncia (§ 2º, art. 3º). Vale salientar que essa espécie de ação é um direito e garantia fundamental insculpido no art. 5º, LIX: "será admitida ação privada nos crimes de ação pública, se esta não for intentada no prazo legal".

4.3. Novas diligências requeridas pelo Ministério Público e inércia

Sabe-se que por força constitucional (art. 129, I da CF) e infraconstitucional (artigos 24 e 100 do CP) a ação penal pública incondicionada tem como titular o Ministério Público. Conforme já dito alhures, embora essa competência seja privativa, a própria Constituição a excepciona no art. 5º, LIX (será admitida ação privada nos crimes de ação pública, se esta não for intentada no prazo legal), admitindo, portanto, o particular ofertar a denúncia no seu lugar. Pode ocorrer, todavia, de ao receber o inquérito policial o Ministério Público venha a determinar novas diligências, fato que venha ultrapassar o prazo para o oferecimento da denúncia, sendo que neste caso não se trata de inércia, impedindo a eventual ação penal privada subsidiária da pública. Nesse mesmo sentido, o **enunciado n. 03** do Conselho Nacional dos Procuradores-Gerais dos Ministérios Públicos dos Estados e da União (CNPG) e do Grupo Nacional de Coordenadores de Centro de Apoio Criminal (CNCCRIM): "os crimes da Lei de Abuso de Autoridade são perseguidos mediante ação penal pública incondicionada. A queixa subsidiária pressupõe comprovada inércia do Ministério Público, caracterizada pela inexistência de qualquer manifestação ministerial".

4.4. Promoção do arquivamento da ação e inércia

O Ministério Público pode entender por promover o arquivamento da ação. Demonstra-se, assim, uma ação em prol do arquivamento, por entender, de forma fundamentada, que tal procedimento deva ser arquivado, não havendo omissão, desídia ou inércia. Assim, da mesma forma como foi visto anteriormente, na promoção do arquivamento da ação não há que se falar em inércia ministerial, não podendo o particular vir a propor a ação penal privada subsidiária da pública.

É nesse sentido o teor do enunciado n. 12 da Orientação nº 01/2020 do Ministério Público do Rio Grande do Sul, vejamos: "12. A prova de inércia e desídia da autoridade responsável pela investigação e pela formação da opinião delitiva sobre o fato é requisito essencial da ação penal privada subsidiária da pública, sem a qual ela deve ser rejeitada por ilegitimidade de parte e falta de pressuposto processual da ação penal, não a justificando unicamente o mero decurso do prazo".

4.5. Razões iniciais do veto presidencial

O artigo 3º e seus parágrafos haviam sido inicialmente vetados pelo Presidente da República sob os seguintes argumentos: "a ação penal será sempre pública incondicionada, salvo quando a lei expressamente declarar o contrário, nos termos do art. 100 do Código Penal, logo, é desnecessária a previsão do *caput* do dispositivo proposto. Ademais, a matéria, quanto à admissão de ação penal privada, já é suficientemente tratada na codificação penal vigente, devendo ser observado o princípio segundo o qual o mesmo assunto não poderá ser disciplinado em mais de uma lei, nos termos do inciso IV do art. 7º da Lei Complementar 95, de 1998. Ressalta-se, ainda, que nos crimes que se procedam mediante ação pública incondicionada não há risco de extinção da punibilidade pela decadência prevista no art. 103 cumulada com o inciso IV do art. 107 do CP, conforme precedentes do STF (v.g. STF. RHC 108.382/SC. Rel. Min. Ricardo Lewandowski. T1, j. 21/06/2011)".

5. Dos efeitos da condenação e das penas restritivas de direitos

5.1. Dos efeitos da condenação – análise do art. 4º

> **Art. 4º** São efeitos da condenação:
>
> I – tornar certa a obrigação de indenizar o dano causado pelo crime, devendo o juiz, a requerimento do ofendido, fixar na sentença o valor mínimo para reparação dos danos causados pela infração, considerando os prejuízos por ele sofridos;
>
> II – a inabilitação para o exercício de cargo, mandato ou função pública, pelo período de 1 (um) a 5 (cinco) anos;
>
> III – a perda do cargo, do mandato ou da função pública.
>
> **Parágrafo único.** Os efeitos previstos nos incisos II e III do *caput* deste artigo são condicionados à ocorrência de reincidência em crime de abuso de autoridade e não são automáticos, devendo ser declarados motivadamente na sentença.

5.1.1. Introdução

Os efeitos da condenação na sentença penal condenatória em crimes de abuso de autoridade é tornar certa a obrigação de indenizar o dano causado pelo crime, devendo o magistrado, a requerimento do ofendido, fixar na sentença o valor mínimo para reparação dos danos causados pela infração, considerando os prejuízos por ele sofridos. Esse efeito é automático da sentença penal condenatória.

Já os efeitos da inabilitação para o exercício de cargo, mandato ou função pública, pelo período de um a cinco anos e a perda do cargo, do mandato ou da função pública são condicionados à ocorrência de reincidência em crime de abuso de autoridade e não são automáticos, devendo ser declarados motivadamente na sentença.

5.1.2. Dispensa de rigor formal no requerimento do ofendido

Observe que um dos efeitos da condenação é tornar certa a obrigação de indenizar o dano causado pelo crime, devendo o juiz, a requerimento do ofendido, fixar na sentença o valor mínimo para reparação dos danos causados pela infração, considerando os prejuízos por ele sofridos (inciso, I, art. 4º), devendo ser levado em consideração que o "requerimento do ofendido" pode ser realizado de forma simples, sem qualquer rigorismo formal. Sobre o assunto há o **enunciado n. 04** do Conselho Nacional dos Procuradores-Gerais dos Ministérios Públicos dos Estados e da União (CNPG) e do Grupo Nacional de Coordenadores de Centro de Apoio Criminal (CNCCRIM), informando que: "o requerimento do ofendido para a reparação dos danos causados pela infração penal dispensa qualquer rigor formal".

5.1.3. Necessidade de reincidência específica para perda de cargo em crimes de abuso de autoridade pela nova Lei nº 13.869/2019

Para que haja a perda do cargo em crimes especificados na nova Lei supra, é imprescindível que haja **reincidência específica (crime de abuso de autoridade + crime de abuso de autoridade)** pelo agente criminoso em qualquer um dos crimes de abuso de autoridade (mas deve ser necessariamente crime de abuso de autoridade) e o efeito não é automático, devendo ser motivado na sentença. Vejamos a tabela a seguir para ilustrar melhor:

Reincidência específica (crime de abuso de autoridade + crime de abuso de autoridade)	Reincidência normal
Crime de abuso de autoridade + qualquer outro crime da Lei de Abuso de Autoridade (não precisa ser necessariamente o mesmo delito da condenação anterior) = reincidência específica	**Crime de abuso de autoridade + furto** = não é reincidência específica **CONSEQUÊNCIA:** não gera a perda do cargo pela Lei de Abuso de Autoridade por faltar a reincidência específica exigida pela aludida lei, mas pode gerar a perda de cargo pela regra geral do Código Penal Brasileiro, a depender da pena imposta, por haver infração sujeita a regra comum: no caso, o furto.
CONSEQUÊNCIA: gera a perda do cargo pela Lei de Abuso de Autoridade.	**Homicídio + crime de abuso de autoridade** = não é reincidência específica **CONSEQUÊNCIA:** não gera a perda do cargo pela Lei de Abuso de Autoridade por faltar a reincidência específica exigida pela aludida lei, mas pode gerar a perda de cargo pela regra geral do Código Penal Brasileiro, a depender da pena imposta, por haver infração sujeita a regra comum: no caso, o homicídio.

Crime de abuso de autoridade + qualquer outro crime da Lei de Abuso de Autoridade (não precisa ser necessariamente o mesmo delito da condenação anterior) = reincidência específica	Crime de abuso de autoridade + infrações penais da legislação penal especial que não seja da lei de abuso de autoridade = não é reincidência específica
	CONSEQUÊNCIA: não gera a perda do cargo pela Lei de Abuso de Autoridade por faltar a reincidência específica exigida pela aludida lei, mas pode gerar a perda de cargo pela regra geral do Código Penal Brasileiro, a depender da pena.

Deve ser observado o período de cinco anos também da condenação (art. 64, inciso I, do CPB), porque se o agente é condenado por crime de abuso de autoridade e passados cinco anos venha praticar novo crime de abuso de autoridade, não se terá a reincidência.

Logo, se o agente, por exemplo, é condenado por crime de abuso de autoridade e depois por furto não será reincidência específica, ou por homicídio e depois por crime de abuso de autoridade, não será reincidência específica, dentro do lapso temporal de cinco anos.

5.1.4. Práticas de crimes de abuso de autoridade + crime de abuso de autoridade para gerar a "reincidência específica" e a perda do cargo deve corresponder exatamente ao mesmo cargo utilizado para as práticas dos delitos

Calcado no entendimento jurisprudencial e de parcela da doutrina, a perda do cargo do art. 4º, inciso III, da Lei nº 13.869/2019 deve ser limitada ao cargo, mandato ou função que era exercida pelo agente quando da prática do crime. Aqui há a proibição de atingir outro cargo diverso que não foi utilizado para a prática do crime de abuso de autoridade.

5.1.5. Inabilitação para o exercício de cargo, mandato ou função pública

O mesmo se dá com relação à inabilitação para o exercício de cargo, mandato ou função pública pelo período de um a cinco anos.

5.1.6. Reiteração delitiva

Não tem o condão de ensejar a perda do cargo, já que tecnicamente não é o mesmo do que reincidência, lembrando que a nova Lei nº 13.869/2019 exige, no caso em

56 A nova lei de abuso de autoridade

apreço, **reincidência específica (crime de abuso de autoridade + crime de abuso de autoridade).**

5.2. Das penas restritivas de direitos – análise do art. 5º

> **Art. 5º** As penas restritivas de direitos substitutivas das privativas de liberdade previstas nesta Lei são:
>
> I – prestação de serviços à comunidade ou a entidades públicas;
> II – suspensão do exercício do cargo, da função ou do mandato, pelo prazo de 1 (um) a 6 (seis) meses, com a perda dos vencimentos e das vantagens;
> III – (VETADO)[11].
>
> **Parágrafo único.** As penas restritivas de direitos podem ser aplicadas autônoma ou cumulativamente.

5.2.1. Introdução

O legislador ordinário trouxe como penas restritivas de direitos substitutivas das privativas de liberdade nesta Lei de Abuso de Autoridade a prestação de serviços à comunidade ou a entidades públicas e a suspensão do exercício do cargo, da função ou do mandato, pelo prazo de um a seis meses, com a perda dos vencimentos e das vantagens.

Todavia, o legislador, curiosamente, no parágrafo único, do art. 5º, da nova Lei de Abuso de Autoridade trouxe a previsão de que as penas restritivas de direitos podem ser aplicadas autônoma ou cumulativamente.

Ora, se a pena restritiva de direito é substitutiva, a mera previsão de aplicação cumulativa com pena privativa de liberdade, ao que parece, levaria a uma clara contradição legal e de negativa de vigência.

Diante da redação do parágrafo único, do art. 5º, da nova Lei de Abuso de Autoridade, prevemos que certamente será contestado.

---

[10] III – proibição de exercer funções de natureza policial ou militar no Município em que tiver sido praticado o crime e naquele em que residir ou trabalhar a vítima, pelo prazo de 1 (um) a 3 (três) anos.

5.2.2. Das penas em abstrato

Analisando todos os delitos da nova lei de abuso de autoridade, constata-se que há apenas duas penas cominadas em abstrato: a) detenção, de um a quatro anos, e multa; e b) detenção, de seis meses a dois anos, e multa.

5.2.3. Prescrição da pretensão punitiva

A prescrição nada mais é do que a perda do direito de punir por parte do estado, diante do decurso do tempo. Assim, conforme leciona Julio Frabbrini Mirabete (2007, p. 824) "ocorrido o crime, nasce para o Estado a pretensão de punir o autor do fato criminoso, que deve ser exercida dentro de determinado lapso temporal, que varia de acordo com a figura criminosa e segundo o critério do máximo cominado em abstrato da pena privativa de liberdade". Neste caso falamos em prescrição da pretensão punitiva.

Dito isso, tendo em vista que os crimes da nova Lei de Abuso de Autoridade possuem apenas como máximo cominado em abstrato da pena privativa de liberdade de dois e quatro anos, conclui-se que nos crimes em que a pena privativa de liberdade for dois anos abstratamente, esta prescreverá em quatro anos; se for quatro anos abstratamente, prescreverá em oito anos, com inteligência do art. 109, incisos IV e V do CP.

5.2.4. Prescrição da pretensão executória

Uma vez transitada em julgado a sentença penal condenatória, poderá ocorrer a prescrição da pretensão executória. Assim, a prescrição depois de transitar em julgado a sentença condenatória regula-se pela pena aplicada e verifica-se nos prazos estabelecidos legalmente (art. 109, CP), os quais se aumentam de um terço, caso o condenado seja reincidente. Por fim, a prescrição, depois da sentença condenatória com trânsito em julgado para a acusação ou depois de improvido seu recurso, regula-se pela pena aplicada, não podendo, em nenhuma hipótese, ter por termo inicial data anterior à da denúncia ou queixa.

5.2.5. Prescrição da pena de multa

A prescrição da pena de multa ocorrerá em dois anos, quando a multa for a única cominada ou aplicada (art. 114, I, CP); ou no mesmo prazo estabelecido para prescrição da pena privativa de liberdade, quando a multa for alternativa ou cumulativamente cominada ou cumulativamente aplicada (art. 114, II, CP).

5.2.6. Cabimento de Acordo de Não Persecução Penal (ANPP)

À vista da redação do novo art. 28-A, do Código de Processo Penal (incluído pela nova Lei Federal nº 13.964/2019 – 'Lei do Pacote Anticrime'), se a infração penal não for cometida, mediante violência ou grave ameaça à pessoa; a pena abstrata mínima ser inferior a quatro anos; havendo confissão formal; é possível o cabimento de Acordo de Não Persecução Penal (ANPP), desde que presentes os demais requisitos para tanto. É nesse sentido, inclusive, o teor do **enunciado n. 28** do Conselho Nacional dos Procuradores-Gerais dos Ministérios Públicos dos Estados e da União (CNPG) e do Grupo Nacional de Coordenadores de Centro de Apoio Criminal (CNCCRIM): "crimes de abuso de autoridade, cometidos sem violência ou grave ameaça à pessoa, presentes os pressupostos do art. 18 da Res. 181/17 do CNMP, admitirão o acordo de não persecução penal, salvo se a sua celebração não atender ao que seja necessário e suficiente para a reprovação e prevenção do crime".

5.2.7. Razões do veto do inciso III, art. 5º

O Presidente da República, Jair Messias Bolsonaro, condensou em seu arrazoado de veto que a propositura legislativa, ao prever a proibição apenas àqueles que exercem atividades de natureza policial ou militar no município da prática do crime e na residência ou trabalho da vítima, fere o princípio constitucional da isonomia, podendo, inclusive, prejudicar as forças de segurança de determinada localidade, a exemplo do Distrito Federal, pela proibição do exercício de natureza policial ou militar.

6. Das sanções de natureza civil e administrativa

6.1. Independência das instâncias – Criminal, civil e administrativa – Análise do art. 6º

> **Art. 6º** As penas previstas nesta Lei serão aplicadas independentemente das sanções de natureza civil ou administrativa cabíveis.
>
> **Parágrafo único.** As notícias de crimes previstos nesta Lei que descreverem falta funcional serão informadas à autoridade competente com vistas à apuração.

6.1.1. Introdução

O legislador ordinário, seguindo a tradição da independência das instâncias, sabidamente positivou que as penas previstas nesta Lei de Abuso de Autoridade serão aplicadas independentemente das sanções de natureza civil ou administrativa cabíveis. Logo, para aplicação das penas na esfera criminal, não necessita se aguardar o desfecho da área civil ou administrativa.

Outrossim, o legislador contemplou que as notícias de crimes previstos nesta Lei de Abuso de Autoridade que descreverem violação do dever funcional serão informadas à autoridade competente com vistas à apuração.

6.2. Efeitos da condenação criminal no âmbito civil e administrativo – Análise do art. 7º

> **Art. 7º** As responsabilidades civil e administrativa são independentes da criminal, não se podendo mais questionar sobre a existência ou a autoria do fato quando essas questões tenham sido decididas no juízo criminal.

6.2.1. Introdução

Sabe-se que, em regra, as instâncias são independentes, mas a nova Lei de Abuso de Autoridade traz uma novidade de que as responsabilidades civil e administrativa não podem mais ser questionadas sobre a existência ou a autoria do fato quando essas questões tenham sido decididas no juízo criminal. Assim se dizer que os efeitos da sentença criminal se projetam para as áreas civis e administrativas quando se lastrear na existência e na autoria do fato.

6.2.2. Efeitos da sentença penal

O art. 386, do Código de Processo Penal, prescreve que "o juiz absolverá o réu, mencionando a causa na parte dispositiva, desde que reconheça: I – estar provada a inexistência do fato; II – não haver prova da existência do fato; III – não constituir o fato infração penal; IV – estar provado que o réu não concorreu para a infração penal; V – não existir prova de ter o réu concorrido para a infração penal; VI – existirem circunstâncias que excluam o crime ou isentem o réu de pena (arts. 20, 21, 22, 23, 26 e § 1º do art. 28, todos do Código Penal), ou mesmo se houver fundada dúvida sobre sua existência; VII – não existir prova suficiente para a condenação". Observe, todavia, que os efeitos da sentença criminal só terão o condão de irradiar os seus efeitos nas hipóteses de "inexistência do crime e negativa de autoria" (com inteligência do art. 7º da nova lei de abuso de autoridade); portanto, não abrange todas as hipóteses descritas nos incisos do art. 386, CPP. Vejamos cada uma das situações nos subtópicos a seguir.

- ❖ **Estar provada a inexistência do fato no juízo criminal (art. 386, I, CPP):** nesta situação fará coisa julgada no âmbito civil e administrativo. Suponha a situação que determinado agente público é acusado pela morte de determinada pessoa (fato), posteriormente essa mesma pessoa reaparece com vida, constatando-se que se trata de um fato inexistente. Nesta situação, nos exatos termos do art. 7º da Lei nº 13.869/19 c/c art. 66 do CPP e 935 Código Civil, os efeitos da sentença penal terão repercussão direta no juízo civil e criminal, fazendo coisa julgada – não se podendo mais questionar o assunto no âmbito cível e administrativo.
- ❖ **Não haver prova da existência do fato no juízo criminal (art. 386, II, CPP):** nesta situação não fará coisa julgada no âmbito civil e administrativo. Aqui, resta dúvida e, por força do princípio do *in dubio pro reo*, o agente será absolvido. Nesta situação, com inteligência do art. 7º da Lei nº 13.869/19, os efeitos da sentença penal não terão repercussão direta no juízo civil e criminal, portanto, poderão ser ali questionados.
- ❖ **Não constituir o fato infração penal (art. 386, III, CPP):** nesta situação também não fará coisa julgada no âmbito civil e administrativo. Aqui, com

inteligência do art. 7º da Lei nº 13.869/19 c/c art. 67, II do CPP, os efeitos da sentença penal não terão repercussão direta no juízo civil e criminal, portanto, poderão ser ali questionados.

❖ **Negativa de autoria comprovada e decidida no juízo criminal (art. 386, IV, CPP):** nesta situação fará coisa julgada no âmbito civil e administrativo. Suponha a situação que determinado agente público é acusado por ter adentrado de forma ilegal em determinado imóvel (fato), posteriormente o agente público comprova que naquele dia e horário estava em outro local, constatando-se que, embora possa se tratar de fato existente, a sua autoria não recai sobre ele. Aqui, nos exatos termos do art. 7º da Lei nº 13.869/19, os efeitos da sentença penal terão repercussão direta no juízo civil e criminal, fazendo coisa julgada – não se podendo mais questionar o assunto no âmbito cível e administrativo.

❖ **Não haver prova de ter o réu concorrido para a infração penal (art. 386, V, CPP):** nesta situação não fará coisa julgada no âmbito civil e administrativo. Aqui, resta dúvida e, por força do princípio do *in dubio pro reo*, o agente será absolvido. Aqui, com inteligência do art. 7º da Lei nº 13.869/19, os efeitos da sentença penal não terão repercussão direta no juízo civil e criminal, portanto, poderão ser ali questionados.

❖ **Existirem circunstâncias que excluam o crime ou isentem o réu de pena (arts. 20, 21, 22, 23, 26 e § 1º do art. 28, todos do Código Penal), ou mesmo se houver fundada dúvida sobre sua existência (art. 386, VI, CPP):** nesta situação há vários desdobramentos, vejamos cada um.

a) **Provada a existência de causa excludente de ilicitude real (antijuridicidade real) com atingimento de terceiro inocente:** a vítima (terceiro inocente) não estará impedida de buscar na esfera cível por reparações em desfavor do Estado baseada na responsabilidade objetiva, ainda que o acusado tenha sido absolvido por legítima defesa, estado de necessidade, estrito dever do cumprimento legal ou exercício regular do direito, já que não foi aquela quem deu causa à ação. Em ocorrendo isto, o Estado e/ou acusado absolvido (em regra agente público) poderá(ão) ajuizar ação regressiva, em face da pessoa que deu causa à sua ação.

b) **Provada a existência de causa excludente da ilicitude putativa (imaginária) e erro na execução (*aberratio ictus*):** tem-se que absolvição estribada na legítima defesa putativa não obsta a demanda civil, exceto se a agressão for dirigida pelo próprio ofendido. Caso o acusado seja absolvido (em regra agente público) na seara criminal, nada impede sua responsabilidade no âmbito cível. Em ocorrendo isto, o Estado e/ou acusado absolvido (em regra agente público) poderá(ão) ajuizar ação regressiva, em face da pessoa que deu causa à sua ação.

62 A nova lei de abuso de autoridade

c) **Fundada dúvida sobre a causa excludente de ilicitude (antijuridicidade) ou de culpabilidade:** a absolvição centrada no princípio do *in dubio pro reo* não impede que o acusado absolvido seja demandado na esfera cível.

❖ **Não existir prova suficiente para a condenação (art. 386, VII, CPP):** nesta situação não fará coisa julgada no âmbito civil e administrativo. Aqui, resta dúvida e, por força do princípio do *in dubio pro reo*, o agente será absolvido. Nesta situação, com inteligência do art. 7º da Lei nº 13.869/19, os efeitos da sentença penal não terão repercussão direta no juízo civil e criminal, portanto, poderão ser ali questionados.

6.2.3. Entendimentos jurisprudenciais de algumas situações de arquivamento do inquérito policial que fariam coisa julgada material

Ademais, em sede jurisprudencial, o STF e o STJ possuem entendimentos de algumas situações de arquivamento do inquérito policial que fariam coisa julgada material, ou seja, mesmo havendo as situações em que ainda porventura surjam novas provas, não será possível o desarquivamento do inquérito com a oferta da denúncia.

O tema é controvertido por demais de que não é qualquer arquivamento do inquérito policial que operará a coisa julgada material, devendo o arquivamento se dar por certos fundamentos jurídicos.

Em situação de atipicidade dos fatos, o Supremo Tribunal Federal (STF) entendeu que o arquivamento do inquérito policial embasado na atipicidade da conduta gera coisa julgada material, ainda que seja proferida por Juiz absolutamente incompetente:

> *[...]*
>
> *II – Inquérito policial: arquivamento com base na atipicidade do fato: eficácia de coisa julgada material. A decisão que determina o arquivamento do inquérito po- licial, quando fundado o pedido do Ministério Público em que o fato nele apurado não constitui crime, mais que preclusão, produz coisa julgada material, que – ainda quando emanada a decisão de juiz absolutamente incompetente –, impede a ins- tauração de processo que tenha por objeto o mesmo episódio. Precedentes: HC 80.560, 1ª T., 20.02.01, Pertence, RTJ 179/755; Inq 1538, Pl., 08.08.01, Pertence, RTJ 178/1090; Inq-QO 2044, Pl., 29.09.04, Pertence, DJ 28.10.04; HC 75.907, 1ª T., 11.11.97, Pertence, DJ 9.4.99; HC 80.263, Pl., 20.2.03, Galvão, RTJ 186/1040.(HC 83346, Relator: Min. Sepúlveda Pertence, Primeira Turma, julgado em 17/05/2005)*

A posição citada já foi reafirmada em julgamento posterior pelo STF em 2011 no Inquérito Policial (Inq. 3114/PR). O STF também entende que o arquivamento pela prescrição (entre outras hipóteses de extinção da punibilidade) também gera(m) coisa julgada material.

Em outra hipótese interessante, julgado em março de 2017, a 5ª Turma do Superior Tribunal de Justiça (STJ) decidiu, no HC 307.562/RS, que o reconhecimento de causa extintiva da punibilidade também produz coisa julgada material.

O ponto de maior divergência jurisprudencial quanto ao arquivamento de inquérito policial fazer coisa julgada material reside em torno das excludentes de ilicitude (excludentes de antijuridicidade). A 6ª Turma do STJ, no RHC 46666/MG, se posicionou no sentido de que o arquivamento de inquérito policial baseado na existência de excludente de ilicitude (excludentes de antijuridicidade) faz coisa julgada material. Em divergência deste entendimento, a 2ª Turma do STF, no julgamento do HC 125101/SP, decidiu de forma contrária, argumentando que o arquivamento por excludente de ilicitude não gera coisa julgada material.

6.3. Efeitos civis da absolvição penal com fundamento nas excludentes da ilicitude – Análise do art. 8º

Art. 8º Faz coisa julgada em âmbito cível, assim como no administrativo-disciplinar, a sentença penal que reconhecer ter sido o ato praticado em estado de necessidade, em legítima defesa, em estrito cumprimento de dever legal ou no exercício regular de direito.

6.3.1. Introdução

O legislador ordinário, preocupado em trazer segurança jurídica, positivou que faz coisa julgada em âmbito cível, assim como no administrativo-disciplinar, a sentença penal que reconhecer ter sido o ato praticado em estado de necessidade, em legítima defesa, em estrito cumprimento de dever legal ou no exercício regular de direito. Essa previsão, embora fosse desnecessária, porquanto o próprio Código de Processo Penal tenha previsão similar[11], ao menos reforça a preocupação do legislador em tutelar o agente público, lembrando de todas as críticas nossas dirigidas sobre a nova lei de abuso de autoridade. No mais, para maiores informações sobre o tema remetemos o leitor para a análise do art. 7º, onde o tema foi ali exaurido.

---

[11] Art. 65, do CPP: Art. 65. Faz coisa julgada no cível a sentença penal que reconhecer ter sido o ato praticado em estado de necessidade, em legítima defesa, em estrito cumprimento de dever legal ou no exercício regular de direito.

7. Dos crimes e das penas

A lei nº 13.869, de 2019, traz ao todo 24 crimes, diga-se, todos punidos com pena de detenção, sem olvidar do delito inserido no Estatuto da OAB, que tem matéria correlata aos delitos dessa lei. Conforme dito alhures, a grande maioria dos delitos trazidos pelo novo diploma se trata de novas leis penais incriminadoras; em outros, operou aquilo que a doutrina convencionou denominar de princípio da continuidade normativo-típica. Sendo assim, passamos a discorrer acerca de cada um dos delitos de abuso de autoridade, especificando todos os pontos cruciais para a análise pormenorizada de cada um dos dispositivos, sendo primordial para nós esgotarmos todos os assuntos relacionados a cada um dos artigos.

7.1. Decretar medida de privação da liberdade em manifesta desconformidade com as hipóteses legais (art. 9º)

Art. 9º Decretar medida de privação da liberdade em manifesta desconformidade com as hipóteses legais:

Pena – detenção, de 1 (um) a 4 (quatro) anos, e multa.

Parágrafo único. Incorre na mesma pena a autoridade judiciária que, dentro de prazo razoável, deixar de:

I – relaxar a prisão manifestamente ilegal;
II – substituir a prisão preventiva por medida cautelar diversa ou de conceder liberdade provisória, quando manifestamente cabível;
III – deferir liminar ou ordem de habeas corpus, quando manifestamente cabível.

Dos crimes e das penas **65**

7.1.1. Introdução

A Constituição Federal, no art. 5º, XLI, determinou que "a lei punirá qualquer discriminação atentatória dos direitos e liberdades fundamentais". Assim, ao tipificar tal conduta o legislador buscou primariamente resguardar os direitos e liberdades fundamentais, especialmente no tocante ao direito de ir e vir.

7.1.2. Fundamento constitucional

As condutas descritas no artigo em comento violam os seguintes direitos e garantias fundamentais, previstos no art. 5º, da CF/88: "XV – é livre a locomoção no território nacional em tempo de paz, podendo qualquer pessoa, nos termos da lei, nele entrar, permanecer ou dele sair com seus bens; LIV – ninguém será privado da liberdade ou de seus bens sem o devido processo legal; LXI – ninguém será preso senão em flagrante delito ou por ordem escrita e fundamentada de autoridade judiciária competente, salvo nos casos de transgressão militar ou crime propriamente militar, definidos em lei; LXV – a prisão ilegal será imediatamente relaxada pela autoridade judiciária; LXVI – ninguém será levado à prisão ou nela mantido, quando a lei admitir a liberdade provisória, com ou sem fiança; LXVII – não haverá prisão civil por dívida, salvo a do responsável pelo inadimplemento voluntário e inescusável de obrigação alimentícia e a do depositário infiel; LXVIII – conceder-se-á habeas corpus sempre que alguém sofrer ou se achar ameaçado de sofrer violência ou coação em sua liberdade de locomoção, por ilegalidade ou abuso de poder".

7.1.3. A Convenção Americana de Direitos Humanos

A conduta descrita viola o seguinte preceito da CADH, previsto no art. 7º, I, II e III: "Artigo 7. Direito à liberdade pessoal: I. Toda pessoa tem direito à liberdade e à segurança pessoais. II. Ninguém pode ser privado de sua liberdade física, salvo pelas causas e nas condições previamente fixadas pelas constituições políticas dos Estados Partes ou pelas leis de acordo com elas promulgadas. III. Ninguém pode ser submetido a detenção ou encarceramento arbitrários".

7.1.4. Princípio da continuidade normativa típica

Há de ser observado que a conduta descrita no *caput* do art. 9º, e as condutas descritas nos incisos I e II do parágrafo único, já encontravam expressa previsão legal no art. 3º, alínea "a", e no art. 4º, alíneas "a", "d" e "e", da Lei nº 4.898/1965, nestes termos:

> *Art. 3º. Constitui abuso de autoridade qualquer atentado: a) à liberdade de loco-moção; Art. 4º Constitui também abuso de autoridade: a) ordenar ou executar medida privativa da liberdade individual, sem as formalidades legais ou com abuso de poder; d) deixar o Juiz de ordenar o relaxamento de prisão ou detenção ilegal que lhe seja comunicada; e) levar à prisão e nela deter quem quer que se proponha a prestar fiança, permitida em lei.*

7.1.5. *Novatio legis in pejus*

Todos os crimes da Lei nº 4.898/1965 eram punidos com uma pena de detenção de dez dias a seis meses. Atualmente, constata-se uma elevação em todas as penas da nova lei de abuso de autoridade, tratando-se, assim, de uma nova lei penal prejudicial ao réu (*novatio legis in pejus*), motivo pelo qual, diante da aplicação do princípio da continuidade normativo-típica no crime em tela, há de ser dito que por força constitucional (art. 5º, inc. XL) "a lei penal não retroagirá, salvo para beneficiar o réu". Logo, de se dizer que a lei penal mais grave não retroage para alcançar os fatos passados.

7.1.6. *Novatio legis* incriminadora

Sobre o artigo em comento, trata-se de nova lei penal incriminadora no que tange à "substituição da prisão preventiva por medida cautelar diversa ou de concessão de liberdade provisória, quando manifestamente cabível". Observe que a medida cautelar de fiança era a única prevista na antiga lei de abuso de autoridade; atualmente qualquer medida cautelar poderá dar ensejo ao crime de abuso de autoridade. Também no que tange ao "deferimento de liminar ou ordem de habeas corpus, quando manifestamente cabível", trata-se do inteiro teor de nova lei penal incriminadora e, por força constitucional (art. 5º, inc. XXXIX) e infraconstitucional (art. 1º, CP), serão aplicadas para o futuro, afinal, não há crime sem lei anterior que o defina e não há pena sem prévia cominação legal.

7.1.7. Objeto jurídico

Trata-se de crime pluriofensivo, porquanto, além de tutelar o regular funcionamento da administração pública, sua credibilidade e dignidade, tutela também os direitos e garantias fundamentais prescritos no art. 5º da Constituição Federal.

7.1.8. Objeto material

É a pessoa física que tem o seu direito de liberdade lesado pelo abuso cometido.

7.1.9. Núcleo do tipo

O tipo penal fala em "decretar", que significa dar ordens, determinar, mandar ou ordenar que se faça algo. No *caput* estamos diante de uma modalidade comissiva, que exige uma ação, um fazer do executor. Por ser crime formal (de consumação antecipada ou resultado cortado) se torna dispensável a produção do resultado naturalístico, que no caso concreto seria a efetiva privação da liberdade. Além do mais, o tipo penal exige que a decretação da privação da liberdade esteja em manifesta desconformidade com as hipóteses legais. Nessa situação estamos diante de uma norma penal em branco em sentido lato heterovitelina, que necessitará de complementação (assunto que será tratado a seguir).

7.1.10. A expressão "em manifesta desconformidade com as hipóteses legais"

A prisão no Brasil é tratada no Código de Processo Penal (prisão em flagrante, prisão preventiva, prisão em decorrência de sentença condenatória transitada em julgado), Código de Processo Penal Militar, Lei nº 7.960/1989 (prisão temporária), além da prisão disciplinar (nos casos de transgressão militar ou crime propriamente militar) e da prisão civil (por inadimplemento de obrigação alimentícia). Cada uma dessas prisões seguem um rito específico, isto é, um rito legal, com requisitos rígidos e de observação obrigatória. Por exemplo, o artigo 283, § 1º, CPP, prevê que "§ 1º As medidas cautelares previstas neste Título não se aplicam à infração a que não for isolada, cumulativa ou alternativamente cominada pena privativa de liberdade". Assim, caso uma prisão seja decretada em infração penal que seja apenada tão somente com a pena de multa, estará em manifesta desconformidade com as hipóteses legais, ou então, no caso de uma prisão preventiva ou temporária vir a ser cumprida durante a noite no interior de determinada residência, sem o consentimento do morador, neste sentido o art. 283, § 2º c/c art. 293, CPP, nestes termos: "§ 2º A prisão poderá ser efetuada em qualquer dia e a qualquer hora, respeitadas as restrições relativas à inviolabilidade do domicílio"; "Art. 293. Se o executor do mandado verificar, com segurança, que o réu entrou ou se encontra em alguma casa, o morador será intimado a entregá-lo, à vista da ordem de prisão. Se não for obedecido imediatamente, o executor convocará duas testemunhas e, sendo dia, entrará à força na casa, arrombando as portas, se preciso; sendo noite, o executor, depois da intimação ao morador, se não for atendido, fará guardar todas as saídas, tornando a casa incomunicável, e, logo que amanheça, arrombará as portas e efetuará a prisão".

Todavia, a grande questão sobre o assunto repousa a partir do momento em que uma prisão deixa de ser ilegal e passa a ser chamada de ilegalidade manifesta. O que se pode afirmar é que diante da lacuna exposta pela expressão "em manifesta desconformidade com as hipóteses legais", o tipo penal em comento ficaria reduzido a casos esdrúxulos e teratológicos. Sobre o assunto, André Cavalcante (2020, p. 75) dispara: "a redação aberta escolhida pelo legislador, contudo, não permite que se identifique, com o mínimo de segurança, quando uma decisão rompe a linha da natural divergência de entendimento jurídico sobre determinado conjunto fático-probatório e passa a ser uma decisão 'em manifesta desconformidade com as hipóteses legais'. Não há qualquer indicação superficial de quais parâmetros podem ser utilizados como balizas interpretativas para que se consiga identificar quando a decisão invade a seara da ilicitude".

7.1.11. A prisão civil por inadimplemento voluntário e inescusável de obrigação alimentícia

Atualmente é a única modalidade de prisão civil permitida no ordenamento jurídico brasileiro. Assim, a prisão nessa circunstância, com obediência aos requisitos e formalidades legais, não configurará o crime de abuso de autoridade.

7.1.12. A prisão civil do depositário infiel

Não mais é cabível no ordenamento jurídico brasileiro. Tendo por base a Convenção Americana sobre Direitos Humanos, que fora aprovada no Brasil pelo Decreto nº 678/92, onde especifica em seu art. 7º, VII, a vedação da prisão do depositário infiel. Lembrando que o Supremo Tribunal Federal reconheceu que a aludida Convenção teria status normativo supralegal, ou seja, hierarquia abaixo da Constituição, mas superior à lei ordinária. Sobre o assunto o STJ já havia editado a súmula 419, onde afirmava: "descabe a prisão civil do depositário judicial infiel". No mesmo diapasão o STF editou a súmula vinculante nº 25, afirmando que "É ilícita a prisão civil de depositário infiel, qualquer que seja a modalidade do depósito".

Dessa forma, uma prisão nessa circunstância poderá configurar o crime do art. 9º da lei de abuso de autoridade.

7.1.13. Prisão para averiguação

Assunto tormentoso. Alguns autores se limitam a afirmar que se trata de "abuso de autoridade", sem especificar situações do caso concreto, imprescindível para a verificação do abuso ou não. Sobre o tema discorre Guilherme de Souza Nucci (2007, p. 45) que "a detenção (reter alguém em lugar específico) tanto pode constituir mero exercício do poder de polícia (ex.: realização de uma blitz no trânsito para checagem de documentação) como pode significar abuso de autoridade. No caso de prisão (detenção prolongada, inserindo o indivíduo no cárcere), entendemos que não haverá exceção".

7.1.14. Privação de liberdade em estado de sítio

Em conformidade com o artigo 139 da CF/88, durante a vigência do estado de sítio poderá haver restrição ao direito de liberdade, sendo que nessas situações não ficará caracterizado abuso de autoridade. Por exemplo, na vigência do estado de sítio poderão ser determinadas contra as pessoas a obrigação de permanência em localidade determinada ou a detenção em edifício não destinado a acusados ou condenados por crimes comuns.

7.1.15. A questão do uso de algemas

Através da súmula vinculante nº 11 do STF podemos tomar como baliza que no ordenamento jurídico brasileiro a utilização de algemas é exceção, sendo os casos de utilização desnecessária enquadrados como abuso de autoridade. Nesse sentido, o teor da aludida súmula vinculante: "só é lícito o uso de algemas em casos de resistência e de fundado receio de fuga ou de perigo à integridade física própria ou alheia, por parte do preso ou de terceiros, justificada a excepcionalidade por escrito, sob pena de responsabilidade disciplinar, civil e penal do agente ou da autoridade e de nulidade da prisão ou do ato processual a que se refere, sem prejuízo da responsabilidade civil do Estado".

7.1.16. O uso de algemas no Tribunal do Júri

O Código de Processo Penal, no § 3º do art. 474, traz como regra a impossibilidade de utilização de algemas durante o julgamento no Tribunal do Júri, a qual só terá o seu uso permitido de forma excepcional nestes termos: "Art. 474, § 3º: Não se permitirá o uso de algemas no acusado durante o período em que permanecer no plenário do júri, salvo se absolutamente necessário à ordem dos trabalhos, à segurança das testemunhas ou à garantia da integridade física dos presentes". Observe que o art. 478, I do CPP, permite, inclusive, que durante os debates seja suscitada a determinação do uso de algemas como argumento de autoridade que venha a prejudicar o acusado, nestes termos: "Art. 478. Durante os debates as partes não poderão, sob pena de nulidade, fazer referências: I – à decisão de pronúncia, às decisões posteriores que julgaram admissível a acusação ou à determinação do uso de algemas como argumento de autoridade que beneficiem ou prejudiquem o acusado".

70 A nova lei de abuso de autoridade

7.1.17. O uso de algemas em mulheres grávidas

A Lei nº 13.434/2017 acrescentou o parágrafo único ao art. 292 do Código de Processo Penal para vedar o uso de algemas em mulheres grávidas durante o parto e em mulheres durante a fase de puerpério imediato. Vejamos: "Art. 292. (...) Parágrafo único. É vedado o uso de algemas em mulheres grávidas durante os atos médico-hospitalares preparatórios para a realização do parto e durante o trabalho de parto, bem como em mulheres durante o período de puerpério imediato". Portanto, caso uma mulher em alguma das situações descritas vier a ser algemada, também estaria o agente incorrendo em abuso de autoridade, tendo em vista que se encontra em desconformidade com as hipóteses legais.

7.1.18. O uso de algemas no Código de Processo Penal Militar

O § 1º do art. 234 do CPPM disciplina a matéria da seguinte forma: "Art. 234, § 1º O emprego de algemas deve ser evitado, desde que não haja perigo de fuga ou de agressão da parte do preso, e de modo algum será permitido nos presos a que se refere o art. 242". Por sua vez, o artigo 242 prescreve as pessoas que não poderão ser algemadas em hipótese alguma, nestes termos: "Art. 242. (...) a) os ministros de Estado; b) os governadores ou interventores de Estados, ou Territórios, o prefeito do Distrito Federal, seus respectivos secretários e chefes de Polícia; c) os membros do Congresso Nacional, dos Conselhos da União e das Assembleias Legislativas dos Estados; d) os cidadãos inscritos no Livro de Mérito das ordens militares ou civis reconhecidas em lei; e) os magistrados; f) os oficiais das Forças Armadas, das Polícias e dos Corpos de Bombeiros, Militares, inclusive os da reserva, remunerada ou não, e os reformados; g) os oficiais da Marinha Mercante Nacional; h) os diplomados por faculdade ou instituto superior de ensino nacional; i) os ministros do Tribunal de Contas; j) os ministros de confissão religiosa". Entendemos que o disposto no § 1º do art. 234 deve ser lido em conjunto a súmula vinculante nº 11 do STF. Assim, caso alguma das pessoas descritas no art. 242 vier a apresentar motivos para o uso de algemas, deverá esse motivo ser justificado por escrito, em conformidade com a súmula vinculante nº 11 do STF.

7.1.19. Buscas pessoais, abordagens ou revistas policiais e o algemamento

As posições das buscas pessoais, abordagens ou revistas policiais e até o algemamento seguirão além de eventual Procedimento Operacional Padrão (POP), a legislação em vigor, os limites e os atributos dos atos administrativos em geral, gozando as buscas pessoais, abordagens, revistas policiais e o algemamento da presunção de legitimidade e veracidade com discricionariedade, em vista do binômio conveniência e oportunidade da ação policial.

7.1.20. Procedimento Operacional Padrão (POP)

O Procedimento Operacional Padrão (POP) tem o escopo de orientar como uma doutrina policial institucional e até mesmo normatizar (quando em caráter disciplinador) a autuação do agente policial de maneira uniformizada e padronizada dos integrantes de determinada força policial.

Assim, aquele agente policial que autua dentro dos regramentos do Procedimento Operacional Padrão (POP), em regra, estará respaldado e não incorrerá em ilegalidades.

Pensamos que competirá ao policial civil e aos demais agentes policiais, discricionariamente, adotarem as hipóteses básicas da busca em virtude do cenário que a ele se apresentar. Por óbvio que as hipóteses de revista de joelhos e em decúbito ventral se mostram mais potencialmente constrangedoras e vexatórias que as demais abordadas, porém, se motivadas/justificadas, estarão imunes de censura, inclusive penal.

7.1.21. Buscas pessoais, abordagens ou revistas[12] policiais em pessoa transexual (mulher e homem), travesti, lésbica, gay, bissexual, transgênero dentre outras

Com a decisão recente do STF no julgamento da Ação Direta de Inconstitucionalidade por Omissão (ADO nº 26[13]), foram conferidos eficácia geral e efeito vinculante, em sua decisão, em criminalizar condutas homotransfóbicas.

Além disso, em comentário de passagem, é importante ressaltar que, apesar de tanto a Constituição quanto o Código Civil fixarem expressamente que a união estável se caracteriza pela união entre homem e mulher, o Supremo Tribunal Federal, ao julgar a ADI 4277-7 e a ADPF 132 no dia 05 de maio de 2011, declarou:

---

[12] Lembrando que não estamos empregando o rigor técnico nas expressões "abordagens" ou "revistas", mas apenas fazendo menção, já que essas palavras são mais comuns no meio popular.

[13] STF – Ação Direta de Inconstitucionalidade por Omissão nº 26 (ADO nº 26). Relator Ministro Celso de Mello. Disponível em: <http://portal.stf.jus.br/processos/detalhe.asp?incidente=4515053>. Acesso em: 19 mar. 2020.

> *Obrigatório o reconhecimento, no Brasil, da união entre pessoas do mesmo sexo, como entidade familiar, desde que atendidos os requisitos exigidos para a constituição da união estável entre homem e mulher; que os mesmos direitos e deveres dos companheiros nas uniões estáveis estendem-se aos companheiros nas uniões entre pessoas do mesmo sexo (BRASIL, 2012)[14].*

A decisão tem força vinculante, e, portanto, segundo Maria Berenice Dias (2011, p. 01) "[...] nenhum direito que é concedido ao casal heterossexual pode ser negado ao casal homossexual. Isso tem efeito imediato".

Em outras palavras, esses precedentes da nossa Corte Suprema – sem ingressar no mérito da tecnicidade e dos temas em si – reforçam a orientação e a tendência de a tutela estatal se voltar cada vez mais diante dessas diversidades sexuais.

Existe uma orientação contida na cartilha de Atuação Policial na Proteção dos Direitos Humanos de Pessoas em Situação de Vulnerabilidade[15], editada pela Secretaria Nacional de Segurança Pública (SENASP) sobre o assunto:

> *Seguindo os procedimentos de segurança e considerando as especificidades da abordagem a travestis e mulheres transexuais, considere os seguintes aspectos:*
>
> *De início, como se dirigir à pessoa?*
>
> ❖ *O policial deve respeitar a identificação social feminina caracterizada pela vestimenta e acessórios femininos de uso da pessoa abordada.*
> ❖ *Deve utilizar termos femininos ao se referir à travesti e mulheres transexuais – tais como: senhora, ela, dela.*
>
> *Como nomear a pessoa abordada?*
>
> ❖ *Estabilizada a situação, o policial deve perguntar a forma como a pessoa abordada gostaria de ser chamada: nome social.*
> ❖ *A pessoa pode escolher um nome feminino, masculino ou neutro.*

---

[14] Supremo Tribunal Federal. Ação Direta de Inconstitucionalidade 4277-7 do Supremo Tribunal Federal, julgado em 05 de maio de 2011. Relator: Min. Carlos Ayres Brito. **Lex:** Jurisprudência STF. Disponível em: <http://www.stf.jus.br/portal/peticaoInicial/verPeticaoInicial.asp?base=ADIN&s1=4277&processo=4277>. Acesso em: 19 mar. 2020.

[15] Disponível em: <https://www.justica.gov.br/central-de-conteudo/seguranca-publica/cartilhas/a_cartilha_policial_2013.pdf>. Acesso em: 19 mar. 2020.

Dos crimes e das penas **73**

O policial tem o dever de respeitar a escolha, não sendo permitido fazer comentários ofensivos sobre o nome informado.

Quem faz a busca pessoal na mulher transexual e na travesti?

❖ *Prioritariamente, o efetivo feminino deve realizar a busca pessoal na mulher transexual e na travesti. Tal orientação objetiva respeitar sua dignidade, reconhecendo seu direito de identificar-se como do gênero feminino.*

❖ *Como em toda ação policial, devem ser considerados os procedimentos de segurança. Avalie o grau de risco que a pessoa abordada oferece, considere as diferenças de porte físico entre a policial e a pessoa abordada.*

❖ *O efetivo em segurança deve ter condições de pronta-resposta, em caso de reação.*

❖ *Caso ameace a segurança, a policial pode não realizar a busca pessoal na travesti e na mulher transexual.*

O nome no documento de identidade:

❖ *Na identificação documental, deve-se evitar repetir em voz alta o nome de registro da pessoa abordada (da cédula de identidade), caso seja diferente do nome social informado.*

❖ *É preciso ser discreto ao solicitar esclarecimentos, para não constranger a pessoa. Deve-se continuar a chamá-la pelo nome feminino informado.*

❖ *Os documentos oficiais, como registro de ocorrência, documentação administrativa policial, dentre outros, deverão conter o nome social informado, devendo ser registrado também o nome de registro (da cédula de identidade).*

Proteja a travesti e a mulher transexual capturada ou detida.

❖ *A travesti ou a mulher transexual capturada ou detida deve ser mantida em separado dos homens, visando protegê-la de constrangimentos e/ou violência homofóbica.*

❖ *A travesti ou a mulher transexual vítima de violência deve ser amparada e conduzida à Delegacia.*

❖ *Você deve mostrar interesse na ocorrência e incentivá-la a fazer o registro do fato por ser a melhor forma de garantir seus direitos.*

HOMEM TRANSEXUAL

Seguindo os procedimentos de segurança e considerando as especificidades da abordagem aos homens transexuais, considere o seguinte: de início, como se dirigir à pessoa?

74 A nova lei de abuso de autoridade

❖ *Os homens transexuais utilizam vestimenta e acessórios masculinos.*

❖ *Quando o policial observar uma pessoa com imagem masculina, caracterizada pela vestimenta e acessórios masculinos, deve respeitar a identificação social masculina e dirigir-se à pessoa com base nessa interpretação.*

❖ *Deve utilizar termos masculinos ao se referir a essa pessoa – tais como: senhor, ele, dele.*

Como nomear a pessoa abordada?

❖ *Estabilizada a situação, o profissional de segurança pública deve perguntar a forma como a pessoa abordada gostaria de ser chamada: nome social. A pessoa pode escolher nome feminino, masculino ou neutro. O policial tem o dever de respeitar a escolha da pessoa, não sendo permitido fazer comentários irônicos sobre o nome informado.*

❖ *Prioritariamente, o efetivo feminino deve realizar a busca pessoal no homem transexual. Isso se deve ao fato de que, mesmo com a intenção em proceder conforme a identidade de gênero a ser expressa pela pessoa abordada, existe legislação específica que regula a busca pessoal em mulheres.*

❖ *Assim, para obedecer ao exposto no Art. 249 do Código de Processo Penal, a busca pessoal em mulheres deve ser feita por outra mulher, se não importar retardamento ou prejuízo da diligência.*

❖ *O **homem transexual capturado ou detido** deverá ser conduzido em separado dos homens biológicos, pois há legislação específica relativa ao cárcere de mulheres. Assim, em analogia ao disposto no Art. 766 do Código de Processo Penal, o homem transexual deve ser mantido em separado, para prevenir violência homofóbica."*

Em resumo, as eventuais conduções, bem como buscas pessoais, abordagens ou revistas policiais em pessoa transexual (mulher e homem), travesti, lésbica, gay, bissexual, transgênero, dentre outras, serão realizadas separadas (conduções) e materializadas (buscas pessoais e abordagens policiais) por homens ou mulheres, cujas identidades de gêneros estejam alinhadas ao sexo biológico.

A obediência desta regra protegerá a dignidade da pessoa transexual dentre outras diversidades sexuais abordadas e, possivelmente, preservará o(a) próprio(a) policial numa hipotética cogitação de abuso de autoridade, lembrando que não existe proibição legal para que policiais femininas possam realizar buscas em pessoas de ambos os sexos biológicos (art. 244, CPP).

7.1.22. Busca pessoal minuciosa (íntima) em infrator(a)

Essa busca minuciosa (íntima) em infrator(a) se dá num segundo momento da custódia, em que se tem a exposição da intimidade individual das pessoas.

Logo, essa busca ocorre antes do ingresso do(a) custodiado(a) ao cárcere (sistema prisional), a fim de que não carregue consigo instrumentos que possam ser empregados como armas, a exemplo de michas, barras de ferro, facas, armas de fogo ou objetos ilícitos como drogas, remédios proibidos etc.

Essas buscas, além de estarem respaldadas no Código de Processo Penal, Portarias e outros atos regulamentadores, geralmente podem integrar o Procedimento Operacional Padrão (POP), que é o procedimento que tem o escopo de orientar uma doutrina policial institucional e até mesmo normatizar (quando em caráter disciplinador) a atuação de maneira uniformizada e padronizada dos integrantes de determinada força policial.

Entendemos que o agente prisional e até mesmo o policial nos casos em que o conduzido se recolhe em celas na Delegacia até o encaminhamento ao Sistema Prisional não se enquadrariam na nova Lei de Abuso de Autoridade (Lei nº 13.869/2019), desde que essas buscas ocorram em ambiente controlado e não aberto a terceiros, para inspeção corporal e das vestes.

7.1.23. Revista e abordagem íntima de funcionários/funcionárias nos locais de trabalho da iniciativa pública e privada

Referente à revista e abordagem íntima de funcionários/funcionárias nos locais de trabalho, a Lei Federal nº 13.271/2016[16] dispõe que as empresas privadas, os órgãos e entidades da administração pública, direta e indireta, ficam proibidos de adotar qualquer prática de revista íntima de suas funcionárias e de clientes do sexo feminino, sujeitando os infratores a pena de multa.

---

[16] Art. 1º As empresas privadas, os órgãos e entidades da administração pública, direta e indireta, ficam proibidos de adotar qualquer prática de revista íntima de suas funcionárias e de clientes do sexo feminino. Art. 2º Pelo não cumprimento do art. 1º, ficam os infratores sujeitos a: I – multa de R$ 20.000,00 (vinte mil reais) ao empregador, revertidos aos órgãos de proteção dos direitos da mulher; II – multa em dobro do valor estipulado no inciso I, em caso de reincidência, independentemente da indenização por danos morais e materiais e sanções de ordem penal.

De outro lado, a Lei Federal nº 9.799/1999 acrescentou no inciso VI do artigo 373-A, da CLT, a vedação ao procedimento de revistas íntimas nas empregadas ou funcionárias por parte do empregador ou preposto.

A doutrina trabalhista do professor Amauri Mascaro Nascimento ensina-nos que: "a fiscalização inerente ao poder diretivo estende-se não só ao modo como o trabalho é prestado, mas também ao comportamento do trabalhador, tanto assim que é comum a revista dos pertences do empregado quando deixa o estabelecimento. Não prevista em lei, a revista surgiu dos usos e costumes, desde que não abusiva. Será abusiva quando ferir a dignidade do trabalhador, como a revista do empregado despido" (2011, p. 697).

Em sentido oposto da doutrina citada, a 1ª Jornada de Direito Material e Processual na Justiça do Trabalho assentou no enunciado nº 15 a seguinte tese de que toda e qualquer revista, íntima ou não, consistiria em ação ilegal:

> *Enunciado 15. REVISTA DE EMPREGADO.*
>
> *I – REVISTA – ILICITUDE. Toda e qualquer revista, íntima ou não, promovida pelo empregador ou seus prepostos em seus empregados e/ou em seus pertences, é ilegal, por ofensa aos direitos fundamentais da dignidade e intimidade do trabalhador.*
>
> *II – REVISTA ÍNTIMA – VEDAÇÃO A AMBOS OS SEXOS. A norma do art. 373-A, inc. VI, da CLT, que veda revistas íntimas nas empregadas, também se aplica aos homens em face da igualdade entre os sexos inscrita no art. 5º, inc. I, da Constituição da República.*

Em divergência do entendimento do enunciado supra, o Tribunal Superior do Trabalho decidiu sobre o assunto em seu acórdão que: "a jurisprudência deste colendo Tribunal Superior do Trabalho inclina-se no sentido de que a revista em objetos pessoais – bolsas e sacolas – dos empregados da empresa, realizada de modo impessoal, geral, sem contato físico ou exposição de sua intimidade, não submete o trabalhador a situação vexatória ou caracteriza humilhação, vez que decorre do poder diretivo e fiscalizador do empregador, revelando-se lícita a prática desse ato" [TST – Recurso de Revista nº TST-RR-61100-87.2013.5.13.0009, em 13/11/2013, 5ª Turma do Tribunal Superior do Trabalho].

Retomando a análise do art. 3º[17] da Lei Federal nº 13.271/2016, cumpre registrar, como já dito, que este foi vetado na época pela Presidente da República, Dilma Rousseff, através da Mensagem nº 146. O aludido artigo vetado preconizava que "nos casos previstos em lei, para revistas em ambientes prisionais e sob investigação policial, a revista será unicamente realizada por funcionários servidores femininos". Alertamos que o veto presidencial foi mantido pelo Congresso Nacional e, em verdade, acabou por possibilitar uma interpretação de que a revista íntima seria permitida em estabelecimentos prisionais, gerando uma interpretação em duplo sentido consistente em que as revistas poderiam se dar somente por servidores do sexo feminino, ainda que a pessoa que estivesse sendo revistada pertencesse ao sexo masculino.

Com isso, concluímos que o entendimento majoritário da doutrina, jurisprudência e legal é de que a revista é possível, desde que não seja abusiva, isto é, não fira a dignidade do trabalhador, como no caso da revista íntima.

7.1.24. Buscas, abordagens ou revistas íntimas em visitantes de estabelecimento prisional

É um tema imensamente controvertido.

Para se ter uma ideia, o assunto é Tema nº 998 da repercussão geral no STF acerca da "controvérsia relativa à ilicitude da prova obtida a partir de revista íntima de visitante em estabelecimento prisional, por ofensa ao princípio da dignidade da pessoa humana e à proteção ao direito à intimidade, à honra e à imagem", reconhecida no ARE 959.620 RG, rel. min. Edson Fachin. Em verdade, a questão constitucional cinge-se em saber se há compatibilidade entre as exigências necessárias para a segurança interna e externa dos presídios, que demanda práticas e regras denominadas "revistas íntimas" à luz dos artigos 5º, inc. X, 6º, *caput*, e 144, *caput*, da Constituição da República.

No estado de São Paulo, o assunto é disciplinado pela Lei Estadual nº 15.552/2014, que proíbe a busca íntima em visitante de estabelecimento prisional. Deve ser entendida por busca íntima em visitante aquela que obriga a pessoa despir-se, fazer agachamento ou dar saltos e submeter-se a exames clínicos invasivos.

Como regra geral, a revista deve ser mecânica, através de equipamentos como scanner, detector de metal, raio-x, entre outros, e sempre em repartição reservada.

---

[17] O dispositivo legal vetado tratava da revista íntima em ambiente prisional.

78 A nova lei de abuso de autoridade

Na hipótese de suspeita, o(a) visitante, ao ser revistado(a) novamente, poderá ser impedido(a) de ingressar no estabelecimento prisional e se insistir haverá o encaminhamento daquele(a) para um ambulatório onde um médico averiguará a suspeita mediante exame específico. Em se confirmando a suspeita inicial, se promove à apresentação do(a) visitante perante a Delegacia de Polícia para as providências cabíveis.

De mais a mais, em que pese a Lei Estadual paulista fixar essa restrição, existindo fundada suspeita da posse de objeto ilícito junto ao corpo ou nas entranhas do corpo ainda que por parte de visitante, a regra a incidir passa a ser a do art. 244 do Código de Processo Penal.

7.1.25. Direito comparado na jurisprudência internacional

Em análise do direito comparado, o Tribunal Europeu dos Direitos Humanos no caso Milka v. Polônia julgou possível, desde que observado o princípio da proporcionalidade: "Revistas íntimas em prisioneiros podem ser necessárias, mas apenas se justificam ante o princípio da proporcionalidade. Viola a Convenção Europeia de Direitos Humanos revista íntima em prisioneiro cujo comportamento nunca ultrapassou os limites do abuso verbal"[18].

O Tribunal Europeu dos Direitos Humanos no caso Affaire S. J. v. Luxemburgo deliberou que: "revistas íntimas podem ser necessárias para garantir a segurança em uma prisão – inclusive a do próprio detento –, para defender a ordem ou impedir infrações penais. Assim, não viola o artigo 3 da Convenção Europeia de Direitos Humanos a execução de revistas em prisioneiro no contexto de entrada e saída do estabelecimento prisional, se atendido o princípio da proporcionalidade"[19].

E mais:

> *A condenação perpétua de prisioneiro em razão do cometimento de crimes violentos, por si só, não justifica revistas íntimas rotineiras, intrusivas e excepcionalmente constrangedoras. [Savičs v. Letônia (2012). Application 17892/03. Julgado em 27-02-2013]*

> *Revistas íntimas baseadas no histórico de comportamento indisciplinado e violento do prisioneiro não ofendem a Convenção Europeia de Direitos do Homem.*

---

[18] Milka v. Polônia. *Application* 14322/12. Julgado em 15 set. 2015.

[19] Affaire S. J. v. Luxemburgo (2014). *Application* 47229/12. Julgado em 27 nov. 2012.

[Julin v. Estônia (2012). Applications 16563/08, 40841/08, 8192/10 e 18656/10. Julgado em 29-05-2012]

Viola a Convenção Europeia de Direitos Humanos a realização de revistas íntimas frequentes em prisioneiro, gravadas em vídeo e realizadas por agentes encapuzados, e que não demonstram ser necessárias para atender qualquer necessidade premente de segurança. [El Shennawy v. França (2011). Aplication 51246/08. Julgado em 20-01-2011]

Revistas corporais não são, em si, ilegais. No entanto, a forma com que são realizadas deve ter como objetivo o cumprimento de regras de segurança, e não a intimidação. [Ciupercescu v. Romênia (2010). Application 35555/03. Julgado em 15-06-2010]

Equivale a tratamento degradante submeter prisioneiros a revistas íntimas rotineiras sem fundamento convincente baseado na segurança. [Affaire Khider v. France (2009). Application 39364/05. Julgado em 09-10-2009]

A jurisprudência a respeito das revistas íntimas se aplica às situações em que pessoas são forçadas a despir-se. Dessa forma, o procedimento deve ser conduzido de maneira apropriada e justificada, com respeito à dignidade humana e a um objetivo legítimo. A conduta do pessoal do centro para sobriedade de despir uma mulher à força e, em seguida, amarrá-la com cintos por dez horas equivale a um nível de sofrimento incompatível com os padrões da Convenção. [Wiktorko v. Polônia (2009). Application 14612/02. Julgado em 30-06-2009]

A prática de revistar o prisioneiro na frente de outros detentos diminui sua dignidade e constitui tratamento degradante. [Malenko v. Ucrânia (2009). Application 186660/03. Julgado em 19-05-2009]

A recusa em ser revistado pode legitimar o uso da força física. Contudo, agredir detento com cassetete não é meio propício para facilitar a inspeção, mas apenas uma forma de repreensão ou de punição corporal. [Dedovskiy e outros v. Rússia (2008). Application 7178/03. Julgado em 15-08-2008]

O procedimento da inspeção anal deve estar baseado em suspeita forte e específica de necessidades convincentes de segurança ou necessidade de prevenir desordem ou crime. Determinar tal procedimento com base em uma presunção genérica viola a Convenção Europeia de Direitos Humano. [Frérot v. França (2007). Application 70204/01. Julgado em 12-09-2007].

80 A nova lei de abuso de autoridade

> *A revista íntima conduzida por agente que, sem luvas, apalpa os órgãos sexuais do detento e, em seguida, toca a comida que o prisioneiro havia acabado de receber durante a visita familiar demonstra clara falta de respeito e equivale ao tratamento degradante no sentido do artigo 3 da Convenção. [Valašinas v. Lituânia (2001). Application 44558/98. Julgado em 24-10-2001].*

Por sua vez, a Corte Interamericana de Direitos Humanos deliberou que:

> *As inspeções vaginais nas prisioneiras realizadas por policiais encapuzados, usando a força, e sem nenhum outro objetivo que não a intimidação, constituem violência contra as mulheres. Da mesma forma, inspeções vaginais realizadas em visitantes femininas, na completa ausência de regulamentação, por policiais em vez de profissionais da saúde, e como primeira medida e não como último recurso, constituem violência contra as mulheres. [Presídio Miguel Castro-Castro v. Peru (2006). Denúncias 11.015/92 e 11.769/97. Julgado em 25-11-2006]*

> *Os visitantes ou membros da família do preso não devem ser automaticamente considerados suspeitos de ato ilícito, não sendo legítimo, de início, sujeitá-los à revista íntima. Esse procedimento deve seguir as seguintes condições: a) ser absolutamente necessário para alcançar o objetivo de segurança no caso específico; b) não existir qualquer outra alternativa; c) em princípio, deve ser autorizado por ordem judicial; e 4) ser realizado unicamente por profissionais da saúde. [X e Y (menor) v. Governo da Argentina (2006). Caso 10.506. Julgado em 15-10-1996]*

Enfim, em busca do direito comparado dos mais diversos sistemas de justiça criminal do mundo, uma coisa unânime que se constatou: todos admitiriam as revistas íntimas de presos ou de visitantes, desde que observados a proporcionalidade, os mecanismos de procedimentos e outras nuances.

7.1.26. Da busca pessoal no policiamento de trânsito e na fiscalização do trânsito (blitz, bloqueios, ações policiais no trânsito)

A realização dos bloqueios policiais, ações de fiscalização de agentes de trânsito ou blitz policiais/agentes de trânsito miram primeiramente na fiscalização de veículos e condutores. Como regra, partimos do pressuposto de que a busca pessoal em bloqueios policiais, blitz ou ações de fiscalização no trânsito apenas são legais ou legítimas caso a solicitação do agente policial seja para que o condutor saia de seu veículo para se submeter à revista pessoal quando ocorrer a "fundada suspeita" de

Dos crimes e das penas **81**

que esteja transportando produto de natureza ou de origem criminosa; que esteja embriagado ou sob efeito de drogas ou equivalentes.

Na atividade administrativa de agentes públicos não se permite o emprego de subjetivismo no tratamento dos cidadãos administrados. Com isso, a depender da hipótese, é admissível a recusa do condutor em sair do veículo, bem como de responder as indagações invasivas, não constituindo estas simples recusas em crime de desobediência do art. 330 do Código Penal Brasileiro, podendo, todavia, configurar no máximo hipotética infração administrativa de trânsito, consoante jurisprudência do Superior Tribunal de Justiça. A mesma observação fazemos relativamente às entrevistas invasivas de policiais e agentes de fiscalização no trânsito que, a depender do contexto, podem violar a privacidade e intimidade do cidadão – perguntas como, por exemplo: "aonde vão?", "o que estavam fazendo?", "com quem estavam?", "onde estavam?", "qual o destino?" etc.

7.1.27. Buscas, abordagens ou revistas pessoais no ambiente escolar

Entendemos que, desde que haja o requisito da "fundada suspeita" ou observância de eventual previsão de ato normativo interno (que de certa forma poderia ser discutível), não há empecilho legal para busca, abordagem ou revista no ambiente escolar, sempre adotando a cortesia e urbanidade nos atos. Em caso de a busca, abordagem ou revista no ambiente escolar envolver criança e adolescente, recomenda-se que integrantes do Conselho Tutelar e dirigentes do estabelecimento de ensino estejam presentes.

7.1.28. Buscas, abordagens ou revistas pessoais do indivíduo contra a parede, muro, superfície física

Esta modalidade de busca, abordagem ou revista pessoal do indivíduo contra a parede se dá diante de um ambiente no qual a pessoa é colocada com o corpo inclinado, em regra, de frente a uma parede, um muro, um suporte físico etc.

Nessas circunstâncias, o indivíduo é imobilizado e desequilibrado e as mãos ficam apoiadas acima da cabeça e mantém os braços e pernas abertas, enquanto a busca pessoal, com apoio, é executada.

A modalidade é empregada em situações em que o suspeito está sozinho ou em menor número de pessoas e que ainda se mostra colaborativo e não tenha externado reação ativa.

82 A nova lei de abuso de autoridade

Costuma ser modalidade padrão de busca pessoal, embora vá depender da existência de Procedimento Operacional Padrão (POP) da referida instituição, que poderá dar tratamento de abordagens diferentes. Caso seja realizada adequadamente (aproximação, interpelação, verbalização, aproximação e revista), com a presença do art. 244, CPP, ou sendo a busca preventiva, o ato será legítimo e legal.

7.1.29. Buscas pessoais, abordagens ou revistas do indivíduo com as mãos sobre a cabeça

Segue-se o regramento da busca pessoal contra a parede, muro, superfície física. Assim, o quadro é o mesmo das buscas, abordagens ou revistas pessoais do indivíduo contra a parede, muro, superfície física anteriores e a distinção repousa na inexistência de anteparo para a medida. Nessas hipóteses, o suspeito alvo da busca, abordagem ou revista permanece em pé, com as pernas levemente abertas e os dedos entrelaçados sobre a cabeça sem apoiar.

Esta modalidade reclama treino do agente executor da medida, principalmente no manuseio do entrelaçamento dos dedos do abordado e na expertise de deixá-lo minimamente desequilibrado, enquanto a busca pessoal se realiza. Em existindo os fundamentos da busca pessoal ou busca preventiva, o ato é lícito e regular.

7.1.30. Busca, abordagem ou revista de joelhos

Esta modalidade é encampada nos casos em que o policial possuir fundadas razões de que o alvo é um infrator. Também é empregada nas hipóteses de reação ativa média, em que o alvo exterioriza linguagem corporal reacionária ou quando os policiais, diante desses mesmos quadros, estiverem em inferioridade numérica nítida.

Convém registrar que a postura de joelhos maximiza a ação policial e minimiza eventuais reações repentinas, as quais, se exercidas, serão fulminadas com toques físicos sutis que colocarão, de pronto, o insurgente em decúbito ventral.

7.1.31. Busca, abordagem ou revista em decúbito ventral

De modo geral, trata-se de modalidade de busca, abordagem ou revista de pessoa sabidamente perigosa; em que exista a possibilidade de reação ativa elevada (fuga propriamente dita, entre outras); quando o ambiente for ermo; ou quando houver inferioridade numérica nítida de policiais desses perfis ou ambientes.

A metodologia é de que o(s) abordado(s) permanece(em) em decúbito ventral, com o(s) braço(s) aberto(s), otimizando a segurança dos policiais, que deverão imobilizá-los com as pernas, enquanto a busca ocorre.

Ato contínuo, depois de concluída a abordagem e em se confirmando algo de infração penal, o erguimento do alvo abordado deverá imprimir técnicas apropriadas, usando-se o peso do abordado e a dinâmica da física para levantá-lo, de preferência já devidamente algemado, para minimizar riscos tanto aos agentes policiais como ao alvo e a terceiros.

Por razões claras, as hipóteses de busca, abordagem ou revista de joelhos e em decúbito ventral são potencialmente mais vexatórias e constrangedoras ao abordado do que as outras modalidades; entretanto, se motivadas/justificadas, não serão censuráveis.

A *mens legis* da nova Lei de Abuso de Autoridade é vedar a conduta dolosa do agente estatal em deliberadamente humilhar, constranger, por capricho ou sentimento pessoal, e execrar publicamente o alvo abordado ou preso.

Ademais, a *mens legis* da nova Lei de Abuso de Autoridade mira na tutela da honra e dignidade das pessoas alvos de buscas, abordagens ou revistas e até mesmo dos presos (em sentido amplo) contra eventuais abusos de maneira clara e prestigia ao mesmo tempo condutas operacionais corretas que não extrapolem a legislação, a proporcionalidade e razoabilidade. Em todo caso, além das situações, para a configuração do injusto penal da nova Lei de Abuso de Autoridade será sempre exigível o elemento subjetivo na conduta ou o duplo elemento subjetivo, a depender da redação do tipo penal. Em praticamente todas as ações de buscas, abordagens ou revistas policiais haverá um aparente conflito dos direitos fundamentais, de maneira que os interesses particulares deverão ser sopesados frente aos interesses públicos e coletivos.

7.1.32. Métodos de emprego de algemas

Pode ocorrer que da busca, abordagem ou revista pessoal decorra a captura do alvo abordado. Diante dessas situações, o agente policial promoverá o ato de algemar o indivíduo e depois o conduzirá.

As hipóteses legais que admitem o emprego de algemas estão previstas no Decreto Federal nº 8.858/2016. Em síntese, o Decreto Federal admite a utilização de algemas em casos de resistência e de fundado receio de fuga ou de perigo à integridade

84 A nova lei de abuso de autoridade

física própria ou alheia, causado pelo preso ou por terceiros, motivada e justificada a sua excepcionalidade por escrito, vedado o uso em mulheres presas em qualquer unidade do sistema penitenciário nacional durante o trabalho de parto, no trajeto da parturiente entre a unidade prisional e a unidade hospitalar e após o parto, durante o período em que se encontrar hospitalizada.

Oportuno consignar que a Lei Federal nº 13.060/2014 impõe que as instituições policiais priorizem o emprego de instrumentos de menor potencial ofensivo e menor potencial letal, com o propósito de preservar vidas e minimizar danos à integridade das pessoas, obedecendo os princípios da legalidade, da necessidade, da razoabilidade e da proporcionalidade para o uso racional da força, que prestigiem a tutela da integridade física e psíquica do cidadão.

Importante é a conjugação dessas informações com a Súmula Vinculante nº 11[20], do Supremo Tribunal Federal.

7.1.33. Uso convencional de algemas em decorrência de prisão ou transporte comum

Cuidam-se de situações de prisão ou transporte comum, oportunidade em que as algemas, em regra, são colocadas nos pulsos do detido/preso, que permanece com as mãos voltadas para trás, dorso com dorso e polegares erguidos.

O uso convencional de algemas em decorrência de prisão ou transporte comum é imprescindível para conferir segurança aos agentes policiais, aos próprios custodiados e terceiros, impedindo que o conduzido promova reações agressivas, como estrangulamentos, arrebatamento de armas, entre outras ações negativas em face dos agentes estatais.

Nessas hipóteses, desde que não haja exposição gratuita do preso à curiosidade pública, em situação vexatória ou de humilhação, dentre outras, não configurará os crimes de abuso de autoridade, lembrando ainda da necessidade do elemento subjetivo específico ou duplo elemento subjetivo específico, a depender do caso.

---

[20] Súmula Vinculante nº 11 do STF: "só é lícito o uso de algemas em casos de resistência e de fundado receio de fuga ou de perigo à integridade física própria ou alheia, por parte do preso ou de terceiros, justificada a excepcionalidade por escrito, sob pena de responsabilidade disciplinar, civil e penal do agente ou da autoridade e de nulidade da prisão ou do ato processual a que se refere, sem prejuízo da responsabilidade civil do Estado".

Dos crimes e das penas **85**

7.1.34. Condução de pessoas detidas/presas em duplas

Entendemos que, num mundo ideal, a condução de pessoas detidas/presas se dê de maneira individual. Entretanto, quando justificado por fundadas razões de segurança e existir a necessidade de se conduzir juntas duas pessoas presas/detidas, com dois pares de algemas, o recomendável é que uma pessoa fique de costas para a outra, um com o braço direito entrelaçado no direito do outro e as mãos algemadas e dorso com dorso.

Em sendo apenas um par de algemas para duas pessoas presas/detidas, uma das peças móveis ficará no pulso direito do primeiro conduzido, ao passo que a outra ficará no pulso direito do segundo.

Em havendo a condução de três pessoas presas/detidas, a do meio cruza os braços e as peças remanescentes são apostas nos braços extremos das demais.

Sempre lembramos que essas observações devem atentar para eventual Procedimento Operacional Padrão (POP) da instituição responsável, pois se existente e havendo orientações diferentes acerca do algemamento de pessoas presas/detidas, é ele quem deverá ser seguido como regra.

7.1.35. Métodos de condução da pessoa presa/detida

A doutrina preconiza que a pessoa presa/detida seja conduzida por meio seguro, para impedir reação ou fuga.

Com a pessoa presa/detida com as mãos algemadas contidas e para trás, os agentes policiais deverão manter o controle sobre a pessoa com a mão que não seja de pronto emprego de saque da arma de fogo, pois, diante de uma situação de risco atual ou iminente, devem poder reagir para repelir um ataque injusto ou uma emboscada.

É importante o posicionamento da arma do agente policial. A técnica policial recomenda que fique sempre do lado oposto do alcance da pessoa presa/detida conduzida e ao mesmo tempo longe.

Caso os agentes policiais estejam em hipóteses de risco de reação ou efetiva reação, poderão empregar técnicas apropriadas de imobilização em pessoas algemadas, para comprometer os movimentos da pessoa presa/detida, impedindo qualquer esboço de reação em face dos agentes policiais.

Para nós, não ocorrerá os crimes da nova Lei de Abuso de Autoridade, pois não haverá vexame ou constrangimento, mas adoção de técnica adequada e de segurança, lembrando que para eventual crime o elemento subjetivo ou o duplo elemento subjetivo, a depender da conduta, deverá estar presente para a configuração de infração penal da lei em estudo.

7.1.36. Práticas a serem evitadas pelos profissionais da segurança pública ou práticas de que se devam abster os profissionais da segurança pública

Anotamos que o propósito claro da nova Lei de Abuso de Autoridade é vedar o vexame ou constrangimento ilegal do preso/detido ou de exposição indevida a curiosidade pública sobre o preso/detido, entre outras ações incriminadas.

Na verdade, essas hipóteses que o legislador criminalizou foi colimando evitar atitudes operacionais sem lastros legais ou que exorbitem os limites permitidos, proporcionais e razoáveis, partindo da premissa de que o preso/detido está imobilizado e sob o jugo do Estado, e qualquer emprego de meio complementar de força seria desnecessário, desproporcional e desarrazoado, inclusive de exposição midiática ou de curiosidade pública.

Podemos usar como exemplo o emprego da denominada modalidade operacional do *littlepackage*, que em termos práticos deságua no algemamento do indivíduo deitado com as mãos para trás e com os pés presos na algema, sendo uma técnica visualmente impactante. Caso não haja uma motivação e justificativa plausível, a situação poderá implicar na afronta à dignidade humana e colidir com os princípios do Decreto Federal nº 8.858/16, com reflexos na nova lei de abuso de autoridade.

7.1.37. Algemas de dedos e de tornozelos

A nova lei de abuso de autoridade não vedou o uso de algemas de dedos e de tornozelos, que, dependendo do cenário e da necessidade, deverão ser empregadas, desde que de maneira motivada e justificada. Essa técnica deve ser utilizada apenas em hipóteses excepcionais de pessoas de alta periculosidade e cuja possibilidade de reação ou fuga seja notória.

No caso do preso acometido de doença ou velhice, como regra, não se visualiza a necessidade de efetuar o algemamento pelos tornozelos. Sempre lembramos que essas observações devem atentar para o eventual Procedimento Operacional Padrão

(POP) da instituição responsável, pois, se existente e havendo orientações diferentes acerca do algemamento de pessoas presas/detidas, é ele quem deverá ser seguido como regra.

7.1.38. Parturientes presas durante o trabalho de parto, parturientes presas no trajeto para o parto, parturientes presas hospitalizadas

As parturientes, pela redação do Decreto Federal nº 8.858/16, não podem ser algemadas. Aliás, mulheres presas em qualquer unidade do sistema penitenciário nacional durante o trabalho de parto, no trajeto da parturiente entre a unidade prisional e a unidade hospitalar e após o parto, e durante o período em que se encontrar hospitalizada, não poderão ser algemadas. Eventual descumprimento do decreto pode culminar com responsabilizações, inclusive sob o pálio da nova lei de abuso de autoridade.

7.1.39. Buscas pessoais, abordagens ou revistas policiais em crianças

Com relação às crianças infratoras ou com desvio de comportamento (até 12 anos de idade incompletos), são previstas apenas medidas de proteção e não medidas socioeducativas. Em geral, as crianças nessas situações não devem ser apresentadas em unidades policiais, mas aos Conselhos Tutelares (ECA, arts. 105 e 136).

O recomendável é não submeter a criança, como regra, a busca pessoal, abordagem, revista ou algemação, exceto em virtude de uma situação extremada que exija a busca pessoal, abordagem, revista ou algemação (como exemplo: arma de fogo ou criança cujo estado de agitação ou agressão impede a atuação do Conselho Tutelar com apoio das forças policiais, entre outras).

7.1.40. Buscas pessoais, abordagens e/ou revistas policiais em adolescentes

Diferentemente do tratamento a ser dado às crianças, os adolescentes infratores, com 12 a 18 anos de idade incompletos, estão sujeitos a buscas pessoais, abordagens e/ou revistas policiais e podem ser algemados se a situação exigir, lembrando que as mesmas hipóteses previstas para o emprego de algemas em pessoas adultas se aplicam ao adolescente em conflito com a lei.

O Estatuto da Criança e Adolescente proíbe apenas a condução ou transporte de adolescentes em compartimento fechado de veículo policial, em condições atentatórias à sua dignidade, que impliquem risco à sua integridade física ou mental (art. 178,

88 A nova lei de abuso de autoridade

ECA), não vedando as buscas pessoais, abordagens ou revistas policiais e até mesmo o emprego de algemas se a situação exigir.

7.1.41. Buscas pessoais, abordagens ou revistas de policiais em idosos

Referente à pessoa idosa, pessoa com 60 anos de idade ou mais, não há vedação para buscas pessoais, abordagens ou revistas de policiais e algemamento. O que se recomenda é avaliar a necessidade concreta de realmente ter que empregar as algemas, em face da pessoa idosa. Se for necessário o uso da algema, deve o agente policial buscar eventualmente minimizar o constrangimento inerente ao próprio ato.

A título de demonstrar a preocupação acerca da pessoa idosa presa/detida, a cartilha de Atuação Policial na Proteção dos Direitos Humanos de Pessoas em Situação de Vulnerabilidade orienta que as pessoas idosas serão algemadas pela frente, quando for necessário e se isso não comprometer a segurança.

Recomendamos que os agentes policiais evitem submeter as pessoas a posições desconfortáveis e incompatíveis com a capacidade reativa que eventualmente possua, seja pela idade ou pela estrutura física, já que, a depender do contexto, as ações podem atentar contra a dignidade humana.

7.1.42. Buscas pessoais, abordagens ou revistas policiais em pessoas com deficiência

Quanto às pessoas portadoras de alguma necessidade especial [PNE] (deficiência), não existem vedações relativas às possíveis buscas pessoais, abordagens ou revistas policiais e até mesmo algemamento.

Contudo, deve ser ponderado no caso concreto pelos policiais e demais agentes o quadro da deficiência, conjugado com necessidade de algemamento da pessoa, já que o argumento de possível justificativa/motivação de receio de fuga ou existente perigo à integridade física própria ou alheia causada pelo preso ou terceiro é mais improvável. Obviamente, em situações excepcionais que se justifique o receio de fuga ou existente perigo à integridade física própria ou alheia causada pelo preso ou terceiro, nada impede o uso de algemas em pessoas com deficiência.

Recomendamos que os agentes policiais evitem submeter as pessoas a posições desconfortáveis e incompatíveis com a capacidade reativa que eventualmente possua,

Dos crimes e das penas **89**

seja pela idade ou pela estrutura física, já que, a depender do contexto, as ações podem atentar contra a dignidade humana.

7.1.43. Recomendação geral a todas as formas de buscas pessoais, abordagens ou revistas e algemamento

De maneira geral, para valer a todas as formas de buscas pessoais, abordagens ou revistas[21], entendemos que aquele agente policial que vier a autuar dentro dos regramentos do Procedimento Operacional Padrão (POP) eventualmente existente de uma instituição das forças de segurança pública, em regra, estará respaldado e não incorrerá em ilegalidades.

Pensamos que competirá ao policial civil e aos demais agentes policiais agirem discricionariamente na adoção das hipóteses básicas da busca, abordagem e revista, em virtude do cenário que a ele se apresentar. Por óbvio que as hipóteses de revista de joelhos e em decúbito ventral se mostram mais potencialmente constrangedoras e vexatórias das demais abordadas, porém, se motivadas/justificadas, estarão imunes de censura, inclusive penal.

Importante é a conjugação dessas informações com a Súmula Vinculante nº 11[22], do Supremo Tribunal Federal.

7.1.44. Modalidades equiparadas

As modalidades equiparadas encontram-se no parágrafo único do citado artigo, em resumo: se dentro de um prazo razoável a **autoridade judiciária**: a) deixar de relaxar a prisão manifestamente ilegal; b) deixar de substituir a prisão preventiva por medida cautelar diversa ou de conceder liberdade provisória, quando manifestamente cabível; c) deixar de deferir liminar ou ordem de habeas corpus, quando manifestamente cabível. Nessas hipóteses estamos diante de uma modalidade omissiva própria, que exige uma inação, um não fazer da autoridade judiciária. Por

---

21 Lembrando que não estamos empregando o rigor técnico nas expressões "abordagens" ou "revistas", mas apenas fazendo menção, já que estas palavras são mais comuns no meio popular.

22 Súmula Vinculante nº 11 do STF: "só é lícito o uso de algemas em casos de resistência e de fundado receio de fuga ou de perigo à integridade física própria ou alheia, por parte do preso ou de terceiros, justificada a excepcionalidade por escrito, sob pena de responsabilidade disciplinar, civil e penal do agente ou da autoridade e de nulidade da prisão ou do ato processual a que se refere, sem prejuízo da responsabilidade civil do Estado".

90 A nova lei de abuso de autoridade

ser crime de mera conduta, não há qualquer produção de resultado naturalístico. Além do mais, o tipo penal exige que a omissão seja realizada por autoridade judiciária (juízes, desembargadores ou ministros) e dentro de um prazo razoável (assunto que será tratado a seguir). Tal fato poderia gerar questionamentos: se trata de crime próprio (admissível coautoria e participação) ou crime de mão própria (só admissível a participação)? Observe que se a decisão couber ao juízo monocrático estaremos diante de um crime de mão própria; por outro lado, caso se trate de uma decisão de órgão colegiado, os seus membros poderão, em coautoria, por exemplo, deixar de deferir liminar em habeas corpus.

7.1.45. A expressão "dentro de um prazo razoável"

Para que a modalidade equiparada se configure é necessário que autoridade judiciária, **dentro de prazo razoável**, deixe de realizar qualquer das condutas descritas nos incisos. Assim, há de ser questionado: o que vem a ser um prazo razoável? Trata-se de elemento normativo do tipo penal, onde será exigido um juízo de valor por parte da autoridade judiciária.

7.1.46. A expressão "manifestamente ilegal e manifestamente cabível"

Trata-se de elemento normativo jurídico do tipo (ou elemento normativo impróprio), dependendo de um juízo de valor acerca da situação de fato por parte do destinatário da lei penal daquilo que seria manifestamente ilegal ou manifestamente cabível. Ademais, entendemos que não basta que haja uma prisão ilegal, ou então o indeferimento de um *habeas corpus* cabível; é necessário que vá além, ou seja, deve ser uma prisão manifestamente ilegal, isto é, nitidamente, claramente, obviamente, visivelmente viciada; ou um indeferimento manifestamente cabível, isto é, nitidamente, claramente, obviamente, visivelmente adequado ao caso.

Ademais, conforme já dito alhures, a celeuma se encontra na busca ideal pelo momento em que a prisão deixa de ser ilegal e passa a ser considerada manifestamente ilegal. O mesmo se diga em relação ao momento em que um *habeas corpus* é cabível e passa a ser manifestamente cabível. Nesta esteira advogam diversos doutrinadores que o tipo penal se torna extremamente aberto, ferindo de morte o princípio da taxatividade – um dos postulados do princípio da legalidade (CF/88, art. 5º, XXXIX), motivo pelo qual seria passível de discussões acerca da sua constitucionalidade.

7.1.47. Meios de execução

Não existe no tipo penal qualquer vinculação com o método pelo qual deva ser executado o delito. Portanto, trata-se de **crime de forma livre**, que pode ser praticado por qualquer meio eleito pelo agente.

7.1.48. Sujeito ativo

É todo aquele descrito no conceito amplo do art. 2º e seu parágrafo único, sendo o *caput* do art. 9º um crime próprio. Ademais, na modalidade do parágrafo único em análise, estamos diante de um crime de **mão própria**, devendo o agente (autoridade judiciária) cometer direta e pessoalmente a conduta típica, não sendo admitida a coautoria, mas apenas a participação. Todavia, em casos raríssimos, a coautoria poderia ser observada, por exemplo, no caso de análise de prisão ilegal por órgão colegiado, onde seus membros, em coautoria, decidissem pela manutenção de uma prisão ilegal.

Vale acrescentar que há doutrinadores – Gabriela Marques e Ivan Marques (2019, p. 75) – afirmando que a expressão "decretar" seria própria de membros do poder judiciário, motivo pelo qual o delito do *caput* também seria adstrito aos membros do aludido Poder. Todavia, não é esse o nosso entendimento, vez que a expressão "decretar" está no sentido de "determinar, impor", motivo pelo qual entendemos que autoridades policiais militares, autoridades policiais, entre outros, poderão ser sujeitos ativos do delito previsto no *caput*. No mesmo sentido, o professor Renato Brasileiro (2020, p. 93), Rogério Sanches e Rogério Greco (2020, p. 86) André Cavalcante (2020, p. 74).

Não por acaso é este o teor do **enunciado n. 5** do Conselho Nacional dos Procuradores-Gerais dos Ministérios Públicos dos Estados e da União (CNPG) e do Grupo Nacional de Coordenadores de Centro de Apoio Criminal (CNCCRIM): "o sujeito ativo do art. 9º., *caput*, da Lei de Abuso de Autoridade, diferentemente do parágrafo único, não alcança somente autoridade judiciária. O verbo nuclear "decretar" tem o sentido de determinar, decidir e ordenar medida de privação da liberdade em manifesta desconformidade com as hipóteses legais".

Aliás, é este também o teor da Súmula nº 2 editada pela Polícia Judiciária Civil de São Paulo em seminário sobre o assunto, nos seguintes termos: "a decretação da prisão em flagrante pelo Delegado de Polícia mediante lavratura de auto prisional, como espécie de decisão de indiciamento, demanda avaliação do requisito temporal, previsto nas hipóteses do artigo 302 do CPP, assim como do requisito probatório,

92 A nova lei de abuso de autoridade

consubstanciado na fundada suspeita do § 1º do artigo 304 do CPP, sem prejuízo da apuração dos fatos em sede de inquérito policial instaurado via portaria na ausência dos aludidos requisitos legais".

7.1.49. Sujeito passivo

O sujeito passivo **direto** ou **imediato** é a vítima (pessoa física). Já o sujeito passivo **indireto** ou **mediato** será o Estado.

7.1.50. Elemento subjetivo

É o dolo de praticar de forma consciente e voluntária qualquer das condutas descritas no *caput* ou nos incisos do parágrafo único. Não há expressa previsão legal da modalidade culposa, o que torna inviável a punição por culpa. No que tange a eventual punição a título de dolo eventual, esta será de difícil visualização, tendo em vista que as finalidades específicas do § 1º do art. 1º restringem o alcance de "assumir o risco para a produção do resultado".

7.1.51. Elemento subjetivo específico (ou especial)

Observe que o § 1º do art. 1º é uma cláusula geral, aplicável a todos os delitos da lei de abuso de autoridade, conforme já tratado alhures. Assim, deverá ser comprovado pela acusação que o agente agiu com a finalidade específica de prejudicar outrem ou beneficiar a si mesmo ou a terceiro, ou, ainda, por mero capricho ou satisfação pessoal. Caso esse elemento subjetivo específico não reste demonstrado pelo Ministério Público, a conduta será considerada atípica.

7.1.52. Descriminante putativa por erro de tipo

Prescreve o art. 20, § 1º, do Código Penal que "§ 1º – É isento de pena quem, por erro plenamente justificado pelas circunstâncias, supõe situação de fato que, se existisse, tornaria a ação legítima. Não há isenção de pena quando o erro deriva de culpa e o fato é punível como crime culposo". Ou seja, se ficar comprovado pelas circunstâncias do caso concreto que o agente acreditava firmemente que estava prendendo alguém em uma situação legal (ou seja, no estrito cumprimento de um dever legal), ficará caracterizada a descriminante putativa por erro de tipo, tendo por consequência e exclusão do dolo e por via de consequência o próprio crime. Assim, se um policial, no exercício legal da sua função, acredita prender determinado foragido da justiça, sendo verificado posteriormente que se tratava de um sósia, este agiu por erro, diga-se, plenamente justificado. Neste caso exclui-se o dolo do agente, pois, nas circunstâncias fáticas apresentadas, qualquer policial nas mesmas circunstâncias incidiria no mesmo erro.

7.1.53. Vedação ao crime de hermenêutica

Observe que há uma verdadeira celeuma na interpretação do citado dispositivo (conceito de manifestamente ilegal e manifestamente cabível). O que não podemos perder de vista é a cláusula geral do § 2º do art. 1º da Lei nº 13.869/2019, sendo esta uma garantia ao agente público contra eventuais responsabilizações infundadas tendo por base divergências interpretativas; portanto, vale a transcrição: "a divergência na interpretação de lei ou na avaliação de fatos e provas não configura abuso de autoridade". Conforme já salientamos alhures, entendemos que se trata de cláusula geral que exclui o próprio dolo e por via de consequência o próprio crime.

7.1.54. Consumação

Na modalidade do *caput* (decretar), por se tratar de crime formal, se consuma com a simples decretação da privação da liberdade, independentemente de esta vir efetivamente a ocorrer. Já nas três modalidades do parágrafo único, estamos diante de crimes omissivos próprios. Pela qualificação dos crimes quanto ao resultado naturalístico, se posiciona como crime de mera conduta; assim, o crime se consuma com a simples atividade.

7.1.55. Tentativa

É admissível na modalidade do *caput* (decretar) por ser crime plurissubsistente, e inviável nas modalidades do parágrafo único, porquanto se trata de crime omissivo próprio – unissubsistente.

7.1.56. Pena cominada

Detenção, de 1 (um) a 4 (quatro) anos, e multa. Observe que a pena cominada a todos os delitos da Lei nº 13.869/2009 é a de detenção.

7.1.57. Ação penal

Em regra, se trata de ação penal pública incondicionada (art. 3º, *caput*). Todavia, em caso de inércia do Ministério Público, surgirá para a vítima a possibilidade de intentar a ação penal privada subsidiária da pública (art. 3º, § 1º). Há de salientar que a requisição de novas diligências ou a promoção do arquivamento pelo *Parquet* não dão ensejo a alegação de inércia, logo inviável suscitar a ação penal subsidiária da pública.

7.1.58. Lei nº 9.099/1995

O delito em análise é crime de médio potencial ofensivo, tendo em vista que a sua pena mínima (1 ano) autoriza a incidência da suspensão condicional do processo, desde que presentes os requisitos do art. 89 da Lei nº 9.099/1995.

7.1.59. Competência para processo e julgamento

Via de regra, será processado e julgado pela justiça estadual. Excepcionalmente, nos casos do art. 109 da Constituição Federal, haverá competência da Justiça Federal. Não se pode perder de vista se o sujeito ativo for militar, quando a competência será da Justiça Militar Estadual ou da União, conforme o caso, nos termos do art. 9º, CPM. Deve ainda ser levado com consideração as situações em que o sujeito ativo detiver foro por prerrogativa de função, onde será processado e julgado no respectivo tribunal competente – por exemplo, deputado federal que durante uma CPI determina uma prisão ilegal será processado e julgado perante o STF (art. 102, I, alínea b).

7.1.60. Classificação doutrinária

Trata-se de crime próprio (todos os crimes de abuso de autoridade são próprios, ou seja, demandam um sujeito ativo qualificado ou especial) e, em alguns casos, de mão própria; formal ou de consumação antecipada na modalidade decretar (ou seja, não se exige a produção do resultado naturalístico) e de mera conduta nas modalidades do parágrafo único; de forma livre (pode ser cometido por qualquer meio eleito pelo agente); comissivo no *caput* (imperiosa uma ação) e omissivo próprio nos incisos do parágrafo único, excepcionalmente, comissivo por omissão (omissivo impróprio, ou seja, é a aplicação do art. 13, § 2º, do Código Penal); unissubjetivo (que pode ser praticado por um só agente); plurissubsistente na modalidade decretar (vários atos integram a conduta); e unissubsistente na modalidade deixar.

Dos crimes e das penas **95**

7.1.61. Privação da liberdade diante da não realização da audiência de custódia (audiência de apresentação)[23]

Assunto que merece destaque diante das alterações promovidas no Código de Processo Penal pela Lei nº 13.964/19 (pacote anticrime), diz respeito se a realização ou não da audiência de custódia (audiência de apresentação) no prazo de 24 horas acarretaria ou não o crime do art. 9º, parágrafo único, I[24]. Sobre o assunto surgem duas correntes: **primeira corrente**, entendendo haver o delito; **segunda corrente**, entendendo não haver tipicidade por violação ao princípio da legalidade.

7.1.62. Conflito aparente com o art. 230 da Lei nº 8.069/1990 (Estatuto da Criança e do Adolescente)

Pelo princípio da especialidade, aquele que vier a privar criança ou adolescente de sua liberdade sem as formalidades legais estará incurso no delito do art. 230 do ECA, nestes termos: "art. 230. Privar a criança ou o adolescente de sua liberdade,

---

[23] Art. 287. Se a infração for inafiançável, a falta de exibição do mandado não obstará a prisão, e o preso, em tal caso, será imediatamente apresentado ao juiz que tiver expedido o mandado, para a realização de audiência de custódia. (Redação dada pela Lei nº 13.964, de 2019). Art. 310. Após receber o auto de prisão em flagrante, no prazo máximo de até 24 (vinte e quatro) horas após a realização da prisão, o juiz deverá promover audiência de custódia com a presença do acusado, seu advogado constituído ou membro da Defensoria Pública e o membro do Ministério Público, e, nessa audiência, o juiz deverá, fundamentadamente: (Redação dada pela Lei nº 13.964, de 2019). I – relaxar a prisão ilegal; ou (Incluído pela Lei nº 12.403, de 2011). II – converter a prisão em flagrante em preventiva, quando presentes os requisitos constantes do art. 312 deste Código, e se revelarem inadequadas ou insuficientes as medidas cautelares diversas da prisão; ou (Incluído pela Lei nº 12.403, de 2011). III – conceder liberdade provisória, com ou sem fiança. (Incluído pela Lei nº 12.403, de 2011). § 1º Se o juiz verificar, pelo auto de prisão em flagrante, que o agente praticou o fato em qualquer das condições constantes dos incisos I, II ou III do *caput* do art. 23 do Decreto-Lei nº 2.848, de 7 de dezembro de 1940 (Código Penal), poderá, fundamentadamente, conceder ao acusado liberdade provisória, mediante termo de comparecimento obrigatório a todos os atos processuais, sob pena de revogação. (Renumerado do parágrafo único pela Lei nº 13.964, de 2019) § 2º Se o juiz verificar que o agente é reincidente ou que integra organização criminosa armada ou milícia, ou que porta arma de fogo de uso restrito, deverá denegar a liberdade provisória, com ou sem medidas cautelares. (Incluído pela Lei nº 13.964, de 2019) § 3º A autoridade que deu causa, sem motivação idônea, à não realização da audiência de custódia no prazo estabelecido no *caput* deste artigo responderá administrativa, civil e penalmente pela omissão. (Incluído pela Lei nº 13.964, de 2019) § 4º Transcorridas 24 (vinte e quatro) horas após o decurso do prazo estabelecido no *caput* deste artigo, a não realização de audiência de custódia sem motivação idônea ensejará também a ilegalidade da prisão, a ser relaxada pela autoridade competente, sem prejuízo da possibilidade de imediata decretação de prisão preventiva. (Incluído pela Lei nº 13.964, de 2019).

[24] Art. 9º Decretar medida de privação da liberdade em manifesta desconformidade com as hipóteses legais: Pena – detenção, de 1 (um) a 4 (quatro) anos, e multa. Parágrafo único. Incorre na mesma pena a autoridade judiciária que, dentro de prazo razoável, deixar de: I – relaxar a prisão manifestamente ilegal; (...)

procedendo à sua apreensão sem estar em flagrante de ato infracional ou inexistindo ordem escrita da autoridade judiciária competente: Pena – detenção de seis meses a dois anos. Parágrafo único. Incide na mesma pena aquele que procede à apreensão sem observância das formalidades legais".

7.1.63. Conflito aparente com o art. 234 da Lei nº 8.069/1990 (Estatuto da Criança e do Adolescente)

Pelo princípio da especialidade, a autoridade competente que deixar, sem justa causa, de ordenar a imediata liberação de criança ou adolescente tão logo tenha conhecimento da ilegalidade da apreensão estará incurso no delito do art. 234 do ECA, nestes termos: "Art. 234. Deixar a autoridade competente, sem justa causa, de ordenar a imediata liberação de criança ou adolescente, tão logo tenha conhecimento da ilegalidade da apreensão: Pena – detenção de seis meses a dois anos".

7.1.64. Razões iniciais do veto presidencial

O artigo 9º havia sido inicialmente vetado pelo presidente da república sob os seguintes argumentos: "A propositura legislativa, ao dispor que se constitui crime 'decretar medida de privação da liberdade em manifesta desconformidade com as hipóteses legais', gera insegurança jurídica por se tratar de tipo penal aberto e que comporta interpretação, o que poderia comprometer a independência do magistrado ao proferir a decisão pelo receio de criminalização da sua conduta". Posteriormente, o Congresso Nacional terminou por derrubar o veto, motivo pelo qual o presente artigo se encontra em pleno vigor.

7.2. Decretar a condução coercitiva de testemunha ou investigado manifestamente descabida ou sem prévia intimação de comparecimento ao juízo (art. 10)

Art. 10. Decretar a condução coercitiva de testemunha ou investigado manifestamente descabida ou sem prévia intimação de comparecimento ao juízo:

Pena – detenção, de 1 (um) a 4 (quatro) anos, e multa

7.2.1. Introdução

A Constituição Federal, no art. 5º, XLI, determinou que "a lei punirá qualquer discriminação atentatória dos direitos e liberdades fundamentais". Assim, ao tipificar tal conduta o legislador buscou primariamente resguardar os direitos e liberdades fundamentais, especialmente no tocante ao direito de ir e vir.

7.2.2. Fundamento constitucional

A conduta descrita viola os seguintes direitos e garantias fundamentais, previstos no art. 5º da CF/88: "XV – é livre a locomoção no território nacional em tempo de paz, podendo qualquer pessoa, nos termos da lei, nele entrar, permanecer ou dele sair com seus bens; LIV – ninguém será privado da liberdade ou de seus bens sem o devido processo legal". Observe que a condução coercitiva não se trata de modalidade de prisão, mas restringe de alguma forma o direito de ir e vir do cidadão.

7.2.3. A Convenção Americana de Direitos Humanos

A conduta descrita viola o seguinte preceito da CADH, previsto no art. 7º, I, II e III:

> *Artigo 7. Direito à liberdade pessoal: I. Toda pessoa tem direito à liberdade e à segurança pessoais. II. Ninguém pode ser privado de sua liberdade física, salvo pelas causas e nas condições previamente fixadas pelas constituições políticas dos Estados Partes ou pelas leis de acordo com elas promulgadas. III. Ninguém pode ser submetido a detenção ou encarceramento arbitrários.*

7.2.4. *Novatio legis* incriminadora

Sobre o artigo em comento, trata-se de nova lei penal incriminadora e, por força constitucional (art. 5º, inc. XXXIX) e infraconstitucional (art. 1º, CP), será aplicada para o futuro, afinal não há crime sem lei anterior que o defina e não há pena sem prévia cominação legal. Embora alguns doutrinadores afirmassem que a condução coercitiva, fora das hipóteses legais, poderia ocasionar o delito do art. 3º alínea "a" da Lei nº 4.898/1965, nestes termos: "art. 3º. Constitui abuso de autoridade qualquer atentado: a) à liberdade de locomoção", discordamos de tal entendimento, já que, através de uma interpretação sistemática, admitia-se a aplicação do poder geral de cautela da legislação civil de forma analógica aos casos criminais.

7.2.5. Princípio da continuidade normativa típica

Há de ser observado, conforme anteriormente afirmado, que para alguns autores a conduta descrita no art. 10º já encontrava expressa previsão legal no art. 3º, alínea "a", da Lei nº 4.898/1965, nestes termos: "Art. 3º. Constitui abuso de autoridade qualquer atentado: a) à liberdade de locomoção". Para os que advogam esta tese, teria ocorrido a aplicação do princípio da continuidade típico-normativa.

7.2.6. *Novatio legis in pejus*

Todos os crimes da Lei nº 4.898/1965 eram punidos com uma pena de detenção de dez dias a seis meses. Atualmente, constata-se uma elevação em todas as penas da nova lei de abuso de autoridade, tratando-se, assim, de uma nova lei penal prejudicial ao réu (*novatio legis in pejus*), motivo pelo qual, diante da aplicação do princípio da continuidade normativo-típica no crime em tela, há de ser dito que por força constitucional (art. 5º, inc. XL) "a lei penal não retroagirá, salvo para beneficiar o réu". Logo, de se dizer que a lei penal mais grave não retroage para alcançar os fatos passados.

7.2.7. Objeto jurídico

Trata-se de crime pluriofensivo, porquanto, além de tutelar o regular funcionamento da administração pública, sua credibilidade e dignidade, tutela também os direitos e garantias fundamentais prescritos no art. 5º da Constituição Federal.

7.2.8. Objeto material

É a pessoa física (testemunha ou investigado) que tem o seu direito de liberdade lesado pelo abuso cometido.

7.2.9. Núcleo do tipo

O tipo penal fala em "decretar", que significa dar ordens, determinar, mandar ou ordenar que se faça algo. Assim, estamos diante de uma modalidade comissiva, que exige uma ação, um fazer, do executor. Por ser crime formal (de consumação antecipada ou resultado cortado), se torna dispensável a produção do resultado naturalístico, que no caso concreto seria a efetiva condução coercitiva da testemunha ou investigado. Além do mais, o tipo penal exige que a decretação da condução coercitiva seja manifestamente descabida ou sem prévia intimação de comparecimento ao juízo (assuntos que serão tratados a seguir).

Constata-se que o tipo penal traz duas hipóteses de condução coercitiva: **a) Condução coercitiva de testemunha ou investigado manifestamente descabida; e b) Condução coercitiva de testemunha ou investigado sem prévia intimação de comparecimento ao juízo.** Por exemplo, os artigos 260, 411, § 7º, 461, § 1º e 535, todos do CPP, tratam de hipóteses de condução coercitiva:

> *CPP: Art. 260. Se o acusado não atender à intimação para o interrogatório, reconhecimento ou qualquer outro ato que, sem ele, não possa ser realizado, a autoridade poderá mandar conduzi-lo à sua presença.*
>
> *Parágrafo único. O mandado conterá, além da ordem de condução, os requisitos mencionados no art. 352, no que lhe for aplicável.*
>
> *CPP: Art. 411, § 7º Nenhum ato será adiado, salvo quando imprescindível à prova faltante, determinando o juiz a condução coercitiva de quem deva comparecer.*
>
> *CPP, Art. 461, § 1º Se, intimada, a testemunha não comparecer, o juiz presidente suspenderá os trabalhos e mandará conduzi-la ou adiará o julgamento para o primeiro dia desimpedido, ordenando a sua condução.*
>
> *CPP: Art. 535. Nenhum ato será adiado, salvo quando imprescindível a prova faltante, determinando o juiz a condução coercitiva de quem deva comparecer.*

Portanto, caso a decretação da condução coercitiva se dê fora desses parâmetros, dispostos de forma legal na legislação pátria, estaria o agente incorrendo no delito do artigo em comento. Além do mais, nesta situação, estamos diante de uma norma penal em branco em sentido lato heterovitelina, que está necessitando de complementação de normas do Código de Processo Penal.

Ainda sobre o assunto, vale a transcrição do **enunciado n. 7** do Conselho Nacional dos Procuradores-Gerais dos Ministérios Públicos dos Estados e da União (CNPG) e do Grupo Nacional de Coordenadores de Centro de Apoio Criminal (CNCCRIM), que afirma que: "a condução coercitiva pressupõe motivação e descumprimento de prévia notificação".

7.2.10. A expressão "manifestamente descabida"

Trata-se de elemento normativo jurídico do tipo (ou elemento normativo impróprio), dependendo de um juízo de valor acerca da situação de fato por parte do destinatário da lei penal daquilo que seria manifestamente descabido. Ademais, entendemos que

100 A nova lei de abuso de autoridade

não basta que haja uma condução coercitiva descabida, é necessário que vá além, ou seja, deve ser uma condução coercitiva manifestamente descabida, isto é, nitidamente, claramente, obviamente, visivelmente viciada.

Vale ainda acrescentar as críticas formuladas para a expressão "manifestamente descabida", porquanto se trata de expressão aberta, vaga e indeterminada, causando insegurança jurídica. Motivo pelo qual remetemos o leitor aos comentários sobre o artigo 9º.

7.2.11. Condução coercitiva de investigado ou réu para realização de interrogatório – Julgamento das ADPF 395 e 444

O Supremo Tribunal Federal, através do julgamento das Arguições de Descumprimento de Preceito Fundamental nºˢ 395 e 444, julgadas procedentes, entendeu por declarar a incompatibilidade com a Constituição Federal da condução coercitiva de investigados ou de réus para interrogatório, tendo em vista que o imputado não é legalmente obrigado a participar do ato, e terminou por pronunciar a não recepção da expressão "para o interrogatório", constante do art. 260 do CPP.

Em resumo, no julgamento o STF entendeu que: "4. *Presunção de não culpabilidade.* A condução coercitiva representa restrição temporária da liberdade de locomoção mediante condução sob custódia por forças policiais, em vias públicas, não sendo tratamento normalmente aplicado a pessoas inocentes. Violação. 5. *Dignidade da pessoa humana* (art. 1º, III, da CF/88). O indivíduo deve ser reconhecido como um membro da sociedade dotado de valor intrínseco, em condições de igualdade e com direitos iguais. Tornar o ser humano mero objeto no Estado, consequentemente, contraria a dignidade humana (COSTA NETO, 2014, p. 84). Na condução coercitiva, resta evidente que o investigado é conduzido para demonstrar sua submissão à força, o que desrespeita a dignidade da pessoa humana. 6. *Liberdade de locomoção.* A condução coercitiva representa uma supressão absoluta, ainda que temporária, da liberdade de locomoção. Há uma clara interferência na liberdade de locomoção, ainda que por período breve. 7. *Potencial violação ao direito à não autoincriminação,* na modalidade direito ao silêncio. Direito consistente na prerrogativa do implicado a recursar-se a depor em investigações ou ações penais contra si movimentadas, sem que o silêncio seja interpretado como admissão de responsabilidade. Art. 5º, LXIII, combinado com os arts. 1º, III; 5º, LIV, LV e LVII. O direito ao silêncio e o direito a ser advertido quanto ao seu exercício são previstos na legislação e aplicáveis à ação penal e ao interrogatório policial, tanto ao indivíduo preso quanto ao solto – art. 6º, V, e art. 186 do CPP. O conduzido é assistido pelo direito ao silêncio e pelo direito à respectiva advertência. Também é assistido pelo direito a fazer-se aconselhar por seu advogado. 8. *Potencial violação à presunção de não culpabilidade*. Aspecto relevante ao caso é a vedação de tratar pessoas não condenadas como culpadas – art. 5º, LVII. A restrição temporária da liberdade e a condução sob custódia por forças policiais em vias públicas não são tratamentos que normalmente possam ser aplicados a pessoas inocentes. O investigado é claramente tratado como culpado. 9. *A legislação prevê o direito de ausência do investigado ou acusado ao interrogatório*. O direito de ausência, por sua vez, afasta a possibilidade de condução coercitiva. 10. Arguição julgada procedente, para declarar a incompatibilidade com a Constituição Federal da condução coercitiva de investigados ou de réus para interrogatório, tendo em vista que o imputado não é legalmente obrigado a participar do ato, e pronunciar a não recepção da expressão "para o interrogatório", constante do art. 260 do CPP"[25].

7.2.12. Condução coercitiva de investigado ou réu para atos diversos do interrogatório

O Supremo Tribunal Federal, no próprio julgamento das Arguições de Descumprimento de Preceito Fundamental nºˢ 395 e 444, assentou que "(...) há outras hipóteses de condução coercitiva que não são objeto desta ação – a condução de outras pessoas como testemunhas, ou de investigados ou réus para atos diversos do interrogatório, como o reconhecimento, por exemplo. Por óbvio, essas outras hipóteses não estão em causa". Na mesma linha de raciocínio o teor do **enunciado n. 6** do Conselho Nacional dos Procuradores-Gerais dos Ministérios Públicos dos Estados e da União (CNPG) e do Grupo Nacional de Coordenadores de Centro de Apoio Criminal (CNCCRIM) prescreve que: "os investigados e réus não podem ser conduzidos coercitivamente à presença da autoridade policial ou judicial para serem interrogados. Outras hipóteses de condução coercitiva, mesmo de investigados ou réus para atos diversos do interrogatório, são possíveis, observando-se as formalidades legais".

7.2.13. Da reabertura da discussão da condução coercitiva, diante da nova Lei de Abuso de Autoridade

Com a nova lei pensamos que o legislador deu azo para o retorno da discussão, já que é após a Constituição e não se aplicariam os efeitos da decisão retro vinculante, diante da mudança de parâmetros.

---

[25] Art. 260. Se o acusado não atender à intimação para o interrogatório, reconhecimento ou qualquer outro ato que, sem ele, não possa ser realizado, a autoridade poderá mandar conduzi-lo à sua presença. Parágrafo único. O mandado conterá, além da ordem de condução, os requisitos mencionados no art. 352, no que lhe for aplicável.

7.2.14. Da possibilidade de condução coercitiva de testemunhas, peritos, assistentes técnicos, informantes e ofendido (vítima), entre outros atores que não sejam investigados e réus

Apesar da nossa ressalva quanto à possibilidade de reabrir as discussões sobre condução coercitiva de investigados e réus para evitar os efeitos da petrificação, atrevemos a dizer que as conduções coercitivas não foram fulminadas com esta decisão do STF, pois ainda continuam sendo possíveis conduções coercitivas para testemunhas, peritos, assistentes técnicos, informantes e ofendido (vítima), entre outros atores que não sejam investigados e réus.

A novel legislação em vigor proíbe apenas em caso de ser **manifestamente** descabida.

Ademais, a condução coercitiva de investigados e réus à presença da Autoridade Policial ou da Autoridade Judicial para atos diversos do interrogatório (como o reconhecimento de pessoas ou coisas) não foi enfrentada, como restou assentado na decisão da Suprema Corte – que apontou a incompatibilidade apenas à vedação da condução coercitiva de investigado e réu para fins de interrogatório (com a nossa ressalva anterior), nada vedando sobre a condução coercitiva para fins de reconhecimento de pessoas ou coisas e identificação criminal.

Logo, a condução coercitiva de investigados e réus à presença da Autoridade Policial ou da Autoridade Judicial para atos diversos do interrogatório (como o reconhecimento de pessoas ou coisas e identificação criminal) parece hígida e possível em nosso ordenamento.

Enfim, desse modo, essas espécies de conduções coercitivas aparentemente continuariam com permissão dentro do nosso ordenamento jurídico para serem livremente apreciadas no caso concreto, mediante representação da Autoridade Policial ou requerimento do Ministério Público – sem ingressar na possibilidade ou não dessa medida de ofício pelo Juízo Criminal.

7.2.15. Críticas à decisão do STF perante as Arguições de Descumprimento de Preceito Fundamental (ADPF) nº 395 e nº 444 apresentadas pelo Partido dos Trabalhadores (PT) e pelo Conselho Federal da Ordem dos Advogados do Brasil (OAB)

Parece com *datíssima máxima vênia* não ter havido a compreensão necessária sobre o tema, pois na condução coercitiva de pessoa com status de investigada não quer dizer que esta pessoa será obrigada a falar e se autoincriminar.

Até onde se sabe, isso jamais foi ignorado pelos aplicadores da lei. Ao contrário do que se diz, na condução coercitiva não se viola o direito convencional de se autoincriminar. Uma coisa é conduzir à força e sob vara. A outra coisa é não ter o conduzido obrigação de falar no seu interrogatório.

Sustentar que a condução coercitiva serve para violar direitos constitucionais e convencionais parece constituir mais uma falácia, porque não teria lei infralegal o condão de preponderar sobre o direito ao silêncio elevado a envergadura constitucional. Outrossim, não existiriam direitos absolutos em nosso ordenamento, com exceção de alguns pontos de vistas nessa direção.

Aliás, se vai mais longe neste argumento, porquanto há quem advogue a ideia de que a condução coercitiva, diante do direito ao silêncio e do direito convencional de não se autoincriminar, não se prestaria a nenhum efeito prático e nem teria efeito útil para os atos na investigação, posição da qual ousamos discordar, pois a condução coercitiva simultânea poderia impedir combinações de versões de diligências sincrônicas (de outras pessoas) na investigação e auxiliar sobremaneira no desmantelamento de esquemas criminosos.

7.2.16. Condução coercitiva e as comissões parlamentares de inquérito

É possível que as comissões parlamentares de inquérito realizem intimações e, em caso de descumprimento, que seja emitida a condução coercitiva, nos mesmos moldes da legislação processual penal. "(...) No presente caso, além de ter sido descumprido o procedimento do art. 222 do Código de Processo Penal, sem a necessária justificativa, não foram oferecidos ao paciente e seu defensor os meios necessários ao atendimento da convocação, sendo certo que a condução coercitiva prevista no art. 218 do Código de Processo Penal pressupõe a regular intimação da testemunha (no caso, nos termos do art. 222), o que não ocorreu. (...) Do exposto, defiro parcialmente a liminar, para permitir ao paciente que deixe de atender à convocação da CPI do Tráfico de Armas, da forma como consta do Ofício 779/05-P, facultada à CPI a renovação da intimação, desde que obedecidos os ditames legais" (HC 87.230-MC, rel. min. Joaquim Barbosa, decisão monocrática, julgamento em 22-11-2005, DJ de 28-11-2005). Dito isso, qualquer parlamentar poderá incorrer no delito em comento caso venha a determinar a condução coercitiva fora das hipóteses legais.

104 A nova lei de abuso de autoridade

7.2.17. Meios de execução

Não existe no tipo penal qualquer vinculação com o método pelo qual deva ser executado o delito. Portanto, trata-se de **crime de forma livre**, que pode ser praticado por qualquer meio de execução, por exemplo, decretar verbalmente, por aplicativo de mensagens, por escrito, ou até mesmo por gestosa condução coercitiva de testemunha ou investigado manifestamente descabida ou sem prévia intimação de comparecimento ao juízo. Por exemplo, a autoridade policial para com a viatura na porta da casa da testemunha, abre a porta do veículo e faz gestos para que esta adentre no carro para ser encaminhada para a delegacia.

7.2.18. Sujeito ativo

É todo aquele descrito no conceito amplo do art. 2º e seu parágrafo único. Ademais, no crime em análise, estamos diante de um crime de **mão própria**, devendo o agente (juiz de direito, autoridade policial, promotor de justiça) cometer direta e pessoalmente a conduta típica, não sendo admitida a coautoria, mas apenas a participação.

7.2.19. Sujeito passivo

O sujeito passivo direto ou imediato é a vítima (pessoa física) atingida pelo abuso. Já o sujeito passivo indireto ou mediato será o Estado.

7.2.20. Elemento subjetivo

É o dolo de praticar de forma consciente e voluntária qualquer das condutas descritas no *caput* ou nos incisos do parágrafo único. Não há expressa previsão legal da modalidade culposa, o que torna inviável a punição por culpa. No que tange a eventual punição a título de dolo eventual, esta será de difícil visualização, tendo em vista que as finalidades específicas do § 1º do art. 1º restringem o alcance de "assumir o risco para a produção do resultado".

7.2.21. Elemento subjetivo específico (ou especial)

Observe que o § 1º do art. 1º trata de cláusula geral, aplicável a todos os delitos da lei de abuso de autoridade, conforme já tratado alhures. Assim, deverá ser comprovado pela acusação que o agente agiu com a finalidade específica de prejudicar outrem ou beneficiar a si mesmo ou a terceiro, ou, ainda, por mero capricho ou satisfação pessoal. Caso esse elemento subjetivo específico não reste demonstrado pelo Ministério Público, a conduta será considerada atípica.

7.2.22. Descriminante putativa por erro de tipo

Prescreve o art. 20, § 1º, do Código Penal que "§ 1º – É isento de pena quem, por erro plenamente justificado pelas circunstâncias, supõe situação de fato que, se existisse, tornaria a ação legítima. Não há isenção de pena quando o erro deriva de culpa e o fato é punível como crime culposo". Ou seja, se ficar comprovado pelas circunstâncias do caso concreto que o agente acreditava firmemente que estava conduzindo coercitivamente alguém em uma situação legal (ou seja, no estrito cumprimento de um dever legal), ficará caracterizada a descriminante putativa por erro de tipo, tendo por consequência e exclusão do dolo e por via de consequência o próprio crime. Assim, se um policial, no exercício legal da sua função, acredita estar conduzindo coercitivamente testemunha ou vítima, sendo verificado posteriormente que se tratava de uma sósia, agiu por erro, diga-se, plenamente justificado. Neste caso exclui-se o dolo do agente, pois, nas circunstâncias fáticas apresentadas, qualquer policial nas mesmas circunstâncias incidiria no mesmo erro. Ademais, fica inviável a punição por crime culposo, por falta de previsão legal de tal modalidade.

7.2.23. Vedação ao crime de hermenêutica

Observe que há uma verdadeira celeuma na interpretação do citado dispositivo (conceito de manifestamente descabida). O que não podemos perder de vista é a cláusula geral do § 2º do art. 1º da Lei nº 13.869/2019, sendo esta uma garantia ao agente público contra eventuais responsabilizações infundadas tendo por base divergências interpretativas; portanto, vale a transcrição: "a divergência na interpretação de lei ou na avaliação de fatos e provas não configura abuso de autoridade". Conforme já salientamos alhures, entendemos que se trata de cláusula geral que exclui o próprio dolo e, por via de consequência, o próprio crime.

7.2.24. Consumação

O crime em análise se trata de crime formal (de consumação antecipada ou de resultado cortado), ou seja, se consuma com a simples decretação da condução coercitiva de forma ilegal, independentemente de esta vir a efetivamente ocorrer.

7.2.25. Tentativa

É perfeitamente possível, já que estamos diante de um delito plurissubsistente, onde poderá haver o fracionamento do *iter criminis*. Por outro lado, Rogério Sanches e Rogério Greco (2020, p. 102) entendem não ser possível a tentativa.

106 A nova lei de abuso de autoridade

7.2.26. Pena cominada

Detenção, de 1 (um) a 4 (quatro) anos, e multa. Observe que a pena cominada a todos os delitos da Lei nº 13.869/2009 é a de detenção.

7.2.27. Ação penal

Em regra, trata-se de ação penal pública incondicionada (art. 3º, *caput*). Todavia, em caso de inércia do Ministério Público, surgirá para a vítima a possibilidade de intentar a ação penal privada subsidiária da pública (art. 3º, § 1º). Há de salientar que a requisição de novas diligências ou a promoção do arquivamento pelo *Parquet* não dão ensejo a alegação de inércia, logo inviável suscitar a ação penal subsidiária da pública.

7.2.28. Lei nº 9.099/1995

O delito em análise é crime de médio potencial ofensivo, tendo em vista que a sua pena mínima (1 ano) autoriza a incidência da suspensão condicional do processo, desde que presentes os requisitos do art. 89 da Lei nº 9.099/1995.

7.2.29. Competência para processo e julgamento

Via de regra, será processado e julgado pela justiça estadual. Excepcionalmente, nos casos do art. 109 da Constituição Federal, haverá competência da Justiça Federal. Não se pode perder de vista se o sujeito ativo for militar, quando a competência será da Justiça Militar Estadual ou da União, conforme o caso, nos termos do art. 9º, CPM. Devem ainda ser levadas em consideração as situações em que o sujeito ativo detiver foro por prerrogativa de função, onde será processado e julgado no respectivo tribunal competente – por exemplo, deputado federal que durante uma CPI determina uma condução coercitiva ilegal será processado e julgado perante o STF (art. 102, I, alínea b).

7.2.30. Classificação doutrinária

Trata-se de crime de mão própria (só pode ser praticado pela pessoa expressamente indicada no tipo penal); formal ou de consumação antecipada (ou seja, não se exige a produção do resultado naturalístico); de forma livre (pode ser cometido por qualquer meio eleito pelo agente); comissivo (imperioso uma ação) e, excepcionalmente, comissivo por omissão (omissivo impróprio, ou seja, é a aplicação do art. 13, § 2º, do Código Penal); unissubjetivo (que pode ser praticado por um só agente); plurissubsistente (vários atos integram a conduta).

Dos crimes e das penas **107**

7.3. Art. 11 (VETADO)

> Art. 11. (VETADO)[27].

7.3.1. Razões do veto

A "[...] propositura legislativa, ao dispor sobre a criminalização de execução de captura, prisão ou busca e apreensão de pessoa que não esteja em situação de flagrante delito gera insegurança jurídica, notadamente aos agentes da segurança pública, tendo em vista que há situações que a flagrância pode se alongar no tempo e depende de análise do caso concreto. Ademais, a propositura viola o princípio da proporcionalidade entre o tipo penal descrito e a pena cominada".

7.4. Deixar injustificadamente de comunicar prisão em flagrante à autoridade judiciária no prazo legal (art. 12)

> Art. 12. Deixar injustificadamente de comunicar prisão em flagrante à autoridade judiciária no prazo legal:
>
> **Pena** – detenção, de 6 (seis) meses a 2 (dois) anos, e multa.
>
> **Parágrafo único**. Incorre na mesma pena quem:
>
> I – deixa de comunicar, imediatamente, a execução de prisão temporária ou preventiva à autoridade judiciária que a decretou;
> II – deixa de comunicar, imediatamente, a prisão de qualquer pessoa e o local onde se encontra à sua família ou à pessoa por ela indicada;
> III – deixa de entregar ao preso, no prazo de 24 (vinte e quatro) horas, a nota de culpa, assinada pela autoridade, com o motivo da prisão e os nomes do condutor e das testemunhas;
> IV – prolonga a execução de pena privativa de liberdade, de prisão temporária, de prisão preventiva, de medida de segurança ou de internação, deixando, sem motivo justo e excepcionalíssimo, de executar o alvará de soltura imediatamente após recebido ou de promover a soltura do preso quando esgotado o prazo judicial ou legal.

---

[26] "Art. 11. Executar a captura, prisão ou busca e apreensão de pessoa que não esteja em situação de flagrante delito ou sem ordem escrita de autoridade judiciária, salvo nos casos de transgressão militar ou crime propriamente militar, definidos em lei, ou de condenado ou internado fugitivo: Pena – detenção, de 1 (um) a 4 (quatro) anos, e multa."

108 A nova lei de abuso de autoridade

7.4.1. Introdução

A Constituição Federal, no art. 5º, XLI, determinou que "a lei punirá qualquer discriminação atentatória dos direitos e liberdades fundamentais". Assim, ao tipificar tal conduta o legislador buscou primariamente resguardar os direitos e liberdades fundamentais, especialmente no tocante ao direito de ir e vir.

7.4.2. Fundamento constitucional

As condutas descritas no artigo em comento violam os seguintes direitos e garantias fundamentais, previstos no art. 5º da CF/88: "LXII – a prisão de qualquer pessoa e o local onde se encontre serão comunicados imediatamente ao juiz competente e à família do preso ou à pessoa por ele indicada; LXIV – o preso tem direito à identificação dos responsáveis por sua prisão ou por seu interrogatório policial; LXXV – o Estado indenizará o condenado por erro judiciário, assim como o que ficar preso além do tempo fixado na sentença".

7.4.3. A Convenção Americana de Direitos Humanos

As condutas descritas violam os seguintes preceitos da CADH, previstos no art. 7º, IV: "Artigo 7. Direito à liberdade pessoal: IV. Toda pessoa detida ou retida deve ser informada das razões da sua detenção e notificada, sem demora, da acusação ou acusações formuladas contra ela".

7.4.4. Princípio da continuidade normativa típica

Há de ser observado que as condutas descritas no *caput* do art. 12, e incisos I e IV, já encontravam expressa previsão legal no art. 4º, alínea "c" e "i" (em parte, pois não tratava do prolongamento da prisão preventiva e internação), da Lei nº 4.898/1965, nestes termos: "Art. 4º Constitui também abuso de autoridade: c) deixar de comunicar, imediatamente, ao juiz competente a prisão ou detenção de qualquer pessoa; i) prolongar a execução de prisão temporária, de pena ou de medida de segurança, deixando de expedir em tempo oportuno ou de cumprir imediatamente ordem de liberdade".

7.4.5. *Novatio legis in pejus*

Todos os crimes da Lei nº 4.898/1965 eram punidos com uma pena de detenção de dez dias a seis meses. Atualmente, constata-se uma elevação em todas as penas da nova lei de abuso de autoridade, tratando-se, assim, de uma nova lei penal prejudicial ao réu (*novatio legis in pejus*), motivo pelo qual, diante da aplicação do princípio da continuidade normativo-típica no crime em tela, há de ser dito que por força consti-tucional (art. 5º, inc. XL) "a lei penal não retroagirá, salvo para beneficiar o réu". Logo, de se dizer que a lei penal mais grave não retroage para alcançar os fatos passados.

7.4.6. *Novatio legis* incriminadora

O artigo em comento trata de nova lei penal incriminadora no que tange a "deixar de comunicar, imediatamente, a prisão de qualquer pessoa e o local onde se encontra à sua família ou à pessoa por ela indicada" (art. 12, II), também no tocante a "deixar de entregar ao preso, no prazo de 24 (vinte e quatro) horas, a nota de culpa, assinada pela autoridade, com o motivo da prisão e os nomes do condutor e das testemunhas" (art. 12, III), e, em certa parte, do inciso IV, em relação a conduta de "prolongar a execução de **prisão preventiva e internação**" (art. 12, IV). Assim, nesses casos, por se tratar de nova lei penal incriminadora e por força constitucional (art. 5º, inc. XXXIX) e infraconstitucional (art. 1º, CP), serão aplicadas para o futuro, afinal, não há crime sem lei anterior que o defina e não há pena sem prévia cominação legal.

7.4.7. Objeto jurídico

Trata-se de crime pluriofensivo, porquanto, além de tutelar o regular funcionamento da administração pública, sua credibilidade e dignidade, tutela também os direitos e garantias fundamentais prescritos no art. 5º da Constituição Federal.

7.4.8. Objeto material

É a pessoa física que tem o seu direito de liberdade lesado pelo abuso cometido.

7.4.9. Núcleo do tipo

O verbo nuclear é **deixar de comunicar**, isto é, se abster, não dar ciência da prisão em flagrante de alguém, se tratando o núcleo em análise de crime omissivo próprio. Além do mais, a abstenção da comunicação da prisão em flagrante à autoridade judiciária deve se dar de forma injustificada (elemento normativo do tipo) e fora do prazo legal (estamos diante de uma norma penal em branco em sentido lato heterovitelina, que está necessitando de complementação de normas do Código de Processo Penal).

7.4.10. Elemento normativo do tipo

O agente deixa de realizar a comunicação da prisão em flagrante de forma **injus-tificada** (trata-se de elemento normativo jurídico do tipo ou elemento normativo impróprio), uma vez que dependerá de um juízo de valor acerca da situação de fato por parte do destinatário da lei penal daquilo que seria "injustificado". Por outro lado, caso a comunicação da prisão em flagrante não seja feita a autoridade judiciária no prazo legal, de forma justificada, não há que se falar em crime. A título de exemplo, Rogério Sanches e Rogério Greco (2019, p. 108-109), aduzem que "em sendo justificado o atraso, *a contrario sensu*, não haverá abuso de autoridade. O Brasil é um país de dimensões continentais. Em muitos lugares há carência de policiais e pode ocorrer o fato de que alguém seja preso em flagrante delito e conduzido até a delegacia de polícia mais próxima, que fica distante centenas de quilômetros do local onde foi realizada a prisão, ou mesmo que, em um determinado plantão, por existir um número reduzido de policiais civis, conjugada com uma grande quantidade de prisões em flagrante, haja um atraso da remessa do auto de prisão à autoridade judiciária".

7.4.11. Prazo legal

Cuida-se de norma penal em branco em sentido lato heterovitelina, porquanto a sua complementação encontra-se em diploma diverso da lei de abuso de autoridade (no caso o Código de Processo Penal), porém elaborado pelo mesmo órgão legislativo. Nesse sentido, o teor do § 1º do art. 306, CPP: "Art. 306 (...), § 1º – **Em até 24 (vinte e quatro) horas após a realização da prisão**, será encaminhado ao juiz competente o auto de prisão em flagrante e, caso o autuado não informe o nome de seu advogado, cópia integral para a Defensoria Pública".

7.4.12. Modalidades equiparadas

Previsto no parágrafo único do art. 12, nos incisos I, II, III e IV, os quais diante de suas particularidades merecerão uma análise em apartado.

> ❖ **Deixar de comunicar, imediatamente, a execução de prisão temporária ou preventiva à autoridade judiciária que a decretou.**

Art. 12. (...)

Pena – detenção, de 6 (seis) meses a 2 (dois) anos, e multa.

Parágrafo único. Incorre na mesma pena quem:
I – deixa de comunicar, imediatamente, a execução de prisão temporária ou preventiva à autoridade judiciária que a decretou;

O art. 12, parágrafo único, inciso I, trata de delito pluriofensivo (protegendo o regular funcionamento da administração pública e os direitos e garantias fundamentais); já o objeto material é a pessoa física que tem sua liberdade lesada. Ainda no citado delito, se operou a continuidade normativa típica (porquanto tal delito já era previsto no art. 4º, alínea "c", da Lei nº 4.898/65).

O núcleo do tipo é **deixar de comunicar** (crime omissivo próprio). Há ainda o prazo determinado pela expressão "imediatamente", onde prevalece se tratar do prazo de 24 horas, além de ser destinada a comunicação à autoridade judiciária que a decretou. Trata-se de crime próprio, pois apenas os integrantes das polícias judiciárias que são responsáveis pela efetiva comunicação das prisões cumpridas poderão praticar o delito. O sujeito passivo é o preso preventivamente ou temporariamente, além do próprio estado (crime de dupla subjetividade passiva).

O crime se consuma no exato momento da inação do agente, já a tentativa se torna inviável. A título de exemplo, podemos citar que, no prazo de 24 horas, a autoridade policial não comunica o cumprimento da prisão temporária ou prisão preventiva à autoridade judiciária que expediu o respectivo mandado.

Por fim, não basta que haja a simples comunicação, tal comunicação deverá ser dirigida a autoridade judiciária competente para que se realize o controle jurisdicional da prisão. Sobre o assunto, aduz Cláudia Barros Portocarrero (2010, p. 34): "impõe-se que a comunicação chegue ao juiz competente para analisar a legalidade do ato. Assim, se dolosamente a autoridade policial comunica a constrição a um juiz que saiba incompetente, estará praticando o delito".

❖ **Deixar de comunicar, imediatamente, a prisão de qualquer pessoa e o local onde se encontra à sua família ou à pessoa por ela indicada.**

> **Art. 12. (...)**
>
> **Pena** – detenção, de 6 (seis) meses a 2 (dois) anos, e multa.
>
> **Parágrafo único**. Incorre na mesma pena quem:
>
> (...)
>
> II – deixa de comunicar, imediatamente, a prisão de qualquer pessoa e o local onde se encontra à sua família ou à pessoa por ela indicada;
>
> (...)

O art. 12, parágrafo único, inciso II, trata de delito pluriofensivo (protegendo o regular funcionamento da administração pública e os direitos e garantias fundamentais); já o objeto material é a pessoa física que não tem sua prisão comunicada à pessoa da família ou pessoa por ela indicada, bem como o local onde se encontra. Ainda no citado delito, se operou a *novatio legis* incriminadora (porquanto tal delito não era previsto na Lei nº 4.898/65).

O núcleo do tipo também é **deixar de comunicar** (crime omissivo próprio). Há ainda o prazo determinado pela expressão "imediatamente", onde prevalece que deve ser feita uma interpretação literal. Trata-se de crime próprio, podendo ser praticado por qualquer sujeito do conceito superamplo do art. 2º (lembramos que até mesmo Parlamentares em CPIs poderão incorrer no citado delito). O sujeito passivo é o preso, além do próprio estado (crime de dupla subjetividade passiva).

Por fim, o crime se consuma no exato momento da inação do agente, já a tentativa se torna inviável. A título de exemplo, podemos citar que há um duplo dever de comunicar a prisão de qualquer pessoa **e** o local onde se encontra à sua família ou à pessoa por ela indicada, encampando assim uma das vertentes da ampla defesa e obstando eventuais abusos por parte dos agentes.

> ❖ **Deixar de entregar ao preso, no prazo de 24 (vinte e quatro) horas, a nota de culpa, assinada pela autoridade, com o motivo da prisão e os nomes do condutor e das testemunhas.**

> **Art. 12. (...)**
>
> **Pena** – detenção, de 6 (seis) meses a 2 (dois) anos, e multa.
>
> **Parágrafo único.** Incorre na mesma pena quem:
>
> III – deixa de entregar ao preso, no prazo de 24 (vinte e quatro) horas, a nota de culpa, assinada pela autoridade, com o motivo da prisão e os nomes do condutor e das testemunhas;
>
> (...)

O art. 12, parágrafo único, inciso III, trata de delito pluriofensivo (protegendo o regular funcionamento da administração pública e os direitos e garantias fundamentais); já o objeto material é a nota de culpa (uma formalidade da prisão em flagrante). Ainda no citado delito, se operou a *novatio legis* incriminadora (porquanto tal delito não era previsto na Lei nº 4.898/65).

O núcleo do tipo é **deixar de entregar** (crime omissivo próprio). Há ainda o prazo determinado pela expressão "24 horas" (crime a prazo). Trata-se de crime próprio, pois apenas os integrantes das polícias judiciárias que são responsáveis pela efetiva comunicação das prisões cumpridas poderão praticar o delito. O sujeito passivo é o preso, além do próprio estado (crime de dupla subjetividade passiva).

Por fim, o crime se consuma no exato momento da inação do agente; já a tentativa se torna inviável. A título de exemplo, podemos citar o fato de, após a finalização do auto de prisão em flagrante, uma via da nota de culpa não é repassada ao preso no prazo estabelecido. Normalmente o ofício de encaminhamento do preso à audiência de custódia ou para a cadeia pública é seguido de uma cópia da nota de culpa.

Hipóteses legais em que se poderá omitir os nomes do condutor, das testemunhas e das vítimas

Assunto que merece destaque diante de suas particularidades e que normalmente é pouco tratado pela doutrina nacional. O Conselho Nacional dos Procuradores--Gerais dos Ministérios Públicos dos Estados e da União (CNPG) e do Grupo Nacional de Coordenadores de Centro de Apoio Criminal (CNCCRIM) editou o **enunciado n. 08** no seguinte sentido: "com o fim de preservar a sua identidade, imagem e dados pessoais, é possível, nas exceções legais, que da nota de culpa não conste o nome do condutor, das testemunhas e das vítimas".

Ainda sobre o assunto prescreve o art. 5º, II, e o art. 14, III, da Lei nº 12.850/13 – Lei das Organizações Criminosas – que "Art. 5º São direitos do colaborador: II – ter nome, qualificação, imagem e demais informações pessoais preservados" e "Art. 14. São direitos do agente: III – ter seu nome, sua qualificação, sua imagem, sua voz e demais informações pessoais preservadas durante a investigação e o processo criminal, salvo se houver decisão judicial em contrário".

Ainda no mesmo diapasão, o art. 7º, IV, da Lei nº 9.807/99 – Lei de Proteção às Vítimas e Testemunhas Ameaçadas –, embora o alcance aqui seja mais restrito quanto à identidade dos nomes das testemunhas e das vítimas, prescrevendo que "Art. 7º Os programas compreendem, dentre outras, as seguintes medidas, aplicáveis isolada ou cumulativamente em benefício da pessoa protegida, segundo a gravidade e as circunstâncias de cada caso: IV – preservação da identidade, imagem e dados pessoais".

114 A nova lei de abuso de autoridade

❖ Prolongar a execução de pena privativa de liberdade, de prisão temporária, de prisão preventiva, de medida de segurança ou de internação, deixando, sem motivo justo e excepcionalíssimo, de executar o alvará de soltura imediatamente após recebido ou de promover a soltura do preso quando esgotado o prazo judicial ou legal.

Art. 12. (...)

Pena – detenção, de 6 (seis) meses a 2 (dois) anos, e multa.

Parágrafo único. Incorre na mesma pena quem:

(...)

IV – prolonga a execução de pena privativa de liberdade, de prisão temporária, de prisão preventiva, de medida de segurança ou de internação, deixando, sem motivo justo e excepcionalíssimo, de executar o alvará de soltura imediatamente após recebido ou de promover a soltura do preso quando esgotado o prazo judicial ou legal.

O art. 12, parágrafo único, inciso IV, trata de delito pluriofensivo (protegendo o regular funcionamento da administração pública e os direitos e garantias fundamentais); já o objeto material é a pessoa física que tem sua liberdade lesada. Ainda no citado delito, se operou a continuidade normativa típica (porquanto tal delito já era previsto no art. 4º, alínea "i", da Lei nº 4.898/65).

O núcleo do tipo é **prolongar** (crime material), além de ser modalidade permanente (cuja consumação se prolonga no tempo), e **promover** (crime material), também permanente. Há ainda o elemento normativo do tipo na expressão "sem motivo justo e excepcionalíssimo", onde deverá ser analisado o caso concreto. No mais, trata-se de crime próprio, no conceito superamplo do art. 2º. O sujeito passivo é o preso que tem sua liberdade cerceada, além do próprio estado (crime de dupla subjetividade passiva).

Por fim, o crime se consuma no exato momento da inação do agente; já a tentativa se torna inviável. A título de exemplo, podemos citar que a prisão temporária, via de regra, tem um prazo de cinco dias, podendo ser prorrogada por um mesmo período; decorrido este prazo, deverá o preso ser colocado imediatamente em liberdade.

Sobre o assunto, o Conselho Nacional dos Procuradores-Gerais dos Ministérios Públicos dos Estados e da União (CNPG) e do Grupo Nacional de Coordenadores de Centro de Apoio Criminal (CNCCRIM) editou o **enunciado n. 09** no seguinte sentido: "a execução imediata do alvará de soltura deve ocorrer após o cumprimento dos

Dos crimes e das penas **115**

procedimentos de segurança necessários, incluindo a checagem sobre a existência de outras ordens de prisão e da autenticidade do próprio alvará".

Por fim, deve ser lembrado que, para que se configure qualquer delito da lei de abuso de autoridade, deverá estar presente o elemento subjetivo específico do tipo, assim, deverá haver o especial fim de agir do agente, seja para beneficiar a si próprio ou a terceiro ou prejudicar outrem, ou apenas por mero capricho ou satisfação pessoal. Assim, imagine a seguinte situação: em uma cidade pequena do interior do Brasil, uma grande associação criminosa de roubo a banco, composta por cerca de vinte integrantes, é presa em flagrante delito. Levada para a pequena delegacia de polícia do município, deverá a autoridade policial oitivar condutores, testemunhas, vítimas e, por fim, os vinte suspeitos conduzidos. Dificilmente, pela complexidade do auto de prisão em flagrante, será possível fazer a comunicação das prisões, com o encaminhamento de cópia ao juízo competente no prazo de 24 horas. Da mesma forma em relação à entrega para todos os presos das suas respectivas notas de culpa. Dito isso, neste caso hipotético, por estar ausente o elemento subjetivo específico (especial fim de agir), não poderia se imputar à Autoridade Policial o crime de abuso de autoridade.

7.4.13. Código Processo Penal *versus* nova Lei de Abuso de Autoridade

O Código de Processo Penal traz um duplo dever legal de comunicação imediata, enquanto a Nova Lei de Abuso de Autoridade aponta apenas um dever de comunicação imediata. Trazemos à baila o quadro para melhor explicitar a questão:

Código de Processo Penal	Nova Lei de Abuso de Autoridade
Art. 289-A. O juiz competente providenciará o imediato registro do mandado de prisão em banco de dados mantido pelo Conselho Nacional de Justiça para essa finalidade.	Art. 12. **Deixar injustificadamente de comunicar prisão em flagrante à autoridade judiciária no prazo legal:**
§ 1º Qualquer agente policial poderá efetuar a prisão determinada no mandado de prisão registrado no Conselho Nacional de Justiça, ainda que fora da competência territorial do juiz que o expediu.	Pena – **detenção, de 6 (seis) meses a 2 (dois) anos, e multa.** Parágrafo único. **Incorre na mesma pena quem:**
§ 2º Qualquer agente policial poderá efetuar a prisão decretada, ainda que sem registro no Conselho Nacional de Justiça, adotando as precauções necessárias para averiguar a autenticidade do mandado e comunicando ao juiz que a decretou, devendo este providenciar, em seguida, o registro do mandado na forma do *caput* deste artigo.	I – deixa de comunicar, imediatamente, a execução de prisão temporária ou preventiva à autoridade judiciária que a decretou;
§ 3º A prisão será imediatamente comunicada ao juiz do local de cumprimento da medida, o qual providenciará a certidão extraída do registro do Conselho Nacional de Justiça e informará ao juízo que a decretou.	
Duplo dever de comunicação imediata: **Juízo de origem + Juízo do local do cumprimento do mandado de prisão.**	Dever único: **Comunicar, imediatamente, a execução de prisão temporária ou preventiva à autoridade judiciária que a decretou.**

7.4.14. Recomendação de cunho prático diante da divergência do Código Processo Penal *versus* nova Lei de Abuso de Autoridade

Apesar de a nova Lei de Abuso de Autoridade apontar apenas um dever de comunicação imediata para fins incriminatórios, recomendamos na prática sempre observar o duplo dever de comunicação para evitar responsabilizações em outras searas, mormente à administrativa-disciplinar (funcional).

7.4.15. Expedição e materialização de cumprimento de alvarás de soltura

Outro aspecto interessante diz respeito à materialização de alvarás de soltura, eis que em regra não são medidas automáticas, reclamando expedição de atos formais e consultas formais aos sistemas de informação criminal e outras medidas de cautela (autenticidade do alvará e selo, análise de confirmação de dados e prontuário, eventual confrontação papilar, objetos de propriedade do preso sob custódia do sistema prisional), fatores estes que podem gerar atraso no cumprimento da ordem.

Nessas circunstâncias de rotina e até mesmo singulares, a Autoridade Policial ou o agente público com atribuição para tanto (como, por exemplo, agente prisional ou carcereiro), a depender do caso concreto, registrará o ocorrido, bem como as ações que adotou para justificar possível demora.

O excesso de cautela e o zelo na prestação da segurança pública não podem conviver com o dolo exigido pelo tipo penal, pois os dois atributos estão lastreados pelo interesse público, que não pode ser sobreposto ao particular, mormente se estivermos perante possíveis rebeliões, resgates, fugas, motins em curso ou recém superadas, a autoridade ou o agente público responsável dificilmente terá outra opção senão a do atraso natural no cumprimento do alvará de soltura, com os apontamentos devidamente registrados.

Observe ainda que, conforme já citado alhures, o **enunciado n. 09** do Conselho Nacional dos Procuradores-Gerais dos Ministérios Públicos dos Estados e da União (CNPG) e do Grupo Nacional de Coordenadores de Centro de Apoio Criminal (CNC-CRIM), prescreve que "a execução imediata do alvará de soltura deve ocorrer após o cumprimento dos procedimentos de segurança necessários, incluindo a checagem sobre a existência de outras ordens de prisão e da autenticidade do próprio alvará".

Dos crimes e das penas **117**

7.4.16. Meios de execução

Não existe no tipo penal qualquer vinculação com o método pelo qual deva ser executado o delito, salvo na hipótese do inciso IV do parágrafo único, art. 12º. Portanto, via de regra, trata-se de **crime de forma livre**, que pode ser praticado por qualquer meio de execução eleito pelo agente. Lembrando que o inciso IV do parágrafo único do art. 12 é crime de **forma vinculada**.

7.4.17. Sujeito ativo

É a autoridade no conceito superamplo do artigo 2º e o seu parágrafo único, com as peculiaridades inerentes a cada um dos incisos do parágrafo único do art. 12. Por se tratar de crime próprio, deve ser ressaltado que, conforme regra do art. 30 do Código Penal, as circunstâncias de caráter pessoal, quando elementares do crime, se comunicam aos demais concorrentes. Assim, se um particular que, sabendo que atua em conjunto com o funcionário público, contribuir para o abuso de autoridade, ambos responderão pelo delito.

7.4.18. Sujeito passivo

O sujeito passivo direto ou imediato é a vítima (pessoa física) atingida pelo abuso. Já o sujeito passivo indireto ou mediato será o Estado.

7.4.19. Elemento subjetivo

É o dolo de praticar de forma consciente e voluntária qualquer das condutas descritas no *caput* ou nos incisos do parágrafo único. Não há expressa previsão legal da modalidade culposa, o que torna inviável a punição por culpa. No que tange a eventual punição a título de dolo eventual, esta será de difícil visualização, tendo em vista que as finalidades específicas do § 1º do art. 1º restringem o alcance de "assumir o risco para a produção do resultado".

7.4.20. Elemento subjetivo específico (ou especial)

Observe que o § 1º do art. 1º é cláusula geral, aplicável a todos os delitos da lei de abuso de autoridade, conforme já tratado alhures. Assim, deverá ser comprovado pela acusação que o agente agiu com a finalidade específica de prejudicar outrem ou beneficiar a si mesmo ou a terceiro, ou, ainda, por mero capricho ou satisfação pessoal. Caso esse elemento subjetivo específico não reste demonstrado pelo Ministério Público, a conduta será considerada atípica.

118 A nova lei de abuso de autoridade

7.4.21. Consumação

Na hipótese do *caput*, bem como dos incisos I, II, III e IV do parágrafo único, o núcleo do tipo é "deixar", ou seja, um não fazer, portanto estamos diante de crimes omissivos próprios, que se consuma no exato momento da omissão, não se exigindo a produção de qualquer resultado naturalístico.

7.4.22. Tentativa

É inviável, porquanto se trata de crime omissivo próprio – unissubsistente, não podendo haver o fracionamento da conduta.

7.4.23. Pena cominada

Detenção, de 6 (seis) meses a 2 (dois) anos, e multa.

7.4.24. Ação penal

Em regra, se trata de ação penal pública incondicionada (art. 3º, *caput*). Todavia, em caso de inércia do Ministério Público, surgirá para a vítima a possibilidade de intentar a ação penal privada subsidiária da pública (art. 3º, § 1º). Há de salientar que a requisição de novas diligências ou a promoção do arquivamento pelo *Parquet* não dão ensejo a alegação de inércia, logo inviável suscitar a ação penal subsidiária da pública.

7.4.25. Lei nº 9.099/1995

O delito em análise trata de crime de menor potencial ofensivo, tendo em vista que a sua pena máxima não ultrapassa dois anos, fazendo o agente jus a todos os benefícios da lei dos Juizados Especiais Criminais.

7.4.26. Competência para processo e julgamento

Via de regra, será processado e julgado pelo Juizado Especial Criminal Estadual. Excepcionalmente, nos casos do art. 109 da Constituição Federal, haverá competência do Juizado Especial Federal. Não se pode perder de vista se o sujeito ativo for militar, quando a competência será da Justiça Militar Estadual ou da União, conforme o caso, nos termos do art. 9º, CPM. Devem ainda ser levadas em consideração as situações em que o sujeito ativo detiver foro por prerrogativa de função, onde será processado e julgado no respectivo tribunal competente – por exemplo, deputado federal que durante uma CPI determina uma prisão em flagrante e deixa de comunicá-la ao juízo competente será processado e julgado perante o STF (art. 102, I, alínea b, CF/88).

7.4.27. Classificação doutrinária

Trata-se de crime próprio (todos os crimes de abuso de autoridade são próprios, ou seja, demandam um sujeito ativo qualificado ou especial); de forma livre (pode ser cometido por qualquer meio eleito pelo agente) e, excepcionalmente, de forma vinculada; omissivo próprio em todas as hipóteses; unissubjetivo (que pode ser praticado por um só agente); unissubsistente (um único ato integra a conduta), não sendo admitida a tentativa; e permanente na modalidade **prolongar e promover**.

7.4.28. Conflito aparente com o art. 231 da Lei nº 8.069/1990 (Estatuto da Criança e do Adolescente)

Pelo princípio da especialidade, a autoridade policial responsável pela apreensão de criança ou adolescente que deixar de fazer a imediata comunicação ao juízo competente e à família do apreendido ou à pessoa por ele indicada estará incurso no delito do art. 231 do ECA, nestes termos: "art. 231. Deixar a autoridade policial responsável pela apreensão de criança ou adolescente de fazer imediata comunicação à autoridade judiciária competente e à família do apreendido ou à pessoa por ele indicada: Pena – detenção de seis meses a dois anos".

7.4.29. Conflito aparente com o art. 235 da Lei nº 8.069/1990 (Estatuto da Criança e do Adolescente)

Pelo princípio da especialidade, aquele que descumprir, injustificadamente, prazo fixado nesta Lei (Estatuto da Criança e do Adolescente) em benefício de adolescente privado de liberdade estará incurso no delito do art. 235 do ECA, nestes termos: "Art. 235. Descumprir, injustificadamente, prazo fixado nesta Lei em benefício de adolescente privado de liberdade: Pena – detenção de seis meses a dois anos".

7.5. Constranger o preso ou o detento, mediante violência, grave ameaça ou redução de sua capacidade de resistência (art. 13)

> **Art. 13.** Constranger o preso ou o detento, mediante violência, grave ameaça ou redução de sua capacidade de resistência, a:
>
> I – exibir-se ou ter seu corpo ou parte dele exibido à curiosidade pública;
>
> II – submeter-se a situação vexatória ou a constrangimento não autorizado em lei;
>
> III – produzir prova contra si mesmo ou contra terceiro.
>
> **Pena** – detenção, de 1 (um) a 4 (quatro) anos, e multa, sem prejuízo da pena cominada à violência.

7.5.1. Introdução

A Constituição Federal no art. 5º, XLI, determinou que "a lei punirá qualquer discriminação atentatória dos direitos e liberdades fundamentais". Assim, ao tipificar tal conduta o legislador buscou primariamente resguardar os direitos e liberdades fundamentais, especialmente no tocante à integridade física, mental e ao respeito à imagem do preso.

7.5.2. Fundamento constitucional

As condutas descritas no artigo em comento violam os seguintes direitos e garantias fundamentais, previstos no art. 5º da CF/88: "X – são invioláveis a intimidade, a vida privada, a honra e a imagem das pessoas, assegurado o direito a indenização pelo dano material ou moral decorrente de sua violação; XLIX – é assegurado aos presos o respeito à integridade física e moral; LXIII – o preso será informado de seus direitos, entre os quais o de permanecer calado, sendo-lhe assegurada a assistência da família e de advogado".

7.5.3. A Convenção Americana de Direitos Humanos

As condutas descritas violam os seguintes preceitos da CADH, previsto no art.º 5º, I; art. 8º, I, "g"; art. 11, I e II, nestes termos:

> *Artigo 5. Direito à integridade pessoal: I. Toda pessoa tem o direito de que se respeite sua integridade física, psíquica e moral. Artigo 8. Garantias judiciais: II. Toda pessoa acusada de delito tem direito a que se presuma sua inocência enquanto*

não se comprove legalmente sua culpa. Durante o processo, toda pessoa tem direito, em plena igualdade, às seguintes garantias mínimas: g) direito de não ser obrigado a depor contra si mesma, nem a declarar-se culpada; Artigo 11. Proteção da honra e da dignidade: I. Toda pessoa tem direito ao respeito de sua honra e ao reconhecimento de sua dignidade. II. Ninguém pode ser objeto de ingerências arbitrárias ou abusivas em sua vida privada, na de sua família, em seu domicílio ou em sua correspondência, nem de ofensas ilegais à sua honra ou reputação.

7.5.4. *Novatio legis* incriminadora

Sobre o artigo em comento, trata-se de nova lei penal incriminadora no que tange às condutas de "constranger o preso ou o detento, mediante violência, grave ameaça ou redução de sua capacidade de resistência, a exibir-se ou ter seu corpo ou parte dele exibido à curiosidade pública" (art. 13, I) e "constranger o preso ou o detento, mediante violência, grave ameaça ou redução de sua capacidade de resistência, a produzir prova contra si mesmo ou contra terceiro" (art. 13, III). Assim, nesses casos, por se tratar de nova lei penal incriminadora e por força constitucional (art. 5º, inc. XXXIX) e infraconstitucional (art. 1º, CP), serão aplicadas para o futuro, afinal, não há crime sem lei anterior que o defina e não há pena sem prévia cominação legal.

7.5.5. Princípio da continuidade normativa típica

Há de ser observado que a conduta descrita no art. 13, inciso II, já encontrava expressa previsão legal no art. 3º, alínea "i", e no art. 4º, alínea "b", da Lei nº 4.898/1965, nestes termos: "Art. 3º. Constitui abuso de autoridade qualquer atentado: i) à incolumidade física do indivíduo; Art. 4º Constitui também abuso de autoridade: b) submeter pessoa sob sua guarda ou custódia a vexame ou a constrangimento não autorizado em lei".

7.5.6. *Novatio legis in pejus*

Todos os crimes da Lei nº 4.898/1965 eram punidos com uma pena de detenção de dez dias a seis meses. Atualmente, constata-se uma elevação em todas as penas da nova lei de abuso de autoridade, tratando-se, assim, de uma nova lei penal prejudicial ao réu (*novatio legis in pejus*), motivo pelo qual, diante da aplicação do princípio da continuidade normativo-típica no crime em tela, há de ser dito que, por força constitucional (art. 5º, inc. XL), "a lei penal não retroagirá, salvo para beneficiar o réu". Logo, de se dizer que a lei penal mais grave não retroage para alcançar os fatos passados.

7.5.7. Objeto jurídico

Trata-se de crime pluriofensivo, porquanto, além de tutelar o regular funcionamento da administração pública, sua credibilidade e dignidade, tutela também os direitos e garantias fundamentais prescritos no art. 5º da Constituição Federal.

7.5.8. Objeto material

É a pessoa física que tem o seu direito de imagem ou integridade física lesado pelo abuso cometido.

7.5.9. Núcleo do tipo

Conforme Damásio de Jesus (2013, p. 286), ao tratar do crime de constrangimento ilegal (CP, art. 146) similar ao aqui comentado, "o núcleo do tipo é o verbo constranger, que significa compelir, coagir, obrigar. O sujeito, para realizar o tipo, pode empregar violência, grave ameaça ou qualquer outro meio capaz de reduzir a resistência do ofendido". Por sua vez, a violência pode ser própria (ex.: quando há emprego de força física, são as agressões propriamente ditas); ou imprópria (ex.: quando há emprego de qualquer outro meio que reduzirá a capacidade de resistência da vítima, como os soníferos). Damásio de Jesus (2013, p. 287) ainda salienta que "podemos ainda classificar a violência em: 1º) física: a denominada *vis corporalis*; 2º) moral: emprego da *vis compulsiva* (grave ameaça). Por fim, a violência pode ser: 1º) direta ou imediata. Ex.: amarrar ou amordaçar a vítima; 2º) indireta ou mediata: empregada sobre coisa ou terceira pessoa vinculada ao ofendido. Ex.: privar um cego de seu guia, tirar as muletas de um aleijado, irritar o cavalo para o cavaleiro apear, destruir o passadiço para impedir o trânsito de alguém, arrancar as portas de uma casa para obrigar os moradores a abandoná-la (Nélson Hungria). A ameaça é a prenunciação da prática de um mal dirigido a alguém. Para que sirva de meio de execução do constrangimento ilegal é necessário que seja grave. Ex.: ameaça de morte, de agressão, de grave prejuízo financeiro etc. É preciso que o mal prenunciado seja certo, verossímil, iminente e inevitável. A ameaça não exige a presença do ameaçado. Pode ser levada ao conhecimento da vítima por escrito ou por recado verbal". Além do mais, com o emprego da violência, grave ameaça ou redução da capacidade de resistência, busca o agente constranger o ofendido a uma das três situações a seguir:

a) **exibir-se ou ter seu corpo ou parte dele exibido à curiosidade pública (art. 13, inciso I)**: o verbo é **exibir**, isto é, revelar, anunciar ou descobrir todo o corpo ou parte dele à curiosidade pública; por exemplo, a polícia prende determinado estuprador, o qual, ao ser encaminhado para exame de corpo de delito, busca esconder seu rosto com as vestes; momento em que um agente polícia sussurra em seu ouvido: "abaixa a camisa ou você tomará uma surra no retorno"; o preso, diante do constrangimento praticado sob grave ameaça termina por ceder o seu corpo e parte dele (rosto, por exemplo) à curiosidade pública. Ademais, o promotor Renee do Ó Souza (2020, p. 107-108), assevera que "à curiosidade pública indica que o ato é feito sem qualquer tipo de interesse público, como objeto de execração popular", ainda acrescenta que "a exibição pressupõe a exposição visual do corpo do preso ou detento de modo que entrevistas mediante exclusiva captação de som, mediante concessão de informações orais, é incapaz de gerar o delito em tela".

b) **submeter-se a situação vexatória ou a constrangimento não autorizado em lei (art. 13, inciso II):** o verbo é **submeter**, ou seja, subjugar, dominar ou sujeitar o preso ou detento a qualquer situação vexatória (ex.: determinar uma presa transexual à ridicularização perante outros presos, fazendo mostrar seus órgãos sexuais) ou a constrangimento não autorizado por lei; observe que não se trata de qualquer constrangimento, até porque existem situações que são permitidas por lei, por exemplo, a colocação do preso em regime disciplinar diferenciado;

c) **produzir prova contra si mesmo ou contra terceiro (art. 13, inciso III):** o verbo é **produzir**, isto é, pôr em prática, levar a efeito, realizar. Para melhor análise desta modalidade delituosa, remetemos o leitor para o conflito aparente com o delito de tortura probatória (institucional, inquisitorial ou persecutória), analisado adiante.

7.5.10. Situações especiais e costumeiras que a atividade policial enfrenta no dia a dia

Após o advento da nova Lei de Abuso de Autoridade, passou-se a dizer que as polícias de um modo geral estariam impedidas legalmente de divulgar imagens[27] e nomes de presos[28], gerando-se, com isso, inúmeras polêmicas nos meios de imprensa. Mas, afinal, o que isto tem de verdade?

---

[27] Art. 28. Divulgar gravação ou trecho de gravação sem relação com a prova que se pretenda produzir, expondo a intimidade ou a vida privada ou ferindo a honra ou a imagem do investigado ou acusado: Pena – detenção, de 1 (um) a 4 (quatro) anos, e multa.

[28] Art. 13. Constranger o preso ou o detento, mediante violência, grave ameaça ou redução de sua capacidade de resistência, a: I – exibir-se ou ter seu corpo ou parte dele exibido à curiosidade pública; II – submeter-se a situação vexatória ou a constrangimento não autorizado em lei; III – produzir prova contra si mesmo ou contra terceiro: Pena – detenção, de 1 (um) a 4 (quatro) anos, e multa, sem prejuízo da pena cominada à violência.

124 A nova lei de abuso de autoridade

Inicialmente, destacamos que, sob o aspecto técnico, a nova legislação traz o crime de constranger o preso ou o detento, mediante violência, grave ameaça ou redução de sua capacidade de resistência, a exibir-se ou ter seu corpo ou parte dele exibido à curiosidade pública (art. 13, I). No que concerne à "curiosidade pública", a legislação exige que a exibição ou exposição esteja em descompasso com finalidade específica ou interesse público, vez que se a finalidade for para expor o sujeito ao meio público de saber quem ele é e o que fez para fins de segurança pública, o delito não estará configurado.

Já na conduta de submeter-se a situação vexatória ou a constrangimento não autorizado em lei (art. 13, inciso II), vai depender da presença destas elementares, assim como as outras do tipo com o dolo específico; o mesmo se dará no que tange à conduta de produzir prova contra si mesmo ou contra terceiro.

Assim, para configurar o delito em tablado, vai exigir a violência ou grave ameaça, ou a redução da capacidade de resistência reduzida.

Por sua vez, o art. 28 da mesma Lei incrimina a conduta de divulgar gravação ou trecho de gravação sem relação com a prova que se pretenda produzir, expondo a intimidade ou a vida privada ou ferindo a honra ou a imagem do investigado ou acusado. Este artigo mais tem a ver com a "difusão selecionada" ou "informação seletiva" de investigação que ganham as telas dos jornais e não está muito conectado com a discussão em si da gravação de imagens e divulgação, embora haja interligação do assunto.

Rememoramos que os tipos penais da nova Lei de Abuso de Autoridade exigem o dolo específico do agente, deste modo, o agente deve praticar a ação com a finalidade de prejudicar outrem (o detido/preso), beneficiar a si mesmo ou a terceiro, ou, ainda, por mero capricho ou satisfação pessoal (vaidade).

De maneira didática, ilustraremos algumas situações pontuais e frequentes na lida policial:

❖ **No transporte do detento/preso da viatura para a Delegacia de Polícia, a imprensa fotografa e filma o conduzido e divulga sua imagem na televisão ou jornal. Há o crime em estudo?** Entendemos que não resta configurado, pois a mídia obteve essas imagens em trânsito ou em dependência de acesso não controlado (via pública), não havendo como os policiais impedirem o trabalho da imprensa que é livre e não pode sofrer embaraço, em regra. A conclusão aqui é que faltaria dolo e até mesmo o preenchimento das demais elementares, razão pela qual não há que se falar em crime dos incisos I e II do art. 13.

Dos crimes e das penas **125**

❖ **Em meio ao transporte do detento/preso em área de circulação livre da Delegacia para o gabinete da autoridade policial ou sala (cartório, investigação etc.), a imprensa fotografa e filma o conduzido e divulga sua imagem na televisão ou jornal. Haveria ilícito penal?** Defendemos que não resta configurado o crime, porquanto a intervenção da mídia ocorreu em área não restrita e de livre acesso ao público (átrio, corredores, recepção etc.), sendo que os agentes policiais não podem impedir a presença dos profissionais de imprensa, salvo nas hipóteses excepcionais em que a área esteja interditada ou expressamente controlada.

❖ **No ínterim da caminhada do detento/preso em área de circulação livre para a Delegacia e/ou gabinete específico, um policial, percebendo a presença da imprensa, interrompe o trajeto do preso forçando a inclinação da cabeça do conduzido, com exibição e exposição pela imprensa, para que esta o fotografe ou filme com difusão da imagem do detento/preso. Temos a prática de crime no caso específico?** Entendemos de maneira positiva para a prática de crime nesta hipótese, eis que o policial de maneira voluntária e consciente agiu com o fim de exibir o preso com a capacidade reduzida por estar preso/detido, interrompendo a sua marcha, a fim de encaminhá-lo ao lugar de direito. Em resumo, o preso/detido estava com a capacidade de resistência diminuída e foi forçado a exibir-se ou expor-se.

❖ **Haverá crime com a divulgação das imagens à curiosidade pública, se no recinto interno do gabinete do Delegado de Polícia, cujo ambiente é de acesso controlado, a Autoridade Policial convoca a imprensa para exibir um detento/preso que foi capturado e exibido em total divórcio do interesse público?** Entendemos de maneira positiva para a prática de crime nesta hipótese. Registre-se que não existe a comprovada necessidade de reconhecimento pessoal deste por outros delitos, sendo que o detento/preso está com a capacidade de resistência reduzida e sob a custódia do Estado (ambiente controlado). Logo, qualquer exposição ou exibição em si serviria apenas de especulação da curiosidade pública e até mesmo a vaidade do agente público, detalhes a ensejar o crime em estudo.

❖ **Agentes policiais realizam uma prisão e na sequência tiram fotografias ao lado dos detidos/presos ou tiram apenas dos presos/detidos com emprego de técnica de borrões, sombreamento, entre outras técnicas, sobre os rostos daqueles e as postam em redes sociais, em prestígio à ação policial. Haverá o crime?** Acreditamos que praticam o crime em tela. O fundamento é de que os detentos/presos estão tecnicamente com a capacidade de resistência diminuída e têm o corpo ou parte dele expostos à curiosidade pública. Ademais, ainda que os rostos sejam borrados, sombreados ou com emprego de outras técnicas, em tese, o crime restaria configurado, pois a lei fala em "parte do corpo" ou "corpo".

❖ **Com objetivo de descortinar uma série de infrações penais perpetradas na sua circunscrição, um Delegado de Polícia, tendo a intenção de que novas vítimas procurem a Delegacia para tanto, divulga perante a mídia imagem ou vídeo de uma pessoa já anteriormente reconhecida por crimes similares. Haveria ilícito criminal pela nova lei de abuso de autoridade?** Em nosso entender não haveria o crime nesta situação. O argumento invocado é de que o interesse público e o prestígio da segurança pública estão mais evidenciados do que nunca, lastreados na necessidade de esclarecer outros crimes e movimentar a máquina persecutória do Estado. Aqui, além de não conter o dolo específico, faltariam as demais elementares do tipo, já que seria ato calcado no próprio poder geral de polícia ou na cláusula geral de polícia de administração, necessário para a elucidação de delitos e a responsabilização do seu efetivo autor, sob pena de violação ao princípio da vedação de proteção deficiente aos bens jurídicos tutelados.

❖ **Com objetivo de promover a captura de um foragido sob o qual recai mandado de prisão (ordem de prisão), o Delegado de Polícia divulga na imprensa a fotografia ou vídeo do procurado, objetivando o seu encarceramento e consequente encaminhamento a cautela da Justiça. Há incidência da prática de crime nesta situação?** Defendemos que não ocorrerá o crime, vez que o interesse público é evidente no caso em apreço, extirpando o dolo exigido pelo tipo penal e até mesmo as demais elementares. O ato deriva do poder geral de polícia ou da cláusula geral de polícia na vertente da administração, a qual não se confunde com a mera exposição a curiosidade pública, elementar do tipo. Nessa circunstância há também a corroborar com nosso argumento o prestígio ao princípio da segurança pública.

❖ **Fundado em elementos indiciários (ou de provas) robustos admitidos em Direito de que uma pessoa individualizada praticou crimes de natureza sexual contra uma menor de idade e outras várias mulheres, um Delegado de Polícia de Defesa da Mulher representa pela medida cautelar de prisão cautelar desta pessoa que é judicialmente concedida e, ato seguinte, exibe a imprensa uma fotografia ou vídeo do procurado, que foi apontado como o autor dos graves fatos e que se encontra foragido. Existe a prática delitiva pela nova lei de abuso de autoridade em divulgar as imagens de foragidos (de pessoas que tenham mandados de prisão a serem cumpridos), quer seja de crimes graves ou não?** A resposta para nós só se afigura como não. Cuida--se de interesse público, e não mera exposição gratuita a curiosidade alheia. Pensamos que a Autoridade Policial pode perfeitamente divulgar imagens de foragidos (de pessoas que tenham mandados de prisão a serem cumpridos), quer seja de crimes graves ou não, mormente os criminosos de alta periculosidade. Essas práticas não denotam a intenção de incorrer em crimes previstos na nova lei de abuso de autoridade, pelo contrário, demonstram uma nítida exteriorização do princípio do interesse público e da segurança pública.

❖ **Após efetuar a prisão, quer seja por meio de cumprimento de mandado de prisão, ou quer seja por meio de flagrante delito, de uma organização criminosa em que se descortinam vários roubos, a Polícia convoca uma coletiva de imprensa para dar detalhes da fisiologia e do 'modus operandi' da ação delitiva. Na ocasião, a Polícia apresenta os presos/detidos perfilados e com as cabeças inclinadas para baixo, sendo que os autuados responsáveis pelos delitos permanecem em pé, filmados ao vivo e fotografados, enquanto a entrevista transcorre naturalmente. Há crime?** A princípio, teremos o crime da nova lei de abuso de autoridade se tratar de infração pretérita e já esclarecida, pois pelo contexto ficará claro que a exibição à curiosidade pública não foi baseada no interesse público, sendo desnecessária e desmotivada. Qual a utilidade neste caso? Apenas informativa? No caso, apesar de discutível, entendemos que poderia haver o crime em cartaz por estarem com a capacidade reduzida, se demonstrado o dolo específico com as demais elementares. De outro lado, em havendo o interesse público, ou seja, se existir a necessidade de que a exposição seja imprescindível para o esclarecimento do delito investigado (pessoa procurada, foragida, para reconhecimento etc.), aí não teremos o crime.

❖ **Colimando divulgar a imagem de um criminoso de alta periculosidade que foi capturado, a imprensa solicita a sua fotografia à Polícia, a qual, acessando uma imagem já anteriormente captada para fins de triagem/controle, vem a fornecer. Há crime com a divulgação?** Entendemos não existir crime. Nesse caso o detido/preso não foi vítima de violência, grave ameaça ou redução de capacidade de resistência para exibir-se a curiosidade pública, já que a imagem é pretérita e atenderia ao interesse público para o desempenho do direito fundamental à segurança púbica, direito este fundamental ao cidadão. Assim, com exceção de possível vedação administrativa existente (e que pode, em tese, gerar responsabilização civil ou infração disciplinar), não haverá crime de abuso de autoridade nessas circunstâncias, por ausência de tipicidade.

❖ **E a divulgação de imagens ou fotografias de interesse policial para fins de identificação ou outra finalidade dentro do interesse público e da segurança pública?** A divulgação de imagens e fotografias ou equivalentes de interesse policial e da segurança pública de pessoas investigadas, em que a identificação seja essencial (autoria de crimes graves, em série, pessoa investigada procurada ou foragida), não configura o crime em cartaz, porquanto o interesse é público e afeto a segurança pública.

Em nosso entender, não existe ilicitude criminal na exposição de pessoas nessas circunstâncias, por ausência de elemento subjetivo do dolo, que exige a finalidade específica de macular a imagem da pessoa investigada, submeter à curiosidade pública, constranger ou expor a vexame, de prejudicar outrem ou beneficiar a si mesmo ou a terceiro ou, ainda, por mero capricho ou satisfação pessoal.

Ainda sobre o assunto, o Ministério Público do Rio Grande do Sul, na orientação nº 01/2020 (aplicável ao MP e às polícias), editou os seguintes enunciados:

> *4. Não constitui crime de abuso de autoridade a exposição ou a utilização da imagem de uma pessoa se necessária à administração da justiça ou à manutenção da ordem pública, conforme o art. 20 do Código Civil de 2002.*
>
> *5. Durante a investigação criminal, a mera narrativa de seu conteúdo, com divulgação do nome, de fotografia ou de qualquer dado da identidade do suspeito pela autoridade policial ou ministerial não constitui, por si só, crime de abuso de autoridade.*
>
> *6. Durante a investigação criminal, a divulgação de fotografia do suspeito não deve apresentar caráter vexatório nem sugerir a sua culpa pela prática do delito, recomendando-se que se opte pelas imagens constantes de arquivos oficiais, quando disponíveis e suficientes para a identificação.*
>
> *7. Mesmo durante o curso da investigação criminal, a divulgação do nome, de fotografia, ou de qualquer dado da identidade do suspeito que se encontre foragido não constitui, por si só, crime de abuso de autoridade, em vista da existência do interesse público na sua localização e (re)captura.*

7.5.11. Imagem filmada ou fotografada autorizada implicitamente (tacitamente) ou expressamente do conduzido preso/detido

Entendemos que a imagem filmada ou fotografada autorizada implicitamente (tacitamente) ou expressamente do conduzido preso/detido não configura o crime em estudo.

Quantos de nós já recebemos por aplicativos de WhatsApp, entre outros, vídeos ou até mesmo fotografias da pessoa detida ou presa conversando sem cerimônias com a imprensa jornalística sobre os fatos, e isso ainda quando aquela não faz sarcasmo (piada) com o próprio poder público.

Entendemos que a pessoa detida ou presa que conversa sem cerimônias com a imprensa jornalística sobre os fatos, e isso ainda quando não se faz sarcasmo com o próprio poder público, está abrindo mão implicitamente (tacitamente) da sua imagem em sentido amplo. Aliás, é incompatível responsabilizar algum agente público nessas situações, haja vista que não há em nosso pensar o "constranger o preso ou o detento, mediante violência, grave ameaça ou redução de sua capacidade de resistência, a: I – exibir-se ou ter seu corpo ou parte dele exibido à curiosidade pública; II – submeter-se a situação vexatória ou a constrangimento não autorizado em lei; III – produzir prova contra si mesmo ou contra terceiro".

A pessoa presa/detida por ato volitivo se colocou e promoveu interação com a imprensa. Daí é o suficiente para compreendermos que implicitamente (tacitamente) abriu mão de sua imagem em sentido amplo.

Também quando ocorre a imagem filmada ou fotografada autorizada expressamente do conduzido preso/detido (por escrito ou verbal) não configura o crime em estudo.

De qualquer forma, nessa circunstância, para segurança do policial ou agente público, é sempre recomendável coletar a assinatura da pessoa presa/detida, com testemunhas do ato que não sejam, de preferência, policiais, para se cercar de cautela. Quanto à forma de autorização expressa verbal, se recomenda ao policial ou agente público o registro por áudio e vídeo, com armazenamento em arquivos seguros e não difundidos a terceiros, para fins de cautela em eventuais questionamentos. Obviamente, como já dito, em nenhuma dessas situações para nós se configurará o crime em estudo.

7.5.12. Imagens ou filmagens de pessoas presas realizadas pela vítima ou testemunhas de crime

Imagine que determinada associação criminosa adentra em uma residência para praticar um roubo, quando termina por ser surpreendida pelas vítimas, que se encontravam armadas dentro da residência. Em seguida, as vítimas que ali se encontram começam a fazer filmagens e fotografias dos suspeitos presos e, posteriormente, repassam para a imprensa. Observe que, para que haja delito da lei de abuso de autoridade, é imprescindível que o sujeito ativo seja aquele do rol superamplo do art. 2º, portanto, particulares não poderiam ser, por si só, sujeitos ativos dos delitos da

130 A nova lei de abuso de autoridade

lei de abuso de autoridade, embora, todavia, nada impeça eventual responsabilização por crimes contra a honra.

7.5.13. Imagens ou filmagens de pessoa presa/detida ou investigada mantidas em depósito físico (álbuns, livros, pastas etc.) ou digital (computadores, *tablets* e outros dispositivos e redes similares que armazenem esses conteúdos), para fins de banco de dados ou acervos fotográficos para fins de investigações ou fins da atividade policial

Entendemos que as imagens ou filmagens de pessoa presa/detida ou investigada mantidas em depósito físico (álbuns, livros, pastas etc.) ou digital (computadores, *tablets* e outros dispositivos e redes similares que armazenem estes conteúdos), para fins de banco de dados ou acervos fotográficos para fins de investigações ou fins da atividade policial, não configuram o tipo penal em cartaz, pois elas não são divulgadas publicamente e servem para a atividade policial no desempenho do interesse público do direito constitucional e fundamental à segurança pública em si.

7.5.14. Meios de execução

Não existe no tipo penal qualquer vinculação com o método pelo qual deva ser executado o delito. Portanto, trata-se de **crime de forma livre**, que pode ser praticado por qualquer meio de execução eleito pelo agente.

7.5.15. Sujeito ativo

É a autoridade no conceito superamplo do artigo 2º e o seu parágrafo único. Por se tratar de crime próprio, deve ser ressaltado que, conforme regra do art. 30 do Código Penal, as circunstâncias de caráter pessoal, quando elementares do crime, se comunicam aos demais concorrentes. Assim, se um particular que, sabendo que atua em conjunto com o funcionário público, contribuir para o abuso de autoridade, ambos responderão pelo delito.

7.5.16. Sujeito passivo

O sujeito passivo direto ou imediato é a vítima (pessoa física) atingida pelo abuso. Já o sujeito passivo indireto ou mediato será o Estado.

7.5.17. Elemento subjetivo

É o dolo de praticar de forma consciente e voluntária qualquer das condutas descritas no *caput* ou nos incisos do parágrafo único. Não há expressa previsão legal da modalidade culposa, o que torna inviável a punição por culpa. No que tange a eventual punição a título de dolo eventual, esta será de difícil visualização, tendo em vista que as finalidades específicas do § 1º do art. 1º restringem o alcance de "assumir o risco para a produção do resultado".

7.5.18. Elemento subjetivo específico (ou especial)

Observe que o § 1º do art. 1º trata de cláusula geral, aplicável a todos os delitos da lei de abuso de autoridade, conforme já tratado alhures. Assim, deverá ser comprovado pela acusação que o agente agiu com a finalidade específica de prejudicar outrem ou beneficiar a si mesmo ou a terceiro, ou, ainda, por mero capricho ou satisfação pessoal. Caso esse elemento subjetivo específico não reste demonstrado pelo Ministério Público, a conduta será considerada atípica.

7.5.19. Consumação

O crime em análise, via de regra, se trata de crime material (ou causal), ou seja, se consuma com o constrangimento do preso ou o detento, mediante violência, grave ameaça ou redução de sua capacidade de resistência, atingindo uma das seguintes finalidades: I – exibir-se ou ter seu corpo ou parte dele exibido à curiosidade pública; III – produzir prova contra si mesmo ou contra terceiro.

7.5.20. Tentativa

É perfeitamente possível nos três incisos, já que estamos diante de delitos plurissubsistentes, onde poderá haver o fracionamento do *iter criminis*.

7.5.21. Pena cominada

Detenção, de 1 (um) a 4 (quatro) anos, e multa, sem prejuízo da pena cominada à violência. Observe que neste delito há uma regra de concurso material com os casos que envolverem a violência. Por exemplo, arrancar a roupa do preso de forma abrupta, para exibir o seu corpo à curiosidade pública, causando-lhe lesões corporais leves. Assim, responderá o agente pelo delito do art. 13, inciso I, em concurso material com o delito do art. 129, *caput*.

7.5.22. Ação penal

Em regra, trata-se de ação penal pública incondicionada (art. 3º, *caput*). Todavia, em caso de inércia do Ministério Público, surgirá para a vítima a possibilidade de intentar a ação penal privada subsidiária da pública (art. 3º, § 1º). Há de salientar que a requisição de novas diligências ou a promoção do arquivamento pelo *Parquet* não dão ensejo a alegação de inércia, logo inviável suscitar a ação penal subsidiária da pública.

7.5.23. Lei nº 9.099/1995

O delito em análise é crime de médio potencial ofensivo, tendo em vista que a sua pena mínima (1 ano) autoriza a incidência da suspensão condicional do processo, desde que presentes os requisitos do art. 89 da Lei nº 9.099/1995.

7.5.24. Competência para processo e julgamento

Via de regra, será processado e julgado pela justiça estadual. Excepcionalmente, nos casos do art. 109 da Constituição Federal, haverá competência da Justiça Federal. Não se pode perder de vista se o sujeito ativo for militar, quando a competência será da Justiça Militar Estadual ou da União, conforme o caso, nos termos do art. 9º, CPM. Devem ainda ser levadas com consideração as situações em que o sujeito ativo detiver foro por prerrogativa de função, onde será processado e julgado no respectivo tribunal competente – por exemplo, deputado federal que durante uma CPI pratica o delito em comento será processado e julgado perante o STF (art. 102, I, alínea b, CF/88).

7.5.25. Competência para processo e julgamento no caso de conexão entre homicídio doloso e abuso de autoridade

O Tribunal do Júri vai atrair o julgamento do crime de abuso de autoridade; dito isto, na determinação da competência por conexão ou continência, havendo concurso entre a competência do júri e a de outro órgão da jurisdição comum, prevalecerá a competência do júri (CPP, art. 74, I). Ainda deverá ser observado que na reunião de processos, perante o juízo comum ou o tribunal do júri, decorrentes da aplicação das regras de conexão e continência, observar-se-ão os institutos da transação penal e da composição dos danos civis (parágrafo único, art. 60 da Lei nº 9.099/1995).

Dos crimes e das penas **133**

7.5.26. Classificação doutrinária

Trata-se de crime próprio (todos os crimes de abuso de autoridade são próprios, ou seja, demandam um sujeito ativo qualificado ou especial); material ou causal (ou seja, se exige a produção do resultado naturalístico); de forma livre (pode ser cometido por qualquer meio eleito pelo agente); comissivo (imperioso uma ação); e, excepcionalmente, comissivo por omissão (omissivo impróprio, ou seja, é a aplicação do art. 13, § 2º, do Código Penal); unissubjetivo (que pode ser praticado por um só agente); plurissubsistente (vários atos integram a conduta).

7.5.27. Conflito aparente com o art. 232 da Lei nº 8.069/1990 (Estatuto da Criança e do Adolescente)

Pelo princípio da especialidade, aquele que submeter criança ou adolescente sob sua autoridade, guarda ou vigilância a vexame ou a constrangimento estará incurso no delito do art. 232 do ECA, nestes termos: "Art. 232. Submeter criança ou adolescente sob sua autoridade, guarda ou vigilância a vexame ou a constrangimento: Pena – detenção de seis meses a dois anos".

7.5.28. Conflito aparente com o crime de tortura – art. 1º da lei nº 9.455/1997

Uma das características do crime de tortura se dá na **intensidade** do sofrimento físico ou mental imposto à vítima, além das finalidades específicas elencadas nas alíneas do inciso I do art. 1º da Lei de Tortura. Até porque, em algumas situações, o crime de tortura em muito se aproximará do delito do art. 13, em especial da hipótese do inciso III. Assim, entendemos que a mola propulsora para definir em qual crime incorrerá o agente estará, especialmente, na intensidade do sofrimento imposto pelo agente à vítima. Vejamos o art. 1º, I, da Lei nº 9.455/1997: "Art. 1º Constitui crime de tortura: I – constranger alguém com emprego de violência ou grave ameaça, causando-lhe sofrimento físico ou mental: a) com o fim de obter informação, declaração ou confissão da vítima ou de terceira pessoa (tortura probatória, tortura persecutória, tortura inquisitorial ou tortura institucional); b) para provocar ação ou omissão de natureza criminosa (tortura crime ou tortura delito); c) em razão de discriminação racial ou religiosa (tortura discriminatória, tortura racismo ou tortura preconceito); Pena – reclusão, de dois a oito anos".

Aliás, é esse o teor do **enunciado n. 10** do Conselho Nacional dos Procuradores-Gerais dos Ministérios Públicos dos Estados e da União (CNPG) e do Grupo Nacional de Coordenadores de Centro de Apoio Criminal (CNCCRIM), informando que "constranger o preso ou o detento, mediante violência ou grave ameaça, a produzir prova contra si

134 A nova lei de abuso de autoridade

mesmo ou contra terceiro pode configurar delito de abuso de autoridade (Lei 13.869/19) ou crime de tortura (Lei 9.455/97), a depender das circunstâncias do caso concreto".

7.5.29. Conflito aparente com o delito de constrangimento ilegal (art. 146 do Código Penal)

O art. 146 do Código Penal se trata de norma geral e crime comum (podendo ser praticado por qualquer pessoa). Assim, pelo princípio da especialidade, caso o agente, abusando da sua autoridade, vier a constranger o preso ou o detento, mediante violência, grave ameaça ou redução da capacidade de resistência, com a finalidade específica de: a) exibir-se ou ter seu corpo ou parte dele exibido à curiosidade pública; b) submeter-se a situação vexatória ou a constrangimento não autorizado em lei; ou c) a produzir prova contra si mesmo ou contra terceiro; comete o delito de constrangimento ilegal.

7.5.30. Conflito aparente com o delito de violência arbitrária – art. 322 do Código Penal

Sempre prevaleceu na doutrina que o delito de violência arbitrária havia sido revogado pelo art. 3º, alínea i, da Lei nº 4.898/1965. Todavia, o STF tinha entendimento oposto, nesse sentido: "O art. 322 do CP, que tipifica o crime de violência arbitrária, não foi revogado pelo art. 3º, i, da Lei 4.898/1965 (Lei de Abuso de Autoridade)"[29]. Assim, entendemos que com o advento da nova lei de abuso de autoridade, para que haja o delito do art. 13 será imprescindível demonstrar uma das hipóteses elencadas em um dos incisos (constranger o preso ou o detento, mediante violência, grave ameaça ou redução de sua capacidade de resistência, a: I – exibir-se ou ter seu corpo ou parte dele exibido à curiosidade pública; II – submeter-se a situação vexatória ou a constrangimento não autorizado em lei; III – produzir prova contra si mesmo ou contra terceiro). Nas demais hipóteses, haveria o delito do art. 322 do CP: "Art. 322 – Praticar violência, no exercício de função ou a pretexto de exercê-la: Pena – detenção, de seis meses a três anos, além da pena correspondente à violência".

7.5.31. Razões iniciais do veto do inciso III, art. 13

O artigo 13, III, havia sido inicialmente vetado pelo Presidente da República sob os seguintes argumentos: "a propositura legislativa gera insegurança jurídica, pois o princípio da não produção de prova contra si mesmo não é absoluto como nos casos em que se demanda apenas uma cooperação meramente passiva do investigado.

---

[29] RHC 95.617, rel. min. Eros Grau, j. 25-11-2008, 2ª T, DJE de 17-4-2009.

Neste sentido, o dispositivo proposto contraria o sistema jurídico nacional ao criminalizar condutas legítimas, como a identificação criminal por datiloscopia, biometria e submissão obrigatória de perfil genético (DNA) de condenados, nos termos da Lei nº 12.037, de 2009".

7.6. Art. 14 (VETADO)

> **Art. 14.** (VETADO)[31].

7.6.1. Razões do veto

"A propositura legislativa, ao prever como elemento do tipo 'com o intuito de expor a pessoa a vexame ou execração pública', gera insegurança jurídica por se tratar de tipo penal aberto e que comporta interpretação, notadamente aos agentes da segurança pública, tendo em vista que não se mostra possível o controle absoluto sobre a captação de imagens de indiciados, presos e detentos e sua divulgação ao público por parte de particulares ou mesma da imprensa, cuja responsabilidade criminal recairia sobre os agentes públicos. Por fim, o registro e a captação da imagem do preso, internado, investigado ou indiciado, poderão servir no caso concreto ao interesse da própria persecução criminal, o que restaria prejudicado se subsistisse o dispositivo".

7.7. Constranger a depor, sob ameaça de prisão, pessoa que, em razão de função, ministério, ofício ou profissão, deva guardar segredo ou resguardar sigilo e formas equiparadas (art. 15)

> **Art. 15.** Constranger a depor, sob ameaça de prisão, pessoa que, em razão de função, ministério, ofício ou profissão, deva guardar segredo ou resguardar sigilo:
>
> **Pena** – detenção, de 1 (um) a 4 (quatro) anos, e multa.
>
> **Parágrafo único.** Incorre na mesma pena quem prossegue com o interrogatório:
>
> I – de pessoa que tenha decidido exercer o direito ao silêncio; ou
>
> II – de pessoa que tenha optado por ser assistida por advogado ou defensor público, sem a presença de seu patrono.

---

[30] "Art. 14. Fotografar ou filmar, permitir que fotografem ou filmem, divulgar ou publicar fotografia ou filmagem de preso, internado, investigado, indiciado ou vítima, sem seu consentimento ou com autorização obtida mediante constrangimento ilegal, com o intuito de expor a pessoa a vexame ou execração pública: Pena – detenção, de 6 (seis) meses a 2 (dois) anos, e multa. Parágrafo único. Não haverá crime se o intuito da fotografia ou filmagem for o de produzir prova em investigação criminal ou processo penal ou o de documentar as condições de estabelecimento penal".

7.7.1. Introdução

A Constituição Federal, no art. 5º, XLI, determinou que "a lei punirá qualquer discriminação atentatória dos direitos e liberdades fundamentais". Assim, ao tipificar tal conduta o legislador buscou primariamente resguardar os direitos e liberdades fundamentais, especialmente no tocante ao direito ao silêncio, à presença de um advogado, e, por via de consequência, ao direito de não produzir provas contra si mesmo.

7.7.2. Fundamento constitucional

As condutas descritas no artigo em comento violam os seguintes direitos e garantias fundamentais, previstos no art. 5º, da CF/88:

> II – ninguém será obrigado a fazer ou deixar de fazer alguma coisa senão em virtude de lei; XIV – é assegurado a todos o acesso à informação e resguardado o sigilo da fonte, quando necessário ao exercício profissional; LV – aos litigantes, em processo judicial ou administrativo, e aos acusados em geral são assegurados o contraditório e ampla defesa, com os meios e recursos a ela inerentes; LXIII – o preso será informado de seus direitos, entre os quais o de permanecer calado, sendo-lhe assegurada a assistência da família e de advogado.

7.7.3. A Convenção Americana de Direitos Humanos

As condutas descritas violam os seguintes preceitos da CADH, previsto no art.º, art. 8º, II, alíneas "d", "e", "g", e III, nestes termos:

> Artigo 8. Garantias judiciais: II. Toda pessoa acusada de delito tem direito a que se presuma sua inocência enquanto não se comprove legalmente sua culpa. Durante o processo, toda pessoa tem direito, em plena igualdade, às seguintes garantias mínimas: d) direito do acusado de defender-se pessoalmente ou de ser assistido por um defensor de sua escolha e de comunicar-se, livremente e em particular, com seu defensor; e) direito irrenunciável de ser assistido por um defensor proporcionado pelo Estado, remunerado ou não, segundo a legislação interna, se o acusado não se defender ele próprio nem nomear defensor dentro do prazo estabelecido pela lei; g) direito de não ser obrigado a depor contra si mesma, nem a declarar-se culpada; III. A confissão do acusado só é válida se feita sem coação de nenhuma natureza.

7.7.4. Princípio da continuidade normativa típica

Há de ser observado que a conduta descrita no *caput* do art. 15 já encontrava expressa previsão legal, ainda que remota, no genérico art. 3º, alínea "a", e no art. 4º, alínea "a", da Lei nº 4.898/1965, nestes termos: "Art. 3º. Constitui abuso de autoridade qualquer atentado: a) à liberdade de locomoção; Art. 4º Constitui também abuso de autoridade: a) ordenar ou executar medida privativa da liberdade individual, sem as formalidades legais ou com abuso de poder".

7.7.5. *Novatio legis* incriminadora

Sobre o artigo em comento, trata-se de nova lei penal incriminadora no que tange ao prosseguimento de interrogatório: I – de pessoa que tenha decidido exercer o direito ao silêncio; ou do prosseguimento do interrogatório II – de pessoa que tenha optado por ser assistida por advogado ou defensor público, sem a presença de seu patrono. Nessas situações, por força constitucional (art. 5º, inc. XXXIX) e infraconstitucional (art. 1º, CP), serão aplicadas para o futuro, afinal, não há crime sem lei anterior que o defina e não há pena sem prévia cominação legal.

7.7.6. Objeto jurídico

Trata-se de crime pluriofensivo, porquanto, além de tutelar o regular funcionamento da administração pública, sua credibilidade e dignidade, tutela também os direitos e garantias fundamentais prescritos no art. 5º da Constituição Federal.

7.7.7. Objeto material

Recai sobre o depoimento de pessoa que, que em razão do seu ministério, ofício, profissão ou função tem o seu direito de liberdade lesado ou ameaçado pelo abuso cometido.

7.7.8. Núcleo do tipo

Conforme Cezar Roberto Bitencourt (2003, p. 424), "o núcleo do tipo é constranger, que significa obrigar, forçar, compelir, coagir alguém a fazer ou deixar de fazer alguma coisa a que não está obrigado". Mais precisamente, esta "alguma coisa" que o constrangido não está obrigado é o depoimento. Além do mais, ao contrário do delito analisado anteriormente, não é necessária uma grave ameaça, basta que a ameaça seja uma "ameaça de prisão" dirigida contra a pessoa que, em razão de função, ministério, ofício ou profissão, deva guardar segredo ou resguardar sigilo.

138 A nova lei de abuso de autoridade

7.7.9. Pessoa que, em razão de função, ministério, ofício ou profissão, deva guardar segredo ou resguardar sigilo

O Código de Processo Penal trata da matéria no art. 207, nestes termos: "Art. 207. São proibidas de depor as pessoas que, em razão de função, ministério, ofício ou profissão, devam guardar segredo, salvo se, desobrigadas pela parte interessada, quiserem dar o seu testemunho". Sobre o assunto aduzem Nestor Távora e Rosmar Antonni (2009, p. 371) que "o art. 207 do CPP, por sua vez, trata das pessoas impedidas de figurar como testemunha. Estas, mesmo que desejem, estão impossibilitadas por vedação legal, salvo quando desobrigadas pela parte interessada". Ainda sobre o tema, salienta Julio Fabbrini Mirabete (2004, p. 294) que "ao invés de adotar o sistema de indicar especificamente as profissões compatíveis com o segredo profissional, como outras legislações, a lei pátria usa de palavras compreensivas, de forma genérica, para indicá-las. Considera-se na doutrina como pessoas que devem guardar segredo aquelas: a) previstas em lei; b) previstas nos regulamentos que disciplinam o exercício da atividade; c) previstas por normas consuetudinárias; e d) as indicadas pela própria natureza da atividade".

Por fim, Magalhães Noronha (2002, p. 151) salienta que "para efeitos da vedação legal, considera-se a) função: o encargo que alguém recebe em virtude de lei, decisão judicial ou contrato. Pode abarcar ainda a função pública; b) ministério: é o encargo de atividade religiosa ou social; c) ofício: é atividade eminentemente mecânica, manual; d) profissão: é a atividade de natureza intelectual, ou aquela que contempla a conduta habitual do indivíduo, tendo fim lucrativo.

7.7.10. Modalidade equiparada

Prevê o parágrafo único do art. 15 que "incorre na mesma pena (detenção, de um a quatro anos, e multa) quem prossegue com o interrogatório:

a) **de pessoa que tenha decidido exercer o direito ao silêncio (art. 15, parágrafo único, I):** observe que o interrogatório do acusado poderá ser realizado no âmbito do inquérito policial (art. 6º, V, CPP), no âmbito judicial (art. 185 e seguintes do CPP), bem como em procedimentos de Comissões Parlamentares de Inquérito, em procedimentos investigatórios criminais (PICs, instaurados pelo Ministério Público), ou até mesmo em procedimentos administrativos disciplinares. Deve ser salientado que, conforme o art. 186 e seu parágrafo único do CPP: "Art. 186. Depois de devidamente qualificado e cientificado do inteiro teor da acusação, o acusado será informado pelo juiz, antes de iniciar o interrogatório, do seu direito de permanecer calado e de não responder perguntas que lhe forem formuladas. Parágrafo único. O silêncio, que não importará em confissão, não poderá ser interpretado em prejuízo da defesa". Dito isso, o crime em tela se trata da relutância, renitência, na persistência de se prosseguir no interrogatório daquele que já tenha decidido permanecer em silêncio.

b) **de pessoa que tenha optado por ser assistida por advogado ou defensor público, sem a presença de seu patrono (art. 15, parágrafo único, II):** da mesma forma que já comentado anteriormente, essa opção poderá se dar em qualquer procedimento, onde a pessoa esteja sendo acusada de uma infração penal. Até porque o art. 185 do CPP impõe que o interrogatório seja realizado com o defensor, seja este constituído ou nomeado. Nestes termos o teor do art. 185, CPP: "o acusado que comparecer perante a autoridade judiciária, no curso do processo penal, será qualificado e interrogado na presença de seu defensor, constituído ou nomeado". Embora o aludido artigo aduza sobre o comparecimento perante a autoridade judiciária, é sabido que as normas do Capítulo III do Título VII, do CPP, aplicam-se ao interrogatório na fase do inquérito policial (inteligência do art. 6º, V do CPP).

7.7.11. O princípio do *nemo tenetur se detegere*

As modalidades delitivas anteriormente delineadas (parágrafo único, incisos I e II, art. 15) são um corolário lógico do princípio do *nemo tenetur se detegere*, onde, conforme Aury Lopes Junior (2005, p. 352), "o sujeito passivo não pode sofrer nenhum prejuízo jurídico por omitir-se de colaborar em uma atividade probatória da acusação". Assim, nas palavras de Luigi Ferrajoli (2002, p. 486), é uma consequência lógica de tal princípio "a) a proibição da *tortura espiritual*, como obrigação de dizer a verdade; b) o direito de silêncio, assim como a faculdade do imputado de faltar com a verdade nas suas respostas; c) a proibição, pelo respeito devido à pessoa do imputado e pela inviolabilidade da sua consciência, não só de arrancar a confissão com violência, senão também de obtê-la mediante manipulações psíquicas, como drogas ou práticas hipnóticas; d) a consequente negação de papel decisivo das confissões; e e) o direito do imputado de ser assistido por defensor no interrogatório, para impedir abusos ou quaisquer violações das garantias processuais". Em resumo, é se dizer que as condutas incriminadas no parágrafo único do art. 15 são uma forma de garantir o princípio do *nemo tenetur se detegere* e, por via de consequência, punir a autoridade que venha a violá-lo.

140 A nova lei de abuso de autoridade

7.7.12. Os direitos e prerrogativas dos advogados

O Estatuto da Advocacia, Lei nº 8.906/1994, dispõe, no art. 7º, diversos direitos do advogado, entre eles: Art. 7º São direitos do advogado: I – exercer, com liberdade, a profissão em todo o território nacional; III – comunicar-se com seus clientes, pessoal e reservadamente, mesmo sem procuração, quando estes se acharem presos, detidos ou recolhidos em estabelecimentos civis ou militares, ainda que considerados incomunicáveis; XXI – assistir a seus clientes investigados durante a apuração de infrações, sob pena de nulidade absoluta do respectivo interrogatório ou depoimento e, subsequentemente, de todos os elementos investigatórios e probatórios dele decorrentes ou derivados, direta ou indiretamente, podendo, inclusive, no curso da respectiva apuração: a) apresentar razões e quesitos".

7.7.13. Meios de execução

Observe que existe no tipo penal vinculação com o método pelo qual deva ser executado o delito, qual seja, constrangimento para depor "sob ameaça de prisão". Portanto, trata-se de crime de forma vinculada.

7.7.14. Sujeito ativo

É a autoridade no conceito superamplo do artigo 2º e o seu parágrafo único. Por se tratar de crime próprio deve ser ressaltado que, conforme regra do art. 30 do Código Penal, as circunstâncias de caráter pessoal, quando elementares do crime, se comunicam aos demais concorrentes. Assim, se um particular que, sabendo que atua em conjunto com o funcionário público, contribuir para o abuso de autoridade, ambos responderão pelo delito.

7.7.15. Sujeito passivo

O sujeito passivo direto ou imediato é a vítima (pessoa física) atingida pelo abuso. Já o sujeito passivo indireto ou mediato será o Estado.

7.7.16. Elemento subjetivo

É o dolo de praticar de forma consciente e voluntária qualquer das condutas descritas no *caput* ou nos incisos do parágrafo único. Não há expressa previsão legal da modalidade culposa, o que torna inviável a punição por culpa. No que tange a eventual punição a título de dolo eventual, esta será de difícil visualização, tendo em vista que as finalidades específicas do § 1º do art. 1º restringem o alcance de "assumir o risco para a produção do resultado".

7.7.17. Elemento subjetivo específico (ou especial)

Observe que o § 1º do art. 1º trata de cláusula geral, aplicável a todos os delitos da lei de abuso de autoridade, conforme já tratado alhures. Assim, deverá ser comprovado pela acusação que o agente agiu com a finalidade específica de prejudicar outrem ou beneficiar a si mesmo ou a terceiro, ou, ainda, por mero capricho ou satisfação pessoal. Caso esse elemento subjetivo específico não reste demonstrado pelo Ministério Público, a conduta será considerada atípica.

7.7.18. Consumação

O crime em análise, seja na modalidade do *caput*, seja nas modalidades do parágrafo único, é um crime material (ou causal), ou seja, se consuma no momento em que o agente constrange para depor, sob ameaça de prisão, pessoa que, em razão de função, ministério, ofício ou profissão, deva guardar segredo ou resguardar sigilo.

7.7.19. Crime permanente

As modalidades previstas no parágrafo único, nos incisos I e II, tratam de crimes permanentes, ou seja, aqueles cuja consumação se prolonga no tempo. Assim, enquanto o agente prosseguir com o interrogatório de pessoa que tenha decidido exercer o direito ao silêncio; ou de pessoa que tenha optado por ser assistida por advogado ou defensor público, sem a presença de seu patrono, será admitida a prisão em flagrante.

7.7.20. Tentativa

É perfeitamente possível, seja na modalidade do *caput*, seja nas modalidades do parágrafo único, já que estamos diante de um delito plurissubsistente, onde poderá haver o fracionamento do *iter criminis*.

7.7.21. Pena cominada

Detenção, de 1 (um) a 4 (quatro) anos, e multa. Observe que a pena cominada a todos os delitos da Lei nº 13.869/2009 é a de detenção.

142 A nova lei de abuso de autoridade

7.7.22. Ação penal

Em regra, trata-se de ação penal pública incondicionada (art. 3º, *caput*). Todavia, em caso de inércia do Ministério Público, surgirá para a vítima a possibilidade de intentar a ação penal privada subsidiária da pública (art. 3º, § 1º). Há de salientar que a requisição de novas diligências ou a promoção do arquivamento pelo *Parquet* não dão ensejo a alegação de inércia, logo inviável suscitar a ação penal subsidiária da pública.

7.7.23. Lei nº 9.099/1995

O delito em análise é crime de médio potencial ofensivo, tendo em vista que a sua pena mínima (1 ano) autoriza a incidência da suspensão condicional do processo, desde que presentes os requisitos do art. 89 da Lei nº 9.099/1995.

7.7.24. Competência para processo e julgamento

Via de regra, será processado e julgado pela justiça estadual. Excepcionalmente, nos casos do art. 109 da Constituição Federal, haverá competência da Justiça Federal. Não se pode perder de vista se o sujeito ativo for militar, quando a competência será da Justiça Militar Estadual ou da União, conforme o caso, nos termos do art. 9º, CPM. Devem ainda ser levadas em consideração as situações em que o sujeito ativo detiver foro por prerrogativa de função, onde será processado e julgado no respectivo tribunal competente – por exemplo, deputado federal que durante uma CPI pratica o delito em tela será processado e julgado perante o STF (art. 102, I, alínea b).

7.7.25. Classificação doutrinária

Trata-se de crime próprio (todos os crimes de abuso de autoridade são próprios, ou seja, demandam um sujeito ativo qualificado ou especial); material ou causal (ou seja, se exige a produção do resultado naturalístico); de forma vinculada; comissivo (imperioso uma ação); e, excepcionalmente, comissivo por omissão (omissivo impróprio, ou seja, é a aplicação do art. 13, § 2º, do Código Penal); unissubjetivo (que pode ser praticado por um só agente); plurissubsistente (vários atos integram a conduta).

7.7.26. Razões iniciais do veto presidencial ao parágrafo único, art. 15

O parágrafo único do art. 15 havia sido inicialmente vetado pelo Presidente da República sob os seguintes argumentos: "o dispositivo proposto gera insegurança jurídica e contraria o interesse público ao penalizar o agente pelo mero prosseguimento do interrogatório de pessoa que tenha decidido exercer o direito ao silêncio, embora o interrogatório seja oportunidade de defesa, pode ser conveniente à pessoa o conhecimento das perguntas formuladas, bem como exercer o silêncio apenas em algumas questões, respondendo voluntariamente às demais, cuja resposta, a seu exclusivo juízo, lhe favoreçam. Além disso, a falta de assistência por advogado ou defensor público durante o interrogatório não deve ser criminalizada, uma vez que se trata de procedimento administrativo de natureza inquisitiva e não configura falta de defesa ao indivíduo". Posteriormente, o Congresso Nacional terminou por derrubar o veto, motivo pelo qual o presente artigo se encontra em pleno vigor.

7.8. Deixar de identificar-se ou identificar-se falsamente ao preso por ocasião de sua captura ou quando deva fazê-lo durante sua detenção ou prisão (art. 16)

> **Art. 16.** Deixar de identificar-se ou identificar-se falsamente ao preso por ocasião de sua captura ou quando deva fazê-lo durante sua detenção ou prisão:
>
> **Pena** – detenção, de 6 (seis) meses a 2 (dois) anos, e multa.
>
> **Parágrafo único.** Incorre na mesma pena quem, como responsável por interrogatório em sede de procedimento investigatório de infração penal, deixa de identificar-se ao preso ou atribui a si mesmo falsa identidade, cargo ou função.

7.8.1. Introdução

A Constituição Federal, no art. 5º, XLI, determinou que "a lei punirá qualquer discriminação atentatória dos direitos e liberdades fundamentais". Assim, ao tipificar tal conduta o legislador buscou primariamente resguardar os direitos e liberdades fundamentais, especialmente no tocante à lisura dos procedimentos investigatórios, à identificação dos agentes responsáveis pela prisão do preso ou à lisura na identificação do agente responsável pela condução do interrogatório.

7.8.2. Fundamento constitucional

As condutas descritas no artigo em comento violam os seguintes direitos e garantias fundamentais, previstos no art. 5º da CF/88: "LXIV – o preso tem direito à identificação dos responsáveis por sua prisão ou por seu interrogatório policial".

7.8.3. *Novatio legis* incriminadora

Sobre o artigo em comento, trata-se de nova lei penal incriminadora e, por força constitucional (art. 5º, inc. XXXIX) e infraconstitucional (art. 1º, CP), será aplicada para o futuro, afinal, não há crime sem lei anterior que o defina e não há pena sem prévia cominação legal.

7.8.4. Objeto jurídico

Trata-se de crime pluriofensivo, porquanto, além de tutelar o regular funcionamento da administração pública, sua credibilidade e dignidade, tutela também os direitos e garantias fundamentais prescritos no art. 5º da Constituição Federal.

7.8.5. Objeto material

É a identidade, sendo esta compreendida nas palavras de Cleber Masson (2016, p. 1283) como "o conjunto de características próprias de determinada pessoa, capazes de identificá-la e individualizá-la em sociedade".

7.8.6. Núcleo do tipo

O núcleo do tipo penal apresenta duas condutas: **a) deixar de identificar-se**, ou **b) identificar-se falsamente**. Na primeira situação (deixar de identificar-se) significa dizer que o agente omite sua identificação, se abstendo de informar sua real identificação. Já na segunda situação (identificar-se falsamente) significa dizer que o agente age positivamente, de forma ativa, e se apresenta de forma falsa.

7.8.7. Modalidade equiparada

Vem prevista no parágrafo único do art. 16, onde "incorre na mesma pena de seis meses a dois anos e multa quem, como responsável por interrogatório em sede de procedimento investigatório de infração penal, deixa de identificar-se ao preso ou atribui a si mesmo falsa identidade, cargo ou função". Observe que, durante o interrogatório do suspeito, por exemplo, se torna obrigatório a Autoridade Policial se identificar devidamente ao interrogando, sob pena de incorrer no delito do art. 16, parágrafo único. Da mesma forma, se a Autoridade Policial vier a dizer para o preso que se trata de Promotor de Justiça ou Juiz de Direito, também estará incorrendo no aludido crime, tendo em vista que está atribuindo a si cargo falso.

7.8.8. Meios de execução

Não existe no tipo penal qualquer vinculação com o método pelo qual deva ser executado o delito. Portanto, trata-se de crime de forma livre, que pode ser praticado por qualquer meio de execução eleito pelo agente.

7.8.9. Sujeito ativo

É a autoridade no conceito superamplo do artigo 2º e o seu parágrafo único. Por se tratar de crime próprio, deve ser ressaltado que, conforme regra do art. 30 do Código Penal, as circunstâncias de caráter pessoal, quando elementares do crime, se comunicam aos demais concorrentes. Assim, se um particular que, sabendo que atua em conjunto com o funcionário público, contribuir para o abuso de autoridade, ambos responderão pelo delito.

7.8.10. Sujeito passivo

O sujeito passivo direto ou imediato é a vítima (pessoa física) atingida pelo abuso. Já o sujeito passivo indireto ou mediato será o Estado.

7.8.11. Elemento subjetivo

É o dolo de praticar de forma consciente e voluntária qualquer das condutas descritas no *caput* ou nos incisos do parágrafo único. Não há expressa previsão legal da modalidade culposa, o que torna inviável a punição por culpa. No que tange a eventual punição a título de dolo eventual, esta será de difícil visualização, tendo em vista que as finalidades específicas do § 1º do art. 1º restringem o alcance de "assumir o risco para a produção do resultado".

7.8.12. Elemento subjetivo específico (ou especial)

Observe que o § 1º do art. 1º trata de cláusula geral, aplicável a todos os delitos da lei de abuso de autoridade, conforme já tratado alhures. Assim, deverá ser comprovado pela acusação que o agente agiu com a finalidade específica de prejudicar outrem ou beneficiar a si mesmo ou a terceiro, ou, ainda, por mero capricho ou satisfação pessoal. Caso esse elemento subjetivo específico não reste demonstrado pelo Ministério Público, a conduta será considerada atípica.

7.8.13. Consumação

Via de regra, o núcleo do tipo é "deixar", ou seja, um não fazer, portanto estamos diante de um crime omissivo próprio, que se consuma no exato momento da omissão, não se exigindo a produção de qualquer resultado naturalístico. Excepcionalmente, na conduta de "identificar-se falsamente" (*caput*, art. 16) e "atribuir a si mesmo falsa identidade, cargo ou função", estamos diante de modalidades comissivas, e neste caso se consumaria o crime no momento da ação do agente.

7.8.14. Tentativa

Via de regra, é inviável, porquanto se trata de crime omissivo próprio – unissubsistente –, não podendo haver o fracionamento da conduta. Conforme já dito anteriormente, nas modalidades de "identificar-se falsamente" e "atribuir a si mesmo falsa identidade, cargo ou função", ainda que de difícil visualização, seria possível a tentativa, como, por exemplo, identificar-se para o preso com um "crachá alheio", todavia, antes de entregar este crachá ao preso, este vem a ser extraviado.

7.8.15. Pena cominada

Detenção, de 6 (seis) meses a 2 (dois) anos, e multa.

7.8.16. Ação penal

Em regra, se trata de ação penal pública incondicionada (art. 3º, *caput*). Todavia, em caso de inércia do Ministério Público, surgirá para a vítima a possibilidade de intentar a ação penal privada subsidiária da pública (art. 3º, § 1º). Há de salientar que a requisição de novas diligências ou a promoção do arquivamento pelo *Parquet* não dão ensejo a alegação de inércia, logo inviável suscitar a ação penal subsidiária da pública.

7.8.17. Lei nº 9.099/1995

O delito em análise se trata de crime de menor potencial ofensivo, tendo em vista que a sua pena máxima não ultrapassa dois anos, fazendo o agente jus a todos os benefícios da lei dos Juizados Especiais Criminais.

7.8.18. Competência para processo e julgamento

Via de regra, será processado e julgado pelo Juizado Especial Criminal Estadual. Excepcionalmente, nos casos do art. 109 da Constituição Federal, haverá compe-

Dos crimes e das penas **147**

tência do Juizado Especial Federal. Não se pode perder de vista se o sujeito ativo for militar, quando a competência será da Justiça Militar Estadual ou da União, conforme o caso, nos termos do art. 9º, CPM. Devem ainda ser levadas em consideração as situações em que o sujeito ativo detiver foro por prerrogativa de função, onde será processado e julgado no respectivo tribunal competente – por exemplo, deputado federal que pratica o crime em tela será processado e julgado perante o STF (art. 102, I, alínea b).

7.8.19. Classificação doutrinária

Trata-se de crime próprio (todos os crimes de abuso de autoridade são próprios, ou seja, demandam um sujeito ativo qualificado ou especial); de forma livre (pode ser cometido por qualquer meio eleito pelo agente); em regra, comissivo (imperioso uma ação); e excepcionalmente omissivo próprio (imperioso uma inação); unissubjetivo (que pode ser praticado por um só agente); plurissubsistente (vários atos integram a conduta), nas modalidades identificar-se falsamente e atribuir a si mesmo falsa identidade, cargo ou função; e unissubsistente (um único ato integra a conduta), nas modalidades deixar de identificar-se.

7.8.20. Identificação ostensiva por meio de tarjetas ou equivalentes nos uniformes dos policiais militares, guardas civis e equivalentes

Pela natureza e dinamismo das ruas, diante das ações policiais ostensivas e preventivas, dificilmente durante uma abordagem e captura os integrantes dessas forças de segurança possuem tempo hábil de acalmar o ambiente e apresentar a sua identificação.

Os policiais militares e guardas civis, entre outras forças de policiamento ostensivo e preventivo, em regra, usam tarjetas (placas) dos nomes (ainda que apenas o sobrenome) que os identificam de maneira clara e inquestionável nas fardas, particularidade esta que, de maneira geral, atende aos reclames da legislação em vigor.

7.8.21. Policiais civis, policiais federais, dentre outros integrantes das Polícias Judiciárias

De outro quadrante, os policiais civis, policiais federais, dentre outros integrantes das Polícias Judiciárias, operam com vestes comuns de cidadãos civis, exceto em operações policiais e outras situações em que existam atos normativos a exigirem uniformização dos integrantes.

148 A nova lei de abuso de autoridade

Quanto aos integrantes das Polícias Judiciárias, por razões óbvias da própria essência da Polícia Judiciária, se impõem a descaracterização e discrição de suas atuações, quando das ações policiais, alertando que estes, doravante com a nova lei de abuso de autoridade, deverão se identificar em regra. Dizemos em regra porque pode ser que sejam policiais infiltrados com nomes fictícios na organização criminosa ou agentes policiais disfarçados com o Novo Pacote Anticrime, expedientes que o próprio ordenamento jurídico pátrio fomenta na atividade policial, como técnicas policiais operacionais de investigações.

Ademais, estes integrantes das Polícias Judiciárias, quando fazem uso de indumentárias ou uniformes, não usam tarjetas (placas) de identificação, salvo em situações excepcionais.

Nesses exemplos, se há identificação ostensiva de pronto dos integrantes das polícias judiciárias, não há que se falar em configuração de ilícito, visto que, num segundo momento e com o ambiente controlado, na Delegacia de Polícia, isso será feito.

A "mens legis", de todo modo, é vedar o anonimato da prisão, algo que será sanado no decorrer da formalização da prisão. Desse modo, deixar de se identificar de pronto ou esquecer de fazê-lo em virtude da dinâmica operacional da custódia (prisão) não atrai a incidência do crime em estudo, diante da ausência de dolo específico.

7.8.22. Uso de balaclavas (máscara de acobertamento de rosto) e outros adereços que podem ocultar integralmente ou parcialmente o rosto do agente policial em diligências ou operações policiais

Em relação aos cumprimentos de diligências de busca e apreensão domiciliar ou em outras localidades, bem como de prisões materializadas por grupos policiais táticos durante operações de alto risco ou não, há uma discussão sobre como fiscalizar e controlar eventuais excessos por parte do superior hierárquico e até mesmo por parte de fiscalização de outros órgãos que porventura estivessem utilizando **balaclavas (máscara de acobertamento de rosto) e outros adereços que possam ocultar integralmente ou parcialmente o rosto do agente policial em diligências ou operações policiais**.

Entendemos que o exercício da atividade policial é *sui generis*, em vista de qualquer outra, notadamente no que tange ao risco operacional de qualquer diligência policial, porquanto a ameaça iminente de conflitos e surpresas é uma constante.

Embora não seja condição essencial, é importante que exista um Procedimento Operacional Padrão (POP) que dê guarida ao uso de **balaclavas (máscara de acobertamento de rosto) e outros adereços que possam ocultar integralmente ou parcialmente o rosto do agente policial em diligências ou operações policiais,** com escopo de orientar uma doutrina policial institucional e até mesmo normatização (quando em caráter disciplinador) à autuação do agente policial de maneira uniformizada e padronizada dos integrantes de determinada força policial.

Assim, aquele agente policial que autuar dentro dos regramentos do Procedimento Operacional Padrão (POP), em regra, estará respaldado e não incorrerá em ilegalidades.

De outro lado, partindo do pressuposto de que não haja normatização, não é proporcional e razoável que os agentes policiais que estejam empregando as balaclavas ou outros adereços com acobertamento total ou parcial da face procedam à imediata retirada e identificação, porquanto isso pode comprometer as diligências operacionais e a segurança de todos os envolvidos. Aliás, neste ponto, o dinamismo do ambiente e a ação policial em si já seriam o bastante para dar guarida e legitimar as ações operacionais, permitindo a identificação dos agentes *a posteriori*, com o registro da ação policial na sequência consistente de que os alvos da ação policial foram informados e cientificados da identificação dos agentes policiais.

A recomendação nossa também é de que o superior hierárquico tenha ferramentas que permitam uma fiscalização e controle de cada um dos seus agentes policiais que eventualmente estejam utilizando as balaclavas ou outros adereços com acobertamento total ou parcial da face, em diligências policiais ou operações policiais.

7.8.23. Interrogatório formal de conduzido/autuado preso em flagrante delito e investigado em sede policial

Na condução do interrogatório formal de conduzido/autuado preso em flagrante delito e investigado em sede policial, o Delegado de Polícia que preside o interrogatório formal deve determinar a expressa citação do nome dos responsáveis pela prisão, assim como o nome da Autoridade Policial e do escrivão responsáveis pelo interrogatório (cargos ou funções). Geralmente isso se dava na nota de direitos e garantias constitucionais, nota de culpa ou no próprio termo de qualificação, interrogatório e de vida pregressa, já adotado na praxe de polícia investigativa, em plena harmonia com o dispositivo da nova Lei de Abuso de Autoridade, dispositivos constitucionais e do Código de Processo Penal.

150   A nova lei de abuso de autoridade

Referente ao Delegado de Polícia ainda, responsável pelo interrogatório, o nome costuma constar expressamente nos termos formalizados, mas não custa pecar pelo excesso e se ter uma nota ou termo claro nos moldes dessas exigências.

7.8.24. Cumprimento de prisões cautelares, captura em situação flagrancial ou recaptura

O mesmo também se impõe à identificação real ao preso, devendo constar a identificação dos policiais responsáveis no ato do registro de ocorrências policiais quanto ao cumprimento de prisões cautelares, captura ou recaptura, para se evitar a incidência do crime em tablado.

7.8.25. Conflito aparente com o delito do art. 307 do Código Penal

A distinção se encontra na mola propulsora do agente, pois no crime de falsa identidade (art. 307, CP) o agente tem a intenção de obter vantagem, em proveito próprio ou alheio, ou para causar dano a outrem. Por outro lado, no delito do art. 16 e seu parágrafo único, a intenção do agente é abusar a autoridade (elemento subjetivo específico do art. 1º, § 1º), fornecendo uma falsa identidade ou deixando de se identificar. Além do mais, a pena do delito do art. 16 é superior. E o art. 307 do Código Penal é expressamente subsidiário, vejamos: "Art. 307 – Atribuir-se ou atribuir a terceiro falsa identidade para obter vantagem, em proveito próprio ou alheio, ou para causar dano a outrem: Pena – detenção, de três meses a um ano, ou multa, se o fato não constitui elemento de crime mais grave".

7.8.26. Razões iniciais do veto presidencial

O art. 16 e seu parágrafo único haviam sido inicialmente vetados pelo Presidente da República sob os seguintes argumentos: "a propositura legislativa contraria o interesse público, pois, embora seja exigível como regra a identificação da autoridade pela prisão, também se mostra de extrema relevância, ainda que em situações excepcionais, a admissão do sigilo da identificação do condutor do flagrante, medida que se faz necessária com vistas à garantia da vida e integridade física dos agentes de segurança e de sua família, que, não raras vezes, têm que investigar crimes de elevada periculosidade, tal como aqueles praticados por organizações criminosas". Posteriormente, o Congresso Nacional terminou por derrubar o veto, motivo pelo qual o presente artigo se encontra em pleno vigor.

7.9. Art. 17 (VETADO)

> Art. 17. (VETADO)[32].

7.9.1. Razões do veto

"A propositura legislativa, ao tratar de forma genérica sobre a matéria, gera insegurança jurídica por encerrar tipo penal aberto e que comporta interpretação. Ademais, há ofensa ao princípio da intervenção mínima, para o qual o Direito Penal só deve ser aplicado quando estritamente necessário, além do fato de que o uso de algemas já se encontra devidamente tratado pelo Supremo Tribunal Federal, nos termos da Súmula Vinculante nº 11, que estabelece parâmetros e a eventual responsabilização do agente público que o descumprir".

7.10. Submeter o preso a interrogatório policial durante o período de repouso noturno, salvo se capturado em flagrante delito ou se ele, devidamente assistido, consentir em prestar declarações (art. 18)

> Art. 18. Submeter o preso a interrogatório policial durante o período de repouso noturno, salvo se capturado em flagrante delito ou se ele, devidamente assistido, consentir em prestar declarações:
>
> Pena – detenção, de 6 (seis) meses a 2 (dois) anos, e multa.

7.10.1. Introdução

A Constituição Federal, no art. 5º, XLI, determinou que "a lei punirá qualquer discriminação atentatória dos direitos e liberdades fundamentais". Neste presente caso, se torna difícil a visualização de qual direito e garantia fundamental, do rol do art. 5º da CF/88, está sendo violado. Ao nosso ver, este artigo, muito provável, deve ter sido

---

[31] "Art. 17. Submeter o preso, internado ou apreendido ao uso de algemas ou de qualquer outro objeto que lhe restrinja o movimento dos membros, quando manifestamente não houver resistência à prisão, internação ou apreensão, ameaça de fuga ou risco à integridade física do próprio preso, internado ou apreendido, da autoridade ou de terceiro: Pena – detenção, de 6 (seis) meses a 2 (dois) anos, e multa. Parágrafo único. A pena é aplicada em dobro se: I – o internado tem menos de 18 (dezoito) anos de idade; II – a presa, internada ou apreendida estiver grávida no momento da prisão, internação ou apreensão, com gravidez demonstrada por evidência ou informação; III – o fato ocorrer em penitenciária".

elaborado por algum legislador que fora preso e que, por via de consequência, tenha passado algumas horas em interrogatório, adentrando o depoimento em período de "repouso noturno", período este que deveria ser "sagrado" para o interrogado. Artigo inócuo. Pergunta-se: como ficarão os longos interrogatórios iniciados em finais de tarde e estendidos pela noite? Ensejarão pedidos de nulidade? De fato, ao ler determinados artigos desta lei horrenda se constata o motivo pelo qual tem sido designada de "Estatuto do Criminoso" – de fato, foi pensada meticulosamente para favorecer os criminosos.

7.10.2. Fundamento constitucional

A conduta descrita no artigo em comento, se muito se esforçar, consegue demonstrar uma possível violação ao seguinte direito e garantia fundamental, previstos no art. 5º, da CF/88: "XLIX – é assegurado aos presos o respeito à integridade física e moral".

7.10.3. *Novatio legis* incriminadora

Sobre o artigo em comento, trata-se de nova lei penal incriminadora e, por força constitucional (art. 5º, inc. XXXIX) e infraconstitucional (art. 1º, CP), será aplicada para o futuro, afinal, não há crime sem lei anterior que o defina e não há pena sem prévia cominação legal.

7.10.4. Objeto jurídico

Trata-se de crime pluriofensivo, porquanto, além de tutelar o regular funcionamento da administração pública, sua credibilidade e dignidade, tutela também os direitos e garantias fundamentais prescritos no art. 5º da Constituição Federal.

7.10.5. Objeto material

É a pessoa física que, fora das hipóteses permitidas, tem seu interrogatório realizado durante o período do repouso noturno.

7.10.6. Núcleo do tipo

O verbo é **submeter**, ou seja, subjugar, dominar ou sujeitar o preso a interrogatório policial durante o período do repouso noturno.

7.10.7. Conceito de repouso noturno

Diante das peculiaridades da Lei de Abuso de Autoridade, a doutrina vem divergindo sobre qual seria o conceito de "repouso noturno" para fins de incriminação do art. 18. Sabe-se que, ao longo dos tempos, o conceito de repouso noturno na legislação pátria era extraído do art. 155, § 1º, CP (furto praticado mediante o repouso noturno). Analisando o tema sobre o furto mediante o repouso noturno, a doutrina afirmava se tratar de hipótese de aplicação dos costumes no direito penal, pois, conforme André Estefam (2010, p. 368), "varia conforme a localidade e seus costumes". Ainda na mesma linha de raciocínio, com maestria Magalhães Noronha (1990, p. 226-227) afirmava que "nas velhas leis, tornou-se vivo o debate sobre o que se devia entender por noite. De modo geral, as opiniões agrupavam-se em duas classes: uma considerando a noite sob um critério físico-astronômico, e outra por um critério psicossociológico. Optou nossa lei por esse último, evitando qualquer discussão com o emprego da palavra *noite* e usando taxativamente a expressão repouso noturno. Este é o espaço de tempo que a cidade dorme. Não se confunde com o nascer e o pôr do sol". Todavia, Rogério Sanches e Rogério Greco (2019, p. 159-160), fazendo uma interpretação sistemática da nova Lei de Abuso de Autoridade, aduzem que, embora similares as expressões do art. 155, § 1º, CP e do art. 18, esta última merece um raciocínio diferente. Para tanto, os citados autores utilizam como parâmetro o inciso III, § 1º, do art. 22 da Lei de Abuso de Autoridade: "cumprir mandado de busca e apreensão domiciliar após as 21 (vinte e uma) horas ou antes da 5 (cinco) horas". Finalizam afirmando que "devemos entender por repouso noturno, em atenção ao disposto no inciso III, § 1º, do seu artigo 22 da Lei nº 13.869/19, o período de tempo que começa às 21 horas e termina às 5 (cinco) horas".

Aliás, é esse o teor do **enunciado n. 11** do Conselho Nacional dos Procuradores--Gerais dos Ministérios Públicos dos Estados e da União (CNPG) e do Grupo Nacional de Coordenadores de Centro de Apoio Criminal (CNCCRIM), informando que "para efeitos do artigo 18 da Lei de Abuso de Autoridade, compreende-se por repouso noturno o período de 21h00 a 5h00, nos termos do artigo 22, § 1º, III, da mesma Lei".

Por outro lado, a Polícia Civil do estado de São Paulo, em seminário realizado sobre a Lei nº 13.969/19, editou a **Súmula nº 5**, onde entendeu que "a expressão "repouso noturno", do artigo 18 da Lei Federal 13.869/2019, abrange período em que as pessoas ordinariamente descansam e dormem, consubstanciando parâmetros desse elemento normativo, segundo juízo motivado do Delegado de Polícia responsável, os costumes e convenções locais, a vedação temporal entre 21 horas de um dia e

154 A nova lei de abuso de autoridade

5 horas do dia seguinte para a execução de busca domiciliar prevista no inciso III do § 1º do artigo 22 do mesmo diploma legal, assim como o interstício entre o pôr do sol e a aurora do dia subsequente".

Há ainda uma situação que poderia ensejar dúvidas. Vejamos: suponha que determinado interrogatório começa a ser realizado por volta das 18:00h e, diante da sua complexidade, atinge o lapso temporal de 21:00h. Indaga-se: nesta situação a autoridade interrompe o interrogatório e dá continuidade no dia seguinte ou prossegue? Diante da penumbra do assunto, o Conselho Nacional dos Procuradores-Gerais dos Ministérios Públicos dos Estados e da União (CNPG) e do Grupo Nacional de Coordenadores de Centro de Apoio Criminal (CNCCRIM) editou o **enunciado n. 12** aduzindo que "ressalvadas as hipóteses de prisão em flagrante e concordância do interrogado devidamente assistido, o interrogatório extrajudicial do preso iniciado antes não pode adentrar o período de repouso noturno, devendo ser o ato encerrado e, se necessário, complementado no dia seguinte".

7.10.8. Hipóteses em que o interrogatório será permitido durante o repouso noturno

A parte final do art. 18 aduz "Art. 18. Submeter o preso a interrogatório policial durante o período de repouso noturno, **salvo se capturado em flagrante delito ou se ele, devidamente assistido, consentir em prestar declarações**". Dito isso, podemos elencar duas situações em que o interrogatório poderá ser realizado durante o repouso noturno, onde caso realizado será fato atípico. Vejamos:

a) **quando o preso foi capturado em flagrante delito:** as hipóteses de flagrante delito vêm dispostas no art. 302 do CPP, nestes termos: "Art. 302. Considera--se em flagrante delito quem: I – está cometendo a infração penal; II – acaba de cometê-la; III – é perseguido, logo após, pela autoridade, pelo ofendido ou por qualquer pessoa, em situação que faça presumir ser autor da infração; IV – é encontrado, logo depois, com instrumentos, armas, objetos ou papéis que façam presumir ser ele autor da infração". Ademais, deve-se ainda levar em conta os crimes permanentes (aqueles cuja consumação se prolonga no tempo); nestes termos o teor do art. 303, CPP: "Art. 303. Nas infrações permanentes, entende-se o agente em flagrante delito enquanto não cessar a permanência". Em resumo, em qualquer situação de flagrante delito, a autoridade policial não se sujeita a qualquer óbice legal para a realização do interrogatório do preso, até porque, após a lavratura do auto de prisão em flagrante, terá a autoridade policial o lapso temporal de 24h (vinte e quatro) horas para realizar a comunicação ao juízo competente. Portanto, seria um contrassenso o preso não ser interrogado;

b) **quando o preso, devidamente assistido, consentir em prestar declarações:** observe que nesta modalidade de interrogatório deverá haver o preenchimento de dois requisitos cumulativos: 1º) consentimento do preso em prestar as declarações; **e** 2º) estar o preso devidamente assistido por defensor.

7.10.9. Meios de execução

Trata-se de crime de forma vinculada, onde o tipo penal exige que o preso seja "submetido a interrogatório policial durante o período de repouso noturno".

7.10.10. Sujeito ativo

É a autoridade no conceito superamplo do artigo 2º e o seu parágrafo único. Por se tratar de crime próprio, deve ser ressaltado que, conforme regra do art. 30 do Código Penal, as circunstâncias de caráter pessoal, quando elementares do crime, se comunicam aos demais concorrentes. Assim, se um particular, sabendo que atua em conjunto com o funcionário público, contribuir para o abuso de autoridade, ambos responderão pelo delito.

7.10.11. Sujeito passivo

O sujeito passivo direto ou imediato é a vítima (pessoa física) atingida pelo abuso. Já o sujeito passivo indireto ou mediato será o Estado. Ademais, a Polícia Civil do estado de São Paulo, em seminário realizado sobre a Lei nº 13.969/19, editou a **Súmula nº 4** afirmando que "o vocábulo "preso", empregado no artigo 18 da Lei Federal 13.869/2019, abrange o custodiado temporário ou preventivo e não equivale ao mero investigado que, asseguradas as garantias fundamentais, sobretudo o direito de autodefesa e de acionar defesa técnica, poderá ser ouvido em declarações, sem prejuízo de pronta representação pela prisão provisória diante da suspeita de envolvimento em prática delitiva pretérita e do preenchimento dos requisitos legais".

Sobre a edição da citada súmula nº 4, vale acrescentar que no Estado de São Paulo a autoridade policial plantonista poderá representar (no próprio plantão) pela eventual prisão temporária, onde o juiz plantonista decidirá pela decretação ou não da referida prisão. Este é o sentido da súmula em comento.

7.10.12. Elemento subjetivo

É o dolo de praticar de forma consciente e voluntária qualquer das condutas descritas no *caput* ou nos incisos do parágrafo único. Não há expressa previsão legal da modalidade culposa, o que torna inviável a punição por culpa. No que tange a eventual punição a título de dolo eventual, esta será de difícil visualização, tendo em vista que as finalidades específicas do § 1º do art. 1º restringem o alcance de "assumir o risco para a produção do resultado".

7.10.13. Elemento subjetivo específico (ou especial)

Observe que o § 1º do art. 1º trata de cláusula geral, aplicável a todos os delitos da lei de abuso de autoridade, conforme já tratado alhures. Assim, deverá ser comprovado pela acusação que o agente agiu com a finalidade específica de prejudicar outrem ou beneficiar a si mesmo ou a terceiro, ou, ainda, por mero capricho ou satisfação pessoal. Caso esse elemento subjetivo específico não reste demonstrado pelo Ministério Público, a conduta será considerada atípica.

7.10.14. Erro de tipo

Prescreve o art. 20 do Código Penal que "o erro sobre elemento constitutivo do tipo legal de crime exclui o dolo, mas permite a punição por crime culposo, se previsto em lei". Observe que no delito do art. 18 a expressão "repouso noturno" funciona como elementar do crime, portanto, se ficar comprovado pelas circunstâncias do caso concreto que o agente desconhecia tal elementar, acreditando piamente que estava realizando um interrogatório no período permitido, ficará caracterizado o erro de tipo, tendo por consequência e exclusão do dolo e por via de consequência o próprio crime.

7.10.15. Vedação ao crime de hermenêutica

Observe que há uma verdadeira celeuma na interpretação do citado dispositivo (conceito de repouso noturno). O que não podemos perder de vista é a cláusula geral do § 2º do art. 1º da Lei nº 13.869/2019, sendo esta uma garantia ao agente público contra eventuais responsabilizações infundadas tendo por base divergências interpretativas; portanto, vale a transcrição: "a divergência na interpretação de lei ou na avaliação de fatos e provas não configura abuso de autoridade". Conforme já salientamos alhures, entendemos que se trata de cláusula geral que exclui o próprio dolo e por via de consequência o próprio crime.

7.10.16. Consumação

O crime em análise se trata de crime material, ou seja, depende da ocorrência do resultado naturalístico para que o crime se consume. No caso concreto, restaria consumado se, de fato, ocorresse o interrogatório durante o repouso noturno.

7.10.17. Tentativa

É perfeitamente possível, já que estamos diante de um delito plurissubsistente, onde poderá haver o fracionamento do *iter criminis*. Por exemplo, o preso é retirado da cela durante o repouso noturno e encaminhado para ser interrogado, porém, antes de começar a ser interrogado pelo Delegado de Polícia, é impedido pelo titular da unidade de prosseguir com o interrogatório.

7.10.18. Pena cominada

Detenção, de 6 (seis) meses a 2 (dois) anos, e multa.

7.10.19. Ação penal

Em regra, se trata de ação penal pública incondicionada (art. 3º, *caput*). Todavia, em caso de inércia do Ministério Público, surgirá para a vítima a possibilidade de intentar a ação penal privada subsidiária da pública (art. 3º, § 1º). Há de salientar que a requisição de novas diligências ou a promoção do arquivamento pelo *Parquet* não dão ensejo a alegação de inércia, logo, inviável suscitar a ação penal subsidiária da pública.

7.10.20. Lei nº 9.099/1995

O delito em análise se trata de crime de menor potencial ofensivo, tendo em vista que a sua pena máxima não ultrapassa dois anos, fazendo o agente jus a todos os benefícios da lei dos Juizados Especiais Criminais.

7.10.21. Competência para processo e julgamento

Via de regra, será processado e julgado pelo Juizado Especial Criminal Estadual. Excepcionalmente, nos casos do art. 109 da Constituição Federal, haverá competência do Juizado Especial Federal. Não se pode perder de vista se o sujeito ativo for militar, quando a competência será da Justiça Militar Estadual ou da União, conforme o caso, nos termos do art. 9º, CPM. Devem ainda ser levadas em consideração as situações

158 A nova lei de abuso de autoridade

em que o sujeito ativo detiver foro por prerrogativa de função, onde será processado e julgado no respectivo tribunal competente – por exemplo, deputado federal que durante uma CPI vem a praticar o delito em comento será processado e julgado perante o STF (art. 102, I, alínea b).

7.10.22. Classificação doutrinária

Trata-se de crime próprio (todos os crimes de abuso de autoridade são próprios, ou seja, demandam um sujeito ativo qualificado ou especial); formal ou de consumação antecipada (ou seja, não se exige a produção do resultado naturalístico); de forma vinculada; comissivo (imperioso uma ação); e, excepcionalmente, comissivo por omissão (omissivo impróprio, ou seja, é a aplicação do art. 13, § 2º, do Código Penal); unissubjetivo, unilateral ou de concurso eventual (que pode ser praticado por um só agente); plurissubsistente (vários atos integram a conduta).

7.11. Impedir ou retardar, injustificadamente, o envio de pleito de preso à autoridade judiciária competente para a apreciação da legalidade de sua prisão ou das circunstâncias de sua custódia (art. 19)

> **Art. 19.** Impedir ou retardar, injustificadamente, o envio de pleito de preso à autoridade judiciária competente para a apreciação da legalidade de sua prisão ou das circunstâncias de sua custódia:
>
> **Pena** – detenção, de 1 (um) a 4 (quatro) anos, e multa.
>
> **Parágrafo único.** Incorre na mesma pena o magistrado que, ciente do impedimento ou da demora, deixa de tomar as providências tendentes a saná-lo ou, não sendo competente para decidir sobre a prisão, deixa de enviar o pedido à autoridade judiciária que o seja.

7.11.1. Introdução

A Constituição Federal, no art. 5º, XLI, determinou que "a lei punirá qualquer discriminação atentatória dos direitos e liberdades fundamentais". Assim, ao tipificar tal conduta o legislador buscou primariamente resguardar os direitos e liberdades fundamentais, especialmente no tocante ao encaminhamento de pleito do preso ao judiciário.

7.11.2. Fundamento constitucional

As condutas descritas no artigo em comento violam os seguintes direitos e garantias fundamentais, previstos no art. 5º da CF/88:

> XXXIV – são a todos assegurados, independentemente do pagamento de taxas: a) o direito de petição aos Poderes Públicos em defesa de direitos ou contra ilegalidade ou abuso de poder; XXXV – a lei não excluirá da apreciação do Poder Judiciário lesão ou ameaça a direito; LIII – ninguém será processado nem sentenciado senão pela autoridade competente; LV – aos litigantes, em processo judicial ou administrativo, e aos acusados em geral são assegurados o contraditório e ampla defesa, com os meios e recursos a ela inerentes; LXVIII – conceder-se-á habeas corpus sempre que alguém sofrer ou se achar ameaçado de sofrer violência ou coação em sua liberdade de locomoção, por ilegalidade ou abuso de poder; LXXVII – são gratuitas as ações de habeas corpus (...).

7.11.3. A Convenção Americana de Direitos Humanos

As condutas descritas violam os seguintes preceitos da CADH, previsto no art. 7º, incisos V e VI, e art. 8º, inciso II, alínea "h", nestes termos:

> Art. 7º (...) V. Toda pessoa detida ou retida deve ser conduzida, sem demora, à presença de um juiz ou outra autoridade autorizada pela lei a exercer funções judiciais e tem direito a ser julgada dentro de um prazo razoável ou a ser posta em liberdade, sem prejuízo de que prossiga o processo. Sua liberdade pode ser condicionada a garantias que assegurem o seu comparecimento em juízo. VI. Toda pessoa privada da liberdade tem direito a recorrer a um juiz ou tribunal competente, a fim de que este decida, sem demora, sobre a legalidade de sua prisão ou detenção e ordene sua soltura se a prisão ou a detenção forem ilegais. Nos Estados Partes cujas leis preveem que toda pessoa que se vir ameaçada de ser privada de sua liberdade tem direito a recorrer a um juiz ou tribunal competente a fim de que este decida sobre a legalidade de tal ameaça, tal recurso não pode ser restringido nem abolido. O recurso pode ser interposto pela própria pessoa ou por outra pessoa. Art. 8º (...), II (...) h. direito de recorrer da sentença para juiz ou tribunal superior.

7.11.4. *Novatio legis* incriminadora

Sobre o artigo em comento, trata-se de nova lei penal incriminadora e, por força constitucional (art. 5º, inc. XXXIX) e infraconstitucional (art. 1º, CP), será aplicada para o futuro, afinal, não há crime sem lei anterior que o defina e não há pena sem prévia cominação legal.

7.11.5. Objeto jurídico

Trata-se de crime pluriofensivo, porquanto, além de tutelar o regular funcionamento da administração pública, sua credibilidade e dignidade, tutela também os direitos e garantias fundamentais prescritos no art. 5º da Constituição Federal.

7.11.6. Objeto material

A conduta recai sobre o pleito de preso à autoridade judiciária.

7.11.7. Núcleo do tipo

São dois os verbos do núcleo do tipo: **impedir** (que é interromper, obstar ou deter o prosseguimento) e **retardar** (que é protelar, diferir ou demorar o prosseguimento). Em ambas as situações – impedir ou retardar –, deve-se dar de forma injustificada, isto é, trata-se de elemento normativo jurídico do tipo (ou elemento normativo impróprio), dependendo de um juízo de valor acerca da situação de fato por parte do destinatário da lei penal daquilo que seria injustificado. Assim, situações precárias das cadeias públicas, como, por exemplo, falta de veículo, fax, internet, distância entre a cadeia e o juízo das execuções etc. impedem, por si só, que os pleitos dos presos sejam rapidamente encaminhados à autoridade judiciária competente para a apreciação da legalidade de sua prisão ou das circunstâncias de sua custódia.

7.11.8. Modalidade equiparada

Prevista no parágrafo único do art. 19, prescreve que "incorre na mesma pena (detenção, de um a quatro anos, e multa) o magistrado que, ciente do impedimento ou da demora, deixa de tomar as providências tendentes a saná-lo ou, não sendo competente para decidir sobre a prisão, deixa de enviar o pedido à autoridade judiciária que o seja".

7.11.9. Meios de execução

Não existe no tipo penal qualquer vinculação com o método pelo qual deva ser executado o delito. Portanto, trata-se de crime de forma livre, que pode ser praticado por qualquer meio de execução eleito pelo agente.

7.11.10. Sujeito ativo

É a autoridade no conceito superamplo do artigo 2º e o seu parágrafo único. Por se tratar de crime próprio, deve ser ressaltado que, conforme regra do art. 30 do Código Penal, as circunstâncias de caráter pessoal, quando elementares do crime, se comunicam aos demais concorrentes. Assim, se um particular, sabendo que atua em conjunto com o funcionário público, contribuir para o abuso de autoridade, ambos responderão pelo delito. Excepcionalmente, no parágrafo único, estamos diante de um crime de mão própria, tendo em vista que deve ser praticado pessoalmente pelo agente descrito no tipo penal.

7.11.11. Sujeito passivo

O sujeito passivo direto ou imediato é a vítima (pessoa física) atingida pelo abuso. Já o sujeito passivo indireto ou mediato será o Estado.

7.11.12. Elemento subjetivo

É o dolo de praticar de forma consciente e voluntária qualquer das condutas descritas no *caput* ou nos incisos do parágrafo único. Não há expressa previsão legal da modalidade culposa, o que torna inviável a punição por culpa. No que tange a eventual punição a título de dolo eventual, esta será de difícil visualização, tendo em vista que as finalidades específicas do § 1º do art. 1º restringem o alcance de "assumir o risco para a produção do resultado". Por outro lado, o professor Renato Brasileiro (2020, p. 195-196) entende ser perfeitamente possível o dolo eventual na modalidade do *caput* e inviável na modalidade do parágrafo único.

7.11.13. Elemento subjetivo específico (ou especial)

Observe que o § 1º do art. 1º trata de cláusula geral, aplicável a todos os delitos da lei de abuso de autoridade, conforme já tratado alhures. Assim, deverá ser comprovado pela acusação que o agente agiu com a finalidade específica de prejudicar outrem ou beneficiar a si mesmo ou a terceiro, ou, ainda, por mero capricho ou satisfação pessoal. Caso esse elemento subjetivo específico não reste demonstrado pelo Ministério Público, a conduta será considerada atípica.

7.11.14. Consumação

Trata-se em todas as modalidades (**impedir, retardar e deixar**) de crime formal (de consumação antecipada ou de resultado cortado), se consumado independentemente

162 A nova lei de abuso de autoridade

de se atingir o resultado. O professor Renato Brasileiro (2020, p. 197) entende que na modalidade **impedir** se trata de crime material.

7.11.15. Tentativa

Somente é cabível na modalidade comissiva **impedir**, por se tratar de modalidade plurissubsistente. Já nas demais modalidades – **retardar, deixar de tomar as providências** ou **deixar de enviar o pleito** – estamos diante de crimes omissivos próprios, unissubsistentes, sendo inviável a tentativa.

7.11.16. Pena cominada

Detenção, de 1 (um) a 4 (quatro) anos, e multa. Observe que a pena cominada a todos os delitos da Lei nº 13.869/2009 é a de detenção.

7.11.17. Ação penal

Em regra, se trata de ação penal pública incondicionada (art. 3º, *caput*). Todavia, em caso de inércia do Ministério Público, surgirá para a vítima a possibilidade de intentar a ação penal privada subsidiária da pública (art. 3º, § 1º). Há de salientar que a requisição de novas diligências ou a promoção do arquivamento pelo *Parquet* não dão ensejo a alegação de inércia, logo, inviável suscitar a ação penal subsidiária da pública.

7.11.18. Lei nº 9.099/1995

O delito em análise é crime de médio potencial ofensivo, tendo em vista que a sua pena mínima (1 ano) autoriza a incidência da suspensão condicional do processo, desde que presentes os requisitos do art. 89 da Lei nº 9.099/1995.

7.11.19. Competência para processo e julgamento

Via de regra, será processado e julgado pela justiça estadual. Excepcionalmente, nos casos do art. 109 da Constituição Federal, haverá competência da Justiça Federal. Não se pode perder de vista se o sujeito ativo for militar, quando a competência será da Justiça Militar Estadual ou da União, conforme o caso, nos termos do art. 9º, CPM. Devem ainda ser levadas em consideração as situações em que o sujeito ativo detiver foro por prerrogativa de função, onde será processado e julgado no respectivo tribunal competente – por exemplo, deputado federal que durante uma CPI pratica o delito em análise será processado e julgado perante o STF (art. 102, I, alínea b).

7.11.20. Classificação doutrinária

Trata-se de crime próprio (todos os crimes de abuso de autoridade são próprios, ou seja, demandam um sujeito ativo qualificado ou especial) e, excepcionalmente, de mão própria; formal ou de consumação antecipada (ou seja, não se exige a produção do resultado naturalístico), embora haja divergência no verbo **impedir**; de forma livre (pode ser cometido por qualquer meio eleito pelo agente); comissivo (imperioso uma ação); e omissivo próprio (imperioso uma inação), e, excepcionalmente, comissivo por omissão (omissivo impróprio, ou seja, é a aplicação do art. 13, § 2º, do Código Penal); unissubjetivo, unilateral ou de concurso eventual (que pode ser praticado por um só agente); plurissubsistente (vários atos integram a conduta) e unissubsistente (um único ato integra a conduta).

7.12. Impedir, sem justa causa, a entrevista pessoal e reservada do preso com seu advogado (art. 20)

> **Art. 20.** Impedir, sem justa causa, a entrevista pessoal e reservada do preso com seu advogado:
>
> **Pena** – detenção, de 6 (seis) meses a 2 (dois) anos, e multa.
>
> **Parágrafo único.** Incorre na mesma pena quem impede o preso, o réu solto ou o investigado de entrevistar-se pessoal e reservadamente com seu advogado ou defensor, por prazo razoável, antes de audiência judicial, e de sentar-se ao seu lado e com ele comunicar-se durante a audiência, salvo no curso de interrogatório ou no caso de audiência realizada por videoconferência.

7.12.1. Introdução

A Constituição Federal, no art. 5º, XLI, determinou que "a lei punirá qualquer discriminação atentatória dos direitos e liberdades fundamentais". Assim, ao tipificar tal conduta o legislador buscou primariamente resguardar os direitos e liberdades fundamentais, especialmente no tocante ao acesso do preso ao seu advogado.

7.12.2. Fundamento constitucional

As condutas descritas no artigo em comento violam os seguintes direitos e garantias fundamentais, previstos no art. 5º da CF/88:

> *LXII – a prisão de qualquer pessoa e o local onde se encontre serão comunicados imediatamente ao juiz competente e à família do preso ou à pessoa por ele indicada;*

LXIII – o preso será informado de seus direitos, entre os quais o de permanecer calado, sendo-lhe assegurada a assistência da família e de advogado.

7.12.3. A Convenção Americana de Direitos Humanos

As condutas descritas violam os seguintes preceitos da CADH, previsto no art. 8º, inciso II, alíneas b, c, d, e, nestes termos:

Art. 8º (...) II. Toda pessoa acusada de delito tem direito a que se presuma sua inocência enquanto não se comprove legalmente sua culpa. Durante o processo, toda pessoa tem direito, em plena igualdade, às seguintes garantias mínimas: b) comunicação prévia e pormenorizada ao acusado da acusação formulada; c) concessão ao acusado do tempo e dos meios adequados para a preparação de sua defesa; d) direito do acusado de defender-se pessoalmente ou de ser assistido por um defensor de sua escolha e de comunicar-se, livremente e em particular, com seu defensor; e) direito irrenunciável de ser assistido por um defensor proporcionado pelo Estado, remunerado ou não, segundo a legislação interna, se o acusado não se defender ele próprio nem nomear defensor dentro do prazo estabelecido pela lei.

7.12.4. *Novatio legis* incriminadora

Sobre o artigo em comento, trata-se de nova lei penal incriminadora e, por força constitucional (art. 5º, inc. XXXIX) e infraconstitucional (art. 1º, CP), será aplicada para o futuro, afinal, não há crime sem lei anterior que o defina e não há pena sem prévia cominação legal.

7.12.5. Objeto jurídico

Trata-se de crime pluriofensivo, porquanto, além de tutelar o regular funcionamento da administração pública, sua credibilidade e dignidade, tutela também os direitos e garantias fundamentais prescritos no art. 5º da Constituição Federal.

7.12.6. Objeto material

A conduta recai sobre a entrevista pessoal e reservada do preso com seu advogado.

7.12.7. Núcleo do tipo

O verbo do núcleo do tipo é **impedir** (que é interromper, obstar ou deter o prosseguimento), sem justa causa, a entrevista pessoal e reservada do preso com seu advogado.

Observe que esse impedimento à entrevista pessoal e reservada do preso com o seu advogado deve se dar sem justa causa, sendo este o elemento normativo jurídico do tipo (ou elemento normativo impróprio), dependendo de um juízo de valor acerca da situação de fato por parte do destinatário da lei penal daquilo que seria sem justa causa. Assim por dizer que, se apresente uma justa causa para o aludido impedimento, estaríamos diante de um fato atípico. Por exemplo, rebeliões em presídios onde as visitas seriam suspensas, epidemias de doenças infectocontagiosas ou até mesmo greves do sistema prisional, onde a segurança restaria prejudicada para a realização da entrevista pessoal e reservada do preso com o seu advogado.

7.12.8. Modalidade equiparada

Conforme o parágrafo único do art. 20: "incorre na mesma pena quem impede o preso, o réu solto ou o investigado de entrevistar-se pessoal e reservadamente com seu advogado ou defensor, por prazo razoável, antes de audiência judicial, e de sentar-se ao seu lado e com ele comunicar-se durante a audiência, salvo no curso de interrogatório ou no caso de audiência realizada por videoconferência". O Código de Processo Penal estabelece as regras do interrogatório judicial no art. 185 e seguintes, sendo o interrogatório presencial a regra e o interrogatório por videoconferência a exceção, mas, independentemente da modalidade de interrogatório, prescreve o § 5º e o *caput* do art. 185 que: "Art. 185. O acusado que comparecer perante a autoridade judiciária, no curso do processo penal, será qualificado e interrogado na presença de seu defensor, constituído ou nomeado. § 5º Em qualquer modalidade de interrogatório, o juiz garantirá ao réu o direito de entrevista prévia e reservada com o seu defensor; se realizado por videoconferência, fica também garantido o acesso a canais telefônicos reservados para comunicação entre o defensor que esteja no presídio e o advogado presente na sala de audiência do Fórum, e entre este e o preso".

7.12.9. Os direitos dos advogados

O Estatuto da Advocacia, Lei nº 8.906/1994, dispõe, no art. 7º, diversos direitos do advogado, entre eles: "Art. 7º São direitos do advogado: I – exercer, com liberdade, a profissão em todo o território nacional; III – comunicar-se com seus clientes, pessoal e reservadamente, mesmo sem procuração, quando estes se acharem presos, detidos ou recolhidos em estabelecimentos civis ou militares, ainda que considerados incomunicáveis; XXI – assistir a seus clientes investigados durante a apuração de infrações, sob pena de nulidade absoluta do respectivo interrogatório ou depoimento e, subsequentemente, de todos os elementos investigatórios e probatórios dele decorrentes ou derivados, direta ou indiretamente, podendo, inclusive, no curso da respectiva apuração: a) apresentar razões e quesitos".

7.12.10. Gravação entre advogado e cliente

Assunto bastante debatido na doutrina, trata-se da conversa reservada entre advogado e cliente ser gravada no âmbito do sistema penitenciário. Dissertando sobre o assunto, Rogério Sanches e Rogério Greco (2020, p. 175), em entendimento do qual compartilhamos, disparam: "entendemos que, em regra, não, ferindo garantias constitucionais indisponíveis. Entretanto, sabendo que as liberdades públicas não são mais entendidas como em sentido absoluto, desaparecerá a ilicitude de qualquer violação quando houver fundadas suspeitas de as entrevistas estarem servindo, na verdade, para a prática de infrações penais. Nesse caso, a gravação se legitima como importante instrumento para a garantia da ordem pública e das liberdades alheias". Ainda sobre o assunto, a Lei nº 13.964/2019 (pacote anticrime) inseriu, no art. 52, inciso V, da Lei de Execução Penal, dispositivo que vai de encontro com aquilo que comungamos. Vejamos:

> Art. 52. A prática de fato previsto como crime doloso constitui falta grave e, quando ocasionar subversão da ordem ou disciplina internas, sujeitará o preso provisório, ou condenado, nacional ou estrangeiro, sem prejuízo da sanção penal, ao regime disciplinar diferenciado, com as seguintes características:
>
> V – entrevistas sempre monitoradas, exceto aquelas com seu defensor, em instalações equipadas para impedir o contato físico e a passagem de objetos, salvo expressa autorização judicial em contrário;

Portanto, constata-se que o pacote anticrime, via de regra, inseriu cláusula que veda o monitoramento da entrevista entre cliente e advogado. Todavia, havendo decisão judicial em contrário, poderá haver o referido monitoramento.

7.12.11. Meios de execução

Não existe no tipo penal qualquer vinculação com o método pelo qual deva ser executado o delito. Portanto, trata-se de crime de forma livre, que pode ser praticado por qualquer meio de execução eleito pelo agente.

7.12.12. Sujeito ativo

É a autoridade no conceito superamplo do artigo 2º e o seu parágrafo único. Por ser crime próprio, deve ser ressaltado que, conforme regra do art. 30 do Código Penal, as circunstâncias de caráter pessoal, quando elementares do crime, se comunicam aos demais concorrentes. Assim, se um particular, sabendo que atua em conjunto com o funcionário público, contribuir para o abuso de autoridade, ambos responderão pelo delito. Atente-se para a figura equiparada, onde, embora dirigida a audiência judicial, poderia levar a crer ser crime de mão própria (cometido apenas por magistrados), mas, como assevera Rogério Sanches e Rogério Greco (2019, p. 180), "quando o interrogatório é realizado por videoconferência, não se descarta figurar como sujeito ativo servidor público lotado no estabelecimento em que o interrogando se encontra preso, impedindo o custodiado de entrevistar-se pessoal e reservadamente com o seu advogado ou defensor antes do ato".

7.12.13. Sujeito passivo

O sujeito passivo direto ou imediato é a vítima (pessoa física) atingida pelo abuso. Já o sujeito passivo indireto ou mediato será o Estado.

7.12.14. Elemento subjetivo

É o dolo de praticar de forma consciente e voluntária qualquer das condutas descritas no *caput* ou nos incisos do parágrafo único. Não há expressa previsão legal da modalidade culposa, o que torna inviável a punição por culpa. No que tange a eventual punição a título de dolo eventual, esta será de difícil visualização, tendo em vista que as finalidades específicas do § 1º do art. 1º restringem o alcance de "assumir o risco para a produção do resultado".

7.12.15. Elemento subjetivo específico (ou especial)

Observe que o § 1º do art. 1º trata de cláusula geral, aplicável a todos os delitos da lei de abuso de autoridade, conforme já tratado alhures. Assim, deverá ser comprovado pela acusação que o agente agiu com a finalidade específica de prejudicar outrem ou beneficiar a si mesmo ou a terceiro, ou, ainda, por mero capricho ou satisfação pessoal. Caso esse elemento subjetivo específico não reste demonstrado pelo Ministério Público, a conduta será considerada atípica.

7.12.16. Consumação

Trata-se de crime material (ou causal), se consumando no momento do impedimento, sem justa causa, de entrevista pessoal e reservada do preso com seu advogado.

7.12.17. Tentativa

É perfeitamente possível, já que estamos diante de um delito plurissubsistente, onde poderá haver o fracionamento do *iter criminis*. Por exemplo, o agente, por circunstâncias

168 A nova lei de abuso de autoridade

alheias à sua vontade, não consegue levar a cabo o impedimento à entrevista pessoal e reservada do preso com o seu advogado – no caso, por exemplo, de defesa por escrito.

7.12.18. Pena cominada

Detenção, de 6 (seis) meses a 2 (dois) anos, e multa.

7.12.19. Ação penal

Em regra, se trata de ação penal pública incondicionada (art. 3º, *caput*). Todavia, em caso de inércia do Ministério Público, surgirá para a vítima a possibilidade de intentar a ação penal privada subsidiária da pública (art. 3º, § 1º). Há de salientar que a requisição de novas diligências ou a promoção do arquivamento pelo *Parquet* não dão ensejo a alegação de inércia, logo, inviável suscitar a ação penal subsidiária da pública.

7.12.20. Lei nº 9.099/1995

O delito em análise se trata de crime de menor potencial ofensivo, tendo em vista que a sua pena máxima não ultrapassa dois anos, fazendo o agente jus a todos os benefícios da lei dos Juizados Especiais Criminais.

7.12.21. Competência para processo e julgamento

Via de regra, será processado e julgado pelo Juizado Especial Criminal Estadual. Excepcionalmente, nos casos do art. 109 da Constituição Federal, haverá competência do Juizado Especial Federal. Não se pode perder de vista se o sujeito ativo for militar, quando a competência será da Justiça Militar Estadual ou da União, conforme o caso, nos termos do art. 9º, CPM. Devem ainda ser levadas em consideração as situações em que o sujeito ativo detiver foro por prerrogativa de função, onde será processado e julgado no respectivo tribunal competente – por exemplo, deputado federal que durante uma CPI vem a praticar o delito em análise será processado e julgado perante o STF (art. 102, I, alínea b, CF/88).

7.12.22. Classificação doutrinária

Trata-se de crime próprio (todos os crimes de abuso de autoridade são próprios, ou seja, demandam um sujeito ativo qualificado ou especial); material ou causal (ou seja, se exige a produção do resultado naturalístico); de forma livre (pode ser cometido por qualquer meio eleito pelo agente); comissivo (imperioso uma ação) e, excepcionalmente, comissivo por omissão (omissivo impróprio, ou seja, é a aplicação do art. 13, § 2º, do Código Penal); unissubjetivo, unilateral ou de concurso eventual (que pode ser praticado por um só agente); plurissubsistente (vários atos integram a conduta).

7.12.23. Razões iniciais do veto presidencial

O art. 20 e o seu parágrafo único haviam sido, inicialmente, vetados pelo Presidente da República, sob os seguintes argumentos: "o dispositivo proposto, ao criminalizar o impedimento da entrevista pessoal e reservada do preso ou réu com seu advogado, mas de outro lado autorizar que o impedimento se dê mediante justa causa, gera insegurança jurídica por encerrar tipo penal aberto e que comporta interpretação. Ademais, trata-se de direito já assegurado nas Leis nº 7.210, de 1984, e nº 8.906, de 1994, sendo desnecessária a criminalização da conduta do agente público, como no âmbito do sistema Penitenciário Federal, destinado a isolar presos de elevada periculosidade". Posteriormente, o Congresso Nacional terminou por derrubar o veto, motivo pelo qual o presente artigo se encontra em pleno vigor.

7.12.24. Conflito entre o artigo 20 da Lei nº 13.869/19 e o citado artigo 7º-B, do Estatuto da OAB (incluído pelo artigo 43 da Lei nº 13.869/19)

Primeiramente, registramos o equívoco do legislador ordinário em não ter tido a atenção devida no processo legiferante, onde conseguiu a façanha de, num mesmo instrumento legal, incidir numa atecnia gritante de gerar dois dispositivos incriminadores conflitantes, a causar mais insegurança jurídica. Não se pode perder de vista que o art. 20 da Lei nº 13.869/19 e o art. 7º-B, do Estatuto da Ordem dos Advogados do Brasil, podem gerar potencial conflito aparente de normas, pois o art. 20 da Lei nº 13.869/19 responsabiliza criminalmente o impedimento injustificado de entrevista pessoal e reservada do preso com seu advogado/defensor, enquanto o art. 7º-B, do Estatuto da Ordem dos Advogados do Brasil, reprime a violação do direito do advogado comunicar-se com seu cliente preso, também pessoal e reservadamente (EAOAB, art. 7º, III), condutas tipicamente similares. Qual dispositivo a se aplicar? A resposta nossa é que vai depender do caso concreto e a depender da hipótese do próprio "animus" de punir, já que a conduta pode ser similar em ambos os casos. Pode parecer uma grande piada jurídica de mau gosto, mas fato é que uma conduta foi criminalizada duas vezes, uma com mais detalhes do que a outra e com penas diversas. De qualquer forma, atreveríamos a dizer que o art. 7º-B, do Estatuto da Ordem dos Advogados do Brasil, cuja pena é menor, seria mais específico do que o art. 20 da Lei nº 13.869/19, pois, além de tratar de situação sobre entrevista pessoal

A nova lei de abuso de autoridade

e reservada do preso com advogado/defensor, elenca outras situações – embora no parágrafo único do art. 20 da Lei nº 13.869/19 enumerem situações inéditas não contempladas no art. 7º-B. Assim, a incidência do art. 20 da Lei nº 13.869/19 seria subsidiária, em vista do art. 7º-B.

Art. 20 da Lei nº 13.869/19	Art. 7º-B, do (EOAB)
Art. 20. Impedir, sem justa causa, a entrevista pessoal e reservada do preso com seu advogado: (promulgação partes vetadas) **Pena** – detenção, de 6 (seis) meses a 2 (dois) anos, e multa. **Parágrafo único.** Incorre na mesma pena quem impede o preso, o réu solto ou o investigado de entrevistar-se pessoal e reservadamente com seu advogado ou defensor, por prazo razoável, antes de audiência judicial, e de sentar-se ao seu lado e com ele comunicar-se durante a audiência, salvo no curso de interrogatório ou no caso de audiência realizada por videoconferência.	**Art. 7º-B** Constitui crime violar direito ou prerrogativa de advogado previstos nos incisos II, III, IV e V do *caput* do art. 7º desta Lei: (incluído pela Lei nº 13.869 de 2019) **Pena** – detenção, de 3 (três) meses a 1 (um) ano, e multa. (Incluído pela Lei nº 13.869 de 2019) **Observação**: Listamos as prerrogativas (direitos) que podem ensejar o **art. 7º-B, do Estatuto da Ordem dos Advogados do Brasil:** "Art. 7º São direitos do advogado: [...] II – a inviolabilidade de seu escritório ou local de trabalho, bem como de seus instrumentos de trabalho, de sua correspondência escrita, eletrônica, telefônica e telemática, desde que relativas ao exercício da advocacia; (Redação dada pela Lei nº 11.767, de 2008) III – comunicar-se com seus clientes, pessoal e reservadamente, mesmo sem procuração, quando estes se acharem presos, detidos ou recolhidos em estabelecimentos civis ou militares, ainda que considerados incomunicáveis; IV – ter a presença de representante da OAB, quando preso em flagrante, por motivo ligado ao exercício da advocacia, para lavratura do auto respectivo, sob pena de nulidade e, nos demais casos, a comunicação expressa à seccional da OAB; V – não ser recolhido preso, antes de sentença transitada em julgado, senão em sala de Estado Maior, com instalações e comodidades condignas, ~~assim reconhecidas pela OAB, e~~, na sua falta, em prisão domiciliar; (Vide ADIN 1.127-8)[...]"

Assim, nas palavras de Renato Brasileiro (2020, p. 206), "de modo a resolver esse conflito, há de ser aplicado o princípio da especialidade no seguinte sentido: se o preso for impedido de se entrevistar com o seu advogado antes da prática de algum ato de persecução penal, como, por exemplo, seu interrogatório policial, ter-se-á caracterizado o delito do art. 20. Se, todavia, estivermos diante de outra comunicação entre advogado e seu cliente preso, que não a entrevista, a exemplo de uma visita ao presídio, o crime caracterizado será o do art. 7º-B da Lei nº 8.906/94".

7.13. Manter presos de ambos os sexos na mesma cela ou espaço de confinamento (art. 21)

> **Art. 21.** Manter presos de ambos os sexos na mesma cela ou espaço de confinamento:
>
> **Pena** – detenção, de 1 (um) a 4 (quatro) anos, e multa.
>
> **Parágrafo único.** Incorre na mesma pena quem mantém, na mesma cela, criança ou adolescente na companhia de maior de idade ou em ambiente inadequado, observado o disposto na Lei nº 8.069, de 13 de julho de 1990[33] (Estatuto da Criança e do Adolescente).

7.13.1. Introdução

A Constituição Federal, no art. 5º, XLI, determinou que "a lei punirá qualquer discriminação atentatória dos direitos e liberdades fundamentais". Assim, ao tipificar tal conduta o legislador buscou primariamente resguardar os direitos e liberdades fundamentais, especialmente no tocante à dignidade sexual e à individualização das condutas. Há de se recordar de fato horrendo ocorrido em solo brasileiro, da presa que foi mantida em mesma cela que homens e veio a ser abusada sexualmente.

7.13.2. Fundamento constitucional

As condutas descritas no artigo em comento violam os seguintes direitos e garantias fundamentais, previstos no art. 5º da CF/88: "XLVIII – a pena será cumprida em estabelecimentos distintos, de acordo com a natureza do delito, a idade e o sexo do apenado".

7.13.3. A Convenção Americana de Direitos Humanos

As condutas descritas violam os seguintes preceitos da CADH, previstos no art. 5º, inciso IV e V, nestes termos: "Art. 5º (...) IV. Os processados devem ficar separados dos condenados, salvo em circunstâncias excepcionais, e ser submetidos a tratamento adequado à sua condição de pessoas não condenadas. V. Os menores, quando puderem ser processados, devem ser separados dos adultos e conduzidos a tribunal especializado, com a maior rapidez possível, para seu tratamento".

---

[32] <http://www.planalto.gov.br/ccivil_03/LEIS/L8069.htm>.

7.13.4. *Novatio legis* incriminadora

Sobre o artigo em comento, trata-se de nova lei penal incriminadora e, por força constitucional (art. 5º, inc. XXXIX) e infraconstitucional (art. 1º, CP), será aplicada para o futuro, afinal, não há crime sem lei anterior que o defina e não há pena sem prévia cominação legal.

7.13.5. Objeto jurídico

Trata-se de crime pluriofensivo, porquanto, além de tutelar o regular funcionamento da administração pública, sua credibilidade e dignidade, tutela também os direitos e garantias fundamentais prescritos no art. 5º da Constituição Federal.

7.13.6. Objeto material

É a pessoa física que tem o seu direito de dignidade lesado pelo abuso cometido, especificamente com a mistura de pessoas de ambos os sexos na mesma cela ou espaço de confinamento.

7.13.7. Núcleo do tipo

O verbo presente no núcleo do tipo penal é **manter**, ou seja, sustentar ou conservar presos de ambos os sexos na mesma cela ou espaço de confinamento. Dissertando sobre o núcleo **manter**, o professor Rogério Greco (2011, p. 693-694) salienta que "o núcleo manter nos dá a ideia de habitualidade, de permanência. Manter requer um comportamento mais ou menos prolongado, com persistência no tempo. Não se trata de um comportamento praticado em um só instante, mas com a finalidade de continuar a acontecer, durante determinado prazo, que pode ser longo ou mesmo de curta duração. O importante, segundo nosso ponto de vista, para efeitos de reconhecimento do núcleo manter, é a finalidade de que aquela situação se prolongue". A título de exemplo, caso um investigador de polícia no plantão policial, após longa e exaustiva noite, venha de forma momentânea, fugaz, rápida, tão somente a **colocar** presos de ambos os sexos na mesma cela ou espaço de confinamento, não estaria configurado o delito em tela, tendo em vista que para a configuração deste se exige uma habitualidade, isto é, uma manutenção, por certo período de tempo, dos presos de ambos os sexos na mesma cela ou espaço de confinamento. Ainda aparecem como elementos especiais do tipo penal a **cela** e o **espaço de confinamento**, e sobre o assunto disparam Rogério Sanches e Rogério Greco (2019, p. 185) que "cela abrange o local destinado ao recolhimento dos presos, cautelares ou definitivos. Espaço de

Dos crimes e das penas **173**

confinamento, por sua vez, alcança qualquer área ou ambiente não projetado para ocupação contínua do preso, como sítio de triagem, ambiente de custódia nos fóruns, veículos de transporte de preso (caminhão baú) etc.".

7.13.8. Modalidade equiparada

Prescreve o parágrafo único do art. 21 que "Incorre na mesma pena (de detenção, de 1 (um) a 4 (quatro) anos, e multa) quem mantém, na mesma cela, criança ou adolescente na companhia de maior de idade ou em ambiente inadequado, observado o disposto na Lei nº 8.069, de 13 de julho de 1990 (Estatuto da Criança e do Adolescente)". Da análise do aludido dispositivo podemos extrair duas situações, onde incorrerá o agente em crime:

a) **Mantém, na mesma cela, criança ou adolescente na companhia de maior de idade:** em relação ao núcleo **manter**, já traçamos todos os comentários na análise do núcleo de tipo. O conceito de criança e adolescente vem exposto no art. 2º da Lei nº 8.069/1990, nestes termos: "Art. 2º Considera-se criança, para os efeitos desta Lei, a pessoa até doze anos de idade incompletos, e adolescente aquela entre doze e dezoito anos de idade". Assim, comete o crime em tela o agente que, abusando da sua autoridade, mantém por certo período (verbo manter), na mesma cela (compartimento em que se colocam pessoas presas), criança ou adolescente (conceito do art. 2º do ECA) na companhia de maior de idade.

b) **Mantém, em ambiente inadequado, criança ou adolescente, observado o disposto na Lei nº 8.069/1990:** nesta situação estamos diante de uma norma penal em branco em sentido lato heterovitelina, onde o complemento é encontrado em estatuo diverso da lei de abuso de autoridade. Assim, deverão ser observadas as disposições do estatuto da criança e do adolescente, para se chegar a um conceito de "ambiente inadequado". Dito isso, o que viria a ser ambiente inadequado? Trata-se de elemento normativo do tipo, onde será exigida uma análise do caso concreto. Citamos como exemplo de ambiente inadequado **qualquer estabelecimento prisional**, tendo em vista que o cumprimento de internação é expressamente vedado neste estabelecimento. Vejamos os artigos 123 e 185 do ECA: "Art. 123. A internação deverá ser cumprida em entidade exclusiva para adolescentes, em local distinto daquele destinado ao abrigo, obedecida rigorosa separação por critérios de idade, compleição física e gravidade da infração. Parágrafo único. Durante o período de internação, inclusive provisória, serão obrigatórias atividades pedagógicas. Art. 185. A internação, decretada ou mantida pela autoridade judiciária, **não poderá ser cumprida em estabelecimento prisional**. § 1º Inexistindo na comarca entidade com as características definidas no art. 123, o adolescente deverá ser imediatamente transferido para a localidade mais próxima. § 2º Sendo impossível a pronta transferência, o adolescente aguardará sua remoção em repartição policial, desde que em seção isolada dos adultos e com instalações apropriadas, não podendo ultrapassar o prazo máximo de cinco dias, sob pena de responsabilidade".

7.13.9. Amplitude exegética da expressão "em ambiente inadequado"

Uma leitura apressada poderia levar o leitor a exegese equivocada, tendo por base os dispositivos do ECA, onde, por exemplo, o ambiente "adequado" seria aquele em que fosse possível "propiciar atividades culturais, esportivas e de lazer" e "propiciar escolarização e profissionalização". Todavia, conforme ensina André Clark Nunes Cavalcante (2020, p. 115) "a própria estrutura do dispositivo legal e a pena cominada exigem que se trate de uma violação de natureza semelhante às duas figuras típicas anteriores, punidas com igual reprimenda". Em resumo, o que, de fato, o legislador está buscando coibir no parágrafo único é a colocação de crianças e adolescentes no mesmo estabelecimento que adultos, porém em celas ou espaços de confinamentos diversos. Por outro lado, Gabriela Marques e Ivan Marques (2020, p. 108-109) divergem do nosso pensamento aduzindo que para se chegar à conclusão do que seria um "ambiente inadequado" teriam que ser levadas em consideração as disposições do ECA, aduzindo que "ambiente adequado por lei seria aquele que respeita a dignidade do adolescente. Conhecendo o sistema carcerário, faltaria dignidade ao adolescente e criança presos: se não houvesse banheiro, se a comida tivesse péssima qualidade; se não existisse cama para repouso; (...) etc.".

7.13.10. Os parâmetros para acolhimento de LGBT em privação de liberdade

A Presidência da República através do Conselho Nacional de Combate à Discriminação editou a Resolução Conjunta nº 1, de 15 de abril de 2014, traçando todos os parâmetros acerca do tema. Assim, prescreve a aludida Resolução:

> *Art. 1º – Estabelecer os parâmetros de acolhimento de LGBT em privação de liberdade no Brasil.*
>
> *Parágrafo único – Para efeitos desta Resolução, entende-se por LGBT a população composta por lésbicas, gays, bissexuais, travestis e transexuais, considerando-se:*
>
> *I – Lésbicas: denominação específica para mulheres que se relacionam afetiva e sexualmente com outras mulheres;*

II – Gays: denominação específica para homens que se relacionam afetiva e se-xualmente com outros homens;

III – Bissexuais: pessoas que se relacionam afetiva e sexualmente com ambos os sexos;

IV – Travestis: pessoas que pertencem ao sexo masculino na dimensão fisiológi-ca, mas que socialmente se apresentam no gênero feminino, sem rejeitar o sexo biológico; e

V – Transexuais: pessoas que são psicologicamente de um sexo e anatomicamente de outro, rejeitando o próprio órgão sexual biológico.

Art. 2º *– A pessoa travesti ou transexual em privação de liberdade tem o direito de ser chamada pelo seu nome social, de acordo com o seu gênero.*

Parágrafo único *– O registro de admissão no estabelecimento prisional deverá conter o nome social da pessoa presa.*

Art. 3º *– Às travestis e aos gays privados de liberdade em unidades prisionais masculinas, considerando a sua segurança e especial vulnerabilidade, deverão ser oferecidos espaços de vivência específicos.*

§ 1º *– Os espaços para essa população não devem se destinar à aplicação de medida disciplinar ou de qualquer método coercitivo.*

§ 2º *– A transferência da pessoa presa para o espaço de vivência específico ficará condicionada à sua expressa manifestação de vontade.*

Art. 4º *– As pessoas transexuais masculinas e femininas devem ser encaminhadas para as unidades prisionais femininas.*

Parágrafo único *– Às mulheres transexuais deverá ser garantido tratamento isonômico ao das demais mulheres em privação de liberdade.*

Art. 5º *– À pessoa travesti ou transexual em privação de liberdade serão facultados o uso de roupas femininas ou masculinas, conforme o gênero, e a manutenção de cabelos compridos, se o tiver, garantindo seus caracteres secundários de acordo com sua identidade de gênero.*

Art. 6º *– É garantido o direito à visita íntima para a população LGBT em situação de privação de liberdade, nos termos da Portaria MJ nº 1.190/2008 e na Resolução CNPCP nº 4, de 29 de junho de 2011.*

176 A nova lei de abuso de autoridade

Art. 7º – *É garantida à população LGBT em situação de privação de liberdade a atenção integral à saúde, atendidos os parâmetros da Política Nacional de Saúde Integral de Lésbicas, Gays, Bissexuais, Travestis e Transexuais – LGBT e da Política Nacional de Atenção Integral à Saúde das Pessoas Privadas de Liberdade no Sistema Prisional – PNAISP.*

Parágrafo único – *À pessoa travesti, mulher ou homem transexual em privação de liberdade, serão garantidos a manutenção do seu tratamento hormonal e o acompanhamento de saúde específico.*

Art. 8º – *A transferência compulsória entre celas e alas ou quaisquer outros castigos ou sanções em razão da condição de pessoa LGBT são considerados tratamentos desumanos e degradantes.*

Art. 9º – *Será garantido à pessoa LGBT, em igualdade de condições, o acesso e a continuidade da sua formação educacional e profissional sob a responsabilidade do Estado.*

Art. 10 – *O Estado deverá garantir a capacitação continuada aos profissionais dos estabelecimentos penais considerando a perspectiva dos direitos humanos e os princípios de igualdade e não discriminação, inclusive em relação à orientação sexual e identidade de gênero.*

Art. 11 – *Será garantido à pessoa LGBT, em igualdade de condições, o benefício do auxílio-reclusão aos dependentes do segurado recluso, inclusive ao cônjuge ou companheiro do mesmo sexo.*

Art. 12 – *Esta Resolução entrará em vigor na data de sua publicação.*

Ainda sobre o assunto, não por acaso o Supremo Tribunal Federal, no julgamento do ADI 4275, entendeu que: "1. O direito à igualdade sem discriminações abrange a identidade ou expressão de gênero. 2. A identidade de gênero é manifestação da própria personalidade da pessoa humana e, como tal, cabe ao Estado apenas o papel de reconhecê-la, nunca de constituí-la. 3. A pessoa transgênero que comprove sua identidade de gênero dissonante daquela que lhe foi designada ao nascer por autoidentificação firmada em declaração escrita desta sua vontade dispõe do direito fundamental subjetivo à alteração do prenome e da classificação de gênero no registro civil pela via administrativa ou judicial, independentemente de procedimento cirúrgico e laudos de terceiros, por se tratar de tema relativo ao direito fundamental ao livre desenvolvimento da personalidade".

Ademais, remetemos o leitor ao outro tópico que trata do assunto com maior profundidade.

7.13.11. Meios de execução

Não existe no tipo penal qualquer vinculação com o método pelo qual deva ser executado o delito. Portanto, trata-se de crime de forma livre, que pode ser praticado por qualquer meio de execução eleito pelo agente.

7.13.12. Sujeito ativo

É a autoridade no conceito superamplo do artigo 2º e o seu parágrafo único. Por se tratar de crime próprio, deve ser ressaltado que, conforme regra do art. 30 do Código Penal, as circunstâncias de caráter pessoal, quando elementares do crime, se comunicam aos demais concorrentes. Assim, se um particular, sabendo que atua em conjunto com o funcionário público, contribuir para o abuso de autoridade, ambos responderão pelo delito.

7.13.13. Sujeito passivo

O sujeito passivo direto ou imediato é a vítima (pessoa física) atingida pelo abuso. Já o sujeito passivo indireto ou mediato será o Estado.

7.13.14. Elemento subjetivo

É o dolo de praticar de forma consciente e voluntária qualquer das condutas descritas no *caput* ou nos incisos do parágrafo único. Não há expressa previsão legal da modalidade culposa, o que torna inviável a punição por culpa. No que tange a eventual punição a título de dolo eventual, esta será de difícil visualização, tendo em vista que as finalidades específicas do § 1º do art. 1º restringem o alcance de "assumir o risco para a produção do resultado". Vale lembrar que há doutrina no sentido oposto, admitindo tranquilamente a punição a título de dolo eventual, por exemplo, temos Renato Brasileiro (2020, p. 212).

7.13.15. Elemento subjetivo específico (ou especial)

Observe que o § 1º do art. 1º trata de cláusula geral, aplicável a todos os delitos da lei de abuso de autoridade, conforme já tratado alhures. Assim, deverá ser comprovado pela acusação que o agente agiu com a finalidade específica de prejudicar outrem ou

178 A nova lei de abuso de autoridade

beneficiar a si mesmo ou a terceiro, ou, ainda, por mero capricho ou satisfação pessoal. Caso esse elemento subjetivo específico não reste demonstrado pelo Ministério Público, a conduta será considerada atípica.

7.13.16. Erro de tipo

Prescreve o art. 20 do Código Penal que "o erro sobre elemento constitutivo do tipo legal de crime exclui o dolo, mas permite a punição por crime culposo, se previsto em lei". Observe que no delito do art. 21 a expressão "presos de ambos os sexos" funciona como elementar do crime, portanto, se ficar comprovado pelas circunstâncias do caso concreto que o agente desconhecia tal elementar, acreditando piamente que os presos fossem do sexo masculino ou vice-versa, ficará caracterizado o erro de tipo, tendo por consequência e exclusão do dolo e, por via de consequência, do próprio crime. O mesmo se diz com relação aos menores de idade que venham a mentir a idade (afirmando ser maior), não podendo o erro induzido por terceiro ser imputado ao agente.

7.13.17. Consumação

Conforme leciona Guilherme de Souza Nucci (2014, p. 958), "manter quer dizer sustentar, fazer permanecer ou conservar, o que fornece a nítida visão de algo habitual ou frequente". O objeto da conservação são os presos de ambos os sexos na mesma cela ou espaço de confinamento. Observe que não basta a mera colocação no mesmo ambiente, é necessário se manter (conservar) presos de ambos os sexos na mesma cela ou espaço de confinamento.

7.13.18. Conflito entre habitualidade e permanência e (in)viabilidade da prisão em flagrante

Assunto tormentoso na doutrina e jurisprudência se dá acerca da possibilidade de realização da prisão em flagrante nos crimes habituais. Em entendimento minoritário, Guilherme de Souza Nucci (2014, p. 964-965), com grande brilhantismo, discorre sobre o tema, asseverando que "a infração penal habitual deve ser analisada como um todo, e não com o mesmo tratamento que parte da doutrina lhe pretende dar, ou seja, classificar essa modalidade tão específica de crime como permanente, aquele cuja consumação se arrasta no tempo, permitindo consequências sensíveis, tal como a possibilidade de prisão em flagrante a qualquer tempo. Em primeiro lugar, não admite tentativa o delito habitual, pois é impossível fracionar o *iter criminis*, vale dizer, é inaceitável considerar um fato isolado – que o legislador tratou como atípico

– como fase de execução de um todo ainda não verificável. Quando, pela reiteração de condutas, houver a comprovação da manutenção de estabelecimento em que ocorra exploração sexual, pune-se o agente, estando consumada a infração penal. Enquanto pairar dúvida a respeito dessa manutenção, não se trata de fato típico. Não se preocupa a lei em punir uma conduta isolada, mas um estilo ou um hábito de vida. Não vemos como retirar do crime habitual um *iter criminis* individualizado e específico, que possa demonstrar a exata passagem da preparação (não punível) para a execução (punível). Por outro lado, há os que sustentam que, apesar de habitual, é delito permanente. Ousamos divergir, pois, uma vez configurada a habitualidade, está consumado o crime, sem que o resultado se arraste no tempo. (...) Não destoa desse pensamento José Frederico Marques, para quem o delito permanente comporta prisão em flagrante a qualquer tempo, tendo em vista que "existe sempre uma atualidade delituosa", vale dizer, uma conduta é crime, enquanto a reiteração dela também o é. Mas o crime habitual, isolando-se uma ação no tempo, não faz nascer para o Estado o direito de punir, visto que somente a prova segura e efetiva do conjunto é que poderá configurar o tipo penal. E arremata: "evidente se nos afigura, portanto, que não pode considerar-se em flagrante delito quem é surpreendido na prática de ação isolada de crime habitual, visto que se não pode dizer que, em tal situação, esteja ele cometendo a infração penal" (Elementos de direito processual penal, v. 4, p. 89). Assim, também, Tourinho Filho: "quando a Polícia efetua a prisão em flagrante, na hipótese de crime habitual, está surpreendendo o agente na prática de um só ato. O auto de prisão vai apenas e tão somente retratar aquele ato insulado. Não os demais. Ora, aquele ato isolado constitui um indiferente legal. O conjunto, a integralidade, não. Se a corrente é formada de dezenas de elos, não se pode dizer que um elo seja uma corrente. Assim, também, no crime habitual. O tipo integra-se com a prática de várias ações. Surpreendido alguém cometendo apenas uma das ações, evidente que o auto da prisão não vai retratar o tipo... e sim uma das ações que o integram" (Processo penal, v. 3, p. 438). (...) Na jurisprudência, torna-se importante o registro da seguinte posição do Tribunal de Justiça de Goiás, que concedeu o *habeas corpus* para pessoa presa em flagrante pelo delito do art. 229 (casa de prostituição): HC 21580-0/217, 1ª C., rel. Paulo Tales, 04.09.2003, empate, RDPPP 25/04, p. 101. *Apesar do nosso entendimento, reconhecemos que a posição atualmente majoritária, no Brasil, aceita a possibilidade de ser considerado permanente o delito habitual*: exemplifique-se com Noronha (Direito penal, v. 3, p. 259) e Delmanto (Código Penal comentado, p. 441). E ainda: STJ: "O crime de manutenção de casa de prostituição tipifica objetivamente uma conduta permanente, pouco importando o momento da fiscalização do poder público e a comprovação de haver, no instante da prisão, relacionamento sexual das aliciadas. Ordem denegada" (HC-RJ, 5ª T., rel. José Arnaldo da Fonseca, 27.09.2005, v. u.). STF: "Casa de prostituição. (...) Havendo elementos no inquérito, que autorizam

180 A nova lei de abuso de autoridade

a denúncia; *em se tratando de crime permanente*, que exige prova da habitualidade, a ser completada no curso da instrução; e não contendo licença para funcionamento de estabelecimento comercial, autorização aliás inadmissível, para nele se instalar casa de prostituição, não é caso de trancamento da ação penal, adequadamente proposta" (RHC 65.391-SP, 1ª T., rel. Sydney Sanches, 16.10.1987, v. u., DJ 06.11.1987, p. 24.440). (...) Embora antigos, permitimo-nos mencionar, ainda, outros dois julgados do STF, admitindo a prisão em flagrante no crime habitual – diante do caráter de permanência –, porque relatados por Nélson Hungria: RHC 38.220, Pleno, 11.01.1961, DJ 24.07.1961, p. 223; HC 36.723, Pleno, 27.05.1959, DJ 05.09.1960, p. 975".

7.13.19. Tentativa

Prevalece na doutrina que os crimes habituais são incompatíveis com o *conatus*, a título de exemplo André Clark Nunes Cavalcante (2020, p. 117). Por outro lado, o professor Rogério Greco (2011, p. 696) entende ser perfeitamente possível, uma vez que "tratando-se de crime plurissubsistente, em nossa opinião, torna-se perfeitamen-te admissível o raciocínio da tentativa, pois que se pode visualizar o fracionamento do *iter criminis*". Rogério Sanches e Rogério Greco (2019, p. 188) e Renato Brasileiro (2020, p. 213) também entendem ser possível a tentativa no citado delito.

7.13.20. Concurso material entre o delito do art. 21 e lesão corporal, estupro, homicídio etc.

O delito do art. 21 se consuma através da manutenção de presos de ambos os sexos na mesma cela ou espaço de confinamento. Observe que além do crime do art. 21 o agente público, como garantidor, poderá vir eventualmente a praticar outros de-litos em concurso material, como, por exemplo, lesão corporal, estupro, homicídio, tortura etc.

7.13.21. Pena cominada

Detenção, de 1 (um) a 4 (quatro) anos, e multa. Observe que a pena cominada a todos os delitos da Lei nº 13.869/2009 é a de detenção.

7.13.22. Ação penal

Em regra, se trata de ação penal pública incondicionada (art. 3º, *caput*). Todavia, em caso de inércia do Ministério Público, surgirá para a vítima a possibilidade de intentar a ação penal privada subsidiária da pública (art. 3º, § 1º). Há de salientar que a re-

Dos crimes e das penas **181**

quisição de novas diligências ou a promoção do arquivamento pelo *Parquet* não dão ensejo a alegação de inércia, logo, inviável suscitar a ação penal subsidiária da pública.

7.13.23. Lei nº 9.099/1995

O delito em análise é crime de médio potencial ofensivo, tendo em vista que a sua pena mínima (1 ano) autoriza a incidência da suspensão condicional do processo, desde que apresente os requisitos do art. 89 da Lei nº 9.099/1995.

7.13.24. Competência para processo e julgamento

Via de regra, será processado e julgado pela justiça estadual. Excepcionalmente, nos casos do art. 109 da Constituição Federal, haverá competência da Justiça Federal. Não se pode perder de vista se o sujeito ativo for militar, quando a competência será da Justiça Militar Estadual ou da União, conforme o caso, nos termos do art. 9º, CPM. Devem ainda ser levadas em consideração as situações em que o sujeito ativo detiver foro por prerrogativa de função, onde será processado e julgado no respectivo tribunal competente – por exemplo, governador de estado que pratica o delito em análise será processado e julgado perante o STJ (art. 105, I, alínea a, CF/88).

7.13.25. Classificação doutrinária

Trata-se de crime próprio (todos os crimes de abuso de autoridade são próprios, ou seja, demandam um sujeito ativo qualificado ou especial); material ou causal (ou seja, se exige a produção do resultado naturalístico); de forma livre (pode ser cometido por qualquer meio eleito pelo agente); comissivo (imperioso uma ação) e, excepcionalmente, comissivo por omissão (omissivo impróprio, ou seja, é a aplicação do art. 13, § 2º, do Código Penal); unissubjetivo, unilateral ou de concurso eventual (que pode ser praticado por um só agente); plurissubsistente (vários atos integram a conduta). Ademais, se trata de **delito habitual**, pois o núcleo manter denota uma habitualidade. Aqui, também entendemos se tratar de crime permanente, assim, enquanto o agente mantiver os presos de ambos os sexos na mesma cela ou espaço de confinamento, será possível a prisão em flagrante.

7.13.26. Conflito aparente entre o delito do art. 21 com o crime de tortura – Art. 1º da lei nº 9.455/1997

Uma das características do crime de tortura se dá na **intensidade** do sofrimento físico ou mental imposto à vítima, além das finalidades específicas elencadas nas

182 A nova lei de abuso de autoridade

alíneas do inciso I do art. 1º da Lei de Tortura. Recordamos aqui do fato envolvendo uma adolescente que foi colocada na mesma cela que homens no estado do Pará, onde, no final, os agentes naquela situação foram também condenados pelo crime de tortura. Portanto, a depender da situação do caso concreto, o fato de misturar custodiados poderá configurar o delito de tortura. É neste sentido também o teor do **enunciado n. 13** do Conselho Nacional dos Procuradores-Gerais dos Ministérios Públicos dos Estados e da União (CNPG) e do Grupo Nacional de Coordenadores de Centro de Apoio Criminal (CNCCRIM): "a violação à regra de separação de custodiados, acompanhada de sofrimento físico ou mental do preso, conforme as circunstâncias do caso, não tipifica o crime do art. 21 da Lei de Abuso de Autoridade, mas o delito de tortura (art. 1º, *caput*, inciso I, da Lei nº 9.455/97), infração penal equiparada a crime hediondo, sofrendo os consectários da Lei nº 8.072/1990".

7.14. Invadir ou adentrar, clandestina ou astuciosamente, ou à revelia da vontade do ocupante, imóvel alheio ou suas dependências, ou nele permanecer nas mesmas condições, sem determinação judicial ou fora das condições estabelecidas em lei (art. 22)

> **Art. 22.** Invadir ou adentrar, clandestina ou astuciosamente, ou à revelia da vontade do ocupante, imóvel alheio ou suas dependências, ou nele permanecer nas mesmas condições, sem determinação judicial ou fora das condições estabelecidas em lei:
>
> **Pena** – detenção, de 1 (um) a 4 (quatro) anos, e multa.
>
> § 1º Incorre na mesma pena, na forma prevista no *caput* deste artigo, quem:
>
> I – coage alguém, mediante violência ou grave ameaça, a franquear-lhe o acesso a imóvel ou suas dependências;
>
> II – (VETADO)[34];
>
> III – cumpre mandado de busca e apreensão domiciliar após as 21h (vinte e uma horas) ou antes das 5h (cinco horas).
>
> § 2º Não haverá crime se o ingresso for para prestar socorro, ou quando houver fundados indícios que indiquem a necessidade do ingresso em razão de situação de flagrante delito ou de desastre.

---

[33] "II – executa mandado de busca e apreensão em imóvel alheio ou suas dependências, mobilizando veículos, pessoal ou armamento de forma ostensiva e desproporcional, ou de qualquer modo extrapolando os limites da autorização judicial, para expor o investigado a situação de vexame;"

7.14.1. Introdução

A Constituição Federal, no art. 5º, XLI, determinou que "a lei punirá qualquer discriminação atentatória dos direitos e liberdades fundamentais". Assim, ao tipificar tal conduta o legislador buscou primariamente resguardar os direitos e liberdades fundamentais, especialmente no tocante à inviolabilidade da residência.

7.14.2. Fundamento constitucional

As condutas descritas no artigo em comento violam os seguintes direitos e garantias fundamentais, previstos no art. 5º, XI, da CF/88: "XI – a casa é asilo inviolável do indivíduo, ninguém nela podendo penetrar sem consentimento do morador, salvo em caso de flagrante delito ou desastre, ou para prestar socorro, ou, durante o dia, por determinação judicial".

7.14.3. A Convenção Americana de Direitos Humanos

As condutas descritas violam os seguintes preceitos da CADH, previstos no art. 11, inciso II, nestes termos: "Art. 11 (...) II. Ninguém pode ser objeto de ingerências arbitrárias ou abusivas em sua vida privada, na de sua família, em seu domicílio ou em sua correspondência, nem de ofensas ilegais à sua honra ou reputação".

7.14.4. Princípio da continuidade normativa típica

Há de ser observado que a conduta descrita no *caput* do art. 22, e a conduta descrita no inciso I, do § 1º, já encontravam expressa previsão legal no art. 3º, alínea "b", da Lei nº 4.898/1965, nestes termos: "Art. 3º. Constitui abuso de autoridade qualquer atentado: b) à inviolabilidade do domicílio". Observe que, embora o art. 3º, alínea "b", fosse extremamente lacônico (aberto), poderia, hipoteticamente, ensejar abuso de autoridade nas formas atualmente delimitadas no *caput* do art. 22 e no inciso I do § 1º.

7.14.5. *Novatio legis in pejus*

Todos os crimes da Lei nº 4.898/1965 eram punidos com uma pena de detenção de dez dias a seis meses. Atualmente, constata-se uma elevação em todas as penas da nova lei de abuso de autoridade, tratando-se, assim, de uma nova lei penal prejudicial ao réu (*novatio legis in pejus*), motivo pelo qual, diante da aplicação do princípio da continuidade normativo-típica no crime em tela, há de ser dito que por força constitucional (art. 5º, inc. XL) "a lei penal não retroagirá, salvo para beneficiar o réu". Logo, de se dizer que a lei penal mais grave não retroage para alcançar os fatos passados.

184 A nova lei de abuso de autoridade

7.14.6. *Novatio legis* incriminadora

Sobre o artigo em comento, trata-se de nova lei penal incriminadora no que tange a "cumprir mandado de busca e apreensão domiciliar após as 21h (vinte e uma horas) ou antes das 5h (cinco horas)", assim, por força constitucional (art. 5º, inc. XXXIX) e infraconstitucional (art. 1º, CP), serão aplicadas para o futuro, afinal, não há crime sem lei anterior que o defina e não há pena sem prévia cominação legal.

7.14.7. Objeto jurídico

Trata-se de crime pluriofensivo, porquanto, além de tutelar o regular funcionamento da administração pública, sua credibilidade e dignidade, tutela também os direitos e garantias fundamentais prescritos no art. 5º da Constituição Federal.

7.14.8. Objeto material

É o imóvel alheio ou suas dependências que suportam a entrada ou permanência de alguém, clandestina ou astuciosamente, ou contra a vontade expressa ou tácita de quem de direito.

7.14.9. Núcleo do tipo

O tipo penal em comento contém três verbos: **1) invadir** (significa entrar e ocupar um lugar pela força), **2) adentrar** (significa entrar ou introduzir-se) e **3) permanecer** (significar deixar de sair). Assim, para a caracterização do crime de invasão de domicílio admite-se tanto a ação de ingresso no lar alheio (invadindo ou adentrando) quanto a omissão de deixar de sair da casa estranha (nela permanecendo). Ademais, trata-se de crime de conteúdo múltiplo (ou variado), onde, caso o agente pratique mais de um núcleo (por exemplo: invadir e adentrar) no mesmo contexto fático será considerado como único crime – por força do princípio da alternatividade.

7.14.10. As modalidades de violação de domicílio

O tipo penal faz referência à **clandestinidade** (aquilo feito às escondidas, ocultamente), à **astúcia** (aquilo feito na esperteza, na habilidade, fraudulentamente, sem se deixar notar) e à **revelia da vontade do ocupante** (aqui, abrange a forma clandestina, astuciosa e demais formas), ou seja, essas são as três modalidades de se adentrar ou invadir imóvel alheio ou suas dependências, ou nele permanecer nas mesmas condições (ou seja, de forma clandestina, astuciosamente ou à revelia da vontade do ocupante), sem determinação judicial ou fora das condições estabelecidas em lei.

7.14.11. Modalidades equiparadas

Conforme o § 1º do art. 22, incorrerá na mesma pena de 1 a 4 anos e multa quem:

a) **coage alguém, mediante violência ou grave ameaça, a franquear-lhe o acesso a imóvel ou suas dependências:** o núcleo do tipo penal é **coagir a franquear--lhe** (que significa liberar ou permitir a entrada). Todavia, essa liberação ou permissão de entrada está viciada por conta do emprego de coação, mediante o emprego de violência (*vis absoluta*) ou grave ameaça (*vis compulsiva*);

b) **cumpre mandado de busca e apreensão domiciliar após as 21h (vinte e uma horas) ou antes das 5h (cinco horas):** o núcleo do tipo penal é **cumprir** (que significa realizar ou executar). Todavia, esse cumprimento ilegal se dá dentro de um horário preestabelecido pelo legislador (entre 21h e 5h). Observe que a Constituição Federal, bem como as normas processuais penais, não utiliza o critério temporal físico-astronômico, mas, sim, o critério psicossociológico, utilizando-se das expressões "noite" e "dia". No delito em tela o legislador evitou ser ambíguo e foi peremptório, estabelecendo claramente o lapso temporal em que o agente poderá incorrer no delito de abuso de autoridade (entre 21h e 5h). Observe que, pelo entendimento doutrinário, a busca e apreensão deverão ser realizadas das 06h até as 18h. Porém, o crime em tela só restará caracterizado se a busca e apreensão domiciliar forem após as 21h ou antes das 5h. Este é inclusive o teor do **enunciado n. 15** do Conselho Nacional dos Procuradores--Gerais dos Ministérios Públicos dos Estados e da União (CNPG) e do Grupo Nacional de Coordenadores de Centro de Apoio Criminal (CNCCRIM), onde informa que: "o mandado de busca e apreensão deverá ser cumprido durante o dia (art. 5º, XI, CF/88). Mesmo havendo luz solar, veda-se seu cumprimento entre 21h00 e 5h00, sob pena de caracterizar abuso de autoridade (art. 22, § 1º, inc. III)".

Por fim, vale acrescentar importante discussão sobre a questão de se permitir busca e apreensão durante a noite nos casos em que envolver, por exemplo, crime de casa de prostituição (CP, art. 229), delito este comumente praticado na calada da noite, tráfico de drogas noturno, ou até mesmo a instalação de escutas ambientais no interior de residência ou escritório no período noturno [busca exploratória – (STF – Inq. 2424/RJ, relator Ministro Cezar Peluso)]. Sobre o assunto, o promotor de justiça Renee do Ó Souza (2020, p. 156) dispara que "excepcionalmente, é possível a expedição de e cumprimento de mandado de busca e apreensão domiciliar nesse período noturno quando a realização do ato durante o dia mostrar-se absolutamente ineficaz".

186 A nova lei de abuso de autoridade

7.14.12. A eventual (in)constitucionalidade do conceito de "noite" e "dia" do art. 22, parágrafo único, II

O tema gira em torno do art. 5º, inciso XI, da CF/88, que afirma que "a casa é asilo inviolável do indivíduo, ninguém nela podendo penetrar sem consentimento do morador, salvo em caso de flagrante delito ou desastre, ou para prestar socorro, ou, durante o dia, por determinação judicial". Ou seja, no caso de haver autorização judicial para o ingresso na residência, esta deverá ocorrer "durante o dia". Dito isso, conforme foi visto alhures a doutrina nacional se divide acerca do conceito de "noite" e "dia" – para uns adota-se o critério físico-astronômico (considera dia o intervalo entre a aurora e crepúsculo), outros adotam o critério cronológico (considera-se dia o intervalo entre 06:00h e 18:00h) e, por fim, tem ainda aqueles que adotam o critério misto (faz uma junção dos dois critério anteriores). Fazendo uma breve análise, percebe-se que o inciso II do parágrafo único do art. 22 antecipou o conceito de "dia" para as 5h e alargou o conceito de "noite" até as 21h. Diante dessas afirmações a doutrina se subdivide em três posições:

a) **inconstitucionalidade do dispositivo:** trata-se de doutrina peremptória, fechada, realiza uma interpretação literal e termina por afirmar que o legislador infraconstitucional não pode se sobrepor aos parâmetros constitucionais, portanto, qualquer busca realizada fora do período compreendido entre as 06:00h e 18:00h seria considerado prova ilícita – neste sentido, André Boiani e Azevedo (2019, p. 76);

b) **constitucionalidade do dispositivo através de interpretação conforme**[34]: para esta corrente só seria considerado crime as buscas realizadas no período compreendido entre as 21:00h e as 05:00h, quando não houvesse luz solar. Em resumo, caso já haja sol às 05:00h ou até mesmo após às 18:00h, não há que se falar em crime do art. 22, parágrafo único, II. Defendendo esta segunda corrente temos Rogério Greco e Rogério Sanches (2019, p. 202);

c) **constitucionalidade do dispositivo sem interpretação conforme:** trata-se de corrente mais ponderada e que transmite maior segurança jurídica aos profissionais que realizam o cumprimento de mandado de busca e apreensão, onde,

---

[34] No mesmo sentido o teor da **súmula nº 5**, aprovada pela Polícia Civil de São Paulo, durante seminário sobre a nova lei de abuso de autoridade: "a expressão "repouso noturno", do artigo 18 da Lei Federal 13.869/2019, abrange período em que as pessoas ordinariamente descansam e dormem, consubstanciando parâmetros desse elemento normativo, segundo juízo motivado do Delegado de Polícia responsável, os costumes e convenções locais, a vedação temporal entre 21 horas de um dia e 5 horas do dia seguinte para a execução de busca domiciliar prevista no inciso III do § 1º do artigo 22 do mesmo diploma legal, assim como o interstício entre o pôr do sol e a aurora do dia subsequente".

independentemente de haver ou não luz solar, o que se leva em conta para fins de caracterização do crime é a busca realizada no horário compreendido entre às 21:00h e 05:00h – neste sentido, o professor Renato Brasileiro (2020, p. 227-228). Também nos filiamos a essa corrente, onde se constata uma maior segurança jurídica aos profissionais que realizam buscas e apreensões, sepultando de vez conceitos doutrinários e jurisprudenciais vagos. Observe, todavia, que o enunciado n. 15 citado alhures vai de encontro a essa corrente doutrinária.

7.14.13. O amplo conceito de imóvel alheio

O Código Penal, no § 4º do art. 150, através de uma norma penal explicativa (ou interpretativa), estabelece o conceito de "casa"; ademais, entendemos que o conceito de "imóvel ou suas dependências" deve ser compreendido nos mesmos termos do conceito de "casa"[35], assim temos: "Art. 150, (...) § 4º – A expressão "casa" compreende: I – qualquer compartimento habitado; II – aposento ocupado de habitação coletiva; III – compartimento não aberto ao público, onde alguém exerce profissão ou atividade".

Sobre o tema, dispara Flávio Augusto Monteiro de Barros (2009, p. 280-281) que "a expressão 'qualquer compartimento habitado' confere justa amplitude ao conceito de casa, eliminando as dúvidas que poderiam surgir em torno das moradias transitórias e ambulatórias. Sendo assim, o quarto de hotel ou motel, a barraca de campo, a cabine do caminhão em que mora o motorista e o barco onde mora alguém são objetos da tutela penal, de tal sorte que a invasão caracteriza crime de violação de domicílio (...) já a expressão 'aposento ocupado de habitação coletiva' (...) compreende a casa de cômodos, ainda que contenha um único cômodo, ou que nela habite uma só pessoa. Finalmente, a expressão 'compartimento não aberto ao público, onde alguém

---

[35] Na mesma linha de raciocínio o professor Renato Brasileiro (2020, p. 220). Todavia, deve-se registrar que há entendimento diverso, preceituando que o conceito de "imóvel" deve ser aquele dado pelo Código Civil (arts. 79, 80 e 81): "Art. 79. São bens imóveis o solo e tudo quanto se lhe incorporar natural ou artificialmente. Art. 80. Consideram-se imóveis para os efeitos legais: I – os direitos reais sobre imóveis e as ações que os asseguram; II – o direito à sucessão aberta. Art. 81. Não perdem o caráter de imóveis: I – as edificações que, separadas do solo, mas conservando a sua unidade, forem removidas para outro local; II – os materiais provisoriamente separados de um prédio, para nele se reempregarem". Adotando o conceito de imóvel pelo direito civil temos os professores Rogério Sanches e Rogério Greco (2020, p. 195-196), bem como o teor do **enunciado n. 14** do Conselho Nacional dos Procuradores-Gerais dos Ministérios Públicos dos Estados e da União (CNPG) e do Grupo Nacional de Coordenadores de Centro de Apoio Criminal (CNCCRIM): "A elementar "imóvel" do artigo 22 da Lei de Abuso de Autoridade deve ser conceituada nos termos do artigo 79 do Código Civil".

188 A nova lei de abuso de autoridade

exerça profissão ou atividade' abrange não a moradia, mas o lugar do exercício da atividade privada (p. ex. escritório do advogado, gabinete do dentista, consultório do médico etc.)". O Código Penal ainda estabelece, no § 5º do art. 150, que: "§ 5º – Não se compreendem na expressão "casa": I – hospedaria, estalagem ou qualquer outra habitação coletiva, enquanto aberta, salvo a restrição do nº II do parágrafo anterior; II – taverna, casa de jogo e outras do mesmo gênero".

Ainda sobre o assunto, Fernando Capez (2008, p. 351) aduz que a hospedaria, estalagem ou qualquer outra habitação coletiva, enquanto aberta, salvo a restrição do nº II do parágrafo anterior, "é o local cujo acesso não esteja vedado ao público (p. ex.: sala de espera de uma hospedaria), onde qualquer um pode entrar. (...)". Em relação a taverna, casa de jogo e outras do mesmo gênero, ainda acrescenta o citado autor que "também estão excluídos da proteção legal os bares, restaurantes, lanchonete, lojas, bingos, casas lotéricas, cujo acesso é liberado ao público. A parte interna desses locais, cujo acesso é vedado ao público, é protegida pela lei, uma vez que o § 4º, III, dispensa proteção legal ao compartimento não aberto ao público, onde alguém exerce sua profissão ou atividade (...)".

7.14.14. Restrição de buscas em órgãos públicos

Embora os órgãos públicos sejam acessíveis ao público em geral, não se pode admitir que determinada autoridade querendo produzir prova venha ingressar livremente nestes sob tal argumento, ainda mais se se tratar de busca e apreensão em salas ou gabinetes de servidores. Para tanto, será primordial a representação pela busca e apreensão no referido recinto, seguido de parecer ministerial e decisão judicial para tanto.

7.14.15. Hipóteses de adentramento permitidas

Observe que o tipo penal do art. 22 deixa claro que só haverá o crime no caso de a invasão ou o adentramento se darem sem determinação judicial ou fora das condições estabelecidas em lei. Assim, é de se dizer que nas hipóteses permitidas pelo legislador estaria o agente agindo no estrito cumprimento de um dever legal (CP, art. 23, III, primeira parte). Logo, prescreve o art. 5º, XI, da CF: "I – a casa é asilo inviolável do indivíduo, ninguém nela podendo penetrar sem consentimento do morador, salvo em caso de flagrante delito ou desastre, ou para prestar socorro, ou, durante o dia, por determinação judicial". Ainda sobre o tema é imprescindível a análise do art. 245 do CPP: "Art. 245. As buscas domiciliares serão executadas de dia, salvo se o morador consentir que se realizem à noite, e, antes de penetrarem na casa, os executores mostrarão e lerão o mandado ao morador, ou a quem o represente, intimando-o, em seguida, a abrir a porta". Do exposto, conclui-se que, **durante a noite**, admite--se o ingresso domiciliar nos casos de consentimento do morador, nas hipóteses de flagrante, desastres ou para prestar socorro. Por outro lado, durante o dia (intervalo entre 6 e 18 horas), além das hipóteses anteriormente elencadas será permitida a possibilidade de cumprimento de mandado judicial de busca e apreensão (que independerá do consentimento do morador).

7.14.16. Meios de execução

Não existe no tipo penal qualquer vinculação com o método pelo qual deva ser executado o delito. Portanto, trata-se de crime de forma livre, que pode ser praticado por qualquer meio de execução eleito pelo agente.

7.14.17. Sujeito ativo

É a autoridade no conceito superamplo do artigo 2º e o seu parágrafo único. Por se tratar de crime próprio, deve ser ressaltado que, conforme regra do art. 30 do Código Penal, as circunstâncias de caráter pessoal, quando elementares do crime, se comunicam aos demais concorrentes. Assim, se um particular, sabendo que atua em conjunto com o funcionário público, contribuir para o abuso de autoridade, ambos responderão pelo delito.

7.14.18. Sujeito passivo

O sujeito passivo direto ou imediato é a vítima (pessoa física) atingida pelo abuso. Já o sujeito passivo indireto ou mediato será o Estado. Ainda sobre o assunto, de forma peculiar, o professor Renato Brasileiro (2020, p. 216) assevera que o sujeito passivo "pode ser uma pessoa a quem os demais habitantes da casa estão subordinados (regime de subordinação) ou diversas pessoas, habitantes da mesma residência, em relação isonômica (regime de igualdade). Aliás, havendo um regime de igualdade entre vários moradores (v.g., marido e mulher, república de estudantes, etc.), o conflito de vontades deverá ser solucionado pela aplicação do princípio *melior est conditio prohibentis*, é dizer, prevalece a decisão daquele que proibiu o acesso ao domicílio".

7.14.19. Elemento subjetivo

É o dolo de praticar de forma consciente e voluntária qualquer das condutas descritas no *caput* ou nos incisos do parágrafo único. Não há expressa previsão legal da modalidade culposa, o que torna inviável a punição por culpa. No que tange a eventual punição a título de dolo eventual, esta será de difícil visualização, tendo em vista que as finalidades específicas do § 1º do art. 1º restringem o alcance de "assumir o risco para a produção do resultado".

7.14.20. Elemento subjetivo específico (ou especial)

Observe que o § 1º do art. 1º trata de cláusula geral, aplicável a todos os delitos da lei de abuso de autoridade, conforme já tratado alhures. Assim, deverá ser comprovado pela acusação que o agente agiu com a finalidade específica de prejudicar outrem ou beneficiar a si mesmo ou a terceiro, ou, ainda, por mero capricho ou satisfação pessoal. Caso esse elemento subjetivo específico não reste demonstrado pelo Ministério Público, a conduta será considerada atípica. Todavia, poderá operar a desclassificação para o delito do art. 150 do Código Penal.

7.14.21. Erro de tipo

Prescreve o art. 20 do Código Penal que "o erro sobre elemento constitutivo do tipo legal de crime exclui o dolo, mas permite a punição por crime culposo, se previsto em lei". Observe que no delito do art. 22 a expressão "fora das condições estabelecidas em lei" funciona como elementar do crime, portanto, se ficar comprovado pelas circunstâncias do caso concreto que o agente desconhecia tal elementar, acreditando piamente que estava adentrado na residência para realizar um flagrante, prestar um socorro, etc., ficará caracterizado o erro de tipo, tendo por consequência e exclusão do dolo e, por via de consequência, o próprio crime. Assim, por exemplo, se um policial recebe um chamado que em determinada residência está ocorrendo um estupro, posteriormente verifica gritos e ali adentra com o intuito de fazer cessar a agressão e prender o autor do delito, todavia, percebe que o fato apenas se tratava de um ensaio colegial sobre violência doméstica, onde os estudantes estavam preparando uma encenação, neste caso exclui-se o dolo do agente, pois nas circunstâncias fáticas apresentadas qualquer policial incidiria.

7.14.22. Vedação ao crime de hermenêutica

Observe que há uma verdadeira celeuma na interpretação do citado dispositivo (conceito de noite e dia). O que não podemos perder de vista é a cláusula geral do § 2º do art. 1º da lei nº 13.869/2019, sendo esta uma garantia ao agente público contra eventuais responsabilizações infundadas tendo por base divergências interpretativas; portanto, vale a transcrição: "a divergência na interpretação de lei ou na avaliação de fatos e provas não configura abuso de autoridade". Conforme já salientamos alhures, entendemos que se trata de cláusula geral que exclui o próprio dolo e, por via de consequência, o próprio crime.

7.14.23. Diligência policial ou providências de acompanhamento de vítima de violência de gênero no âmbito doméstico e familiar pela autoridade policial e investigadores de polícia

Na hipótese aventada entendemos não incidir a nova lei de abuso de autoridade, pois a lei Maria da Penha autoriza essa ação policial (art. 11, IV), motivo pelo qual não configuraria violação de domicílio, ainda que haja resistência do titular ou possuidor do imóvel, objeto de acompanhamento, e, assim agindo, o agente policial, em sentido amplo, estaria sob o manto da excludente da ilicitude na vertente do estrito cumprimento do dever legal (art. 23, inciso III, do CPB). Entendemos também que, em quaisquer das situações anteriores, faltaria o elemento subjetivo específico do tipo, porquanto o agente não teria o dolo de incorrer no crime em cartaz, mas mirando dar vida às disposições legais existentes sobre o tema. Por fim, o art. 11 da Lei Maria da Penha assegura que:

> Art. 11. No atendimento à mulher em situação de violência doméstica e familiar, a autoridade policial deverá, entre outras providências:
>
> [...]
>
> IV – se necessário, acompanhar a ofendida para assegurar a retirada de seus pertences do local da ocorrência ou do domicílio familiar;

7.14.24. Invasão ou adentramento/Violação de domicílio por meio de "drone" e outros equipamentos equivalentes

Como o espaço aéreo goza de proteção jurídica, entendemos que, a depender do nível, incursões de "drones" e outros equipamentos equivalentes em um domicílio podem configurar o crime de violação de domicílio. O Código Civil Brasileiro em seu art. 1.229 consagra que a propriedade abrange o solo, o espaço aéreo e subsolo correspondentes, em altura e profundidade úteis ao seu exercício:

> Art. 1.229. A propriedade do solo abrange a do espaço aéreo e subsolo correspondentes, em altura e profundidade úteis ao seu exercício, não podendo o proprietário opor-se a atividades que sejam realizadas, por terceiros, a uma altura ou profundidade tais, que não tenha ele interesse legítimo em impedi-las.

Sobre o injusto penal de violação de domicílio, o penalista Rogério Greco (2018, p. 484) aborda que: "**entrar**, aqui, no sentido empregado pelo texto, significa invadir, ultrapassar os limites da casa ou dependências. Pressupõe um comportamento positivo. **Permanecer**, ao contrário, deve ser entendido no sentido de não querer sair. Só permanece, portanto, quem já estava dentro licitamente, visualizando, assim, um comportamento negativo".

Imaginemos um imóvel com muros edificados com altura de cinco metros, por exemplo. Caso o Código de Postura Municipal da localidade permita, um "drone" pode fazer incursões para transpor esses limites para fins de bisbilhotar a vida alheia ou outro fim de invadir e ultrapassar a casa e suas dependências. Não nos parece que seja fato atípico. Pelo contrário, estaremos certamente diante do tipo penal do art. 22, da Lei nº 13.869/19, ou do art. 150, *caput*, CPB, a depender do caso concreto.

Destacamos que até o momento existem dois tipos de "drones" (aeromodelos e RPA), que apenas podem ser operados em áreas com no mínimo trinta metros horizontais de distância das pessoas não anuentes ou não envolvidas com a operação, e cada piloto remoto só poderá operar um equipamento por vez.

Aliás, até para fins de investigação criminal e outros fins estatais (vigilância sanitária, saúde etc.), recomendamos cautela e eventual autorização judicial ou ao menos uma autorização legal (legislação que permita, o que ainda assim poderá gerar discussão), a depender do contexto. Parece ser esse também o mesmo entendimento de Renee do Ó Souza (2020, p.152), que afirma que "não há atentado à inviolabilidade do domicílio, por exemplo, se a autoridade pública se utiliza de aeronaves para sobrevoar e registrar imagens de propriedade rural, para identificar plantio de drogas ou pista clandestina de pouso, utilizada por tráfico de drogas (...)".

Para operacionalizar o drone é importante observar o Regulamento Brasileiro de Aviação Civil Especial nº 94/2017[36] (RBAC-E nº 94/2017), da ANAC, que é complementar às normas de operação de drones estabelecidas pelo Departamento de Controle do Espaço Aéreo (DECEA)[37] e pela Agência Nacional de Telecomunicações (ANATEL)[38].

---

[36] <https://www.anac.gov.br/assuntos/legislacao/legislacao-1/rbha-e-rbac/rbac/rbac-e-94>.
[37] <https://www.decea.gov.br/drone/>.
[38] <http://www.anatel.gov.br/setorregulado/component/content/article?id=376>.

Adiante, extrai-se pelo regulamento da ANAC que os populares "drones" (aeromodelos) são as aeronaves não tripuladas remotamente pilotadas usadas para recreação e lazer e as aeronaves remotamente pilotadas (RPA) são as aeronaves não tripuladas utilizadas para outros fins, como experimentais, comerciais ou institucionais.

O site da Agência Nacional de Aviação Civil (ANAC)[39] traz abordagens sobre o assunto de 'drones', senão vejamos:

> *Os dois tipos (aeromodelos e RPA) só podem ser operados em áreas com no mínimo 30 metros horizontais de distância das pessoas não anuentes ou não envolvidas com a operação e cada piloto remoto só poderá operar um equipamento por vez.*

> *Para operar um aeromodelo, as normas da ANAC são bem simples! Basta respeitar a distância-limite de terceiros e observar as regras do DECEA e da ANATEL. Aeromodelos com peso máximo de decolagem (incluindo-se o peso do equipamento, de sua bateria e de eventual carga) de até 250 gramas não precisam ser cadastrados junto à ANAC. Os aeromodelos operados em linha de visada visual até 400 pés acima do nível do solo devem ser cadastrados e, nesses casos, o piloto remoto do aeromodelo deverá possuir licença e habilitação. (...)*

> *O detentor de um Certificado de Aeronavegabilidade Especial de RPA – CAER, ou aquele com quem for compartilhada sua aeronave, é considerado apto pela ANAC a realizar voos recreativos e não recreativos no Brasil, com aeronave não tripulada cujo projeto está aprovado, em conformidade com os regulamentos aplicáveis da ANAC, em especial o distanciamento de 30 metros laterais de pessoas não anuentes e a necessidade de se realizar avaliação de risco operacional, dentre outras. É responsabilidade do operador tomar as providências necessárias para a operação segura da aeronave, assim como conhecer e cumprir os regulamentos do DECEA, da Anatel, e de outras autoridades competentes.*

O termo violação de domicílio é empregado aqui em sentido amplo, pois serve tanto para situações do art. 22 da lei em cartaz como do art. 150 do CPB, conforme já expusemos alhures.

---

[39] <https://www.anac.gov.br/assuntos/paginas-tematicas/drones>.

7.14.25. Invasão ou adentramento/Violação de domicílio por meio de instalação clandestina em imóvel para captação de imagens, áudios, etc. (violação de domicílio virtual)

Comungamos da posição jurídica de que o proprietário, locador, gerente de hotel/ motel, prestador de serviço, dentre outras infinidades de agentes criminosos em potencial, ao instalar clandestinamente uma câmera ou manter uma já instalada no quarto de um imóvel estariam violando o domicílio alheio de forma remota ou virtual, pois sua conduta denota a intenção de **entrar** ou **permanecer** no local, ou seja, de não sair quando deveria.

Posicionamos ainda que pode ocorrer a violação de domicílio de apartamentos, pousadas, *hostels* e congêneres locados por temporadas, ou ainda que por breve momento, em que se captam vídeo e/ou áudio, por exemplo, imagens de casal que aluga um apartamento e depois se constata que durante a estadia havia sido instalada uma câmera oculta pelo responsável legal do imóvel do quarto onde dividiam suas intimidades[40]. O art. 150, § 4º, inciso I, parte final, do CPB, comprova a possibilidade desta tipia:

> *Art. 150 [...]*
>
> *§ 4º – A expressão "casa" compreende:*
>
> *I – qualquer compartimento habitado;*
>
> *II – aposento ocupado de habitação coletiva;*
>
> *III – compartimento não aberto ao público, onde alguém exerce profissão ou atividade.*
>
> *§ 5º – Não se compreendem na expressão "casa":*
>
> *I – hospedaria, estalagem ou qualquer outra habitação coletiva, enquanto aberta,* ***salvo a restrição do nº II do parágrafo anterior;***
>
> *II – taverna, casa de jogo e outras do mesmo gênero."*

Tanto na violação de domicílio por meio de drone e outros equipamentos equivalentes como na violação de domicílio por meio de instalação clandestina em imóvel para

---

[40] Ainda poderíamos ter outros possíveis relevantes penais, como o art. 216-B, do Código Penal Brasileiro, crime este sob *nomem iuris* de **registro não autorizado da intimidade sexual.**

captação de imagens, áudios etc. (violação de domicílio virtual) o delegado de polícia Francisco Sannini Neto (2018, p. 1) assevera nos dois pontos que:

> *Entendemos não se tratar de analogia em prejuízo do réu, mas de interpretação extensiva do tipo, afinal, no momento de redigir o texto legal o legislador não vislumbrou as evoluções tecnológicas. Ora, o tipo penal faz menção às condutas de entrar e permanecer, o que pode ser feito de modo físico ou virtualmente. É o caso de um drone que trafega tranquilamente pelas dependências de uma residência, registrando todas as imagens que podem ser vistas em tempo real pelo seu usuário, abalando, consequentemente, a tranquilidade doméstica.*

7.14.26. Recomendação prática nessas situações

Embora fosse uma prática corriqueira no meio policial, agora, com o advento da nova Lei de Abuso de Autoridade, recomenda-se muita cautela e prudência para evitar a incidência no novo tipo penal, quer seja com uso de drones, quer seja com emprego de outros expedientes no campo da investigação, sem prejuízo ainda de incidir no crime de produção de prova ilícita (art. 25 da nova Lei de Abuso de Autoridade). A título de exemplo, agentes de inteligência que adentram em imóveis alheios com estórias coberturas (emprego de astúcia) para eventuais levantamentos em investigações, localizações de objetos roubados etc.

7.14.27. Consumação

Nas modalidades invadir, adentrar, coagir alguém a franquear o acesso e dar cumprimento a mandado de busca e apreensão fora do horário permitido, por se tratarem de espécies comissivas, o crime se consuma no exato momento da prática da conduta ativa, independentemente da produção de qualquer resultado naturalístico (crime de mera conduta). Já na modalidade **permanecer** a consumação se dá com a simples inação (omissão do agente), quando convidado a se retirar da residência, se nega a sair. Valendo lembrar ainda que na modalidade permanecer se trata de crime permanente, cuja consumação se prolonga no tempo, se admitindo, enquanto não cessada a permanência, a prisão em flagrante. Então imagine a seguinte situação hipotética: policiais adentram em uma residência fora das hipóteses legais; ali permanecem por várias horas; nesse ínterim, populares revoltosos com o abuso já haviam acionado a corregedoria de polícia, que ao chegar no local encontram os policiais dentro da residência de formal ilegal, sendo os policiais, portanto, autuados pelo delito em comento. Conforme Renato Brasileiro (2020, p. 232), "não haverá crime na conduta de olhar ou observar a movimentação na residência de terceira pessoa".

196 A nova lei de abuso de autoridade

7.14.28. Tentativa

É admissível em todas as modalidades (**invadir, adentrar, coagir a franquear o acesso e cumprir mandado de busca e apreensão fora do horário permitido**), exceto no caso do verbo **permanecer,** tendo em vista que este último se trata de crime omissivo próprio, sendo inviável a tentativa.

7.14.29. Causa excludente da ilicitude

Não haverá crime se o ingresso for para prestar socorro, ou quando houver fundados indícios que indiquem a necessidade do ingresso em razão de situação de flagrante delito ou de desastre. A própria Constituição Federal, no art. 5º, XI, já elenca as hipóteses em que será admitida a entrada na residência. A propósito, o funcionário público que atua em conformidade com o art. 22, § 2º, estaria resguardado pelo estrito cumprimento de um dever legal (art. 23, I, primeira parte, do CP).

7.14.30. Pena cominada

Detenção, de 1 (um) a 4 (quatro) anos, e multa. Observe que a pena cominada a todos os delitos da Lei nº 13.869/2009 é a de detenção.

7.14.31. Ação penal

Em regra, se trata de ação penal pública incondicionada (art. 3º, *caput*). Todavia, em caso de inércia do Ministério Público, surgirá para a vítima a possibilidade de intentar a ação penal privada subsidiária da pública (art. 3º, § 1º). Há de salientar que a requisição de novas diligências ou a promoção do arquivamento pelo *Parquet* não dão ensejo a alegação de inércia, logo, inviável suscitar a ação penal subsidiária da pública.

7.14.32. Lei nº 9.099/1995

O delito em análise é crime de médio potencial ofensivo, tendo em vista que a sua pena mínima (1 ano) autoriza a incidência da suspensão condicional do processo, desde que presentes os requisitos do art. 89 da Lei nº 9.099/1995.

7.14.33. Competência para processo e julgamento

Via de regra, será processado e julgado pela justiça estadual. Excepcionalmente, nos casos do art. 109 da Constituição Federal, haverá competência da Justiça Federal.

Não se pode perder de vista se o sujeito ativo for militar, quando a competência será da Justiça Militar Estadual ou da União, conforme o caso, nos termos do art. 9º, CPM. Devem ainda ser levadas em consideração as situações em que o sujeito ativo detiver foro por prerrogativa de função, onde será processado e julgado no respectivo tribunal competente – por exemplo, deputado federal que pratica o delito em análise, será processado e julgado perante o STF (art. 102, I, alínea b, CF/88).

7.14.34. Classificação doutrinária

Trata-se de crime próprio (todos os crimes de abuso de autoridade são próprios, ou seja, demandam um sujeito ativo qualificado ou especial); de mera conduta (ou conduta infungível); de conteúdo múltiplo ou variado; de forma livre (pode ser cometido por qualquer meio eleito pelo agente); em regra, comissivo (imperioso uma ação) e, excepcionalmente, omissivo próprio na modalidade permanecer. Ademais, poderá ser comissivo por omissão (omissivo impróprio, ou seja, é a aplicação do art. 13, § 2º, do Código Penal); unissubjetivo, unilateral ou de concurso eventual (que pode ser praticado por um só agente); em regra, plurissubsistente (vários atos integram a conduta) e excepcionalmente unissubsistente (um único ato integra a conduta).

7.14.35. Conflito aparente com o art. 7º-B da Lei nº 8.906/1994 (Estatuto da OAB)

Uma das condutas incriminadas pelo artigo 7º-B da Lei nº 8.906/1994 – Estatuto da Advocacia – é violar direito ou prerrogativa de advogado relacionado "a inviolabilidade de seu escritório ou local de trabalho, bem como de seus instrumentos de trabalho, de sua correspondência escrita, eletrônica, telefônica e telemática, desde que relativas ao exercício da advocacia". Nesta situação, caso o agente público, abusando de autoridade, invadir ou adentrar de forma ilegal em escritório de advocacia, estará incorrendo no delito especial, isto é, no delito do art. 7º-B da Lei nº 8.906/1994, ainda que sua pena seja extremamente inferior ("detenção, de três meses a 1 (um) ano, e multa") em relação ao crime do art. 22 da Lei de Abuso de Autoridade ("detenção, de 1 (um) a 4 (quatro) anos, e multa").

7.14.36. Conflito aparente com o delito de violação de domicílio (art. 150, CP)

Pelo princípio da especialidade, onde a norma especial prevalece sobre a geral, sendo considerada especial aquela que contém todos os elementos da geral, além de outros, denominados especializantes. Assim, pode-se dizer que, havendo as elementares do artigo 22, juntamente como o elemento subjetivo específico do art. 1º, § 1º (especial fim de agir), praticada por agente público, é este dispositivo que prevalecerá. Caso contrário, subsistirá o delito do art. 150 do CP (violação de domicílio).

7.14.37. Razões iniciais do veto presidencial ao inciso II, art. 22

"A propositura legislativa, ao prever como elemento do tipo a 'forma ostensiva e desproporcional', gera insegurança jurídica por encerrar tipo penal aberto e que comporta interpretação. Além disso, em operações policiais, o planejamento da logística de bens e pessoas compete às autoridades da segurança pública".

7.15. Inovar artificiosamente, no curso de diligência, de investigação ou de processo, o estado de lugar, de coisa ou de pessoa, com o fim de eximir-se de responsabilidade ou de responsabilizar criminalmente alguém ou agravar-lhe a responsabilidade (art. 23)

Art. 23. Inovar artificiosamente, no curso de diligência, de investigação ou de processo, o estado de lugar, de coisa ou de pessoa, com o fim de eximir-se de responsabilidade ou de responsabilizar criminalmente alguém ou agravar-lhe a responsabilidade:

Pena – detenção, de 1 (um) a 4 (quatro) anos, e multa.

Parágrafo único. Incorre na mesma pena quem pratica a conduta com o intuito de:

I – eximir-se de responsabilidade civil ou administrativa por excesso praticado no curso de diligência;

II – omitir dados ou informações ou divulgar dados ou informações incompletos para desviar o curso da investigação, da diligência ou do processo.

7.15.1. Introdução

A Constituição Federal, no art. 5º, XLI, determinou que "a lei punirá qualquer discriminação atentatória dos direitos e liberdades fundamentais". Assim, ao tipificar tal conduta o legislador buscou primariamente resguardar os direitos e liberdades fundamentais, especialmente no tocante à lisura da correta aplicação da lei. Observe que este delito se trata de uma modalidade especial do delito de fraude processual (CP, art. 347). Ademais, a razão do crime em tela, conforme aduz Igor Pereira Pinheiro (2020, p. 122), está no fato "de uma investigação ser levada a sério tanto do lado de quem apura, quanto de quem está sob suspeita".

7.15.2. Fundamento constitucional

A conduta descrita no artigo em comento viola o seguinte direito e garantia fundamental, previsto no art. 5º da CF/88: "LIV – ninguém será privado da liberdade ou de seus bens sem o devido processo legal; LVI – são inadmissíveis, no processo, as provas obtidas por meios ilícitos".

7.15.3. *Novatio legis* incriminadora

Sobre o artigo em comento, trata-se de nova lei penal incriminadora e, por força constitucional (art. 5º, inc. XXXIX) e infraconstitucional (art. 1º, CP), será aplicada para o futuro, afinal, não há crime sem lei anterior que o defina e não há pena sem prévia cominação legal. Todavia, deve ser levado em consideração o art. 347, CP. Assim, se antes da citada lei algum agente público cometeu o delito de fraude processual, poderá ser responsabilizado pelo delito do art. 347, CP.

7.15.4. Objeto jurídico

Trata-se de crime pluriofensivo, porquanto, além de tutelar o regular funcionamento da administração pública, sua credibilidade e dignidade, tutela também os direitos e garantias fundamentais prescritos no art. 5º da Constituição Federal.

7.15.5. Objeto material

É o estado de lugar, de coisa ou de pessoa que suporta a inovação artificiosa.

7.15.6. Núcleo do tipo

O tipo penal tem como núcleo a expressão **inovar artificiosamente**, demonstrando o sentido de atualizar, modificar, alterar, mudar, criar ou inventar de forma capciosa, ardilosa ou fraudulenta o estado de lugar, de coisa ou de pessoa, com as finalidades específicas de eximir-se de responsabilidade ou de responsabilizar criminalmente alguém ou agravar-lhe a responsabilidade.

7.15.7. Estado de lugar, de coisa ou de pessoa

A inovação artificiosa deve recair sobre o estado de lugar, coisa ou de pessoa. Portanto, trata-se de um rol taxativo. Em relação ao **estado de lugar**, teríamos, por exemplo, o plantio de árvores em lugar que havia sido devastado; no **estado de coisa**, quando, por exemplo, se eliminarem vestígios de sangue de uma peça de roupa ou então se colocar um revólver na mão da vítima para incutir a ideia de que o agente teria agido em legítima defesa; no **estado de pessoa**, a doutrina cita como exemplo as modificações através de cirurgia estética, criando com isso inovações artificiosas com o fim de eximir-se de responsabilidade ou de responsabilizar criminalmente alguém ou agravar-lhe a responsabilidade.

7.15.8. No curso de diligência, de investigação ou de processo

A inovação artificiosa pode se dar em três momentos: **a) no curso de diligência:** esta diligência é prévia, está direcionada ao acontecimento do fato e às primeiras medidas a serem adotadas pela autoridade responsável pela realização da diligência; **b) no curso de investigação:** aqui, a investigação já está em curso, já saiu das diligências preliminares; ou **c) no curso de processo:** nesta hipótese, pressupõe a finalização da fase inquisitorial e início da processual. Por fim, vale acrescentar que a diligência, a investigação ou o processo podem estar relacionados a qualquer tipo de procedimento (cível, trabalhista, penal ou administrativo), por exemplo, inquérito civil, inquérito policial, processo administrativo disciplinar, sindicâncias, processo civil, processo do trabalho etc., desde que presente a finalidade específica do agente de querer eximir-se de responsabilidade ou de responsabilizar criminalmente alguém ou agravar-lhe a responsabilidade. Nessa esteira vem o art. 158-C do CPP, incluído pela Lei nº 13.964/2019 (pacote anticrime) aduzindo que:

> *Art. 158-C. A coleta dos vestígios deverá ser realizada preferencialmente por perito oficial, que dará o encaminhamento necessário para a central de custódia, mesmo quando for necessária a realização de exames complementares. (Incluído pela Lei nº 13.964, de 2019)*
>
> *§ 1º Todos os vestígios coletados no decurso do inquérito ou processo devem ser tratados como descrito nesta Lei, ficando órgão central de perícia oficial de natureza criminal responsável por detalhar a forma do seu cumprimento. (Incluído pela Lei nº 13.964, de 2019)*
>
> *§ 2º É proibida a entrada em locais isolados bem como a remoção de quaisquer vestígios de locais de crime antes da liberação por parte do perito responsável, sendo tipificada como fraude processual a sua realização. (Incluído pela Lei nº 13.964, de 2019)*

7.15.9. Modalidades equiparadas

O parágrafo único do art. 23 estabelece que incorre na mesma pena de detenção de um a quatro anos e multa quem pratica a inovação artificiosa com o intuito de: I – eximir-se de responsabilidade civil ou administrativa por excesso praticado no curso de diligência; II – ou omitir dados ou informações ou divulgar dados ou informações incompletos para desviar o curso da investigação, da diligência ou do processo.

7.15.10. Autodefesa do acusado

Dissertando sobre o crime do art. 347, do CP, Guilherme de Souza Nucci (2014, p. 1240) traz à tona a questão das inovações artificiosas e o direito à autodefesa do acusado, asseverando que "cremos fazer parte do direito de autodefesa do réu a inovação de certas coisas (como a modificação das características da arma utilizada para o homicídio, por exemplo, para não ser apreendida), de determinados lugares (a arrumação da casa, lavando-se manchas de sangue, após o cometimento do delito) ou de pessoas (buscar alterar a própria feição para não ser reconhecido). O crime destina-se, portanto, àquele que não é réu, diretamente envolvido no processo, mas busca alterar o estado de coisa, lugar ou pessoa para levar a erro o magistrado ou o perito. Entretanto, há limite para a utilização da autodefesa, quando a inovação de lugar implica, por exemplo, no cometimento de delito mais grave, como a ocultação de cadáver. Este último tem objeto jurídico diverso, que é o respeito à memória do morto, a merecer sepultamento digno, além de possuir pena mais grave (reclusão, de um a três anos, e multa)". No mesmo sentido: Rogério Greco (2008, p. 621) e Rogério Sanches (2008, p. 449).

7.15.11. Inovação artificiosa e princípio da consunção

Sobre o assunto, aduz Rogério Greco (2008, p. 621) que "se o agente, por exemplo (...) inovar artificiosamente um documento, falsificando-o, não deverá responder pelas duas infrações penais em concurso material de crimes, pois o delito mais grave (o crime de falso) absorverá o menos grave (fraude processual)". O Supremo Tribunal Federal, no julgamento do HC 88.733-SP, entendeu que o delito de ocultação de cadáver absorve o delito de fraude processual, neste sentido: "o suposto homicida que, para ocultar o cadáver, apaga ou elimina vestígios de sangue, não pode ser denunciado pela prática, em concurso, dos crimes de fraude processual penal e ocultação de cadáver, senão apenas deste, do qual aquele constitui mero ato executório". Todavia, salienta Júlio Fabbrini Mirabete (2011, p. 395) que "já se decidiu, porém, pela admissibilidade do concurso de fraude processual com o crime previsto no art. 211 na remoção de tecidos do rosto e das regiões palmares e plantares do corpo da vítima, para dificultar o seu reconhecimento, anterior à ocultação de cadáver".

7.15.12. Meios de execução

Não existe no tipo penal qualquer vinculação com o método pelo qual deva ser executado o delito. Portanto, trata-se de crime de forma livre, que pode ser praticado por qualquer meio de execução eleito pelo agente.

7.15.13. Sujeito ativo

É a autoridade no conceito superamplo do artigo 2º e o seu parágrafo único. Por se tratar de crime próprio, deve ser ressaltado que, conforme regra do art. 30 do Código Penal, as circunstâncias de caráter pessoal, quando elementares do crime, se comunicam aos demais concorrentes. Assim, se um particular, sabendo que atua em conjunto com o funcionário público, contribuir para o abuso de autoridade, ambos responderão pelo delito.

7.15.14. Sujeito passivo

O sujeito passivo direto ou imediato é a vítima (pessoa física) atingida pelo abuso. Já o sujeito passivo indireto ou mediato será o Estado. Observe que, neste delito, a pessoa jurídica poderia vir a ser vítima do crime em tela, porém o legislador utilizou a expressão "alguém", e por força do princípio da taxatividade tal expressão não pode alcançar as pessoas jurídicas, já que essas não são consideradas "alguém". Assim, embora se possa "inovar artificiosamente, no curso de diligência, de investigação ou de processo, o estado de lugar, de coisa ou de pessoa, com o fim de eximir-se de responsabilidade ou de responsabilizar criminalmente as **pessoas jurídicas** pela prática de crimes ambientais ou agravar-lhe a responsabilidade", certo é que tal conduta não estará abrangida pelo delito em comento, por força do princípio da estrita legalidade.

7.15.15. Elemento subjetivo

É o dolo de praticar de forma consciente e voluntária qualquer das condutas descritas no *caput* ou nos incisos do parágrafo único. Não há expressa previsão legal da modalidade culposa, o que torna inviável a punição por culpa. No que tange a eventual punição a título de dolo eventual, esta será de difícil visualização, tendo em vista que as finalidades específicas do § 1º do art. 1º restringem o alcance de "assumir o risco para a produção do resultado".

7.15.16. Elemento subjetivo específico (ou especial)

Observe que o § 1º do art. 1º trata de cláusula geral, aplicável a todos os delitos da lei de abuso de autoridade, conforme já tratado alhures. Assim, deverá ser comprovado pela acusação que o agente agiu com a finalidade específica de prejudicar outrem ou beneficiar a si mesmo ou a terceiro, ou, ainda, por mero capricho ou satisfação pessoal. Caso esse elemento subjetivo específico não reste demonstrado pelo Ministério Público, a conduta será considerada atípica.

7.15.17. O duplo elemento subjetivo específico (ou especial)

Além da finalidade específica de prejudicar outrem ou beneficiar a si mesmo ou a terceiro, ou, ainda, por mero capricho ou satisfação pessoal (art. 1º, § 1º), o tipo em comento prevê outra, de cunho mais específico, qual seja:

> com o fim de eximir-se de responsabilidade ou de responsabilizar criminalmente alguém ou agravar-lhe a responsabilidade (art. 23, caput) ou eximir-se de responsabilidade civil ou administrativa por excesso praticado no curso de diligência; ou omitir dados ou informações ou divulgar dados ou informações incompletos para desviar o curso da investigação, da diligência ou do processo (art. 23, parágrafo único).

Dito isso, podemos afirmar que, para que o delito em tela esteja caracterizado, deverá ocorrer alguma das cinco finalidades específicas, vejamos:

1. o agente inova artificiosamente, no curso de diligência, de investigação ou de processo, o estado de lugar, de coisa ou de pessoa, **com o fim de eximir-se de responsabilidade**; por exemplo: colocar uma arma na mão da vítima para alegar legítima defesa, se eximindo de ser condenado pelo crime de homicídio;
2. o agente inova artificiosamente, no curso de diligência, de investigação ou de processo, o estado de lugar, de coisa ou de pessoa, **com o fim de responsabilizar criminalmente alguém**; por exemplo: durante uma blitz, encontra seu inimigo e coloca drogas dentro do carro deste com a finalidade de responsabilizá-lo criminalmente por isso;
3. o agente inova artificiosamente, no curso de diligência, de investigação ou de processo, o estado de lugar, de coisa ou de pessoa, **com o fim de agravar-lhe a responsabilidade**; por exemplo: já há uma situação em curso, todavia, o agente buscará agravar essa situação. Seria o caso de alguém ser detido em flagrante delito pelo crime de furto simples (CP, art. 155, caput) e o agente

204 A nova lei de abuso de autoridade

quebrar a porta da casa para dizer que o furto foi qualificado pelo rompimento do obstáculo (CP, art. 155, § 4º, I);

4. o agente inova artificiosamente, no curso de diligência, de investigação ou de processo, o estado de lugar, de coisa ou de pessoa, **com o fim de eximir-se de responsabilidade civil ou administrativa por excesso praticado no curso de diligência**; por exemplo: o agente, durante o curso de uma diligência, agiu com excesso e foi instaurado um procedimento administrativo na corregedoria, assim, para fugir de responsabilidades (civil ou administrativa), faz uma inovação artificiosa;

5. o agente inova artificiosamente, no curso de diligência, de investigação ou de processo, o estado de lugar, de coisa ou de pessoa, **com o fim de omitir dados ou informações ou divulgar dados ou informações incompletos para desviar o curso da investigação, da diligência ou do processo.**

7.15.18. Consumação

O crime em análise se trata de crime formal (de consumação antecipada ou de resultado cortado), ou seja, se consuma com a simples inovação artificiosa, no curso de diligência, de investigação ou de processo, de estado de lugar, de coisa ou de pessoa, com o fim de eximir-se de responsabilidade ou de responsabilizar criminalmente alguém ou agravar-lhe a responsabilidade; ou realizando inovação artificiosa com o intuito de eximir-se de responsabilidade civil ou administrativa por excesso praticado no curso de diligência (parágrafo único, I, art. 23); ou realizando inovação artificiosa com o intuito de omitir dados ou informações ou divulgar dados ou informações incompletos para desviar o curso da investigação, da diligência ou do processo. Assim, no âmbito da tipicidade, independentemente de o agente atingir a sua finalidade (com o fim de), o crime já estará efetivamente consumado.

7.15.19. Tentativa

É perfeitamente possível, já que estamos diante de um delito plurissubsistente, onde poderá haver o fracionamento do *iter criminis*. No que tange à modalidade **omitir**, estaríamos diante de um delito omisso próprio, onde restaria prejudicado o *conatus*.

7.15.20. Inovação artificiosa e crime impossível

O art. 17 do Código Penal prescreve que "Art. 17 – Não se pune a tentativa quando, por ineficácia absoluta do meio ou por absoluta impropriedade do objeto, é impossível consumar-se o crime". Por isso se dizer que a inovação deve ser objetiva e subjetivamente idônea. Nas palavras de Damásio de Jesus (2012, p. 372), "sob o aspecto material, deve ser capaz de alterar realmente a feição probatória de lugar, coisa ou pessoa. Assim, não há delito na inovação grosseira, mal realizada, perceptível à vista. Sob o aspecto subjetivo, deve ser capaz de conduzir", efetivamente, a uma das finalidades específicas. Daí se dizer que se uma vítima de roubo apresenta-se na polícia com uma narrativa contraditória dos fatos, inclusive aliciando testemunhas com o objetivo de ocultar pormenores vergonhosos ou vexatórios do evento, não restaria caracterizado o delito em tela. O mesmo se diz da pessoa que se apresenta à polícia no lugar do irmão para fornecer material grafotécnico em inquérito instaurado contra aquele, sendo de logo percebido pelo ardil totalmente grosseiro.

7.15.21. Pena cominada

Detenção, de 1 (um) a 4 (quatro) anos, e multa. Observe que a pena cominada a todos os delitos da Lei nº 13.869/2009 é a de detenção.

7.15.22. Ação penal

Em regra, se trata de ação penal pública incondicionada (art. 3º, *caput*). Todavia, em caso de inércia do Ministério Público, surgirá para a vítima a possibilidade de intentar a ação penal privada subsidiária da pública (art. 3º, § 1º). Há de salientar que a requisição de novas diligências ou a promoção do arquivamento pelo *Parquet* não dão ensejo a alegação de inércia, logo, inviável suscitar a ação penal subsidiária da pública.

7.15.23. Lei nº 9.099/1995

O delito em análise é crime de médio potencial ofensivo, tendo em vista que a sua pena mínima (1 ano) autoriza a incidência da suspensão condicional do processo, desde que presentes os requisitos do art. 89 da Lei nº 9.099/1995.

7.15.24. Competência para processo e julgamento

Via de regra, será processado e julgado pela justiça estadual. Excepcionalmente, nos casos do art. 109 da Constituição Federal, haverá competência da Justiça Federal. Não se pode perder de vista se o sujeito ativo for militar, quando a competência será da Justiça Militar Estadual ou da União, conforme o caso, nos termos do art. 9º, CPM. Devem ainda ser levadas em consideração as situações em que o sujeito ativo detiver foro por prerrogativa de função, onde será processado e julgado no respectivo tribunal competente – por exemplo, deputado federal que durante a condução de

206 A nova lei de abuso de autoridade

uma CPI pratica o delito em comento será processado e julgado perante o STF (art. 102, I, alínea b, CF/88).

7.15.25. Classificação doutrinária

Trata-se de crime próprio (aquele que demanda um sujeito ativo qualificado ou especial); formal ou de consumação antecipada (ou seja, não se exige a produção do resultado naturalístico); de forma livre (pode ser cometido por qualquer meio eleito pelo agente); em regra, comissivo (imperioso uma ação) e, excepcionalmente, comissivo por omissão (omissivo impróprio, ou seja, é a aplicação do art. 13, § 2º, do Código Penal); unissubjetivo, unilateral ou de concurso eventual (que pode ser praticado por um só agente); em regra, plurissubsistente (vários atos integram a conduta) e, excepcionalmente, unissubsistente (um único ato integra a conduta).

7.15.26. Conflito aparente com o delito de fraude processual do art. 347 do Código Penal

Pelo princípio da especialidade, o delito do art. 23 da Lei nº 13.689/19 prevalecerá sobre o art. 347 do CP quando o agente inovar artificiosamente, no curso de diligência, de investigação ou de processo, o estado de lugar, de coisa ou de pessoa, com o objetivo específico de eximir-se de responsabilidade ou de responsabilizar criminalmente alguém ou agravar-lhe a responsabilidade. Por outro lado, no delito do art. 347 do Código Penal o agente age movido com a finalidade específica de induzir o juiz ou o perito a erro; nestes termos, o teor do art. 347 e seu parágrafo único: "Art. 347 – Inovar artificiosamente, na pendência de processo civil ou administrativo, o estado de lugar, de coisa ou de pessoa, com o fim de induzir a erro o juiz ou o perito: Pena – detenção, de três meses a dois anos, e multa. Parágrafo único – Se a inovação se destina a produzir efeito em processo penal, ainda que não iniciado, as penas aplicam-se em dobro".

7.15.27. Conflito aparente com o delito do art. 312 do Código de Trânsito Brasileiro

O art. 312 do CTB trata de fraude processual nos casos de acidente automobilístico (com vítima) e se trata de norma especial em relação ao art. 347 do Código Penal. Assim, também estará em situação de especialidade com o delito de fraude processual da lei de abuso de autoridade. Portanto, caso o agente venha a "inovar artificiosamente, em caso de acidente automobilístico com vítima na pendência do respectivo procedimento policial preparatório, inquérito policial ou processo penal, o estado de lugar, de coisa ou de pessoa, a fim de induzir a erro o agente policial, o perito, ou juiz", incorrerá no delito do art. 312, CTB.

7.15.28. Conflito aparente com o delito do art. 342 do Código Penal

O art. 342 do CP trata do delito de falso testemunho ou falsa perícia, com pena mais grave que o delito em análise e passível de causa extintiva da punibilidade. Nestes termos: "Art. 342. Fazer afirmação falsa, ou negar ou calar a verdade como testemunha, perito, contador, tradutor ou intérprete em processo judicial, ou administrativo, inquérito policial, ou em juízo arbitral: Pena – reclusão, de 2 (dois) a 4 (quatro) anos, e multa. § 1º As penas aumentam-se de um sexto a um terço, se o crime é praticado mediante suborno ou se cometido com o fim de obter prova destinada a produzir efeito em processo penal, ou em processo civil em que for parte entidade da administração pública direta ou indireta. § 2º O fato deixa de ser punível se, antes da sentença no processo em que ocorreu o ilícito, o agente se retrata ou declara a verdade".

7.15.29. Conflito aparente com o delito de ocultação de cadáver (art. 211, CP)

O delito do art. 23 da lei de abuso de autoridade é tacitamente subsidiário, isto é, havendo outro delito mais grave o delito do art. 23 restará absorvido. A título de exemplo, o agente comete determinado abuso de autoridade com vítima fatal e em seguida vem a ocultar o cadáver, com o objetivo de induzir a erro o agente policial, o perito ou juiz. Nas palavras de Renato Brasileiro (2020, p. 237), "neste caso o agente deverá responder exclusivamente pelo crime do art. 211 do Código Penal, logicamente em concurso formal e/ou material com os demais delitos por ele praticados (v.g., lesão corporal seguida de morte, homicídio etc.)".

7.15.30. Conflito aparente com o delito do art. 16, § 1º, II da Lei nº 10.826/2003

O Estatuto do Desarmamento, no seu art. 16, § 1º, II, prescreve que: "Art. 16, (...) § 1º: nas mesmas penas de reclusão de três a seis anos, e multa, incorre quem: II – modificar as características de arma de fogo, de forma a torná-la equivalente a arma de fogo de uso proibido ou restrito **ou para fins de dificultar ou de qualquer modo induzir a erro autoridade policial, perito ou juiz**".

7.16. Constranger, sob violência ou grave ameaça, funcionário ou empregado de instituição hospitalar pública ou privada a admitir para tratamento pessoa cujo óbito já tenha ocorrido, com o fim de alterar local ou momento de crime, prejudicando sua apuração (art. 24)

> **Art. 24.** Constranger, sob violência ou grave ameaça, funcionário ou empregado de instituição hospitalar pública ou privada a admitir para tratamento pessoa cujo óbito já tenha ocorrido, com o fim de alterar local ou momento de crime, prejudicando sua apuração:
>
> **Pena** – detenção, de 1 (um) a 4 (quatro) anos, e multa, além da pena correspondente à violência.

7.16.1. Introdução

A Constituição Federal, no art. 5º, XLI, determinou que "a lei punirá qualquer discriminação atentatória dos direitos e liberdades fundamentais". Assim, ao tipificar tal conduta o legislador buscou primariamente resguardar os direitos e liberdades fundamentais, especialmente no tocante à lisura dos atos públicos. O delito em tela se trata, em especial, de casos denominados de homicídio em decorrência de intervenção policial, comumente denominado de "autos de resistência". Seria o caso de, por exemplo, após um confronto entre a polícia e bandidos, verificando-se que algum dos bandidos está morto, ainda assim este é colocado na viatura e encaminhado ao hospital. Lá no hospital, sendo nítido que este já estava morto, os policiais vêm a constranger mediante violência ou grave ameaça o funcionário ou empregado de instituição hospitalar pública ou privada a admitir para tratamento a pessoa já morta, com o fim de alterar local ou momento de crime, prejudicando assim a sua apuração. Observe que se trata de uma modalidade especial de fraude processual (CP, art. 347), bem como especialíssima em relação ao art. 23, antes comentado.

No mais, vale lembrar que o art. 6º, I, do CPP prescreve que "logo que tiver conhecimento da prática da infração penal, a autoridade policial deverá dirigir-se ao local, providenciando para que **não se alterem o estado e conservação das coisas**, até a chegada dos peritos criminais" e, em complementação o art. 169 e seu parágrafo único também do CPP assevera que "para o efeito de exame do local onde houver sido praticada a infração, **a autoridade providenciará imediatamente para que não se altere o estado das coisas até a chegada dos peritos**, que poderão instruir seus laudos com fotografias, desenhos ou esquemas elucidativos. Os peritos registrarão, no laudo, as alterações do estado das coisas e discutirão, no relatório, as consequências dessas alterações na dinâmica dos fatos".

Por fim, vale lembrar do art. 158-C, § 2º, incluído pela Lei nº 13.964/19 (pacote anticrime) "Art. 158-C (...) § 2º É proibida a entrada em locais isolados bem como a remoção de quaisquer vestígios de locais de crime antes da liberação por parte do perito responsável, sendo tipificada como fraude processual a sua realização".

7.16.2. Fundamento constitucional

A conduta descrita no artigo em comento viola o seguinte direito e garantia fundamental, previsto no art. 5º da CF/88: "LIV – ninguém será privado da liberdade ou de seus bens sem o devido processo legal; LVI – são inadmissíveis, no processo, as provas obtidas por meios ilícitos".

7.16.3. *Novatio legis* incriminadora

Sobre o artigo em comento, trata-se de nova lei penal incriminadora e, por força constitucional (art. 5º, inc. XXXIX) e infraconstitucional (art. 1º, CP), será aplicada para o futuro, afinal, não há crime sem lei anterior que o defina e não há pena sem prévia cominação legal. Todavia, vale lembrar que já havia conduta delituosa do art. 347, CP.

7.16.4. Objeto jurídico

Trata-se de crime pluriofensivo, porquanto, além de tutelar o regular funcionamento da administração pública, sua credibilidade e dignidade, tutela também os direitos e garantias fundamentais prescritos no art. 5º da Constituição Federal.

7.16.5. Objeto material

É a pessoa física (funcionário ou empregado de instituição hospitalar pública ou privada) que tem o seu direito de não suportar qualquer obrigação imposta por lei lesado ou ameaçado.

7.16.6. Núcleo do tipo

Conforme Damásio de Jesus (2013, p. 286), "o núcleo do tipo é o verbo *constranger*, que significa compelir, coagir, obrigar. O sujeito, para realizar o tipo, pode empregar violência, grave ameaça ou qualquer outro meio capaz de reduzir a resistência do ofendido". Por sua vez, a violência pode ser própria (por exemplo: quando há emprego de força física, são as agressões propriamente ditas); ou imprópria (por exemplo: quando há emprego de qualquer outro meio que reduzirá a capacidade de resistência da vítima, como os soníferos). Ainda salienta Damásio de Jesus (2013, p. 286) que "a ameaça é a prenunciação da prática de um mal dirigido a alguém. Para que sirva de meio de execução do constrangimento ilegal é necessário que seja grave. Exs.: ameaça de morte, de agressão, de grave prejuízo financeiro etc. É preciso que o mal prenunciado seja certo, verossímil, iminente e inevitável. A ameaça não exige a presença do ameaçado. Pode ser levada ao conhecimento da vítima por escrito ou por recado verbal". Além do mais, com o emprego da violência ou grave ameaça, busca o agente constranger o funcionário ou empregado de instituição hospitalar pública ou privada a admitir para tratamento pessoa cujo óbito já tenha ocorrido, com a finalidade específica de alterar local ou momento de crime, prejudicando sua apuração.

7.16.7. Pessoa cujo óbito já tenha ocorrido

Para se imputar o crime ao agente é necessário que este tenha pleno conhecimento de que a pessoa já veio a óbito e a vontade de se atingir o elemento subjetivo específico (alterar local ou momento de crime, prejudicando sua apuração). Isto é, que se preencha de forma objetiva e subjetiva todo o tipo penal. Assim, determinada pessoa é baleada em um confronto com a polícia e, ainda com vida, lhe é prestado socorro. No itinerário, devido à distância, engarrafamentos etc. a vítima vem a óbito. Neste caso, não há o crime em tela, pois, em **primeiro lugar,** o socorro tinha que ser realizado pelos agentes, sob pena de incorrer no próprio delito de homicídio por omissão imprópria (quando o agente podia e devia agir para evitar a produção do resultado, art. 13º, § 2º); em **segundo lugar,** o óbito ocorreu no caminho para o hospital, demonstrando que o agente não tinha a intenção de alterar local ou momento de crime para prejudicar a sua apuração, mas de prestar socorro. Além do mais, para se saber o momento da morte, é necessário se socorrer ao art. 3º, da Lei nº 9.434/1997, onde será constatada com a morte encefálica. Assim, não basta a mera cessação dos movimentos respiratórios ou circulatórios, até mesmo porque sem respiração ainda pode haver vida. Sobre o assunto, afirma Eduardo Alberto Alcântara Del-Campo (2005, p. 231) que "atualmente, temos dois conceitos de morte mais precisos, a morte circulatória, que corresponde a parada cardíaca irreversível, e a morte cerebral, definida como a morte encefálica geral e não apenas da porção cortical, ainda que o coração esteja em atividade. O conceito de morte cerebral passou a ter grande importância com o advento dos transplantes de órgãos e tecidos". Ainda sobre o tema, levando àquilo que antes falamos, o professor Hélio Gomes (1994, p. 605-606) divide os sinais de morte em três categorias: "**duvidosos:** imobilidade do corpo, perda da consciência, insensibilidade geral e dos sentidos, suor frio e horripilação da pele, suspensão dos movimentos aparentes de respiração, cessação dos batimentos cardíacos, ausência de pulso, face cadavérica etc. **Prováveis**: resfriamento progressivo do corpo, paralisia dos esfíncteres, rigidez cadavérica, manchas da esclerótica, livores cadavéricos, hipóstases etc. **Certos**: pergaminhamento da pele, mancha verde abdominal e parada completa e prolongada da circulação".

7.16.8. Meios de execução

Não existe no tipo penal qualquer vinculação com o método pelo qual deva ser executado o delito. Portanto, trata-se de crime de forma livre, que pode ser praticado por qualquer meio de execução eleito pelo agente.

7.16.9. Sujeito ativo

É a autoridade no conceito superamplo do artigo 2º e o seu parágrafo único, inclusive os Guardas Municipais – neste sentido Rogério Greco e Rogério Sanches (2019, p. 224). Por se tratar de crime próprio, deve ser ressaltado que, conforme regra do art. 30 do Código Penal, as circunstâncias de caráter pessoal, quando elementares do crime, se comunicam aos demais concorrentes. Assim, se um particular, sabendo que atua em conjunto com o funcionário público, contribuir para o abuso de autoridade, ambos responderão pelo delito. Vale acrescentar, conforme ensinamentos de André Clark Nunes Cavalcante (2020, p. 124), que o crime pode ser cometido até mesmo "por profissional da rede pública de saúde, caso constranja colega de instituição hospitalar a admitir pessoa já falecida, a fim de ocultar grave erro médico ou outra conduta que tenha causado a morte do paciente".

7.16.10. Sujeito passivo

O sujeito passivo direto ou imediato é a vítima (pessoa física) atingida pelo abuso, que propriamente se diz ser o funcionário ou empregado de instituição hospitalar pública ou privada. Já o sujeito passivo indireto ou mediato será o Estado.

7.16.11. Elemento subjetivo

É o dolo de praticar de forma consciente e voluntária qualquer das condutas descritas no *caput* ou nos incisos do parágrafo único. Não há expressa previsão legal da modalidade culposa, o que torna inviável a punição por culpa. No que tange a eventual punição a título de dolo eventual, esta será de difícil visualização, tendo

212 A nova lei de abuso de autoridade

em vista que as finalidades específicas do § 1º do art. 1º restringem o alcance de "assumir o risco para a produção do resultado". Por outro lado, Renato Brasileiro (2020, p. 236) entende ser perfeitamente possível o dolo eventual em qualquer circunstância.

7.16.12. Elemento subjetivo específico (ou especial)

Observe que o § 1º do art. 1º trata de cláusula geral, aplicável a todos os delitos da lei de abuso de autoridade, conforme já tratado alhures. Assim, deverá ser comprovado pela acusação que o agente agiu com a finalidade específica de prejudicar outrem ou beneficiar a si mesmo ou a terceiro, ou, ainda, por mero capricho ou satisfação pessoal. Caso esse elemento subjetivo específico não reste demonstrado pelo Ministério Público, a conduta será considerada atípica.

7.16.13. O duplo elemento subjetivo específico (ou especial)

Além da finalidade específica de prejudicar outrem ou beneficiar a si mesmo ou a terceiro, ou, ainda, por mero capricho ou satisfação pessoal (art. 1º, § 1º), o tipo em comento, prevê outra, qual seja "com o fim de alterar local ou momento de crime, prejudicando sua apuração". Em resumo, entendemos que deverá ser demonstrado pela acusação que o agente agiu com as finalidades específicas de forma cumulada, caso contrário, restará a atipicidade da conduta.

7.16.14. Erro de tipo

Prescreve o art. 20 do Código Penal que "o erro sobre elemento constitutivo do tipo legal de crime exclui o dolo, mas permite a punição por crime culposo, se previsto em lei". Observe que no delito do art. 24 a expressão "pessoa já em óbito" funciona como elementar do crime, portanto, se ficar comprovado pelas circunstâncias do caso concreto que o agente desconhecia tal elementar, acreditando piamente que a pessoa estava ainda com vida, ficará caracterizado o erro de tipo, com a exclusão do dolo e, por via de consequência, o próprio crime. Sobre o assunto, Gabriela Marques e Ivan Marques (2019, p. 115): "mesmo que presente a violência ou grave ameaça e a má-fé, faltaria a elementar típico pessoa já morta, e o fato será atípico em relação ao presente delito, podendo responder pelo constrangimento ilegal do Código Penal".

7.16.15. Consumação

Trata-se de crime formal (de consumação antecipada ou resultado cortado), ou seja, se consuma no exato momento em que o constrangimento, mediante violência ou grave ameaça, é realizado contra funcionário ou empregado de instituição hospitalar pública ou privada, para que este venha a admitir para tratamento pessoa cujo óbito já tenha ocorrido, pouco importando se a finalidade especial (com o fim de alterar local ou momento de crime, prejudicando sua apuração) será alcançada.

7.16.16. Tentativa

É perfeitamente possível, já que estamos diante de um delito plurissubsistente, onde poderá haver o fracionamento do *iter criminis*.

7.16.17. Pena cominada

Detenção, de 1 (um) a 4 (quatro) anos, e multa, além da pena correspondente à violência. Observe que neste delito há uma regra de concurso material com os casos que envolvem a violência. Por exemplo, chegar em uma instituição hospitalar empurrando de forma severa e atroz um funcionário, que vem cair ao solo, causando-lhe lesões corporais leves. Assim, responderá o agente pelo delito do art. 24, em concurso material com o delito do art. 129, *caput*.

7.16.18. Ação penal

Em regra, trata-se de ação penal pública incondicionada (art. 3º, *caput*). Todavia, em caso de inércia do Ministério Público, surgirá para a vítima a possibilidade de intentar a ação penal privada subsidiária da pública (art. 3º, § 1º). Há de salientar que a requisição de novas diligências ou a promoção do arquivamento pelo *Parquet* não dão ensejo a alegação de inércia, logo, inviável suscitar a ação penal subsidiária da pública.

7.16.19. Lei nº 9.099/1995

O delito em análise é crime de médio potencial ofensivo, tendo em vista que a sua pena mínima (1 ano) autoriza a incidência da suspensão condicional do processo, desde que presentes os requisitos do art. 89 da Lei nº 9.099/1995.

7.16.20. Competência para processo e julgamento

Via de regra, será processado e julgado pela justiça estadual. Excepcionalmente, nos casos do art. 109 da Constituição Federal, haverá competência da Justiça Federal. Não se pode perder de vista se o sujeito ativo for militar, quando a competência será da Justiça Militar Estadual ou da União, conforme o caso, nos termos do art. 9º, CPM. Devem ainda ser levadas em consideração as situações em que o sujeito ativo detiver foro por prerrogativa de função, onde será processado e julgado no respectivo tribunal competente – por exemplo, deputado federal que pratica o delito em comento será processado e julgado perante o STF (art. 102, I, alínea b, CF/88).

7.16.21. Classificação doutrinária

Trata-se de crime próprio (todos os crimes de abuso de autoridade são próprios, ou seja, demandam um sujeito ativo qualificado ou especial); biptóprio (qualidade especial do sujeito ativo e passivo); formal ou de consumação antecipada (ou seja, não se exige a produção do resultado naturalístico); de intenção; de forma livre (pode ser cometido por qualquer meio eleito pelo agente); comissivo (imperioso uma ação) e, excepcionalmente, comissivo por omissão (omissivo impróprio, ou seja, é a aplicação do art. 13, § 2º, do Código Penal); unissubjetivo, unilateral ou de concurso eventual (que pode ser praticado por um só agente); plurissubsistente (vários atos integram a conduta).

7.16.22. Princípio da consunção

Há autores, como, por exemplo, André Clark Nunes Cavalcante (2020, p. 125), que entendem que o agente que eventualmente remover um corpo já em óbito de determinado local e em seguida se dirigir a unidade hospitalar e lá constranger, mediante violência ou grave ameaça, um funcionário a receber a pessoa já em óbito estaria cometendo dois delitos – fraude do art. 23 e fraude do art. 24 –, devendo o agente responder por ambos os delitos em concurso material. Por força do princípio da consunção, não entendemos dessa forma; a força propulsora do direito penal é a conduta, e esta deve ser analisada inicialmente. Entendemos que há uma consequência lógica entre as condutas – sendo a primeira uma consequência lógica da segunda e vice-versa. Assim, o agente que dolosamente remove um corpo já em óbito do local, encaminha para unidade hospitalar e, mediante o emprego de violência ou grave ameaça, tenta obter a chancela do funcionário do hospital, é por óbvio que a conduta se trata de prolongamento da primeira. Além do mais, estão em jogo os mesmos bens jurídicos. Não há de se falar, portanto, em concurso material de delitos.

7.16.23. Conflito aparente com o delito de fraude processual do art. 347 do Código Penal

Pelo princípio da especialidade, o delito do art. 24 da Lei nº 13.689/19 prevalecerá sobre o art. 347 do CP quando houver constrangimento, sob violência ou grave ameaça, contra funcionário ou empregado de instituição hospitalar pública ou privada, para que este venha a admitir para tratamento pessoa cujo óbito já tenha ocorrido, com a finalidade específica de alterar local ou momento de crime, prejudicando sua apuração. No delito do art. 347 do Código Penal o agente age movido com a finalidade específica de induzir o juiz ou o perito a erro; nestes termos o teor do art. 347 e seu parágrafo único: "Art. 347 – Inovar artificiosamente, na pendência de processo civil ou administrativo, o estado de lugar, de coisa ou de pessoa, com o fim de induzir a erro o juiz ou o perito: Pena – detenção, de três meses a dois anos, e multa. Parágrafo único – Se a inovação se destina a produzir efeito em processo penal, ainda que não iniciado, as penas aplicam-se em dobro".

7.17. Proceder à obtenção de prova, em procedimento de investigação ou fiscalização, por meio manifestamente ilícito (art. 25)

> **Art. 25.** Proceder à obtenção de prova, em procedimento de investigação ou fiscalização, por meio manifestamente ilícito:
>
> **Pena** – detenção, de 1 (um) a 4 (quatro) anos, e multa.
>
> **Parágrafo único.** Incorre na mesma pena quem faz uso de prova, em desfavor do investigado ou fiscalizado, com prévio conhecimento de sua ilicitude.

7.17.1. Introdução

A Constituição Federal, no art. 5º, XLI, determinou que "a lei punirá qualquer discriminação atentatória dos direitos e liberdades fundamentais". Assim, ao tipificar tal conduta o legislador buscou primariamente resguardar os direitos e liberdades fundamentais, especialmente no tocante à lisura dos atos processuais. Assim, visa tal delito que eventuais decisões tomadas pelo juízo não estejam contaminadas por provas obtidas por meios ilícitos, até porque, conforme Cintra, Grinover e Dinamarco (2004, p. 349), "a prova constitui, pois, o instrumento por meio do qual se forma a convicção do juiz a respeito da ocorrência ou inocorrência dos fatos controvertidos no processo", não podendo, portanto, a convicção judicial estar viciada por provas obtidas por meio manifestamente ilícito.

Não por acaso, com o advento da Lei nº 13.964/19 (pacote anticrime), foi inserido o § 5º no art. 157 do CPP, prescrevendo que: "Art. 157. São inadmissíveis, devendo ser desentranhadas do processo, as provas ilícitas, assim entendidas as obtidas em violação a normas constitucionais ou legais. § 5º O juiz que conhecer do conteúdo da prova declarada inadmissível não poderá proferir a sentença ou acórdão".

7.17.2. Fundamento constitucional

A conduta descrita no artigo em comento viola o seguinte direito e garantia fundamental, previsto no art. 5º da CF/88: "LIV – ninguém será privado da liberdade ou de seus bens sem o devido processo legal; LVI – são inadmissíveis, no processo, as provas obtidas por meios ilícitos".

7.17.3. *Novatio legis* incriminadora

Sobre o artigo em comento, trata-se de nova lei penal incriminadora e, por força constitucional (art. 5º, inc. XXXIX) e infraconstitucional (art. 1º, CP), será aplicada para o futuro, afinal, não há crime sem lei anterior que o defina e não há pena sem prévia cominação legal.

7.17.4. Objeto jurídico

Trata-se de crime pluriofensivo, porquanto, além de tutelar o regular funcionamento da administração pública, sua credibilidade e dignidade, tutela também os direitos e garantias fundamentais prescritos no art. 5º da Constituição Federal.

7.17.5. Objeto material

É a obtenção de prova por meio manifestamente ilícito, em procedimento de investigação ou fiscalização.

7.17.6. Núcleo do tipo

É **proceder**, que significa agir, atuar, operar, funcionar, obrar, manobrar, dar a obtenção da prova em procedimento de investigação ou fiscalização, se valendo de meios manifestamente ilícitos. **Proceder** ainda tem o significado de derivar-se, originar--se, começar e **prosseguir** (alguma ação, processo ou movimento), ter seguimento, comportar-se de determinada maneira.

Dos crimes e das penas **217**

7.17.7. Conceito de prova

Prova possui três acepções, sendo elas, como atividade probatória (*right to evidence*), como resultado e como meio. Na acepção probatória, prova nada mais é do que meio de confirmação de um ato ou fato ocorrido. O doutrinador Guilherme de Souza Nucci (2009, p. 338), sobre o conceito de prova, assevera que:

> [...] prova origina-se do latim – probatio – que significa ensaio, verificação, inspeção, exame, argumento, razão, aprovação ou confirmação. Dele deriva o verbo provar – probare –, significando ensaiar, verificar, examinar, reconhecer por experiência, aprovar, estar satisfeito com algo, persuadir alguém a alguma coisa ou demonstrar.

Como já dito, a prova possui três acepções, sendo elas, como atividade probatória (*right to evidence*), como resultado e como meio. Sob o ângulo de atividade probatória, prova é o ato ou complexo de atos que tendem a formar a convicção da entidade dissidente sobre a existência ou não de uma hipótese fática. Já prova sob o prisma do resultado diz respeito à convicção da entidade dissidente quanto à existência ou não de um caso fático formado no caderno processual. Por sua vez, prova no sentido como meio é instrumento apto a formar a convicção do juiz quanto à existência ou não de um fatídico. Daí se conclui que prova em acepção ampla e simplória é tudo aquilo que serve para atestar ou não a existência de uma alegação.

A prova assume verdadeiro papel preservador e de garantia do indivíduo, em face da norma processual penal, pois serve para limitar a atuação estatal e permitir, legitimamente, a condenação do denunciado, após o devido processo legal, com as suas consequências na esfera de liberdade do cidadão no Estado Constitucional Humanitário e Democrático de Direito.

No mais, de acordo com a doutrina de Julio Fabbrini Mirabete (2005, p. 277), as provas podem ser assim classificadas:

1. **Prova quanto ao objeto:** pode ser **direta**: se dá quando por si demonstra o fato; quando dá certeza dele por testemunhas, documentos, entre outros; ou **indireta**: quando comprovado um outro fato, se permite concluir o alegado diante de sua ligação com o primeiro fato, como na hipótese de um álibi, em que a presença comprovada do acusado em lugar diverso do crime permite concluir que não perpetrara o ilícito.
2. **Prova em razão do efeito ou valor:** pode ser **plena**: é a prova convincente, completa (exigida a título exemplificativo para a condenação); ou **não plena:**

uma probabilidade de procedência da alegação suficiente para medidas preliminares, como arresto, sequestro, prisão preventiva e apreensão, entre outras medidas cautelares). É denominada também de prova *prima facie* e é indicada pela nossa legislação como indícios veementes, indícios suficientes, fundadas razões e outras expressões.

3. **Prova em razão da coisa ou da sua materialização exterior:** pode ser **real**: diz respeito às provas atinentes a uma coisa ou bem exterior e distinta do indivíduo (a arma, o lugar do crime, o cadáver, as pegadas, as impressões digitais etc.); ou **pessoal**: é a que exprime o conhecimento subjetivo e pessoal atribuído a alguém.

4. **Prova em razão da forma ou aparência:** nesta classificação, se dirige à maneira pela qual a prova está corporificada no mundo. De outro lado, há uma classificação diversa que aborda a prova sob outra roupagem, dispondo sobre a prova nominada, inominada, típica, atípica, anômala. **Prova nominada** é aquela catalogada no Código de Processo Penal, ou seja, há previsão expressa na legislação processual penal. **Prova inominada** é a que não está listada no Caderno de Processo Penal. **Prova típica**: conquanto haja opinião doutrinária que trata prova típica como sinônimo de prova nominada, na verdade se distinguem, já que a prova típica, além de estar expressa, possui um procedimento probatório específico. **Prova atípica** é aquela prova que não possui um procedimento traçado especificamente. A doutrina cita o exemplo da reconstituição, disposta no art. 7 do Código de Processo Penal, que é uma prova nominada, eis que está prevista, e atípica, uma vez que não há regulamentação específica. Registre-se que a prova atípica é perfeitamente lícita. A **prova anômala** é aquela prova utilizada para fins diversos daqueles que lhes são próprios, com características de outra típica. Um exemplo extraído da doutrina pátria é a pessoa que possui conhecimento sobre fatos essenciais para o desfecho do processo, mas é ouvida apenas informalmente no Ministério Público e é posteriormente juntada ao feito com status de prova documental. Embora a matéria de prova se paute pelo princípio da liberdade probatória, não justifica aceitar absurdo da prova anômala, por violar as garantias da ampla defesa e do contraditório.

5. **Provas invasivas e as provas não invasivas:** diga-se de passagem que, em vista do direito à integridade física, nosso ordenamento jurídico brasileiro preconiza dois tipos de provas que dependem da colaboração do acusado para que sejam realizadas, sendo eles: as provas invasivas e as provas não invasivas. Notadamente, esses dois tipos de provas implicam na intervenção corporal do acusado, por isso dependem de sua colaboração, pois elas nada mais são do que a realização de atos de investigação ou obtenção de provas no corpo do próprio acusado.

Dos crimes e das penas **219**

6. **Prova ilícita:** é aquela que viola o direito material, ou seja, a obtida em afronta à legislação e à Constituição Federal. Há duas correntes doutrinárias que se digladiam a fim de fixar as consequências que adviriam do ingresso indevido da prova ilícita ao processo. Assim, ou se entende que a atipicidade constitucional tem o condão de gerar, como regra, a sanção de nulidade absoluta dos atos praticados, ou se entende que a Lei Maior, ao estatuir a inadmissibilidade processual da prova ilícita, considera-a juridicamente prova inexistente.
7. **Prova ilícita por derivação:** é aquela que deriva de uma fonte probatória ilícita.
8. **Prova ilegítima:** é a que afronta as normas previstas na lei processual. Como consequência, deve ser rechaçada pelo juiz, posto não se revestir da necessária idoneidade para a prova produzida de fatos, ainda que essenciais para o desate da causa posta sob apreciação. Em regra, portanto, as provas ilegítimas não deverão ser admitidas no processo penal, sob pena de vulneração a direito fundamental, tendo conotação e feição de instrumento de garantia para o cidadão. Apenas vale lembrar que já existem posicionamentos de modo diverso.

7.17.8. Os sistemas de apreciação das provas

Entendemos por sistemas de apreciação das provas o critério empregado pelo magistrado ao valorar as provas contidas no processo justamente com o objetivo de alcançar a certeza e a busca do conhecimento dos fatos.

Há inúmeras classificações, mas preferimos sintetizá-las em três principais sistemas de avaliação de provas instituídos hodiernamente pelas legislações em todo mundo. São elas: o da certeza moral do juiz ou sistema da íntima convicção; o da certeza moral do legislador ou sistema da prova legal; e o da persuasão racional do juiz ou livre convencimento motivado.

O sistema adotado pelo Código de Processo Penal foi o sistema do livre convencimento motivado, também denominado de sistema da persuasão racional, embora haja exceção no caso do Tribunal do Júri do critério da certeza moral do juiz ou sistema da íntima convicção.

7.17.9. Discussão se os elementos informativos entrariam no conceito de prova

Entendemos que esta discussão certamente será travada, uma vez que o legislador, apesar de ter expressamente disposto no art. 25 da nova lei de abuso de autoridade apenas a expressão "provas", é de se dizer que faltou com a boa técnica legislativa, pois sabemos que parcela considerável dos "elementos" produzidos se dá na fase inquisitorial em sede de investigações, denominados comumente de "elementos informativos", sem o crivo do contraditório e da ampla defesa.

7.17.10. Procedimento de investigação

Por procedimento de investigação, devemos entender os meios como inquérito policial, termo circunstanciado de ocorrência, autos de investigação preliminar (verificação de procedência das informações, procedimento preparatório de inquérito policial ou procedimento preparatório de investigação, dentre outras terminologias equivalentes), entre outros meios que possam angariar elementos informativos e até mesmo provas para descortinar a autoria e materialidade delitiva (lembrando da função bidirecional preparatória e preservadora dos procedimentos policiais).

A depender da acepção a se dar na expressão "procedimento de investigação", poderemos compreender também atos atinentes dentro do procedimento, como diligências policiais, oitiva, apreensões etc.

7.17.11. Procedimento de Investigação Criminal (PIC)

Entra nessa discussão o Procedimento de Investigação Criminal (PIC) levado à cabo pelo Ministério Público. Constitucionalmente falando, a tarefa constitucional de investigar cabe tão somente às Polícias Judiciárias. Todavia, o STF, por meio da aplicação às avessas da Teoria dos Poderes Implícitos, acabou por entender que o Ministério Público poderia concentrar a tarefa de investigar.

Desse modo, calcado no entendimento do STF, o "PIC" procedimentalizado pelo Ministério Público, entre outros atos inerentes ao procedimento de investigação, estaria abrangido pela nova lei de abuso de autoridade.

7.17.12. Procedimento de fiscalização

Já procedimento de fiscalização é todo aquele que visa inspecionar e avaliar possível adequação de determinada atividade ou produto. Em outras palavras, procedimento de fiscalização diz respeito às atividades da administração pública e de seus agentes, mirando se fazerem cumprir as obrigações legais da sociedade.

7.17.13. Modalidade equiparada

O parágrafo único trata da hipótese do **uso** de prova ilícita. Onde "incorrerá na mesma pena quem fizer **uso de prova**, em desfavor do investigado ou fiscalizado, com prévio conhecimento de sua ilicitude". O agente em tal modalidade deve ter o prévio conhecimento do caráter ilícito da prova já obtida e, ainda assim, faz o seu uso em desfavor do investigado ou fiscalizado, buscando sempre uma das finalidades específicas do § 1º do art. 1º da lei em comento. Ademais, caso o agente obtenha a prova por meio manifestamente ilícito e em seguida venha a fazer o uso dela, estaríamos neste caso diante de um *post factum* impunível, só respondendo o agente pelo delito do *caput*. Ainda na situação do parágrafo único, estaríamos diante de um delito instantâneo de efeitos permanentes, pois a prova ilícita poderá ficar por longo tempo juntada ao procedimento.

7.17.14. A questão da utilização da prova derivada da ilícita

Sobre o assunto, vale a transcrição do **enunciado n. 16** do Conselho Nacional dos Procuradores-Gerais dos Ministérios Públicos dos Estados e da União (CNPG) e do Grupo Nacional de Coordenadores de Centro de Apoio Criminal (CNCCRIM), que afirma que "ressalvadas situações excepcionais pacificadas, o uso da prova derivada da ilícita está abrangido pelo tipo penal incriminador do art. 25 da Lei de Abuso de Autoridade, devendo o agente ter conhecimento inequívoco da sua origem e do nexo de relação entre a prova ilícita e aquela dela derivada".

7.17.15. O meio "manifestamente ilícito"

Trata-se de elemento normativo jurídico do tipo (ou elemento normativo impróprio), dependendo de um juízo de valor acerca da situação de fato por parte do destinatário da lei penal daquilo que seria manifestamente ilícito. Ademais, entendemos que não basta que haja um meio ilícito, é necessário que vá além, ou seja, deve ser procedido com uma obtenção de prova manifestamente ilícita, isto é, nitidamente, claramente, obviamente, visivelmente viciada. Deve ser observada a total vagueza legislativa na redação deste elemento normativo, como asseveram André Clark Nunes Cavalcante (2020, p. 128-129): "a redação aberta escolhida pelo legislador, contudo, não permite que se identifique, com o mínimo de segurança, quando se rompe a linha da ilicitude para a ilicitude manifesta". Em continuidade, disparam: "de fato, o tipo penal não apresenta qualquer indicação superficial de quais parâmetros podem ser utilizados como balizas interpretativas para que se consiga identificar quando uma ilicitude de meios se torna manifesta".

7.17.16. Meios de execução

Não existe no tipo penal qualquer vinculação com o método através do qual deva ser executado o delito. Portanto, trata-se de crime de forma livre, que pode ser praticado por qualquer meio de execução eleito pelo agente.

7.17.17. Sujeito ativo

É a autoridade no conceito superamplo do artigo 2º e o seu parágrafo único. Por se tratar de crime próprio, deve ser ressaltado que, conforme regra do art. 30 do Código Penal, as circunstâncias de caráter pessoal, quando elementares do crime, se comunicam aos demais concorrentes. Assim, se um particular, sabendo que atua em conjunto com o funcionário público, contribuir para o abuso de autoridade, ambos responderão pelo delito.

7.17.18. Sujeito passivo

O sujeito passivo direto ou imediato é a vítima (pessoa física ou jurídica) atingida pelo abuso. Já o sujeito passivo indireto ou mediato será o Estado. Observe que, neste delito, a obtenção de prova poderá se dar em delitos ambientais, onde as pessoas jurídicas (públicas ou privadas), em conformidade com o art. 223, § 3º, da CF c/c o art. 3º da Lei nº 9.605/1998, poderão ser investigadas por crimes previstos na lei dos crimes ambientais.

7.17.19. Elemento subjetivo

É o dolo de praticar de forma consciente e voluntária qualquer das condutas descritas no *caput* ou nos incisos do parágrafo único. Não há expressa previsão legal da modalidade culposa, o que torna inviável a punição por culpa. No que tange a eventual punição a título de dolo eventual, esta será de difícil visualização, tendo em vista que as finalidades específicas do § 1º do art. 1º restringem o alcance de "assumir o risco para a produção do resultado".

7.17.20. Elemento subjetivo específico (ou especial)

Observe que o § 1º do art. 1º trata de cláusula geral, aplicável a todos os delitos da lei de abuso de autoridade, conforme já tratado alhures. Assim, deverá ser comprovado pela acusação que o agente agiu com a finalidade específica de prejudicar outrem ou beneficiar a si mesmo ou a terceiro, ou, ainda, por mero capricho ou satisfação pessoal.

Caso esse elemento subjetivo específico não reste demonstrado pelo Ministério Público, a conduta será considerada atípica.

7.17.21. Erro de tipo

Prescreve o art. 20 do Código Penal que "o erro sobre elemento constitutivo do tipo legal de crime exclui o dolo, mas permite a punição por crime culposo, se previsto em lei". Observe que no delito do art. 25 a expressão "por meio manifestamente ilícito" funciona como elementar do crime, portanto, se ficar comprovado pelas circunstâncias do caso concreto que o agente desconhecia tal elementar, acreditando piamente que estava produzindo provas por meio lícito, ficará caracterizado o erro de tipo, com a exclusão do dolo e por via de consequência o próprio crime.

7.17.22. Vedação ao crime de hermenêutica

Nunca é demais relembrar o dispositivo geral do § 2º do art.1º da lei em comento, onde "a divergência na interpretação de lei ou na avaliação de fatos e provas não configura abuso de autoridade"; portanto, nas palavras de André Clark Nunes Cavalcante (2020, p. 129) "é importante destacar que o tipo penal (do art. 25) não criminaliza a divergência de entendimento jurídico, a partir da análise fundamentada de determinado conjunto fático-probatório". No mais, conforme já aduzido alhures o presente dispositivo, a nosso ver, tem natureza jurídica de causa de exclusão do dolo. Não por acaso a Polícia Civil de São Paulo, durante o Seminário sobre a Lei nº 13.869/19, editou a **Súmula nº 6**, informando que "a obtenção e o uso de prova cuja licitude seja objeto de controvérsia jurisprudencial ou doutrinária estão albergados na ressalva de divergência na interpretação de lei ou na avaliação de fatos e provas do § 2º do artigo 1º da Lei Federal 13.869/2019".

7.17.23. Consumação

Tanto na modalidade do *caput* (proceder à obtenção de prova ilícita) como também na modalidade do parágrafo único (fazer uso de prova ilícita), estamos diante de um crime material (ou causal), ou seja, se consuma no momento em que se proceder a obtenção da prova ilícita ou fizer o uso da prova que sabe ser ilícita, devendo causar efeito para a vítima.

7.17.24. Tentativa

É perfeitamente possível, já que estamos diante de um delito plurissubsistente, onde poderá haver o fracionamento do *iter criminis*.

7.17.25. Crime impossível

O art. 17 do Código Penal prescreve que "Art. 17 – Não se pune a tentativa quando, por ineficácia absoluta do meio ou por absoluta impropriedade do objeto, é impossível consumar-se o crime". Imagine a situação em que um policial, com objetivo de proceder com a obtenção de provas, tenta acessar os dados de determinado aparelho celular de forma ilícita, porém, posteriormente, constata-se que tal conduta era impossível de ser alcançada, pois o aludido aparelho se encontrava danificado. Nesta situação ocorreu o denominado crime impossível por absoluta impropriedade do objeto, ficando o agente impune.

7.17.26. Pena cominada

Detenção, de 1 (um) a 4 (quatro) anos, e multa. Observe que a pena cominada a todos os delitos da Lei nº 13.869/2009 é a de detenção.

7.17.27. Ação penal

Em regra, se trata de ação penal pública incondicionada (art. 3º, *caput*). Todavia, em caso de inércia do Ministério Público, surgirá para a vítima a possibilidade de intentar a ação penal privada subsidiária da pública (art. 3º, § 1º). Há de salientar que a requisição de novas diligências ou a promoção do arquivamento pelo *Parquet* não dão ensejo a alegação de inércia, logo, inviável suscitar a ação penal subsidiária da pública.

7.17.28. Lei nº 9.099/1995

O delito em análise é crime de médio potencial ofensivo, tendo em vista que a sua pena mínima (1 ano) autoriza a incidência da suspensão condicional do processo, desde que presentes os requisitos do art. 89 da Lei nº 9.099/1995.

7.17.29. Competência para processo e julgamento

Via de regra, será processado e julgado pela justiça estadual. Excepcionalmente, nos casos do art. 109 da Constituição Federal, haverá competência da Justiça Federal.

Não se pode perder de vista se o sujeito ativo for militar, quando a competência será da Justiça Militar Estadual ou da União, conforme o caso, nos termos do art. 9º, CPM. Devem ainda ser levadas em consideração as situações em que o sujeito ativo detiver foro por prerrogativa de função, onde será processado e julgado no respectivo tribunal competente – por exemplo, deputado federal que durante a condução de uma CPI obtém provas ilícitas será processado e julgado perante o STF (art. 102, I, alínea b, CF/88).

7.17.30. Classificação doutrinária

Trata-se de crime próprio (todos os crimes de abuso de autoridade são próprios, ou seja, demandam um sujeito ativo qualificado ou especial); material ou causal (ou seja, se exige a produção do resultado naturalístico); de forma livre (pode ser cometido por qualquer meio eleito pelo agente); comissivo (imperioso uma ação) e, excepcionalmente, comissivo por omissão (omissivo impróprio, ou seja, é a aplicação do art. 13, § 2º, do Código Penal); unissubjetivo, unilateral ou de concurso eventual (que pode ser praticado por um só agente); plurissubsistente (vários atos integram a conduta).

7.17.31. Implantação da técnica ou ferramenta de intrusão/invasão em redes, dispositivos eletrônicos e similares, frente à complexidade probatória de investigações criminais perante o crime organizado, diante do avanço tecnológico

As técnicas ou ferramentas de intrusão/invasão em redes, dispositivos de informática e similares, em sentido amplo, consistem em práticas de inserir vírus (*malware*) ou instrumentos que invadam redes ou dispositivos informáticos (computadores, *notebooks*, *tablets*, celulares, entre outros) e similares, transpondo os sistemas de segurança dos dispositivos, e daí obterem elementos informativos (e/ou provas) de autoria e materialidade delitiva. *Malware* a grosso modo nada mais é do que um "software malicioso" (em inglês: *malicious software*) e se refere a um tipo de programa de computador desenvolvido para infectar o computador e similares de um usuário legítimo e prejudicá-lo de diversas formas. Embora não haja consenso da definição, nem as especificidades e limites de cada tipo de software, no texto entendemos por didática fazer a junção do "malware" em nove categorias: **(1) cavalos de Troia; (2)** *logic bombs*; **(3)** *spyware*; **(4)** *keylogger* e *screenlogger*; **(5)** *rootkits*; **(6)** vírus; **(7)** *worms*; **(8)** *blended threats*; e **(9)** *bots*, entre outros possíveis existentes.

Já escrevemos sustentando a importância da técnica ou ferramenta de intrusão/invasão:

> *(...) Em que consiste as técnicas ou ferramentas de intrusão/invasão em redes e dispositivos de informática, em sentido amplo? As técnicas ou ferramentas de intrusão/invasão em redes e dispositivos de informática, em sentido amplo, consistem em práticas de inserir vírus ou instrumentos que invadam redes ou dispositivos informáticos (computadores, notebooks, tablets, celulares, entre outros), transpondo os sistemas de segurança dos dispositivos, e daí obterem elementos informativos (e/ou provas) de autoria e materialidade delitiva. Sabe-se que, em regra, não existem direitos absolutos em nossa República e não pode se permitir que dispositivos fixos ou móveis de informáticas sejam empregados indiscriminadamente para o crime sem alcance estatal. Nada pode servir de manta para acobertar a prática de crimes.*
>
> *Numa análise de ponderação de direitos constitucionais fundamentais em jogo, em que de um lado está a privacidade, intimidade e sigilo da vida de uma pessoa e de outro lado está o direito constitucional a segurança pública, à vida, à saúde, ao patrimônio entre outros, não nos parece justificável ter que sacrificar o direito coletivo da sociedade, corporificado na segurança pública, à vida, à saúde, ao patrimônio e outros.*
>
> *Os direitos coletivos devem preponderar, em regra, sobre os direitos individuais, sem dizer que o agente criminoso não pode se valer da sua própria torpeza para buscar refúgio às regras que descumpriu do mesmo Estado.*
>
> *É chegada a hora de uma interpretação que busque a ressignificação das coisas e da existência do próprio Estado, presentado em suas normas, sob pena do Estado prestigiar e fomentar o crime.*
>
> *Não podemos olvidar que eventuais celulares e dispositivos similares do(s) de investigado(s)/representado(s) ostentam vários arquivos comprometedores e que interessam na maioria das vezes às investigações, vez que pessoas que agem da forma em tela costumam usar comunicações instantâneas e de forma criptografada para evitar possíveis interceptações. Essa tem sido a tônica das organizações criminosas para evitar interceptações e outros expedientes de rastreamento (LEITÃO JÚNIOR, 2019, p. 274-275).*

Numa das explicações nossas quanto aos requisitos para aplicabilidade da técnica e do procedimento a ser adotado, invocamos, além da analogia à Lei do Marco Civil da Internet, as disposições dos arts. 1º e 2º da Lei nº 9.296, de 24 de julho de 1996 (Lei de Interceptação Telefônica). Conquanto a redação antiga dos arts. 1º e 2º da

Lei nº 9.296, de 24 de julho de 1996, continue em vigor, a novel legislação acerca do Pacote Anticrime trazido pela Lei Federal nº 13.964, de 2019, trouxe novos dispositivos redacionais de outros pontos e requisitos que refletiriam ainda que indiretamente no tema em cartaz, a saber, no que se refere ao art. 8º-A, da Lei de Interceptação Telefônica, que de certa forma devem ser analisados[41].

Com isso, admitindo-se a hipótese de aplicar analogicamente os novos dispositivos citados – sem olvidar dos dispositivos insertos nos arts. 1º e 2º da Lei nº 9.296, de 24 de julho de 1996 e da Lei do Marco Civil da Internet – por força do Pacote Anticrime, o importante, como podemos visualizar, é a ordem judicial prévia a se permitir a técnica de intrusão ou de invasão de redes, dispositivos eletrônicos e similares.

7.17.32. Conflito aparente com o delito do art. 10 da Lei nº 9.296/1996 – Lei das Interceptações Telefônicas

Pelo princípio da especialidade, se o agente proceder à obtenção ilícita de prova, por exemplo, por meio de interceptação de comunicações telefônicas, incorrerá no delito do art. 10 da Lei das Interceptações Telefônicas: "Art. 10. Constitui crime realizar interceptação de comunicações telefônicas, de informática ou telemática, promover escuta ambiental ou quebrar segredo da Justiça, sem autorização judicial ou com objetivos não autorizados em lei: Pena – reclusão, de 2 (dois) a 4 (quatro) anos, e multa. Parágrafo único. Incorre na mesma pena a autoridade judicial que determina a execução de conduta prevista no *caput* deste artigo com objetivo não autorizado em lei".

---

[41] Art. 8º-A. Para investigação ou instrução criminal, poderá ser autorizada pelo juiz, a requerimento da autoridade policial ou do Ministério Público, a captação ambiental de sinais eletromagnéticos, ópticos ou acústicos, quando: I – a prova não puder ser feita por outros meios disponíveis e igualmente eficazes; e II – houver elementos probatórios razoáveis de autoria e participação em infrações criminais cujas penas máximas sejam superiores a 4 (quatro) anos ou em infrações penais conexas. § 1º O requerimento deverá descrever circunstanciadamente o local e a forma de instalação do dispositivo de captação ambiental. § 2º (VETADO). § 3º A captação ambiental não poderá exceder o prazo de 15 (quinze) dias, renovável por decisão judicial por iguais períodos, se comprovada a indispensabilidade do meio de prova e quando presente atividade criminal permanente, habitual ou continuada. § 4º (VETADO). § 5º Aplicam-se subsidiariamente à captação ambiental as regras previstas na legislação específica para a interceptação telefônica e telemática.

228 A nova lei de abuso de autoridade

7.17.33. Conflito aparente com o delito do art. 10-A da Lei nº 9.296/1996 – Lei das Interceptações Telefônicas

Com o advento da Lei nº 13.964/19 (pacote anticrime), foi inserido um novo delito na lei das interceptações telefônicas – art. 10-A –, e, pelo princípio da especialidade, se o agente proceder com a obtenção de prova ilícita realizando captação ambiental de sinais eletromagnéticos, ópticos ou acústicos para investigação ou instrução criminal sem autorização judicial, incorrerá no citado delito, nestes termos: "Art. 10-A. Realizar captação ambiental de sinais eletromagnéticos, ópticos ou acústicos para investigação ou instrução criminal sem autorização judicial, quando esta for exigida: Pena – reclusão, de 2 (dois) a 4 (quatro) anos, e multa. § 1º Não há crime se a captação é realizada por um dos interlocutores. § 2º A pena será aplicada em dobro ao funcionário público que descumprir determinação de sigilo das investigações que envolvam a captação ambiental ou revelar o conteúdo das gravações enquanto mantido o sigilo judicial".

7.18. Art. 26 (VETADO)

> Art. 26. (VETADO)[43].

7.18.1. Razões do veto

"A propositura legislativa gera insegurança jurídica por indeterminação do tipo penal, e por ofensa ao princípio da intervenção mínima, para o qual o Direito Penal só deve ser aplicado quando estritamente necessário, tendo em vista que a criminalização da conduta pode afetar negatividade a atividade investigativa, ante a potencial incerteza de caracterização da conduta prevista no art. 26, pois não raras são as vezes que a constatação da espécie de flagrante, dada a natureza e circunstâncias do ilícito praticado, só é possível quando da análise do caso propriamente dito, conforme se pode inferir da jurisprudência do Supremo Tribunal Federal (v.g. HC 105.929, Rel. Min. Gilmar Mendes, 2ª T. j. 24/05/2011)".

---

[42] "Art. 26. Induzir ou instigar pessoa a praticar infração penal com o fim de capturá-la em flagrante delito, fora das hipóteses previstas em lei: Pena – detenção, de 6 (seis) meses a 2 (anos) anos, e multa. § 1º Se a vítima é capturada em flagrante delito, a pena é de detenção, de 1 (um) a 4 (quatro) anos, e multa. § 2º Não configuram crime as situações de flagrante esperado, retardado, prorrogado ou diferido."

7.19. Requisitar instauração ou instaurar procedimento investigatório de infração penal ou administrativa, em desfavor de alguém, à falta de qualquer indício da prática de crime, de ilícito funcional ou de infração administrativa (art. 27)

> **Art. 27.** Requisitar instauração ou instaurar procedimento investigatório de infração penal ou administrativa, em desfavor de alguém, à falta de qualquer indício da prática de crime, de ilícito funcional ou de infração administrativa:
>
> **Pena** – detenção, de 6 (seis) meses a 2 (dois) anos, e multa.
>
> **Parágrafo único.** Não há crime quando se tratar de sindicância ou investigação preliminar sumária, devidamente justificada.

7.19.1. Introdução

A Constituição Federal, no art. 5º, XLI, determinou que "a lei punirá qualquer discriminação atentatória dos direitos e liberdades fundamentais". Assim, ao tipificar tal conduta o legislador buscou primariamente resguardar os direitos e liberdades fundamentais; ademais, conforme leciona Rogério Saches e Rogério Greco (2019, p. 243), especialmente no tocante "as autoridades que instauram efetivamente o procedimento, bem como aquelas que o requisitam".

7.19.2. Fundamento constitucional

A conduta descrita no artigo em comento viola o seguinte direito e garantia fundamental, previsto no art. 5º da CF/88: "LIV – ninguém será privado da liberdade ou de seus bens sem o devido processo legal". O Promotor de Justiça Igor Pereira Pinheiro (2020, p. 132) entende que o presente delito seria inconstitucional.

7.19.3. A Convenção Americana de Direitos Humanos

As condutas descritas violam os seguintes preceitos da CADH, previstos no art. 7º, III, art. 8º, II, e art. 10, nestes termos: "Art. 7º (...) III. Ninguém pode ser submetido a detenção ou encarceramento arbitrários. Art. 8º, II. Toda pessoa acusada de delito tem direito a que se presuma sua inocência enquanto não se comprove legalmente sua culpa. Art. 10. Toda pessoa tem direito de ser indenizada conforme a lei, no caso de haver sido condenada em sentença passada em julgado, por erro judiciário".

7.19.4. *Novatio legis* incriminadora

Sobre o artigo em comento, trata-se de nova lei penal incriminadora e, por força constitucional (art. 5º, inc. XXXIX) e infraconstitucional (art. 1º, CP), será aplicada para o futuro, afinal, não há crime sem lei anterior que o defina e não há pena sem prévia cominação legal.

7.19.5. Objeto jurídico

Trata-se de crime pluriofensivo, porquanto, além de tutelar o regular funcionamento da administração pública, sua credibilidade e dignidade, tutela também os direitos e garantias fundamentais prescritos no art. 5º da Constituição Federal.

7.19.6. Objeto material

É procedimento investigatório de infração penal ou administrativa. Por exemplo, os inquéritos policiais (IP), procedimento investigatório criminal (PIC), procedimento administrativo disciplinar (PAD), sindicâncias administrativas etc.

7.19.7. Núcleo do tipo

Pela análise se constata que são dois os núcleos: **requisitar instauração** ou **instaurar**. Requisitar é exigir formalmente, demandar, requerer a instauração. Instaurar é dar início a (algo que não existia); introduzir, implantar, instalar.

7.19.8. Procedimento investigatório de infração penal ou administrativa

Por exemplo, inquérito policial (para apurar a prática de crimes), termo circunstanciado (para apurar contravenções penais e crimes que não ultrapassem a pena máxima de dois anos) ou processo administrativo disciplinar.

Por procedimento investigatório, como dito antes, devemos entender os meios como inquérito policial, termo circunstanciado de ocorrência, autos de investigação preliminar (verificação de procedência das informações ou procedimento preparatório de investigação, dentre outras terminologias equivalentes), entre outros meios que possam angariar elementos informativos e até mesmo provas para descortinar a autoria e materialidade delitiva (lembrando da função bidirecional preparatória e preservadora dos procedimentos policiais).

Outrossim, quanto ao procedimento investigatório de infração penal, temos que ter em mente que o inquérito policial e o termo circunstanciado de ocorrência são procedimentos que permitem angariar elementos informativos e até mesmo provas para descortinar a autoria e materialidade delitiva. Nesta senda, no que se refere ao inquérito policial, define-se na conjugação de atos perpetrados pela função executiva do Estado com o propósito de aquilatar a autoria e materialidade de uma infração penal. Guilherme de Souza Nucci (2008, p. 143) define inquérito policial: "o inquérito policial é um procedimento preparatório da ação penal, de caráter administrativo, conduzido pela polícia judiciária e voltado à colheita preliminar de provas para apurar a prática de uma infração penal e sua autoria. Seu objetivo precípuo é a formação da convicção do representante do Ministério Público, mas também a colheita de provas urgentes, que podem desaparecer, após o cometimento do crime. Não podemos olvidar, ainda, que o inquérito serve à composição das indispensáveis provas pré-constituídas que servem de base à vítima, em determinados casos, para a propositura da ação penal privada".

7.19.9. A problemática da expressão "indício" da prática de crime, de ilícito funcional ou de infração administrativa

A nova Lei de Abuso de Autoridade expressa a necessidade de "indício", pois, do contrário, é possível a configuração do delito em espécie.

É importante buscarmos o exato alcance desta expressão "indício". Por sua vez, o artigo 239 do Código de Processo Penal sobre o "indício" diz que "considera-se indício a circunstância conhecida e provada, que, tendo relação com o fato, autorize, por indução, concluir-se a existência de outra ou outras circunstâncias". Pela letra fria do Código de Processo Penal, a expressão "indício" é uma definição em sentido estrito.

Em prosseguimento sobre o indício, importante a preleção de Hélio Tornaghi (1983):

> Enquanto que, relativamente à existência do crime, o Código exige prova (querendo significar prova cabal), no que se refere à autoria, ele se contenta com indícios, isto é, meros sinais. Se houver maiores provas, tanto melhor; mas a lei não as exige.

Julio Fabbrini Mirabete, acerca da expressão "indícios", em seu comentário ao Código de Processo Penal, simplifica ainda mais dizendo que "indícios são a representação do fato a ser provado através da construção lógica, a qual revela um outro fato ou circunstância" (2003, p. 803).

232 A nova lei de abuso de autoridade

Como podemos visualizar, a expressão "indício" para a doutrina acaba ganhando uma interpretação em sentido mais amplo, a fim de entendê-la como algo que provavelmente ocorreu no mundo, existindo a possibilidade de se estabelecer uma hipótese de liame entre os fatos e a evidência.

Aliás, a função do procedimento investigatório é justamente a de amealhar elementos suficientes da autoria da infração, além da materialidade, onde somente então ocorrerá o indiciamento.

De maneira clara, a *mens legis* da nova lei foi de vedar a investigação manifestamente descabida, e não de impedir a atividade persecutória da polícia judiciária através do inquérito policial.

Embasados nesta premissa, entendemos que se a Polícia Judiciária deflagra investigações sobre hipóteses que, embora ao final se revelem eventos não criminosos, estes exteriorizam repercussão no meio policial a serem apurados, como, a título exemplificativo, alguns suicídios ou mortes suspeitas.

Obviamente, nestas situações, a investigação não visa uma pessoa ("alguém") determinada, mas o fato em si, que pode levar a uma eventual autoria ou não.

Em arremate da análise deste dispositivo, entendemos que não se falará em infração penal de abuso de autoridade nesses casos, mesmo que diante da ausência de crime, em tese, se revelar ao final que o suicídio não teve instigação, incitação e auxílio ou que a morte suspeita foi na verdade uma morte natural ("falta de qualquer indício da prática de crime").

7.19.10. Extensão do significado da expressão "indício" da prática de crime, ao indício de ilícito funcional ou de infração administrativa

Entendemos que o significado da expressão "indício", da prática de crime, guardadas as suas proporções devidas, também se estende ao indício de ilícito funcional ou de infração administrativa.

7.19.11. Padrão de conduta sugestionado à Autoridade Policial

Como padrão de conduta para se evitar que a Autoridade Policial incida neste dispositivo, recomenda-se que na Portaria instauradora (tanto de inquérito como de processo administrativo, entre outros) destine-se um espaço para demonstrar, de maneira clara e inequívoca, os indícios (em sentido amplo) que possui para a defla-gração do procedimento ou as justificativas devidas.

7.19.12. Padrão de conduta sugestionado aos membros do Ministério Público

Como padrão de conduta para evitar que os membros do Ministério Público incidam neste dispositivo, recomenda-se que, no ofício requisitório (tanto de inquérito como de processo administrativo, entre outros), faça ressalva desde que existentes indícios para tanto, com o objetivo de demonstrar, de maneira clara e inequívoca, que não há dolo do membro ministerial. Também sugerimos que, antes mesmo do ofício requisitório, os membros do Ministério Público requisitem informações primeiramente à Autoridade Policial sobre a existência ou não de indícios para depois avaliarem a requisição ou não de instauração de procedimento policial. Isso evita também, de certa forma, ações açodadas e que podem trazer consequências negativas aos membros do *Parquet*.

7.19.13. Padrão de conduta sugestionado aos membros da Magistratura

Como padrão de conduta para evitar que os membros da magistratura incidam neste dispositivo, recomenda-se que, no ofício requisitório (tanto de inquérito como de processo administrativo disciplinar, entre outros, se tiver atribuição para tanto), faça ressalva desde que existentes indícios para tanto, com objetivo de demonstrar, de maneira clara e inequívoca, que não há dolo do membro da magistratura. Também sugerimos que, antes mesmo do ofício requisitório, os membros da magistratura requisitem informações (em forma de solicitação) primeiramente à Autoridade Policial sobre a existência ou não de indícios para depois avaliarem a requisição ou não de instauração de procedimento policial através de uma "solicitação". Isso evita tam-bém, de certa forma, ações açodadas e que podem trazer consequências negativas aos membros da magistratura.

Alertamos que não vamos ingressar na discussão sobre se o magistrado, em vez de "requisitar" instauração de procedimento policial ou outro tipo de procedimento, deveria abrir vistas ao membro do Ministério Público para requerer o que entender devido, em prestígio à imparcialidade e ao sistema acusatório, impondo a distância do magistrado, que se reservaria a enfrentar a situação apenas em possível julgamento.

7.19.14. Padrão de conduta sugestionado ao Ministro da Justiça

O legislador pátrio ordinário conferiu ao Ministro da Justiça no Código Penal Brasileiro (art. 145, parágrafo único, do CPB[43]) a possibilidade de usar de requisição nos casos em que o Presidente da República ou chefe de governo estrangeiro for alvo de ofensas contra a sua honra.

A doutrina pátria discute qual seria a natureza jurídica dessa "requisição". Para a maioria da doutrina, existe o entendimento de que a expressão "requisição" do Ministro de Justiça seria uma "autorização" de condição de procedibilidade, "aceitação de agir do Estado" ou "manifestação autorizativa" dentro do juízo político de oportunidade e conveniência, embora haja voz minoritária que sustente ser uma "ordem".

O art. 101, § 1º, reza que a ação penal é promovida pelo Ministério Público, dependendo, quando a lei o exige, de representação do ofendido ou de requisição do Ministro da Justiça, nos interessando para análise esta última situação sobre requisição do Ministro da Justiça: "Art. 100 – A ação penal é pública, salvo quando a lei expressamente a declara privativa do ofendido. § 1º – A ação pública é promovida pelo Ministério Público, dependendo, quando a lei o exige, de representação do ofendido ou de requisição do Ministro da Justiça".

Por sua vez, o art. 24 do CPP acena que: "Art. 24. Nos crimes de ação pública, esta será promovida por denúncia do Ministério Público, mas dependerá, quando a lei o exigir, de requisição do Ministro da Justiça, ou de representação do ofendido ou de quem tiver qualidade para representá-lo".

A depender da corrente adotada, poderemos ter ou não o crime em estudo, se preenchidos as demais elementares e o dolo específico.

---

[43] Art. 145 – Nos crimes previstos neste Capítulo somente se procede mediante queixa, salvo quando, no caso do art. 140, § 2º, da violência resulta lesão corporal.

Parágrafo único. Procede-se mediante **"requisição"** do **Ministro da Justiça**, no caso do inciso I do *caput* do art. 141 deste Código, e mediante representação do ofendido, no caso do inciso II do mesmo artigo, bem como no caso do § 3º do art. 140 deste Código.

7.19.15. Requisição no cenário da Lei de Imprensa (Lei nº 5.250/1967), quando determinados crimes forem praticados por meio de imprensa contra o Presidente da República, Presidente do Senado, Presidente da Câmara dos Deputados e outras autoridades – lei esta não recepcionada pela CF/88 na parte de crimes conforme julgamento do STF[44]

Como, no mérito, o Supremo Tribunal Federal julgou procedente a apontada arguição e declarou que a Lei de Imprensa não foi recepcionada pelo novo comando da Constituição Federal, devendo aplicar as normas da legislação comum, como o Código Civil, Código de Processo Civil, Código Penal Brasileiro e o Código de Processo Penal às situações decorrentes da relação da imprensa, entendemos que a discussão deve centralizar pelas conclusões do tópico anterior que se discorre sobre as duas correntes sobre a terminologia "requisição". Assim, a depender da corrente adotada, poderemos ter ou não o crime em estudo, se preenchidos as demais elementares e o dolo específico.

7.19.16. Requisição nos crimes contra a Segurança Nacional de calúnia ou difamação, em face do Presidente da República, o do Senado Federal, o da Câmara dos Deputados ou o do Supremo Tribunal Federal

Caso haja a junção do art. 26[45] com os arts. 1º[46] e 2º, todos da Lei da Segurança Nacional, merece a dedicação nossa de algumas linhas de explicações.

---

[44] Em 21 de fevereiro de 2008, o STF na ADPF nº 130-7-DF suspendeu vários dispositivos, inclusive o art. 23 da referida lei. No mérito, a Corte julgou procedente a referida arguição e declarou que a Lei de Imprensa não foi recepcionada pelo novo comando da Constituição Federal, devendo aplicar as normas da legislação comum, como o Código Civil, Código de Processo Civil, Código Penal e Código de Processo Penal às situações decorrentes da relação da imprensa.

[45] "Art. 26 – Caluniar ou difamar o Presidente da República, o do Senado Federal, o da Câmara dos Deputados ou o do Supremo Tribunal Federal, imputando-lhes fato definido como crime ou fato ofensivo à reputação.
Pena: reclusão, de 1 a 4 anos. Parágrafo único – Na mesma pena incorre quem, conhecendo o caráter ilícito da imputação, a propala ou divulga".

[46] "TÍTULO I – Disposições Gerais: Art. 1º – Esta Lei prevê os crimes que lesam ou expõem a perigo de lesão: I – a integridade territorial e a soberania nacional; II – o regime representativo e democrático, a Federação e o Estado de Direito; III – a pessoa dos chefes dos Poderes da União. Art. 2º – Quando o fato estiver também previsto como crime no Código Penal, no Código Penal Militar ou em leis especiais, levar-se-ão em conta, para a aplicação desta Lei: I – a motivação e os objetivos do agente; II – a lesão real ou potencial aos bens jurídicos mencionados no artigo anterior."

236 A nova lei de abuso de autoridade

O art. 31, inciso IV, da Lei Contra a Segurança Nacional reza que para apuração de fato que configure crime previsto nesta Lei, instaurar-se-á inquérito policial, pela Polícia Federal, mediante várias hipóteses, sendo uma delas a requisição do Ministro da Justiça, senão vejamos: "Art. 31 – Para apuração de fato que configure crime previsto nesta Lei, instaurar-se-á inquérito policial, pela Polícia Federal: (...) IV – mediante requisição do Ministro da Justiça".

Quanto a esta requisição, aqui remetemos às observações do tópico no "padrão de conduta sugestionado ao Ministro da Justiça", que discorre sobre as duas correntes sobre a terminologia "requisição". Assim, a depender da corrente adotada, poderemos ter ou não o crime em estudo, se preenchidos as demais elementares e o dolo específico.

7.19.17. Requisição no âmbito da Justiça Militar pelos Ministros do Exército, da Marinha ou Aeronáutica

Há a previsão no art. 122[47] do Código Penal Militar que nos crimes do art. 136[48] até o art. 141 do CPM, estes serão apurados por requisição do Ministério Militar vinculado

---

[47] TÍTULO VII – DA AÇÃO PENAL – **Propositura da ação penal:** Art. 121. A ação penal somente pode ser promovida por denúncia do Ministério Público da Justiça Militar. **Dependência de requisição:** "Art. 122. Nos crimes previstos nos arts. 136 a 141, a ação penal, quando o agente for militar ou assemelhado, depende da requisição do Ministério Militar a que aquele estiver subordinado; no caso do art. 141, quando o agente for civil e não houver coautor militar, a requisição será do Ministério da Justiça".

[48] "PARTE ESPECIAL – LIVRO I – DOS CRIMES MILITARES EM TEMPO DE PAZ – TÍTULO IDOS CRIMES CONTRA A SEGURANÇA EXTERNA DO PAÍS. Hostilidade contra país estrangeiro: Art. 136. Praticar o militar ato de hostilidade contra país estrangeiro, expondo o Brasil a perigo de guerra: Pena – reclusão, de oito a quinze anos.

Resultado mais grave: § 1º Se resulta ruptura de relações diplomáticas, represália ou retorsão: Pena – reclusão, de dez a vinte e quatro anos. § 2º Se resulta guerra: Pena – reclusão, de doze a trinta anos. Provocação a país estrangeiro: Art. 137. Provocar o militar, diretamente, país estrangeiro a declarar guerra ou mover hostilidade contra o Brasil ou a intervir em questão que respeite à soberania nacional: Pena – reclusão, de doze a trinta anos. Ato de jurisdição indevida: Art. 138. Praticar o militar, indevidamente, no território nacional, ato de jurisdição de país estrangeiro, ou favorecer a prática de ato dessa natureza: Pena – reclusão, de cinco a quinze anos. Violação de território estrangeiro: Art. 139. Violar o militar território estrangeiro, com o fim de praticar ato de jurisdição em nome do Brasil: Pena – reclusão, de dois a seis anos. Entendimento para empenhar o Brasil à neutralidade ou à guerra: Art. 140. Entrar ou tentar entrar o militar em entendimento com país estrangeiro, para empenhar o Brasil à neutralidade ou à guerra: Pena – reclusão, de seis a doze anos. Entendimento para gerar conflito ou divergência com o Brasil: Art. 141. Entrar em entendimento com país estrangeiro, ou organização nele existente, para gerar conflito ou divergência de caráter internacional entre o Brasil e qualquer outro país, ou para lhes perturbar as relações diplomáticas: Pena – reclusão, de quatro a oito anos. § 1º Se resulta ruptura de relações diplomáticas: Pena – reclusão, de seis a dezoito anos. §2º Se resulta guerra: Pena – reclusão, de dez a vinte e quatro anos."

Dos crimes e das penas **237**

ao militar ou assemelhado transgressor, quando o agente for militar ou de requisição do Ministério da Justiça na hipótese do art. 141, quando o agente for civil e não houver coautor militar. Recordamos que atualmente não se fala mais em Ministro da Aeronáutica, Exército e da Marinha, mas em Comandante[49] da Aeronáutica, Exército e da Marinha com status de Ministro de Estado. Ademais, buscando uma eventual equivalência do artigo com redação antiga e ainda em vigor que prevê os Ministros da Aeronáutica, Exército e da Marinha, nos dias atuais, temos o Ministro do Estado de Defesa[50], que é aquele quem dirige todas as forças armadas, assessorado pelo Conselho Militar de Defesa – e não mais Ministro da Aeronáutica, Exército e da Marinha.

Lembramos que não existe mais a figura do "assemelhado".

Quanto a esta requisição, remetemos também às observações do tópico no "padrão de conduta sugestionado ao Ministro da Justiça", que discorre sobre as duas correntes sobre a terminologia "requisição". Assim, a depender da corrente adotada, poderemos ter ou não o crime em estudo, se preenchidos as demais elementares e o dolo específico. Abrimos um parêntese aqui de que há vozes criticando a interpretação que se procura dar à "requisição" no âmbito militar como se fosse uma ação penal pública condicionada no âmbito militar, uma vez que os crimes militares, em regra, seriam todos de ação penal pública incondicionada.

7.19.18. Padrão de conduta sugestionado aos Defensores Públicos e demais agentes públicos detentores da prerrogativa de "requisição"

Em nosso ordenamento jurídico há contemplação de que **Defensores Públicos** usem da prerrogativa de "requisição". Em que pese a doutrina não enfrentar a dimensão da abrangência desta requisição e se serviria inclusive para fins de instauração de inquérito policial ou procedimento policial.

A Lei Complementar Federal nº 80/1994, em seu art. 8º, XVI, apregoa como prerrogativa do Defensor Público-Geral "XVI – requisitar de qualquer autoridade e de seus

---

[49] Lei Complementar Federal 97/1999: Art. 4º A Marinha, o Exército e a Aeronáutica dispõem, singularmente, de 1 (um) Comandante, indicado pelo Ministro de Estado da Defesa e nomeado pelo Presidente da República, o qual, no âmbito de suas atribuições, exercerá a direção e a gestão da respectiva Força. Art. 5º Os cargos de Comandante da Marinha, do Exército e da Aeronáutica são privativos de oficiais-generais do último posto da respectiva Força.

[50] Art. 9º O Ministro de Estado da Defesa exerce a direção superior das Forças Armadas, assessorado pelo Conselho Militar de Defesa, órgão permanente de assessoramento, pelo Estado-Maior Conjunto das Forças Armadas e pelos demais órgãos, conforme definido em lei.

238 A nova lei de abuso de autoridade

agentes, certidões, exames, perícias, vistorias, diligências, processos, documentos, informações, esclarecimentos e demais providências necessárias à atuação da Defensoria Pública, e repete esta atribuição aos membros da Defensoria Pública da União no art. 44, inciso X; ao Defensor Público-Geral no art. 56, inciso XVI; aos membros da Defensoria Pública do Distrito Federal e Territórios e aos membros da Defensoria Pública do Estado no art. 128, inciso X, todos da Lei Complementar Federal nº 80/1994".

Perceba-se que a Lei Complementar Federal nº 80/1994 não fala claramente em requisitar instauração de procedimento policial ou inquérito policial, embora dê margem para eventuais argumentações neste sentido. Entendemos que a nobre instituição da Defensoria Pública em geral (seja da União, Estado, do Distrito Federal e Territórios) não goza desta prerrogativa, em requisitar instauração de procedimento policial ou inquérito policial, porquanto se o legislador ordinário quisesse teria feito de maneira expressa, igual contemplou em prol dos membros do Ministério Público, membros da Magistratura. Com isso, estaríamos diante de um silêncio eloquente.

De qualquer forma, como pode existir uma corrente que admite esta requisição para fins de instauração de inquérito policial ou procedimento policial, para esta corrente os membros da Defensoria poderão incorrer no crime em tela.

No que concerne aos demais agentes públicos detentores da prerrogativa de "requisição", fazemos as mesmas observações. Assim, caso suas legislações não falem claramente em requisitar instauração de procedimento policial ou inquérito policial, embora possam dar margem para eventuais interpretações nesse sentido, poderemos ter o entendimento de que não gozariam desta prerrogativa em "requisitar" a instauração de procedimento policial ou inquérito policial, porquanto se o legislador quisesse teria feito de maneira expressa, igual contemplou em prol dos membros do Ministério Público e membros da Magistratura. Nessa mesma circunstância estaríamos diante de um silêncio eloquente.

De qualquer forma, a depender da redação, poderia existir uma corrente a admitir esta requisição para fins de instauração de inquérito policial ou procedimento policial, e para esta corrente será possível que os membros agentes públicos detentores da prerrogativa de "requisição" possam incorrer no crime em tela.

Algumas inquietações surgem inevitavelmente:

- ❖ **Uma mera oitiva apenas da vítima juntamente com o Boletim de Ocorrência pode dar azo aos "indícios"?** Entendemos a possibilidade de ao menos dois entendimentos sobre o tema. Recomendamos por cautela a adoção de outros atos e diligências preliminares até que se consolide o entendimento sobre este ponto, registrando que, de qualquer forma, exige-se o elemento específico do dolo de abusar para configurar o delito em espécie. Ademais, não podemos perder de vista certos depoimentos contundentes que dão azo para a instauração de procedimentos.

❖ **E apenas e tão somente o Boletim de Ocorrência ou equivalente é suficiente para abranger a expressão "indício"?** Entendemos a possibilidade de existir ao menos duas correntes de entendimentos sobre o assunto. Recomendamos a adoção de outros atos e diligências preliminares até que se consolide o entendimento sobre este ponto. Vale lembrar, de qualquer forma, que se exige o elemento específico do dolo de abusar para configurar o delito em espécie.

Ora, por mais que a natureza jurídica de um Boletim de Ocorrência ou equivalente seja uma versão unilateral, não podemos olvidar que ele em regra será lavrado por um agente policial investido no cargo, cujos atributos dos seus atos gozem de legitimidade. Porém, vamos mais longe e, se principalmente o agente policial amealhar as informações ou se os fatos forem presenciados pelos próprios policiais, o conteúdo do ato e do próprio instrumento gozará de presunção de veracidade ou legitimidade, o que daria lastro para entender pela existência de "indício" a retirar a elementar e até mesmo o dolo da conduta do agente (Autoridade Policial) que instaura ou requisita a instauração (promotor de justiça, juiz, dentre outros cargos).

7.19.19. Fatos manifestamente atípicos ou desprovidos de justa causa

Em fatos manifestamente atípicos ou desprovidos de justa causa, a recomendação é que haja um despacho fundamentado, com indicação das razões jurídicas e fáticas do convencimento do Delegado de Polícia, em que se o boletim de ocorrência não permitir a instauração de inquérito, será arquivado mediante despacho fundamentado. A título de exemplo, em São Paulo, a Portaria DGP-18, de 25 de novembro de 1998, diz, em seu art. 2º e seguintes, que autoridade policial não instaurará inquérito quando os fatos levados à sua consideração não configurarem, manifestamente, qualquer ilícito penal. Igual procedimento, a Autoridade Policial adotará, em face de qualquer hipótese determinante de falta de justa causa para a deflagração da investigação criminal, devendo, em ato fundamentado, indicar as razões jurídicas e fáticas de seu convencimento. O boletim de ocorrência que, nesses mesmos termos, não viabilizar instauração de inquérito, será arquivado mediante despacho fundamentado da autoridade policial e, em seguida, registrado em livro próprio.

7.19.20. Procedimento de Investigação Criminal (PIC)

Entra nesta discussão o Procedimento de Investigação Criminal (PIC) levado a cabo pelo Ministério Público. Constitucionalmente falando, a tarefa constitucional de investigar cabe tão somente às Polícias Judiciárias. Todavia, o STF, por meio da aplicação às avessas da Teoria dos Poderes Implícitos, acabou por entender que o Ministério Público poderia concentrar a tarefa de investigar.

Desse modo, calcado no entendimento do STF, o "PIC" procedimentalizado pelo Ministério Público, entre outros atos inerentes ao procedimento de investigação, poderia abranger a nova lei de abuso de autoridade.

7.19.21. Investigações iniciadas tendo por base reportagens

Situação comumente abordada em reportagens investigativas sobre diversos delitos cometidos, como, por exemplo, desvio de verbas públicas, venda clandestina de medicamentos, tráfico de drogas, comércio de produtos receptados etc. demonstra que a imprensa detém um poder especial de trazer ao público irregularidades, atraindo a atenção da polícia para aquelas que envolvem práticas criminosas. Assim, já se discutiu se a Polícia poderia instaurar procedimento investigatório para apurar o eventual crime noticiado em reportagem investigativa. Hoje o assunto é bastante sedimentado, tanto na doutrina quanto na jurisprudência, uma vez que, conforme já decidido pelo STJ (RHC 98.056/CE), "a publicação na imprensa pode caracterizar a *notitia criminis* espontânea e, portanto, é uma fonte legítima para a instauração de investigação policial".

Ainda sobre o assunto, o Conselho Nacional dos Procuradores-Gerais dos Ministérios Públicos dos Estados e da União (CNPG) e do Grupo Nacional de Coordenadores de Centro de Apoio Criminal (CNCCRIM) editou o **enunciado n. 17** onde afirma que "a configuração do abuso de autoridade pela deflagração de investigação criminal com base em matéria jornalística, necessariamente, há de ser avaliada a partir dos critérios interpretativos trazidos pela Lei (art. 1º, § 1º) e da flagrante ausência de *standard* probatório mínimo que a justifique".

7.19.22. A questão do disque-denúncia

Conforme Marcel Gomes de Oliveira e Joaquim Leitão Junior (2019, p. 333), "o disque--denúncia exerce extrema importância na atividade investigativa, onde, muitas das vezes, dá um norte às investigações que se encontravam sem qualquer direção".

Diante da dimensão do assunto, o legislador editou a Lei nº 13.608/2018 para tratar do tema. Dissertando sobre a questão, o professor Noberto Avena (2011, p. 168) dispara que "trata-se, no caso, da *notitia criminis inqualificada*, abrangendo tanto as comunicações apócrifas (por escrito, porém sem subscrição do comunicante) como aquelas realizadas oralmente (v.g., os chamados disque-denúncia implementados em determinadas circunscrições policiais). Apesar de existirem algumas divergências e não obstante o anonimato seja vedado até mesmo em nível constitucional (art. 5º, IV, da CF), a comunicação de um fato criminoso à autoridade policial não exige a identificação do denunciante como condição para apuração do ilícito narrado. Evidentemente, nesses casos, a cautela recomenda que a autoridade policial, antes de proceder à instauração formal do inquérito mediante expedição de portaria, realize investigação preliminar com vistas a constatar a plausibilidade do relato. Encontrando, a partir desta apuração sumária, evidências no sentido de que não se trata de falsa notícia, deverá, então, proceder à instauração do inquérito visando à elucidação do fato".

Ainda dissertando sobre o assunto, os delegados de polícia Marcel Gomes de Oliveira e Joaquim Leitão Junior (2019, p. 339) aduzem que "impende notar que em qualquer situação de denúncia anônima – seja o fato conhecido ou desconhecido pela autoridade policial –, deverá se adotar cautelas para constatar a veracidade do relato. No mais, a denúncia anônima como suporte da investigação muitas vezes traz à tona informações valiosas – que, através de técnicas de investigação, são mais bem apuradas e materializadas, surgindo daí a possível apuração da autoria de crimes até então desconhecidos".

7.19.23. Em desfavor de alguém

Trata-se de pessoa física (alguém). Para maiores informações verificar os comentários sobre o sujeito passivo do delito, esboçado a seguir. No mais, conforme Renato Brasileiro (2020, p. 261), deve ser observado que "a redação do art. 27 deixa entrever que os procedimentos investigatórios em questão devem ser instaurados *em desfavor de alguém*. Ou seja, se forem instaurados não em face de uma pessoa certa e determinada, mas sim para a averiguação de um fato, ainda que manifestamente inexistente, sem qualquer indicação acerca de seu suposto autor e/ou partícipe, a conduta será atípica".

7.19.24. À falta de qualquer indício da prática de crime, de ilícito funcional ou de infração administrativa

Correlação lógica entre a falta de qualquer indício das situações citadas, em vista da requisição ou instauração de procedimento investigatório de infração penal ou administrativa. Ademais, o agente age de forma consciente e voluntária para o fim do tipo penal em estudo. Dissertando sobre o assunto, o professor Renato Brasileiro (2020, p. 262) esclarece que o aludido delito "restará caracterizado tão somente quando as condutas nucleares forem praticadas num ambiente de absoluta falta de qualquer indício da prática de crime, ilícito funcional ou de infração administrativa".

7.19.25. Meios de execução

Não existe no tipo penal qualquer vinculação com o método pelo qual deva ser executado o delito. Portanto, trata-se de crime de forma livre, que pode ser praticado por qualquer meio de execução eleito pelo agente.

7.19.26. Sujeito ativo

É a autoridade no conceito superamplo do artigo 2º e o seu parágrafo único. Por se tratar de crime próprio, deve ser ressaltado que, conforme regra do art. 30 do Código Penal, as circunstâncias de caráter pessoal, quando elementares do crime, se comunicam aos demais concorrentes. Assim, se um particular, sabendo que atua em conjunto com o funcionário público, contribuir para o abuso de autoridade, ambos responderão pelo delito.

7.19.27. Sujeito passivo

O sujeito passivo direto ou imediato é a vítima (pessoa física) atingida pelo abuso. Já o sujeito passivo indireto ou mediato será o Estado. Observe que, neste delito, a pessoa jurídica poderia vir a ser vítima do crime em tela, porém o legislador utilizou a expressão "alguém", e, por força do princípio da taxatividade, tal expressão não pode alcançar as pessoas jurídicas, já que essas não são consideradas "alguém". Assim, embora se possa requisitar instauração ou instaurar procedimento investigatório de infração penal ou administrativa, em desfavor de pessoas jurídicas, à falta de qualquer indício da prática de crime (ambiental), certo é que tal conduta não estará abrangida pelo delito em comento, por força do princípio da estrita legalidade. Por outro lado, o professor Renato Brasileiro (2020, p. 260) entende que as pessoas jurídicas também podem ser sujeito passivo do delito em tela.

7.19.28. Elemento subjetivo

É o dolo de praticar de forma consciente e voluntária qualquer das condutas descritas no *caput* ou nos incisos do parágrafo único. Não há expressa previsão legal da modalidade culposa, o que torna inviável a punição por culpa. No que tange a eventual punição a título de dolo eventual, esta será de difícil visualização, tendo em vista que as finalidades específicas do § 1º do art. 1º restringem o alcance de "assumir o risco para a produção do resultado". Vale ressaltar que Renato Brasileiro (2020, p. 266) admite o dolo eventual.

7.19.29. Elemento subjetivo específico (ou especial)

Observe que o § 1º do art. 1º trata de cláusula geral, aplicável a todos os delitos da lei de abuso de autoridade, conforme já tratado alhures. Assim, deverá ser comprovado pela acusação que o agente agiu com a finalidade específica de prejudicar outrem ou beneficiar a si mesmo ou a terceiro, ou, ainda, por mero capricho ou satisfação pessoal. Caso esse elemento subjetivo específico não reste demonstrado pelo Ministério Público, a conduta será considerada atípica.

7.19.30. Erro de tipo

Prescreve o art. 20 do Código Penal que "o erro sobre elemento constitutivo do tipo legal de crime exclui o dolo, mas permite a punição por crime culposo, se previsto em lei". Observe que no delito do art. 27 são diversas as elementares, portanto, se ficar comprovado pelas circunstâncias do caso concreto que o agente desconhecia tal elementar, acreditando piamente que requisitara ou instaurara procedimento investigatório de infração penal ou administrativa em desfavor de alguém, que acreditava ter indício da prática de crime, ficará caracterizado o erro de tipo, com a exclusão do dolo e por via de consequência do próprio crime.

7.19.31. Vedação ao crime de hermenêutica

Nunca é demais relembrar o dispositivo geral do § 2º do art. 1º da lei em comento, onde "a divergência na interpretação de lei ou na avaliação de fatos e provas não configura abuso de autoridade", portanto, através da análise do conjunto fático--probatório, em caso de eventual celeuma se há ou não indício para fins de se instaurar ou requisitar a instauração de procedimento investigatório de infração penal ou administrativo não ensejará o delito em tela. No mais, conforme já aduzido alhures o presente dispositivo, a nosso ver, tem natureza jurídica de causa de exclusão do dolo.

7.19.32. Consumação

O crime em análise possui dois núcleos (**requisitar** e **instaurar**) e, em ambos casos, se trata de crime material (ou causal), ou seja, é imprescindível a produção do resultado naturalístico, ou seja, o crime se consuma com a efetiva requisição de instauração ou a instauração de procedimento investigatório de infração penal ou administrativa, em desfavor de alguém, à falta de qualquer indício da prática de crime, de ilícito funcional ou de infração administrativa.

7.19.33. Tentativa

Em ambas as modalidades (requisitar e instaurar), seria perfeitamente possível a *conatus*, já que estamos diante de um delito plurissubsistente, onde poderá haver o fracionamento do *iter criminis*, como, por exemplo, no caso de um Promotor de Justiça requisitar de forma ilegal a instauração de um inquérito policial à Autoridade Policial, e esta requisição vier a ser extraviada por circunstâncias alheias à vontade do agente. Já na segunda modalidade – **instaurar** –, também poderia ser visualizada a tentativa, na situação de baixar todo o procedimento, e o agente ser impedido por um terceiro de vir a assiná-lo e efetivamente autuá-lo.

7.19.34. Causa excludente da ilicitude

Não haverá crime quando se tratar de sindicância ou investigação preliminar sumária, devidamente justificada. O Código de Processo Penal em diversos dispositivos trata das hipóteses em que haverá a justificativa para a apuração preliminar dos fatos, por exemplo, o § 3º do art. 5º, CPP: "Qualquer pessoa do povo que tiver conhecimento da existência de infração penal em que caiba ação pública poderá, verbalmente ou por escrito, comunicá-la à autoridade policial, **e esta, verificada a procedência das informações, mandará instaurar inquérito**". A propósito, o funcionário público que atua em conformidade com o art. 27, parágrafo único, estaria resguardado pelo estrito cumprimento de um dever legal (art. 23, I, primeira parte, do CP).

Notadamente, o legislador ordinário positivou expressamente no parágrafo único do art. 27 da mesma Lei que não haverá crime quando se tratar de sindicância ou investigação preliminar sumária, devidamente justificada. Assim, apesar de passar a impressão de que na apuração sumária e sindicância haveria de plano uma exclusão da tipicidade, é importante que, nos casos de sindicância ou investigação preliminar sumária (verificação de procedência de informações ou apuração preliminar), estas estejam devidamente justificadas para não configurarem a infração penal. A regra

Dos crimes e das penas **245**

da motivação deve pautar os atos administrativos, onde a Autoridade Policial estará resguardada.

7.19.35. Súmula 611 do STJ e causa excludente da ilicitude

Prescreve a Súmula 611 do Superior Tribunal de Justiça que "desde que devidamente motivada e com amparo em investigação ou sindicância, é permitida a instauração de processo administrativo disciplinar com base em denúncia anônima, em face do poder-dever de autotutela imposto à Administração".

7.19.36. Pena cominada

Detenção, de 6 (seis) meses a 2 (dois) anos, e multa.

7.19.37. Ação penal

Em regra, se trata de ação penal pública incondicionada (art. 3º, *caput*). Todavia, em caso de inércia do Ministério Público, surgirá para a vítima a possibilidade de intentar a ação penal privada subsidiária da pública (art. 3º, § 1º). Há de salientar que a requisição de novas diligências ou a promoção do arquivamento pelo *Parquet* não dão ensejo a alegação de inércia, logo, inviável suscitar a ação penal subsidiária da pública.

7.19.38. Lei nº 9.099/1995

O delito em análise se trata de crime de menor potencial ofensivo, tendo em vista que a sua pena máxima não ultrapassa dois anos, fazendo o agente *jus* a todos os benefícios da lei dos Juizados Especiais Criminais.

7.19.39. Competência para processo e julgamento

Via de regra, será processado e julgado pelo Juizado Especial Criminal Estadual. Excepcionalmente, nos casos do art. 109 da Constituição Federal, haverá competência do Juizado Especial Federal. Não se pode perder de vista se o sujeito ativo for militar, quando a competência será da Justiça Militar Estadual ou da União, conforme o caso, nos termos do art. 9º, CPM. Devem ainda ser levadas em consideração as situações em que o sujeito ativo detiver foro por prerrogativa de função, onde será processado e julgado no respectivo tribunal competente – por exemplo, deputado federal responsável pela condução de determinada CPI que praticar o delito em análise será processado e julgado perante o STF (art. 102, I, alínea b, CF/88).

7.19.40. Classificação doutrinária

Trata-se de crime próprio ou especial (ou seja, demanda um sujeito ativo qualificado ou especial); material ou causal (ou seja, se exige a produção do resultado naturalístico); de forma livre (pode ser cometido por qualquer meio eleito pelo agente); comissivo (imperioso uma ação) e, excepcionalmente, comissivo por omissão (omissivo impróprio, ou seja, é a aplicação do art. 13, § 2º, do Código Penal); unissubjetivo, unilateral ou de concurso eventual (que pode ser praticado por um só agente); plurissubsistente (vários atos integram a conduta).

7.19.41. Conflito aparente com o delito de denunciação caluniosa

Vejamos a tabela a seguir, elucidativa sobre o tema:

Denunciação Caluniosa – Art. 339, CPB	Art. 27, da nova Lei de Abuso de Autoridade
Art. 339. Dar causa à instauração de investigação policial, de processo judicial, instauração de investigação administrativa, inquérito civil ou ação de improbidade administrativa contra alguém, **imputando-lhe crime de que o sabe inocente:** **Pena** – reclusão, de dois a oito anos, e multa. **§ 1º** – A pena é aumentada de sexta parte, se o agente se serve de anonimato ou de nome suposto. **§ 2º** – A pena é diminuída de metade, se a imputação é de prática de contravenção.	**Art. 27.** Requisitar instauração ou instaurar procedimento investigatório de infração penal ou administrativa, em desfavor de alguém, **à falta de qualquer indício** da prática de crime, de ilícito funcional ou de infração administrativa: **Pena** – detenção, de 6 (seis) meses a 2 (dois) anos, e multa. **Parágrafo único.** Não há crime quando se tratar de sindicância ou investigação preliminar sumária, devidamente justificada.
Núcleo do tipo: "dar causa"	**Núcleo do tipo:** "requisitar" ou "instaurar"
Sujeito ativo: pode ser qualquer pessoa	**Sujeito ativo:** em regra, agente público e excepcionalmente particular, desde que em concurso com aquele.
Sujeito passivo: o Estado (principal) e pessoa acusada caluniosamente (secundária).	**Sujeito passivo:** o sujeito passivo direto ou imediato é a vítima (pessoa física ou jurídica) atingida pelo abuso cometido. Já o sujeito passivo indireto ou mediato será o Estado.
Pena: reclusão, de dois a oito anos, e multa.	**Pena:** detenção, de 6 (seis) meses a 2 (dois) anos, e multa.
Há causa de aumento de pena, se o agente se vale do anonimato.	Não há possibilidade de anonimato, pois o agente responsável é quem requisita a instauração ou instaura o procedimento.
Há causa de diminuição de pena, caso se trate de imputação de contravenção penal.	Não há qualquer hipótese de redução de pena.
Em resumo: aqui, a vítima é completamente inocente e o agente sabe dessa circunstância, mas dá causa a instauração de procedimento imputando-lhe crime de que sabe inocente.	**Em resumo:** aqui, não se discute a inocência da vítima. O que está em jogo são os indícios, ou seja, requisita-se ou instaura procedimento contra alguém à falta de qualquer indício.

Sobre o assunto, de forma muito clara advertem os professores Rogério Sanches e Rogério Greco (2019. p. 245): "Promotor de Justiça, que requisita Inquérito policial contra cidadão que sabe inocente, não comete o crime da Lei de Abuso de Autoridade, mas do art. 339 do CP, mais rigorosamente punido".

7.19.42. Conflito aparente com o delito do art. 30 desta Lei

Diante do possível conflito, apresentamos o quadro a seguir para melhor compreensão:

Art. 27. Requisitar instauração ou instaurar procedimento investigatório de infração penal ou administrativa, em desfavor de alguém, à falta de qualquer indício da prática de crime, de ilícito funcional ou de infração administrativa: **Pena** – detenção, de 6 (seis) meses a 2 (dois) anos, e multa. **Parágrafo único.** Não há crime quando se tratar de sindicância ou investigação preliminar sumária, devidamente justificada.	**Art. 30.** Dar início ou proceder à persecução penal, civil ou administrativa sem justa causa fundamentada ou contra quem sabe inocente: **Pena** – detenção, de 1 (um) a 4 (quatro) anos, e multa.
Condutas: Requisitar instauração ou instaurar procedimento investigatório de infração penal ou administrativa.	**Condutas:** Dar início ou proceder à persecução penal, civil ou administrativa.
Elemento subjetivo específico: Dolo de abusar	**Elemento subjetivo específico:** Dolo de abusar
Objetos: Procedimento investigatório de infração penal ou administrativa	**Objetos:** Persecução penal, civil ou administrativa
Ausência que oportuniza a incidência do crime: Falta de qualquer indício da prática de crime, de ilícito funcional ou de infração administrativa.	**Ausência que oportuniza a incidência do crime:** Sem justa causa fundamentada ou contra quem sabe inocente.

7.20. Divulgar gravação ou trecho de gravação sem relação com a prova que se pretenda produzir, expondo a intimidade ou a vida privada ou ferindo a honra ou a imagem do investigado ou acusado (art. 28)

Art. 28. Divulgar gravação ou trecho de gravação sem relação com a prova que se pretenda produzir, expondo a intimidade ou a vida privada ou ferindo a honra ou a imagem do investigado ou acusado:

Pena – detenção, de 1 (um) a 4 (quatro) anos, e multa.

248 A nova lei de abuso de autoridade

7.20.1. Introdução

A Constituição Federal, no art. 5º, XLI, determinou que "a lei punirá qualquer discriminação atentatória dos direitos e liberdades fundamentais". Assim, ao tipificar tal conduta o legislador buscou primariamente resguardar os direitos e liberdades fundamentais, especialmente no tocante à honra e intimidade da pessoa.

7.20.2. Fundamento constitucional

A conduta descrita no artigo em comento viola os seguintes direitos e garantias fundamentais, previsto no art. 5º, da CF/88:

> V – é assegurado o direito de resposta, proporcional ao agravo, além da indenização por dano material, moral ou à imagem; X – são invioláveis a intimidade, a vida privada, a honra e a imagem das pessoas, assegurado o direito a indenização pelo dano material ou moral decorrente de sua violação; LVII – ninguém será considerado culpado até o trânsito em julgado de sentença penal condenatória.

7.20.3. A Convenção Americana de Direitos Humanos

As condutas descritas violam os seguintes preceitos da CADH, previstos no art. 8º, II, art. 11, I, II e III, e art. 14, I, II, III, nestes termos:

> Art. 8º. Garantias Judiciais. II. Toda pessoa acusada de delito tem direito a que se presuma sua inocência enquanto não se comprove legalmente sua culpa. Artigo 11. Proteção da honra e da dignidade. I. Toda pessoa tem direito ao respeito de sua honra e ao reconhecimento de sua dignidade. II. Ninguém pode ser objeto de ingerências arbitrárias ou abusivas em sua vida privada, na de sua família, em seu domicílio ou em sua correspondência, nem de ofensas ilegais à sua honra ou reputação; III. Toda pessoa tem direito à proteção da lei contra tais ingerências ou tais ofensas. Artigo 14. Direito de retificação ou resposta. I. Toda pessoa atingida por informações inexatas ou ofensivas emitidas em seu prejuízo por meios de difusão legalmente regulamentados, e que se dirijam ao público em geral, tem direito a fazer, pelo mesmo órgão de difusão, sua retificação ou resposta, nas condições que estabeleça a lei. II. Em nenhum caso a retificação ou a resposta eximirão das outras responsabilidades legais em que se houver incorrido. III. Para a efetiva proteção da honra e da reputação, toda publicação ou empresa jornalística, cinematográfica, de rádio ou televisão, deve ter uma pessoa responsável que não seja protegida por imunidades nem goze de foro especial".

7.20.4. Princípio da continuidade normativa típica

Há de ser observado que a conduta descrita no artigo em comento já encontrava, em parte, expressa previsão legal no art. 4º, alínea "h", da Lei nº 4.898/1965, nestes termos: "Art. 4º Constitui também abuso de autoridade: h) o ato lesivo da honra ou do patrimônio de pessoa natural ou jurídica, quando praticado com abuso ou desvio de poder ou sem competência legal". Observe que, embora o art. 4º, alínea "h", fosse extremamente lacônico (aberto), poderia, hipoteticamente, ensejar abuso de autoridade, no tocante à exposição da honra do investigado ou acusado, na forma atualmente delimitada no art. 28.

7.20.5. *Novatio legis* incriminadora

Sobre o artigo em comento, trata-se de nova lei penal incriminadora no que tange a "divulgação de gravação ou trecho de gravação sem relação com a prova que se pretenda produzir, gerando exposição a intimidade ou a vida privada ou ferir a imagem do investigado ou acusado", assim, nesta hipótese, por força constitucional (art. 5º, inc. XXXIX) e infraconstitucional (art. 1º, CP), serão aplicadas para o futuro, afinal, não há crime sem lei anterior que o defina e não há pena sem prévia cominação legal.

7.20.6. Objeto jurídico

Trata-se de crime pluriofensivo, porquanto, além de tutelar o regular funcionamento da administração pública, sua credibilidade e dignidade, tutela também os direitos e garantias fundamentais prescritos no art. 5º da Constituição Federal, em especial a honra e presunção de inocência do investigado ou acusado.

7.20.7. Objeto material

É a gravação ou trecho de gravação, devendo estes serem entendidos como áudios captados através de interceptações telefônicas, escutas ambientais ou gravações propriamente ditas. Observe que os trechos de depoimentos escritos, comumente divulgados na imprensa (ex.: o depoimento dado por escrito contando detalhes da empreitada criminosa), não estão abrangidos pelo tipo penal em análise.

7.20.8. Núcleo do tipo

Divulgar é difundir; revelar; apregoar; tornar conhecido; tornar-se conhecido ou público; propagar-se. Logo, a incriminação deste injusto penal é revelar gravação ou trecho de gravação sem relação com a prova que se pretenda produzir, expondo a intimidade ou a vida privada ou ferindo a honra ou a imagem do investigado ou acusado. Ademais, como a parte final do citado delito fala em "investigado ou acusado", conclui-se que em caso de divulgação de gravação ou trecho de gravação sem relação com a prova que se pretenda produzir, expondo a intimidade ou a vida privada ou ferindo a honra ou a imagem de outras partes do processo (ex.: testemunhas, vítimas, familiares do investigado, amigos do investigado), a conduta será considerada atípica.

Em resumo, o delito em tela é aquele tipo de situação, em que se expõe uma pessoa sem necessidade alguma perante o público, por meio de uma gravação ou trecho de gravação sem qualquer pertinência com a prova que deva produzir, causando exposição indevida à intimidade ou à vida privada ou ferindo a honra ou a imagem do investigado ou acusado. Observe que o tipo penal é taxativo – falando apenas – **de divulgação de gravação ou trecho de gravação**. Portanto, tal situação não abrange os trechos de depoimentos escritos.

O crime em tela pressupõe também que houve uma interceptação legal, sendo a ilegalidade observada no seu manuseio – é neste sentido inclusive o teor do **enunciado n. 18** do Conselho Nacional dos Procuradores-Gerais dos Ministérios Públicos dos Estados e da União (CNPG) e do Grupo Nacional de Coordenadores de Centro de Apoio Criminal (CNCCRIM): "O crime do art. 28 da Lei de Abuso de Autoridade (Divulgar gravação ou trecho de gravação sem relação com a prova que se pretenda produzir, expondo a intimidade ou a vida privada ou ferindo a honra ou a imagem do investigado ou acusado) pressupõe interceptação legal (legítima e lícita), ocorrendo abuso no manuseio do conteúdo obtido com a medida".

Dois pontos que merecem destaque e encontram-se na Orientação nº 01/2020 do Ministério Público do Rio Grande do Sul dizem respeito à divulgação precedida de autorização judicial, bem como quando a divulgação envolver a presença de dados ou de informações pessoais não relacionados à infração penal investigada ou processada, mas que se encontrem em contexto mais amplo vinculado à investigação ou ao processo. São nesse sentido os enunciados nº 8 e nº 9:

> 8. *Não constitui crime de abuso de autoridade a divulgação de gravação de áudio, mídia, ou qualquer direito protegido por cláusula judicial constitucional, quando a difusão for autorizada pela Justiça.*

> 9. *Não constitui crime de abuso de autoridade (art. 28 da Lei nº 13.869/2019) a divulgação judicialmente autorizada de gravação ou de trecho de gravação com a*

presença de dados ou de informações pessoais não relacionados à infração penal investigada ou processada, quando integrantes de contexto mais amplo vinculado à investigação ou ao processo.

7.20.9. Sem relação com a prova que se pretenda produzir

Deve ser observado que o tipo penal se limita a "divulgar gravação ou trecho de gravação **sem relação com a prova que se pretenda produzir**, expondo a intimidade ou a vida privada ou ferindo a honra ou a imagem do investigado ou acusado", daí se dizer, a contrário senso, que, se a divulgação tiver relação com a prova que se pretenda produzir não haverá crime, se tratando de fato atípico. No mesmo sentido, Renato Brasileiro (2020, p. 272) e Gabriela Marques e Ivan Marques (2019, p. 123).

7.20.10. Meios de execução

Não existe no tipo penal qualquer vinculação com o método pelo qual deva ser executado o delito. Portanto, trata-se de crime de forma livre, que pode ser praticado por qualquer meio de execução eleito pelo agente.

7.20.11. Sujeito ativo

É a autoridade no conceito superamplo do artigo 2º e o seu parágrafo único, sem olvidar que, no presente delito, nada impede de o particular (por exemplo, advogado, jornalistas) vir a figurar como coautor do crime.

7.20.12. Sujeito passivo

O sujeito passivo direto ou imediato é a vítima (pessoa física ou jurídica) atingida pelo abuso cometido. Já o sujeito passivo indireto ou mediato será o Estado. Observe que, neste delito, poderá ocorrer de se ferir a honra ou a imagem do investigado ou acusado de delitos ambientais, inclusive as pessoas jurídicas (públicas ou privadas), que em conformidade com o art. 223, § 3º, da CF c/c o art. 3º da Lei nº 9.605/1998, poderão figurar como sujeito ativo de crimes ambientais. Além do mais, a vítima do crime deve ser especificamente o investigado ou acusado.

7.20.13. Elemento subjetivo

É o dolo de praticar de forma consciente e voluntária qualquer das condutas descritas no *caput* ou nos incisos do parágrafo único. Não há expressa previsão legal da modalidade culposa, o que torna inviável a punição por culpa. No que tange a eventual punição a título de dolo eventual, esta será de difícil visualização, tendo em vista que as finalidades específicas do § 1º do art. 1º restringem o alcance de "assumir o risco para a produção do resultado".

7.20.14. Elemento subjetivo específico (ou especial)

Observe que o § 1º do art. 1º trata de cláusula geral, aplicável a todos os delitos da lei de abuso de autoridade, conforme já tratado alhures. Assim, deverá ser comprovado pela acusação que o agente agiu com a finalidade específica de prejudicar outrem ou beneficiar a si mesmo ou a terceiro, ou, ainda, por mero capricho ou satisfação pessoal. Caso esse elemento subjetivo específico não reste demonstrado pelo Ministério Público, a conduta será considerada atípica.

7.20.15. Erro de tipo

Prescreve o art. 20 do Código Penal que "o erro sobre elemento constitutivo do tipo legal de crime exclui o dolo, mas permite a punição por crime culposo, se previsto em lei". Observe que no delito do art. 28 há diversas elementares, por exemplo, "sem relação com a prova que se pretenda produzir", ou então "expondo a intimidade ou a vida privada ou ferindo a honra ou a imagem do investigado ou acusado"; portanto, se ficar comprovado pelas circunstâncias do caso concreto que o agente desconhecia tal elementar, acreditando piamente que estava realizando uma divulgação "com relação a prova que se pretendia produzir", ou então que "não estava expondo a intimidade ou a vida privada ou ferindo a honra ou imagem do investigado ou acusado", ficará caracterizado o erro de tipo, com a exclusão do dolo e por via de consequência o próprio crime. Citamos como exemplo a hipótese de "troca" de mídias digitais com os elementos citados.

7.20.16. Consumação

O crime em análise se trata de crime material (ou causal), ou seja, se consuma com a produção do resultado naturalístico – divulgação de gravação ou trecho de gravação sem relação com a prova que se pretenda produzir, expondo a intimidade ou a vida privada ou ferindo a honra ou a imagem do investigado ou acusado.

7.20.17. Tentativa

É perfeitamente possível, já que estamos diante de um delito plurissubsistente, onde poderá haver o fracionamento do *iter criminis*.

7.20.18. Pena cominada

Detenção, de 1 (um) a 4 (quatro) anos, e multa. Observe que a pena cominada a todos os delitos da Lei nº 13.869/2009 é a de detenção.

7.20.19. Ação penal

Em regra, se trata de ação penal pública incondicionada (art. 3º, *caput*). Todavia, em caso de inércia do Ministério Público, surgirá para a vítima a possibilidade de intentar a ação penal privada subsidiária da pública (art. 3º, § 1º). Há de salientar que a requisição de novas diligências ou a promoção do arquivamento pelo *Parquet* não dão ensejo a alegação de inércia, logo, inviável suscitar a ação penal subsidiária da pública.

7.20.20. Lei nº 9.099/1995

O delito em análise é crime de médio potencial ofensivo, tendo em vista que a sua pena mínima (1 ano) autoriza a incidência da suspensão condicional do processo, desde que presentes os requisitos do art. 89 da Lei nº 9.099/1995.

7.20.21. Competência para processo e julgamento

Via de regra, será processado e julgado pela justiça estadual. Excepcionalmente, nos casos do art. 109 da Constituição Federal haverá competência da Justiça Federal. Não se pode perder de vista se o sujeito ativo for militar, quando a competência será da Justiça Militar Estadual ou da União, conforme o caso, nos termos do art. 9º, CPM. Devem ainda ser levadas com consideração as situações em que o sujeito ativo detiver foro por prerrogativa de função, onde será processado e julgado no respectivo tribunal competente – por exemplo, deputado federal que durante uma CPI divulga uma gravação ou trecho de gravação será processado e julgado perante o STF (art. 102, I, alínea b, CF/88).

254 A nova lei de abuso de autoridade

7.20.22. Classificação doutrinária

Trata-se de crime próprio (todos os crimes de abuso de autoridade são próprios, ou seja, demandam um sujeito ativo qualificado ou especial); material ou causal (ou seja, se exige a produção do resultado naturalístico); de forma livre (pode ser cometido por qualquer meio eleito pelo agente); comissivo (imperioso uma ação) e, excepcionalmente, comissivo por omissão (omissivo impróprio, ou seja, é a aplicação do art. 13, § 2º, do Código Penal); unissubjetivo, unilateral ou de concurso eventual (que pode ser praticado por um só agente); plurissubsistente (vários atos integram a conduta).

7.20.23. Conflito aparente com o crime de divulgação de segredo – Art. 153, § 1º-A, do Código Penal

No delito de divulgação de segredo não há qualquer elemento subjetivo específico, ou seja, se trata de uma mera divulgação, sem justa causa, de informações sigilosas ou reservadas, assim definidas em lei, contidas ou não nos sistemas de informação da administração pública. Nestes termos: "Art. 153 –(...) § 1º-A. Divulgar, sem justa causa, informações sigilosas ou reservadas, assim definidas em lei, contidas ou não nos sistemas de informações ou banco de dados da Administração Pública: Pena – detenção, de 1 (um) a 4 (quatro) anos, e multa". Por outro lado, no delito do art. 28, há uma finalidade específica de abusar da autoridade, expondo a intimidade ou a vida privada ou ferindo a honra ou a imagem do investigado ou acusado.

7.20.24. Conflito aparente com o art. 18 da Lei nº 12.850/2013 – Lei das Organizações Criminosas

Pelo princípio da especialidade, aquele que divulgar gravação ou trecho de gravação revelando a identidade de colaborador, sem sua prévia autorização por escrito, incorrerá no delito do art. 18 da Lei das Organizações Criminosas, nestes termos: "Art. 18. Revelar a identidade, fotografar ou filmar o colaborador, sem sua prévia autorização por escrito: Pena – reclusão, de 1 (um) a 3 (três) anos, e multa".

7.20.25. Conflito aparente com o delito do art. 10 da Lei nº 9.296/1996 – Lei das Interceptações Telefônicas

Pelo princípio da especialidade, se o agente divulgar gravação ou trecho de gravação sem autorização judicial ou com objetivos não autorizados em lei, por exemplo, expondo a intimidade de acusado ou investigado, incorrerá no delito do art. 10 da Lei das Interceptações Telefônicas: "Art. 10. Constitui crime realizar interceptação de comunicações telefônicas, de informática ou telemática, promover escuta ambiental ou quebrar segredo da Justiça, sem autorização judicial ou com objetivos não autorizados em lei: Pena – reclusão, de 2 (dois) a 4 (quatro) anos, e multa. Parágrafo único. Incorre na mesma pena a autoridade judicial que determina a execução de conduta prevista no *caput* deste artigo com objetivo não autorizado em lei".

7.20.26. Conflito aparente com o delito do art. 10-A da Lei nº 9.296/1996 – Lei das Interceptações Telefônicas

Com o advento da Lei nº 13.964/19 (pacote anticrime), foi inserido um novo delito na lei das interceptações telefônicas – art. 10-A, §§ 1º e 2º –, e, pelo princípio da especialidade, se o agente divulgar gravação ou trecho de gravação de escuta ambiental enquanto mantido o sigilo judicial, incorrerá no citado delito, nestes termos: "Art. 10-A. Realizar captação ambiental de sinais eletromagnéticos, ópticos ou acústicos para investigação ou instrução criminal sem autorização judicial, quando esta for exigida: Pena – reclusão, de 2 (dois) a 4 (quatro) anos, e multa. §1º Não há crime se a captação é realizada por um dos interlocutores. § 2º A pena será aplicada em dobro ao funcionário público que descumprir determinação de sigilo das investigações que envolvam a captação ambiental ou revelar o conteúdo das gravações enquanto mantido o sigilo judicial".

7.21. Prestar informação falsa sobre procedimento judicial, policial, fiscal ou administrativo com o fim de prejudicar interesse de investigado (art. 29)

> **Art. 29.** Prestar informação falsa sobre procedimento judicial, policial, fiscal ou administrativo com o fim de prejudicar interesse de investigado:
>
> **Pena** – detenção, de 6 (seis) meses a 2 (dois) anos, e multa.
>
> **Parágrafo único.** (VETADO)[52].

7.21.1. Introdução

A Constituição Federal, no art. 5º, XLI, determinou que "a lei punirá qualquer discriminação atentatória dos direitos e liberdades fundamentais". Assim, ao tipificar tal conduta o legislador buscou primariamente resguardar os direitos e liberdades

---

[51] "**Parágrafo único.** Incorre na mesma pena quem, com igual finalidade, omite dado ou informação sobre fato juridicamente relevante e não sigiloso."

256 A nova lei de abuso de autoridade

fundamentais, especialmente no tocante à lisura nos atos processuais e à ampla defesa, que certamente restará prejudicada com a prestação de informações falsas.

7.21.2. Fundamento constitucional

A conduta descrita no artigo em comento viola o seguinte direito e garantia fundamental, previsto no art. 5º da CF/88: "LIV – ninguém será privado da liberdade ou de seus bens sem o devido processo legal".

7.21.3. *Novatio legis* incriminadora

Sobre o artigo em comento, trata-se de nova lei penal incriminadora e, por força constitucional (art. 5º, inc. XXXIX) e infraconstitucional (art. 1º, CP), será aplicada para o futuro, afinal, não há crime sem lei anterior que o defina e não há pena sem prévia cominação legal.

7.21.4. Objeto jurídico

Trata-se de crime pluriofensivo, porquanto, além de tutelar o regular funcionamento da administração pública, sua credibilidade e dignidade, tutela também os direitos e garantias fundamentais prescritos no art. 5º da Constituição Federal.

7.21.5. Objeto material

É a informação falsa, referente a procedimento judicial, policial, fiscal ou administrativo, que será repassada a parte interessada, com o fim de prejudicar interesse de investigado.

7.21.6. Núcleo do tipo

É **prestar**, que significa conceder, dar, repassar. A conduta em análise consiste em criminalizar a quem concede, dá e repassa informação falsa sobre procedimento judicial, policial, fiscal ou administrativo com o fim de prejudicar interesse de investigado. Sobre o assunto, ressalta Renato Brasileiro (2020, p. 274-275) que no caso em análise "estamos diante de verdadeira modalidade especial de falsidade ideológica (CP, art. 299), na qual o agente público, ao prestar informação sobre procedimento judicial, policial, fiscal ou administrativo, insere ou faz inserir declaração falsa ou diversa da que devia ser escrita".

7.21.7. Meios de execução

Não existe no tipo penal qualquer vinculação com o método pelo qual deva ser executado o delito. Portanto, trata-se de crime de forma livre, que pode ser praticado por qualquer meio de execução eleito pelo agente.

7.21.8. Sujeito ativo

É a autoridade no conceito superamplo do artigo 2º e o seu parágrafo único. Por se tratar de crime próprio, deve ser ressaltado que, conforme regra do art. 30 do Código Penal, as circunstâncias de caráter pessoal, quando elementares do crime, se comunicam aos demais concorrentes. Assim, se um particular, sabendo que atua em conjunto com o funcionário público, contribuir para o abuso de autoridade, ambos responderão pelo delito.

7.21.9. Sujeito passivo

O sujeito passivo direto ou imediato é a vítima (pessoa física ou jurídica). Já o sujeito passivo indireto ou mediato será o Estado. Observe que, neste delito, poderá ocorrer de se prestar informação falsa sobre procedimento judicial, policial, fiscal ou administrativo com o fim de prejudicar interesse de investigado (pessoa jurídica), nos casos de delitos ambientais. Dessa forma, em conformidade com o art. 223, § 3º, da CF c/c o art. 3º da Lei nº 9.605/1998, se as pessoas jurídicas podem ser sujeitos ativos de crimes ambientais, lógico que também poderão ser sujeitos passivos do delito em comento.

7.21.10. Elemento subjetivo

É o dolo de praticar de forma consciente e voluntária qualquer das condutas descritas no *caput* ou nos incisos do parágrafo único. Não há expressa previsão legal da modalidade culposa, o que torna inviável a punição por culpa. No que tange a eventual punição a título de dolo eventual, esta será de difícil visualização, tendo em vista que as finalidades específicas do § 1º do art. 1º restringem o alcance de "assumir o risco para a produção do resultado".

7.21.11. Elemento subjetivo específico (ou especial)

Observe que o § 1º do art. 1º trata de cláusula geral, aplicável a todos os delitos da lei de abuso de autoridade, conforme já tratado alhures. Todavia, no delito em comento, o legislador buscou restringir ainda mais o elemento subjetivo específico, enumerando uma única modalidade, qual seja, "com o fim de prejudicar interesse do investigado". Sobre o assunto vale a transcrição do **enunciado n. 19** do Conselho Nacional dos Procuradores-Gerais dos Ministérios Públicos dos Estados e da União (CNPG) e do Grupo Nacional de Coordenadores de Centro de Apoio Criminal (CNCCRIM): "o legislador, na tipificação do crime do art. 29 da Lei de Abuso de Autoridade, optou por restringir o alcance do tipo, pressupondo por parte do agente a finalidade única de prejudicar interesse de investigado. Agindo com a finalidade de beneficiar, pode responder por outro delito, como prevaricação (art. 319 do CP), a depender das circunstâncias do caso concreto". Por fim, vale lembrar que, caso esse elemento subjetivo específico não reste demonstrado pelo Ministério Público, a conduta será considerada atípica.

7.21.12. Consumação

O crime em análise se trata de crime formal (de consumação antecipada ou de resultado cortado), ou seja, se consuma com a simples prestação de informação falsa sobre procedimento judicial, policial, fiscal ou administrativo, independentemente de vir a prejudicar o interesse de investigado.

7.21.13. Tentativa

É perfeitamente possível, já que estamos diante de um delito plurissubsistente, onde poderá haver o fracionamento do *iter criminis*. Podemos citar como exemplo o caso de uma informação falsa vir a ser extraviada, não sendo juntada aos autos por circunstâncias alheias à vontade do agente.

7.21.14. Pena cominada

Detenção, de 6 (seis) meses a 2 (dois) anos, e multa.

7.21.15. Ação penal

Em regra, se trata de ação penal pública incondicionada (art. 3º, *caput*). Todavia, em caso de inércia do Ministério Público, surgirá para a vítima a possibilidade de intentar a ação penal privada subsidiária da pública (art. 3º, § 1º). Há de salientar que a requisição de novas diligências ou a promoção do arquivamento pelo *Parquet* não dão ensejo a alegação de inércia, logo, inviável suscitar a ação penal subsidiária da pública.

7.21.16. Lei nº 9.099/1995

O delito em análise de trata de crime de menor potencial ofensivo, tendo em vista que a sua pena máxima não ultrapassa dois anos, fazendo o agente *jus* a todos os benefícios da lei dos Juizados Especiais Criminais.

7.21.17. Competência para processo e julgamento

Via de regra, será processado e julgado pelo Juizado Especial Criminal Estadual. Excepcionalmente, nos casos do art. 109 da Constituição Federal, haverá competência do Juizado Especial Federal. Não se pode perder de vista se o sujeito ativo for militar, quando a competência será da Justiça Militar Estadual ou da União, conforme o caso, nos termos do art. 9º, CPM. Devem ainda ser levadas em consideração as situações em que o sujeito ativo detiver foro por prerrogativa de função, onde será processado e julgado no respectivo tribunal competente – por exemplo, deputado federal responsável pela condução de determinada CPI que pratica o delito em análise será processado e julgado perante o STF (art. 102, I, alínea b, CF/88).

7.21.18. Classificação doutrinária

Trata-se de crime próprio (todos os crimes de abuso de autoridade são próprios, ou seja, demandam um sujeito ativo qualificado ou especial); formal ou de consumação antecipada (ou seja, não se exige a produção do resultado naturalístico); de forma livre (pode ser cometido por qualquer meio eleito pelo agente); comissivo (imperioso uma ação) e, excepcionalmente, comissivo por omissão (omissivo impróprio, ou seja, é a aplicação do art. 13, § 2º, do Código Penal); unissubjetivo, unilateral ou de concurso eventual (que pode ser praticado por um só agente); plurissubsistente (vários atos integram a conduta).

7.21.19. Conflito aparente com o crime de falso testemunho ou falsa perícia – Art. 342, CP

O crime de falso testemunho ou falsa perícia se distingue do delito em comento, pois neste há a finalidade específica de prejudicar interesse da pessoa investigada, enquanto no delito do art. 342 do CP não há qualquer finalidade específica, sendo, inclusive, admitida causa extintiva da punibilidade (CP, § 2º, art. 342).

7.21.20. Razões do veto do parágrafo único do art. 29

"A propositura legislativa, ao prever como elemento do tipo 'informação sobre fato juridicamente relevante e não sigiloso', gera insegurança jurídica por encerrar tipo penal aberto e que comporta interpretação. Além disso, pode vir a conflitar com a Lei nº 12.527, de 2011 (Lei de Acesso à Informação), tendo em vista que pode conduzir ao entendimento pela possibilidade de divulgação de informações de caráter pessoal, as quais nem sempre são sigilosas, mas são protegidas por aquele normativo".

7.22. Dar início ou proceder à persecução penal, civil ou administrativa sem justa causa fundamentada ou contra quem sabe inocente (art. 30)

> **Art. 30.** Dar início ou proceder à persecução penal, civil ou administrativa sem justa causa fundamentada ou contra quem sabe inocente:
>
> **Pena** – detenção, de 1 (um) a 4 (quatro) anos, e multa.

7.22.1. Introdução

A Constituição Federal, no art. 5º, XLI, determinou que "a lei punirá qualquer discriminação atentatória dos direitos e liberdades fundamentais". Assim, ao tipificar tal conduta o legislador buscou primariamente resguardar os direitos e liberdades fundamentais, especialmente no tocante à esfera de direitos, liberdade e honra do indivíduo.

7.22.2. Fundamento constitucional

As condutas descritas no artigo em comento violam o seguinte direito e garantia fundamental, previsto no art. 5º da CF/88: "LIV – ninguém será privado da liberdade ou de seus bens sem o devido processo legal".

Há autores que entendem se tratar de delito inconstitucional, como Igor Pinheiro (2020, p. 138) e Rogério Sanches e Rogério Greco (2019, p. 263). No mesmo sentido, o **enunciado n. 20** do Conselho Nacional dos Procuradores-Gerais dos Ministérios Públicos dos Estados e da União (CNPG) e do Grupo Nacional de Coordenadores de Centro de Apoio Criminal (CNCCRIM): "O crime do art. 30 da Lei de Abuso de Autoridade deve ser declarado, incidentalmente, inconstitucional. Não apenas em razão da elementar "justa causa" ser expressão vaga e indeterminada, como também porque gera retrocesso na tutela dos bens jurídicos envolvidos, já protegidos pelo art. 339 do CP, punido, inclusive, com pena em dobro".

7.22.3. A Convenção Americana de Direitos Humanos

As condutas descritas violam os seguintes preceitos da CADH, previstos no art. 8º, II, art. 11, I, nestes termos: "Art. 8º. Garantias Judiciais. II. Toda pessoa acusada de delito tem direito a que se presuma sua inocência enquanto não se comprove legalmente sua culpa. Artigo 11. Proteção da honra e da dignidade. I. Toda pessoa tem direito ao respeito de sua honra e ao reconhecimento de sua dignidade".

7.22.4. *Novatio legis* incriminadora

Sobre o artigo em comento, trata-se de nova lei penal incriminadora e, por força constitucional (art. 5º, inc. XXXIX) e infraconstitucional (art. 1º, CP), será aplicada para o futuro, afinal, não há crime sem lei anterior que o defina e não há pena sem prévia cominação legal.

7.22.5. Objeto jurídico

Trata-se de crime pluriofensivo, porquanto, além de tutelar o regular funcionamento da administração pública, sua credibilidade e dignidade, tutela também os direitos e garantias fundamentais prescritos no art. 5º da Constituição Federal, como, por exemplo, a honra da pessoa.

7.22.6. Objeto material

Recai sobre a pessoa alvo da persecução penal, civil ou administrativa sem justa causa fundamentada ou inocente.

7.22.7. Núcleo do tipo

São dois os núcleos do tipo: **dar início**, devendo ser entendido como por onde começa, inicia, origina. Em relação ao verbo **proceder**, já presume prosseguimento, andamento de algo. Logo, a conduta incriminada é iniciar ou dar prosseguimento à persecução penal, civil ou administrativa sem justa causa fundamentada ou contra quem sabe inocente.

7.22.8. Meios de execução

Não existe no tipo penal qualquer vinculação com o método pelo qual deva ser executado o delito. Portanto, trata-se de crime de forma livre, que pode ser praticado por qualquer meio de execução eleito pelo agente.

7.22.9. Sujeito ativo

É a autoridade no conceito superamplo do artigo 2º e o seu parágrafo único. Por se tratar de crime próprio, deve ser ressaltado que, conforme regra do art. 30 do Código Penal, as circunstâncias de caráter pessoal, quando elementares do crime, se comunicam aos demais concorrentes. Assim, se um particular, sabendo que atua em conjunto com o funcionário público, contribuir para o abuso de autoridade, ambos responderão pelo delito.

7.22.10. Sujeito passivo

O sujeito passivo direto ou imediato é a vítima (pessoa física ou jurídica) atingida pelo abuso cometido. Já o sujeito passivo indireto ou mediato será o Estado.

7.22.11. Elemento subjetivo

É o dolo de praticar de forma consciente e voluntária qualquer das condutas descritas no *caput* ou nos incisos do parágrafo único. Não há expressa previsão legal da modalidade culposa, o que torna inviável a punição por culpa. No que tange a eventual punição a título de dolo eventual, esta será de difícil visualização, tendo em vista que as finalidades específicas do § 1º do art. 1º restringem o alcance de "assumir o risco para a produção do resultado". Em sentido contrário, Renato Brasileiro (2020, p. 282) só admite a exclusão do dolo eventual na modalidade "contra quem sabe inocente".

7.22.12. Elemento subjetivo específico (ou especial)

Observe que o § 1º do art. 1º se trata de cláusula geral, aplicável a todos os delitos da lei de abuso de autoridade, conforme já tratado alhures. Assim, deverá ser comprovado pela acusação que o agente agiu com a finalidade específica de prejudicar outrem ou beneficiar a si mesmo ou a terceiro, ou, ainda, por mero capricho ou satisfação pessoal. Caso esse elemento subjetivo específico não reste demonstrado pelo Ministério Público, a conduta será considerada atípica.

7.22.13. Justa causa

A "ausência de justa causa" ou "contra quem se sabe inocente" são filtros que o legislador entendeu por bem dotar de garantias os investigados para evitar perseguições fadadas ao fracasso que geram custas ao erário público e podem refletir negativamente na vida das pessoas.

Não vamos ingressar no mérito da terminologia "justa causa" na seara processual penal, pois há uma divergência doutrinária[52] e jurisprudencial do que vem a ser, embora podemos resumir que ela numa das variáveis de definição significa, a grosso modo, um **lastro probatório mínimo e firme, indicativo da autoria e da materialidade da infração penal.** Conforme já aduzimos anteriormente, por este motivo há forte doutrina defendendo a inconstitucionalidade do delito em comento – vejamos o que diz Rogério Sanches e Rogerio Greco (2019, p. 263): "essa indisfarçável imprecisão do elemento típico (justa causa) é incompatível com normas incriminadoras, razão pela qual o dispositivo em comento é de duvidosa constitucionalidade".

7.22.14. Conceito de persecução penal, civil e administrativa

Vamos levar em conta apenas a expressão "persecução penal" que nos interessa, por ora na análise. Esta expressão pode abranger a conjugação da investigação e do processo (ação penal tecnicamente falando).

Podemos afirmar que o preceito primário mira a deflagração da ação penal (processo em sentido amplo), em que a relação processual se completa com a citação.

Todavia, não podemos olvidar que a persecução penal pode abranger as duas fases, sendo uma em sede de investigação policial e a outra em sede de ação penal, em que cautela para a instauração (dar início ou proceder) do inquérito policial deve ser levada em conta.

7.22.15. Quanto ao aspecto de persecução civil e administrativa

É importante que as autoridades competentes visualizem um lastro mínimo para de-flagração dessas "persecuções", conforme o legislador fez a opção de assim nominar

---

[52] A propósito, Aldo de Campos Costa leciona acerca da justa causa que: "[...] A doutrina diverge quanto à natureza jurídica do que se compreende por **justa causa** no processo penal, vale dizer, "o fato ou o conjunto de fatos que justificam determinada situação jurídica, ora para excluir uma responsabilidade, ora para dar-lhe certo efeito jurídico". Em um **primeiro grupo** estão os que a identificam: a) como uma condição **autônoma** da ação; b) como uma **síntese** das condições da Ação Penal; c) como **uma** das condições da ação (interesse de agir); ou, ainda, d) como **mais de uma** condição da ação (interesse de agir e possibilidade jurídica do pedido). Em um **segundo grupo** estão os que a classificam como uma condição de procedibilidade, alheia ao injusto culpável e alusiva à admissibilidade da prossecução penal em relação a determinados comportamentos. A jurisprudência densifica o conceito de justa causa quando procede a um exame da acusação, já formalizada, sob dois pontos de vista distintos: um **formal**, a partir da existência de elementos típicos (tipicidade objetiva e tipicidade subjetiva) e outro **material**, com base na presença de elementos indiciários (autoria e materialidade)" (COSTA, 2013, p. 1).

264 A nova lei de abuso de autoridade

também, a fim de evitarem incidir também na prática do crime em estudo. Nessa esteira de raciocínio ecoa a **súmula n. 10**, editada pela Polícia Civil de São Paulo durante Seminário sobre o tema, aduzindo que "quando a notícia de fato não viabilizar instauração de procedimento investigatório, o Delegado de Polícia responsável determinará a verificação da procedência das informações a título de investigação preliminar sumária, em atenção ao artigo 5º, § 3º, do CPP, sem prejuízo de ulterior acautelamento fundamentado enquanto não obtidos elementos indiciários que denotem justa causa para deflagrar o procedimento legal cabível".

7.22.16. Conceito de pessoa inocente

Concernente ao conceito de pessoa "sabidamente inocente", é de difícil aferição, eis que o órgão acusador e o órgão de investigação para apurar o delito em espécie deverão ter provas incontestáveis (ou elementos de informações ululantes) de que os responsáveis pela persecução criminal, cível e administrativa tinham a plena convicção da inocência do perseguido e ainda assim procederam, sob pena de faltar uma das elementares do delito e até mesmo de deixar de existir por ausência clara de dolo específico.

As mesmas observações anteriormente tecidas quanto às inquietações e aos fatos manifestamente atípicos ou desprovidos de "justa causa" do art. 27 desta Lei, se estendem para o art. 30, da nova Lei de Abuso de Autoridade, mas na faceta agora da justa causa, lembrando das divergências e variações da definição de "justa causa" na seara processual penal.

7.22.17. Padrão de conduta sugestionado ao Delegado de Polícia

Como padrão de conduta da Autoridade Policial, para se aferir a justa causa é fundamental destinar um espaço na Portaria para exteriorizar de maneira justificada e motivadamente a presença de justa causa no ato de instauração, calcado num indicativo mínimo de autoria e materialidade de infração penal.

Anotamos que devem ser evitadas ilustrações ou invocações baseadas em provas ilícitas, contraditórias, sem relevância no campo penal ou sem qualquer nexo entre o ato e o resultado. Ademais, diante dessas novas exigências, as "verificações de procedência de informações", para propiciarem o levantamento de elementos idôneos de infração penal, vão propiciar também o levantamento de justa causa mínima para o inquérito.

7.22.18. Consumação

O crime em análise se trata de crime material (ou causal), ou seja, se consuma no momento em que o agente dá início ou procede à persecução penal, civil ou administrativa sem justa causa fundamentada ou contra quem sabe inocente, sendo indispensável a produção do resultado naturalístico.

7.22.19. Tentativa

É perfeitamente possível já que estamos diante de um delito plurissubsistente, onde poderá haver o fracionamento do *iter criminis*. Por outro lado, Rogério Sanches e Rogério Greco (2019, p. 265) entendem não ser possível o *conatus* no referido delito.

7.22.20. Pena cominada

Detenção, de 1 (um) a 4 (quatro) anos, e multa. Observe que a pena cominada a todos os delitos da Lei nº 13.869/2009 é a de detenção.

7.22.21. Ação penal

Em regra, se trata de ação penal pública incondicionada (art. 3º, *caput*). Todavia, em caso de inércia do Ministério Público, surgirá para a vítima a possibilidade de intentar a ação penal privada subsidiária da pública (art. 3º, § 1º). Há de salientar que a requisição de novas diligências ou a promoção do arquivamento pelo *Parquet* não dão ensejo a alegação de inércia, logo, inviável suscitar a ação penal subsidiária da pública.

7.22.22. Lei nº 9.099/1995

O delito em análise é crime de médio potencial ofensivo, tendo em vista que a sua pena mínima (1 ano) autoriza a incidência da suspensão condicional do processo, desde que presentes os requisitos do art. 89 da Lei nº 9.099/1995.

7.22.23. Competência para processo e julgamento

Via de regra, será processado e julgado pela justiça estadual. Excepcionalmente, nos casos do art. 109 da Constituição Federal, haverá competência da Justiça Federal. Não se pode perder de vista se o sujeito ativo for militar, quando a competência será da Justiça Militar Estadual ou da União, conforme o caso, nos termos do art. 9º, CPM. Devem ainda ser levadas em consideração as situações em que o sujeito ativo detiver foro por prerrogativa de função, onde será processado e julgado no

266   A nova lei de abuso de autoridade

respectivo tribunal competente – por exemplo, deputado federal que durante uma CPI dá início a uma persecução sem justa causa será processado e julgado perante o STF (art. 102, I, alínea b, CF/88).

7.22.24. Classificação doutrinária

Trata-se de crime próprio (todos os crimes de abuso de autoridade são próprios, ou seja, demandam um sujeito ativo qualificado ou especial); material ou causal (ou seja, se exige a produção do resultado naturalístico); de forma livre (pode ser cometido por qualquer meio eleito pelo agente); comissivo (imperioso uma ação) e, excepcionalmente, comissivo por omissão (omissivo impróprio, ou seja, é a aplicação do art. 13, § 2º, do Código Penal); unissubjetivo, unilateral ou de concurso eventual (que pode ser praticado por um só agente); plurissubsistente (vários atos integram a conduta).

7.22.25. Conflito aparente com o delito do art. 27 desta lei

Diante do possível conflito, apresentamos o quadro a seguir para melhor compreensão:

Análise do art. 27	Análise do art. 30
Art. 27. Requisitar instauração ou instaurar procedimento investigatório de infração penal ou administrativa, em desfavor de alguém, à falta de qualquer indício da prática de crime, de ilícito funcional ou de infração administrativa: **Pena** – detenção, de 6 (seis) meses a 2 (dois) anos, e multa. Parágrafo único. Não há crime quando se tratar de sindicância ou investigação preliminar sumária, devidamente justificada.	**Art. 30.** Dar início ou proceder à persecução penal, civil ou administrativa sem justa causa fundamentada ou contra quem sabe inocente: **Pena** – detenção, de 1 (um) a 4 (quatro) anos, e multa.
Condutas: Requisitar instauração ou instaurar procedimento investigatório de infração penal ou administrativa.	**Condutas:** Dar início ou proceder à persecução penal, civil ou administrativa.
Elemento subjetivo específico: Dolo de abusar.	**Elemento subjetivo específico:** Dolo de abusar.
Objetos: Procedimento investigatório de infração penal ou administrativa.	**Objetos:** Persecução penal, civil ou administrativa.
Ausência que oportuniza a incidência do crime: Falta de qualquer indício da prática de crime, de ilícito funcional ou de infração administrativa.	**Ausência que oportuniza a incidência do crime:** Sem justa causa fundamentada ou contra quem sabe inocente.

O tipo penal em estudo lembra muito o art. 27 da Lei em comento, embora se distingam claramente nos tipos incriminadores e na pena, que é mais severa, consoante o quadro anterior.

7.22.26. Conflito aparente com o delito de denunciação caluniosa – Art. 339, CPB

O art. 339, CPB, preconiza ser infração penal dar causa à instauração de investigação policial, de processo judicial, instauração de investigação administrativa, inquérito civil ou ação de improbidade administrativa contra alguém, imputando-lhe crime de que o sabe inocente. Em confronto do art. 339, CPB, em vista do art. 30, da nova Lei de Abuso de Autoridade, temos condutas diversas em ambos os tipos. Enquanto, no art. 339, CPB fala em "dar causa", no injusto do art. 30, da nova Lei de Abuso de Autoridade, fala em dar início ou proceder. Podem aparecer vozes advogando ser equivalentes os verbos "dar causa" (art. 339, CPB) e dar início ou proceder (art. 30 da nova Lei de Abuso de Autoridade) ou sustentando distinção semântica de todos os verbos. O sujeito ativo dos tipos em análise também difere, em regra. O mesmo se dá com relação aos sujeitos passivos. Adiante, pelo quadro a seguir, podemos visualizar melhor os dois tipos penais:

Denunciação caluniosa – Art. 339, CPB	Art. 30, da nova Lei de Abuso de Autoridade
Art. 339. Dar causa à instauração de investigação policial, de processo judicial, instauração de investigação administrativa, inquérito civil ou ação de improbidade administrativa contra alguém, imputando-lhe crime de que o sabe inocente: **Pena** – reclusão, de dois a oito anos, e multa. **§ 1º** – A pena é aumentada de sexta parte, se o agente se serve de anonimato ou de nome suposto. **§ 2º** – A pena é diminuída de metade, se a imputação é de prática de contravenção.	**Art. 30.** Dar início ou proceder à persecução penal, civil ou administrativa sem justa causa fundamentada ou contra quem sabe inocente: **Pena** – detenção, de 1 (um) a 4 (quatro) anos, e multa.
Núcleo do tipo: "dar causa".	**Núcleo do tipo:** "dar início" ou "proceder".
Sujeito ativo: pode ser qualquer pessoa.	**Sujeito ativo:** em regra, agente público e excepcionalmente particular, desde que em concurso com aquele.
Sujeito passivo: o Estado (principal) e pessoa acusada caluniosamente (secundária).	**Sujeito passivo:** o sujeito passivo direto ou imediato é a vítima (pessoa física ou jurídica) atingida pelo abuso cometido. Já o sujeito passivo indireto ou mediato será o Estado.
Pena: reclusão, de dois a oito anos, e multa.	**Pena:** detenção, de um a quatro anos, e multa.
Há causa de aumento de pena, se o agente se vale do anonimato.	Não há possibilidade de anonimato, pois o agente responsável é quem dá início ou procede.
Há causa de diminuição de pena, caso se trate de imputação de contravenção penal.	Não há qualquer hipótese de redução de pena. Portanto, se der início ou proceder à persecução penal de uma contravenção penal, sem justa causa fundamentada ou contra quem sabe inocente, a pena será de detenção de uma a quatro anos, e multa.

É bem verdade que o tipo penal em testilha da nova lei merece crítica quanto à pena, que ficou bem aquém do Código Penal Brasileiro.

Certamente, surgirão teses defensivas do indivíduo comum alegar inconstitucionalidade do preceito secundário do art. 339, do CPB, em vista da pena deste novel dispositivo, por ferir a isonomia e buscar a aplicação da pena deste último dispositivo pelo princípio da proporcionalidade e razoabilidade – similar ao que ocorre no crime do art. 273, § 1º-B, V, do Código Penal, fixando a aplicação, por analogia, da pena aplicada para o delito de tráfico de droga[53][54]. Qual é o sentido de uma lei comum

---

[53] A Corte Especial do Superior Tribunal de Justiça declarou, em arguição incidental em *habeas corpus,* a inconstitucionalidade do preceito secundário do tipo penal do art. 273, § 1º-B, do Código Penal, em atenção aos princípios constitucionais da proporcionalidade e razoabilidade: "ARGUIÇÃO DE INCONSTITUCIONALIDADE. PRECEITO SECUNDÁRIO DO ART. 273, § 1º-B, V, DO CP. CRIME DE TER EM DEPÓSITO, PARA VENDA, PRODUTO DESTINADO A FINS TERAPÊUTICOS OU MEDICINAIS DE PROCEDÊNCIA IGNORADA. OFENSA AO PRINCÍPIO DA PROPORCIONALIDADE. 1. A intervenção estatal por meio do Direito Penal deve ser sempre guiada pelo princípio da proporcionalidade, incumbindo também ao legislador o dever de observar esse princípio como proibição de excesso e como proibição de proteção insuficiente. 2. É viável a fiscalização judicial da constitucionalidade dessa atividade legislativa, examinando, como diz o Ministro Gilmar Mendes, se o legislador considerou suficientemente os fatos e prognoses e se utilizou de sua margem de ação de forma adequada para a proteção suficiente dos bens jurídicos fundamentais. 3. Em atenção ao princípio constitucional da proporcionalidade e razoabilidade das leis restritivas de direitos (CF, art. 5º, LIV), é imprescindível a atuação do Judiciário para corrigir o exagero e ajustar a pena cominada à conduta inscrita no art. 273, § 1º-B, do Código Penal. 4. O crime de ter em depósito, para venda, produto destinado a fins terapêuticos ou medicinais de procedência ignorada é de perigo abstrato e independe da prova da ocorrência de efetivo risco para quem quer que seja. E a indispensabilidade do dano concreto à saúde do pretenso usuário do produto evidencia ainda mais a falta de harmonia entre o delito e a pena abstratamente cominada (de 10 a 15 anos de reclusão) se comparado, por exemplo, com o crime de tráfico ilícito de drogas – notoriamente mais grave e cujo bem jurídico também é a saúde pública. 5. A ausência de relevância penal da conduta, a desproporção da pena em ponderação com o dano ou perigo de dano à saúde pública decorrente da ação e a inexistência de consequência calamitosa do agir convergem para que se conclua pela falta de razoabilidade da pena prevista na lei. A restrição da liberdade individual não pode ser excessiva, mas compatível e proporcional à ofensa causada pelo comportamento humano criminoso. 6. Arguição acolhida para declarar inconstitucional o preceito secundário da norma" (STJ, AI no HC n. 239.363, Rel. Min. Sebastião Reis Júnior, j. 26.02.15).
[54] "PENAL. *HABEAS CORPUS* SUBSTITUTIVO DE RECURSO PRÓPRIO. INCONSTITUCIONALIDADE DO PRECEITO SECUNDÁRIO DO ART. 273, § 1º-B, DO CÓDIGO PENAL. APLICAÇÃO DA PENA CABÍVEL PARA O CRIME DE TRÁFICO DE DROGAS. *WRIT* NÃO CONHECIDO E ORDEM CONCEDIDA DE OFÍCIO. 1. (...). 2. No julgamento da Arguição de Inconstitucionalidade no HC 239.363/PR, a Corte Especial deste Superior Tribunal de Justiça reconheceu a inconstitucionalidade do preceito secundário do tipo penal no art. 273, § 1º-B, do Código Penal, por violação dos princípios da proporcionalidade e da razoabilidade. Diante disso, restou pacificado no âmbito da Terceira Seção ser cabível, na hipótese, o preceito secundário insculpido no art. 33 da Lei n. 11.343/2006. Precedentes. 3. *Writ* não conhecido. *Habeas corpus* concedido, de ofício, para determinar que o Tribunal de origem proceda à nova dosimetria da pena imposta ao paciente pela prática do delito do art. 273, § 1º-B, I, do Código Penal, com a aplicação do preceito secundário do art. 33 da Lei n. 11.343/2006 e, ainda, suspender os efeitos do acórdão exarado na Apelação Criminal n. 0706157-27.2004.8.26.0577, até que seja proferida a nova decisão". (STJ, HC n. 406.430, Rel. Min. Ribeiro Dantas, j. 21.09.17). "*HABEAS CORPUS* SUBSTITUTIVO DE RECURSO PRÓPRIO. INADEQUAÇÃO DA VIA ELEITA. PACIENTE CONDENADO À PENA CORPORAL DE 5 ANOS DE RECLUSÃO, POR INFRAÇÃO AO ART. 273, § 1º-B, I, DO CP, COM APLICAÇÃO DO PRECEITO SECUNDÁRIO PREVISTO NO ART. 33 DA LEI N. 11.343/2006. PEDIDO DE APLICAÇÃO DA CAUSA ESPECIAL DE DIMINUIÇÃO DE PENA DO ART. 33, § 4º,

punir com maior gravidade um cidadão comum, em vista de um agente público que teria maior responsabilidade?

DA LEI N. 11.343/2006 AO CRIME DE IMPORTAÇÃO DE MEDICAMENTO NÃO AUTORIZADO. POSSIBILIDADE. ENTENDIMENTO QUE SE EXTRAI DA AI NO HC N. 239.363/PR. PENAS REDUZIDAS. REGIME ABERTO ESTABELECIDO E SUBSTITUIÇÃO DA PENA CORPORAL PERMITIDA. CONSTRANGIMENTO ILEGAL EVIDENCIADO. *HABEAS CORPUS* NÃO CONHECIDO. ORDEM CONCEDIDA *EX OFFICIO*. – (...). – A Corte Especial, por meio do julgamento da AI no HC n. 239.363/PR, por maioria de votos, acolheu a arguição para declarar inconstitucional o preceito secundário do artigo 273, § 1º-B do Código Penal. Em decorrência, as Turmas que compõem a 3ª Seção deste Sodalício passaram a determinar a aplicação do preceito secundário do artigo 33 da Lei 11.343/2006 aos casos em que o acusado é condenado pelo crime previsto no artigo 273, § 1º-B, do Código Penal. Conforme afirmei à oportunidade do julgamento do HC n. 274098/MG, em 9/5/2017, entendo não haver óbice à aplicação do referido precedente da Corte Especial, afastando-se, assim, o preceito secundário do art. 273, § 1º-B, do Código Penal, com a incidência, inclusive, da causa de diminuição prevista no art. 33, § 4º, da Lei n. 11.343/06. – Hipótese em que se encontra evidenciado o constrangimento ilegal, pois, apesar de as instâncias ordinárias terem estabelecido as reprimendas do tipo descrito no artigo 273, § 1º-B, inciso I, do Código Penal com a aplicação dos parâmetros da pena prevista no art. 33 da Lei n. 11.343/2006, não foi reconhecida a incidência da causa de diminuição prevista no art. 33, § 4º, da Lei n. 11.343/06, por entender que haveria a vedada combinação de leis, entendimento que vai de encontro à jurisprudência desta Corte. (...). *Habeas corpus* não conhecido. Ordem concedida *ex officio*, para aplicar ao caso a minorante prevista no § 4º do art. 33 da Lei n. 11.343/2006, reduzindo as penas do paciente para 1 ano e 8 meses de reclusão, no regime inicial aberto, e 166 dias-multa, permitida a substituição da pena corporal por medidas restritivas de direitos, a serem definidas pelo Juízo das Execuções Penais, ante o trânsito em julgado da condenação" (STJ, HC n. 398.945, Rel. Min. Reynaldo Soares da Fonseca, j. 19.09.17).

"PENAL. AGRAVO REGIMENTAL NO RECURSO ESPECIAL. IMPORTAÇÃO DE MEDICAMENTOS FALSIFICADOS, SEM REGISTRO NO ÓRGÃO COMPETENTE E DE PROCEDÊNCIA IGNORADA. ART. 273, §§ 1º, 1º-A E 1º-B, I E V, DO CP. COMPETÊNCIA DO JUÍZO. DESCLASSIFICAÇÃO PARA O ARTIGO 334 DO CP. IMPOSSIBILIDADE. CAUSA DE AUMENTO DO ARTIGO 40, INCISO I, DA LEI N 11.343/2006. AUSÊNCIA DE BIS IN IDEM. 1. (...). 2. A Corte Especial do Superior Tribunal de Justiça, no julgamento do HC 239.363/PR, Rel. Ministro SEBASTIÃO REIS JÚNIOR, julgado em 26/2/2015, DJe 10/4/2015, reconheceu, por maioria, a desproporcionalidade do preceito secundário do art. 273, § 1º-B, do Código Penal, declarando sua inconstitucionalidade. Contudo, não houve declaração da inconstitucionalidade do crime em questão, razão pela qual não se pode falar na desclassificação para o delito do art. 334 do CP, como requer a parte recorrente. 3. A jurisprudência desta Corte Superior de Justiça é no sentido de que a quantidade e a natureza da droga apreendida podem ser sopesadas na definição do índice de redução da pena pela incidência do art. 33, § 4º, da Lei n. 11.343/2006. Assim, a opção pela escolha do patamar de diminuição realizada foi devidamente justificada, ao sopesar a considerável quantidade de medicamentos apreendidos, não havendo qualquer ilegalidade. 4. O Juízo sentenciante e a Corte de origem consignaram que o acusado tinha plena consciência de que os medicamentos apreendidos eram falsificados ou não possuíam registro no órgão de vigilância sanitária competente e eram de procedência ignorada, mesmo assim importou-os do Paraguai para o Brasil, a fim de remetê-los por meio da empresa Viação Garcia para a cidade de Presidente Prudente/SP, local de sua residência, para que lá fossem comercializados. Assim, não se pode falar na ocorrência de *bis in idem* na aplicação da causa de aumento de pena pela transnacionalidade (art. 40, inciso I, da Lei n. 11.343/2006), em razão de o art. 273, §§ 1º e 1º-B do CP prever as condutas de "importar" e "de qualquer forma distribuir", pois trata-se de tipo penal de ação múltipla, e o fato de o agente ter remetido os medicamentos importados para a cidade de Presidente Prudente/SP, para que lá fossem comercializados, já conduz à configuração da tipicidade do crime em questão. 5. Agravo regimental não provido". (STJ, AgRg no REsp n. 1.659.315, Rel. Min. Reynaldo Soares da Fonseca, j. 15.08.17).

7.22.27. Dolo específico não se presume, se prova através das circunstâncias do caso concreto

O simples fato de uma representação ou queixa serem rejeitadas pelo juízo competente não se subentende estar presente o dolo, quiçá o dolo específico. Nesse sentido já entendeu o STJ no julgamento do RHC 101728/PA: "(...) suposta prática do crime do art. 339 do CP. Abertura de investigação contra magistrado, por difamação e abuso de autoridade. Queixa rejeitada. Ausência de comprovação de dolo direto para a denunciação caluniosa. Constrangimento ilegal constatado. 1. Pelo que consta dos autos, o Tribunal entendeu simplesmente que o fato de a representação e de a queixa terem sido rejeitadas caracteriza o crime de denunciação caluniosa. Com efeito, a rejeição da queixa não quer dizer que o recorrente tenha tido o dolo direto para fazer uma denunciação caluniosa. 2. Recurso em *habeas corpus* provido para determinar o trancamento da ação penal".

7.22.28. Vedação ao crime de hermenêutica

Nunca é demais relembrar o dispositivo geral do § 2º do art. 1º da lei em comento, onde "a divergência na interpretação de lei ou na avaliação de fatos e provas não configura abuso de autoridade", portanto, através da análise do conjunto fático--probatório, em caso de eventual celeuma se há ou não "justa causa fundamentada" para dar início ou proceder à persecução penal, civil ou administrativa não ensejará o delito em tela. No mais, conforme já aduzido alhures o presente dispositivo, a nosso ver, tem natureza jurídica de causa de exclusão do dolo.

7.22.29. Razões iniciais do veto presidencial

O art. 30, em sua totalidade, havia sido inicialmente vetado pelo Presidente da República sob os seguintes argumentos: "a propositura legislativa viola o interesse público, além de gerar insegurança jurídica, tendo em vista que põe em risco o instituto da delação anônima (a exemplo do disque-denúncia), em contraposição ao entendimento consolidado no âmbito da Administração Pública e do Poder Judiciário, na esteira do entendimento do Supremo Tribunal Federal (v.g. INQ. 1.957-7/PR, Dj. 11/11/2005), de que é possível a apuração de denúncia anônima, por intermédio de apuração preliminar, inquérito policial e demais medidas sumárias de verificação do ilícito, e se esta revelar indícios da ocorrência do noticiado na denúncia, promover a formal instauração da ação penal". Posteriormente, o Congresso Nacional terminou por derrubar o veto, motivo pelo qual o presente artigo se encontra em pleno vigor.

7.23. Estender injustificadamente a investigação, procrastinando-a em prejuízo do investigado ou fiscalizado (art. 31)

> **Art. 31.** Estender injustificadamente a investigação, procrastinando-a em prejuízo do investigado ou fiscalizado:
>
> **Pena** – detenção, de 6 (seis) meses a 2 (dois) anos, e multa.
>
> **Parágrafo único.** Incorre na mesma pena quem, inexistindo prazo para execução ou conclusão de procedimento, o estende de forma imotivada, procrastinando-o em prejuízo do investigado ou do fiscalizado.

7.23.1. Introdução

A Constituição Federal, no art. 5º, XLI, determinou que "a lei punirá qualquer discriminação atentatória dos direitos e liberdades fundamentais". Assim, ao tipificar tal conduta o legislador buscou primariamente resguardar os direitos e liberdades fundamentais, especialmente no tocante ao princípio da não culpabilidade.

7.23.2. Fundamento constitucional

A conduta descrita no artigo em comento viola o seguinte direito e garantia fundamental, previstos no art. 5º da CF/88: "LXXVIII – a todos, no âmbito judicial e administrativo, são assegurados a razoável duração do processo e os meios que garantam a celeridade de sua tramitação".

Sobre o tema em tela o professor Ruchester Marreiros Barbosa (2015) afirmava que "o próprio STJ também já decidiu assim em 2008 e 2013, respectivamente no HC 96.666/MA e HC 209.406/RJ, trancando a investigação em ambos os casos por inércia do Estado por sete anos (...), na qual havia um indiciado por crime de homicídio, mas o Estado-investigação e o Estado-acusador não foram diligentes o suficiente e interromperam a atuação no indiciamento. (...) Diante de variadas fontes, a duração razoável da investigação criminal é realidade em nosso ordenamento, somando-se como garantia fundamental ao instituto da prescrição penal".

Por outra via, vale salientar que há doutrina afirmando que tal delito é inconstitucional, a título de exemplo Igor Pinheiro (2020, p. 140).

272 A nova lei de abuso de autoridade

7.23.3. A Convenção Americana de Direitos Humanos

As condutas descritas violam o seguinte preceito da CADH, previsto no art. 8º, II, nestes termos: "Art. 8º Garantias Judiciais. II. Toda pessoa acusada de delito tem direito a que se presuma sua inocência enquanto não se comprove legalmente sua culpa".

7.23.4. *Novatio legis* incriminadora

Sobre o artigo em comento, trata-se de nova lei penal incriminadora e, por força constitucional (art. 5º, inc. XXXIX) e infraconstitucional (art. 1º, CP), será aplicada para o futuro, afinal, não há crime sem lei anterior que o defina e não há pena sem prévia cominação legal.

7.23.5. Objeto jurídico

Trata-se de crime pluriofensivo, porquanto, além de tutelar o regular funcionamento da administração pública, sua credibilidade e dignidade, tutela também os direitos e garantias fundamentais prescritos no art. 5º da Constituição Federal, em especial a razoável duração do processo.

7.23.6. Objeto material

É a investigação que será estendida de forma injustificada ou procrastinada.

7.23.7. Núcleo do tipo

É **estender**, que significa alargar, alongar, prolongar. O tipo em cartaz pune a conduta de alongar injustificadamente a investigação, procrastinando-a em prejuízo do investigado ou fiscalizado.

7.23.8. Injustificadamente

Trata-se de elemento normativo do tipo, estando diretamente inserido dentro do tipo penal o termo "injustificadamente", para se demonstrar que, diante da impossibilidade de o agente proceder com todas as investigações sob sua coordenação, representará fato atípico e não mera excludente da ilicitude, porquanto, o elemento normativo integra o próprio tipo penal, sendo imprescindível a caracterização deste para que haja tipicidade. Assim, quantitativos descomunais de procedimentos de investigações, procedimentos complexos com investigações dificultosas, falta de Delegados

Dos crimes e das penas **273**

de Polícia, agentes de investigação, acúmulo de unidades policiais, são fatores que estendem de forma justificada a investigação. Deve haver, portanto, algo injustificável para tanto. Daí se dizer que o excesso de labor, a cumulação de Delegacias e a falta de efetivo pessoal, perícias complexas e grande quantidade de vítimas poderão, por exemplo, ser, sem dúvida, argumentos a rechaçar este tipo penal.

Guardadas as proporções devidas, o mesmo se dá em relação a procedimentos de fiscalização, embora tenhamos que registrar que o legislador não andou bem a usar esta expressão **investigação** e ao final **fiscalizado** do art. 31 desta Lei, embora intuitivamente se extrai que a investigação poderia ser algo na seara fiscal-tributária, administrativo-disciplinar, por exemplo, entre outras – o que é lamentável, pois em tipos penais o princípio da taxatividade ou do mandato de certeza é importantíssimo e não poderia ter sido desprezado pelo legislador ordinário.

Assim, é possível dizer que o investigado ou fiscalizado, diante da procrastinação justificada, poderá até mesmo buscar o trancamento do procedimento, por exemplo, trancamento de inquérito policial por via de *habeas corpus*, mas jamais se imputar ao agente o delito em tela.

Por fim, sobre o assunto vale a transcrição do **enunciado n. 21** do Conselho Nacional dos Procuradores-Gerais dos Ministérios Públicos dos Estados e da União (CNPG) e do Grupo Nacional de Coordenadores de Centro de Apoio Criminal (CNCCRIM): "a elementar "injustificadamente" deve ser interpretada no sentido de que o excesso de prazo na instrução do procedimento investigatório não resultará de simples operação aritmética, impondo-se considerar a complexidade do feito, atos procrastinatórios não atribuíveis ao presidente da investigação e ao número de pessoas envolvidas na apuração. Todos fatores que, analisados em conjunto ou separadamente, indicam ser, ou não, razoável o prazo para o seu encerramento".

7.23.9. Modalidade equiparada

O parágrafo único do art. 31 afirma que incorre na mesma pena (detenção de seis meses a dois anos e multa) quem, inexistindo prazo para execução ou conclusão de procedimento, o estende de forma imotivada, procrastinando-o em prejuízo do investigado ou do fiscalizado. Deve-se se atentar que, da mesma forma que o termo **injustificadamente** integra o tipo penal como seu elemento normativo, o mesmo pode se afirmar da expressão **imotivada**, portanto, se houver motivo, não há que se falar em crime por total atipicidade da conduta.

7.23.10. Meios de execução

Não existe no tipo penal qualquer vinculação com o método pelo qual deva ser executado o delito. Portanto, trata-se de crime de forma livre, que pode ser praticado por qualquer meio de execução eleito pelo agente.

7.23.11. Sujeito ativo

É a autoridade no conceito superamplo do artigo 2º e o seu parágrafo único, relembrando, todavia, que a autoridade deve ter atribuição específica para presidir investigações. Por se tratar de crime próprio, deve ser ressaltado que, conforme regra do art. 30 do Código Penal, as circunstâncias de caráter pessoal, quando elementares do crime, se comunicam aos demais concorrentes. Assim, se um particular, sabendo que atua em conjunto com o funcionário público, contribuir para o abuso de autoridade, ambos responderão pelo delito.

7.23.12. Sujeito passivo

O sujeito passivo direto ou imediato é a vítima (pessoa física ou jurídica) atingida pelo abuso cometido. Já o sujeito passivo indireto ou mediato será o Estado. Lembramos que a pessoa jurídica poderia ser vítima do aludido crime nas hipóteses de apuração de crime ambiental.

7.23.13. Elemento subjetivo

É o dolo de praticar de forma consciente e voluntária qualquer das condutas descritas no *caput* ou nos incisos do parágrafo único. Não há expressa previsão legal da modalidade culposa, o que torna inviável a punição por culpa. No que tange a eventual punição a título de dolo eventual, esta será de difícil visualização, tendo em vista que as finalidades específicas do § 1º do art. 1º restringem o alcance de "assumir o risco para a produção do resultado".

7.23.14. Elemento subjetivo específico (ou especial)

Observe que o § 1º do art. 1º se trata de cláusula geral, aplicável a todos os delitos da lei de abuso de autoridade, conforme já tratado alhures. Todavia, no delito em comento o legislador buscou restringir ainda mais o elemento subjetivo específico, enumerando uma única modalidade, qual seja, "prejudicar interesse do investigado ou fiscalizado".

7.23.15. Vedação ao crime de hermenêutica

Nunca é demais relembrar o dispositivo geral do § 2º do art. 1º da lei em comento, onde "a divergência na interpretação de lei ou na avaliação de fatos e provas não configura abuso de autoridade", portanto, através da análise do conjunto fático-probatório, em caso de eventual celeuma se há ou não "justificativa" para estender a investigação não ensejará o delito em tela. No mais, conforme já aduzido alhures o presente dispositivo, a nosso ver, tem natureza jurídica de causa de exclusão do dolo.

7.23.16. Consumação

O crime em análise, seja na modalidade do *caput* ou na modalidade do parágrafo único, se trata de crime formal (de consumação antecipada ou de resultado cortado), ou seja, se consuma no momento em que o agente estende injustificadamente a investigação, independentemente de vir efetivamente a prejudicar o investigado. O objeto material do delito em apreço é a investigação a ser estendida de forma injustificada ou procrastinada em prejuízo do investigado ou fiscalizado. Logo, há de se atentar que o tipo penal não contenta com a mera e simplista demora. Deve haver, portanto, algo injustificável para tanto. Daí se dizer que o excesso de labor, a cumulação de delegacias, a falta de efetivo pessoal, perícias complexas e grande quantidade de vítimas poderão, por exemplo, ser, sem dúvida, argumentos a rechaçar este tipo penal.

7.23.17. Tentativa

É perfeitamente possível, já que estamos diante de um delito plurissubsistente, onde poderá haver o fracionamento do *iter criminis*.

7.23.18. Pena cominada

Detenção, de 6 (seis) meses a 2 (dois) anos, e multa.

7.23.19. Ação penal

Em regra, se trata de ação penal pública incondicionada (art. 3º, *caput*). Todavia, em caso de inércia do Ministério Público, surgirá para a vítima a possibilidade de intentar a ação penal privada subsidiária da pública (art. 3º, § 1º). Há de salientar que a requisição de novas diligências ou a promoção do arquivamento pelo *Parquet* não dão ensejo a alegação de inércia, logo, inviável suscitar a ação penal subsidiária da pública.

7.23.20. Lei nº 9.099/1995

O delito em análise se trata de crime de menor potencial ofensivo, tendo em vista que a sua pena máxima não ultrapassa dois anos, fazendo o agente *jus* a todos os benefícios da lei dos Juizados Especiais Criminais.

7.23.21. Competência para processo e julgamento

Via de regra, será processado e julgado pelo Juizado Especial Criminal Estadual. Excepcionalmente, nos casos do art. 109 da Constituição Federal, haverá competência do Juizado Especial Federal. Não se pode perder de vista se o sujeito ativo for militar, quando a competência será da Justiça Militar Estadual ou da União, conforme o caso, nos termos do art. 9º, CPM. Devem ainda ser levadas em consideração as situações em que o sujeito ativo detiver foro por prerrogativa de função, onde será processado e julgado no respectivo tribunal competente – por exemplo, deputado federal responsável pela condução de determinada CPI que pratica o delito em análise será processado e julgado perante o STF (art. 102, I, alínea b, CF/88).

7.23.22. Conflito aparente de normas do dispositivo em exame *versus* o delito de prevaricação (art. 319, CP)

Ponto interessante seria o fato de o agente prolongar a investigação com o objetivo de **favorecer** o investigado ou fiscalizado – nesta situação poderia incorrer no delito de prevaricação (art. 319, CP) e não no delito em estudo.

7.23.23. Classificação doutrinária

Trata-se de crime próprio (todos os crimes de abuso de autoridade são próprios, ou seja, demandam um sujeito ativo qualificado ou especial); material ou causal (ou seja, se exige a produção do resultado naturalístico); de forma livre (pode ser cometido por qualquer meio eleito pelo agente); comissivo (imperioso uma ação) e, excepcionalmente, comissivo por omissão (omissivo impróprio, ou seja, é a aplicação do art. 13, § 2º, do Código Penal); unissubjetivo, unilateral ou de concurso eventual (que pode ser praticado por um só agente); plurissubsistente (vários atos integram a conduta).

7.24. Negar ao interessado, seu defensor ou advogado acesso aos autos de investigação preliminar, ao termo circunstanciado, ao inquérito ou a qualquer outro procedimento investigatório de infração penal, civil ou administrativa, assim como impedir a obtenção de cópias, ressalvado o acesso a peças relativas a diligências em curso, ou que indiquem a realização de diligências futuras, cujo sigilo seja imprescindível (art. 32)

> **Art. 32.** Negar ao interessado, seu defensor ou advogado acesso aos autos de investigação preliminar, ao termo circunstanciado, ao inquérito ou a qualquer outro procedimento investigatório de infração penal, civil ou administrativa, assim como impedir a obtenção de cópias, ressalvado o acesso a peças relativas a diligências em curso, ou que indiquem a realização de diligências futuras, cujo sigilo seja imprescindível:
>
> **Pena** – detenção, de 6 (seis) meses a 2 (dois) anos, e multa.

7.24.1. Introdução

A Constituição Federal, no art. 5º, XLI, determinou que "a lei punirá qualquer discriminação atentatória dos direitos e liberdades fundamentais". Assim, ao tipificar tal conduta o legislador buscou primariamente resguardar os direitos e liberdades fundamentais, especialmente no tocante ao princípio da ampla defesa.

7.24.2. Fundamento constitucional

As condutas descritas no artigo em comento violam os seguintes direitos e garantias fundamentais, previstos no art. 5º da CF/88: "LXIII – o preso será informado de seus direitos, entre os quais o de permanecer calado, sendo-lhe assegurada a assistência da família e de advogado". Pois, conforme já decidido pelo STF, no julgamento da proposta da Súmula Vinculante nº 14: "a oponibilidade ao defensor constituído esvaziaria uma garantia constitucional do indiciado (CF, art. 5º, LXIII), que lhe assegura, quando preso, e pelo menos lhe faculta, quando solto, a assistência técnica do advogado, que este não lhe poderá prestar se lhe é sonegado o acesso aos autos do inquérito sobre o objeto do qual haja o investigado de prestar declarações".

7.24.3. A Convenção Americana de Direitos Humanos

As condutas descritas violam os seguintes preceitos da CADH, previsto no art. 8º, II, alíneas "a", "b", "c", "d" e "e", nestes termos:

> *Art. 8º. Garantias Judiciais. II. Toda pessoa acusada de delito tem direito a que se presuma sua inocência enquanto não se comprove legalmente sua culpa. Durante o processo, toda pessoa tem direito, em plena igualdade, às seguintes garantias mínimas: b) comunicação prévia e pormenorizada ao acusado da acusação formulada; c) concessão ao acusado do tempo e dos meios adequados para a preparação de sua defesa; d) direito do acusado de defender-se pessoalmente ou de ser assistido por um defensor de sua escolha e de comunicar-se, livremente e em particular, com seu defensor; e) direito irrenunciável de ser assistido por um defensor proporcionado pelo Estado, remunerado ou não, segundo a legislação interna, se o acusado não se defender ele próprio nem nomear defensor dentro do prazo estabelecido pela lei.*

7.24.4. Súmula Vinculante nº 14, STF[55]

O assunto sobre a acessibilidade do advogado aos autos de qualquer investigação já havia sido sumulado de forma vinculante pelo Supremo Tribunal Federal, nestes termos: "É direito do defensor, no interesse do representado, ter acesso amplo aos elementos de prova que, já documentados em procedimento investigatório realizado por órgão com competência de polícia judiciária, digam respeito ao exercício do direito de defesa".

7.24.5. O alcance da Súmula Vinculante nº 14 do STF

Há vasta jurisprudência da Suprema Corte sobre o alcance da citada súmula vinculante, certo é que, neste cenário "de amplo acesso", muitas arestas foram aparadas estando hodiernamente tanto a jurisprudência quanto a doutrina uniformizadas, onde a regra é o acesso aos autos de investigação, enquanto a exceção se trata do sigilo. Por isso, afirma Igor Pinheiro (2020, p. 145) que "o tipo penal em estudo surgiu exatamente dentro desse contexto, colocando um ponto final em algumas das celeumas" sobre a súmula vinculante nº 14. Para maior compreensão do tema, vejamos nos tópicos seguintes alguns temas julgados pelo STF.

---

[55] <http://www.stf.jus.br/portal/jurisprudencia/listarJurisprudencia.asp?s1=14.NUME.%20E%20S.FLSV.&base=baseSumulasVinculantes>.

Dos crimes e das penas **279**

- **Impossibilidade de se aplicar a súmula vinculante nº 14 a procedimentos de natureza cível.** Já decidiu a Suprema Corte que: "Agravo regimental em reclamação. 2. Direito Administrativo. 3. Pedido de vistas em inquérito civil público. Violação ao princípio da ampla defesa. Inexistente. 4. Súmula Vinculante n. 14. Impossibilidade de aplicação da Súmula em procedimentos de natureza cível. 5. Ausência de argumentos ou provas que possam influenciar a convicção do julgador. 6. Agravo regimental a que se nega provimento" (Rcl. 8458. AgR/ES – ESPÍRITO SANTO. AG. REG. NA RECLAMAÇÃO. Relator(a): Min. GILMAR MENDES. Julgamento: 26/06/2013. Órgão Julgador: Tribunal Pleno).

- **Restrições ao direito de acesso aos autos de investigação diante de diligências em andamento.** Também já decidiu o STF que "(...) Deveras, o direito de acesso aos dados de investigação não é absoluto, porquanto o legislador ordinário trouxe temperamentos a essa prerrogativa, consoante se infere da exegese do artigo 7º, §§ 10 e 11, da lei 8.906/94 – Estatuto da Advocacia e a Ordem dos Advogados do Brasil – OAB, com a redação conferida pela Lei 13.245/2016, *in litteris*: "Art. 7º São direitos do advogado: [...] XIV – examinar, em qualquer instituição responsável por conduzir investigação, mesmo sem procuração, autos de flagrante e de investigações de qualquer natureza, findos ou em andamento, ainda que conclusos à autoridade, podendo copiar peças e tomar apontamentos, em meio físico ou digital" "[...] § 10. Nos autos sujeitos a sigilo, deve o advogado apresentar procuração para o exercício dos direitos de que trata o inciso XIV. § 11. No caso previsto no inciso XIV, a autoridade competente poderá delimitar o acesso do advogado aos elementos de prova relacionados a diligências em andamento e ainda não documentados nos autos, quando houver risco de comprometimento da eficiência, da eficácia ou da finalidade das diligências." Nesse contexto, cabe referir que o espectro de incidência do Enunciado 14 da Súmula vinculante do Supremo Tribunal Federal não abrange diligências ainda em andamento e elementos ainda não documentados, mormente se considerados os dispositivos legais supramencionados, além de se fazer necessária a apresentação de procuração nas hipóteses de autos sujeitos a sigilo" (Rcl. 30957/RJ – RIO DE JANEIRO. RECLAMAÇÃO. Relator(a): Min. LUIZ FUX. Julgamento: 10/08/2018).

No mesmo sentido a Reclamação 23001/MG, datada de 01/08/2017, cujo Relator, Min. Alexandre de Moraes, proferiu decisão no seguinte sentido: "Dessa forma, a pendência na conclusão de diligências investigatórias e a existência de outros investigados não defendidos pelo subscritor desta reclamação são argumentos legítimos para o indeferimento do acesso irrestrito pleiteado pelo reclamante".

280 A nova lei de abuso de autoridade

❖ **Restrição ao direito de acesso aos acordos de colaboração premiada.** Também sobre o assunto a Suprema Corte tem se posicionado pela restrição de acesso como regra. Vejamos:

Ementa: PENAL. PROCESSO PENAL. COLABORAÇÃO PREMIADA. PEDIDO DE ACESSO AO CONTEÚDO DE DEPOIMENTOS COLHIDOS. DECLARAÇÕES RESGUARDADAS PELO SIGILO NOS TERMOS DA LEI 12.850/2013. 1. O conteúdo dos depoimentos prestados em regime de colaboração premiada está sujeito a regime de sigilo, nos termos da Lei 12.850/2013, que visa, segundo a lei de regência, a dois objetivos básicos: (a) preservar os direitos assegurados ao colaborador, dentre os quais o de "ter nome, qualificação, imagem e demais informações pessoais preservados" (art. 5º, II) e o de "não ter sua identidade revelada pelos meios de comunicação, nem ser fotografado ou filmado, sem sua prévia autorização por escrito" (art. 5º, V, da Lei 12.850/2013); e (b) "garantir o êxito das investigações" (arts. 7º, § 2º). 2. O sigilo perdura, em princípio, enquanto não "(...) recebida a denúncia" (art. 7º, § 3º) e especialmente no período anterior à formal instauração de inquérito. Entretanto, instaurado formalmente o inquérito propriamente dito, o acordo de colaboração e os correspondentes depoimentos permanecem sob sigilo, mas com a ressalva do art. 7º, § 2º da Lei 12.850/2013, a saber: "o acesso aos autos será restrito ao juiz, ao Ministério Público e ao delegado de polícia, como forma de garantir o êxito das investigações, assegurando-se ao defensor, no interesse do representado, amplo acesso aos elementos de prova que digam respeito ao exercício do direito de defesa, devidamente precedido de autorização judicial, ressalvados os referentes às diligências em andamento" (Rcl 22009-AgR, Relator(a): Min. TEORI ZAVASCKI, Segunda Turma, DJe de 12.5.2016). 3. Assegurado o acesso do investigado aos elementos de prova carreados na fase de inquérito, o regime de sigilo consagrado na Lei 12.850/2013 guarda perfeita compatibilidade com a Súmula Vinculante 14, que garante ao defensor legalmente constituído "o direito de pleno acesso ao inquérito (parlamentar, policial ou administrativo), mesmo que sujeito a regime de sigilo (sempre excepcional), desde que se trate de provas já produzidas e formalmente incorporadas ao procedimento investigatório, excluídas, consequentemente, as informações e providências investigatórias ainda em curso de execução e, por isso mesmo, não documentados no próprio inquérito ou processo judicial" (HC 93.767, Relator(a): Min. CELSO DE MELLO, Segunda Turma, DJe de 1º.4.2014). 4. É certo, portanto, que a simples especulação jornalística a respeito da existência de acordo de colaboração premiada ou da sua homologação judicial ou de declarações que teriam sido prestadas pelo colaborador não é causa juridicamente suficiente para a quebra do regime de sigilo, sobretudo porque poderia comprometer a investigação. 5. Agravo regimental a que se nega provimento. (Pet 6164 AgR/DF – DISTRITO FEDERAL. AG.REG. NA

PETIÇÃO. Relator(a): Min. TEORI ZAVASCKI. Julgamento: 06/09/2016. Órgão Julgador: Segunda Turma).

Por fim, para maiores detalhes sobre o tema em voga, remetemos o leitor para o tópico "ressalvado o acesso a peças relativas a diligências em curso, ou que indiquem a realização de diligências futuras, cujo sigilo seja imprescindível".

7.24.6. *Novatio legis* incriminadora

Sobre o artigo em comento, trata-se de nova lei penal incriminadora e, por força constitucional (art. 5º, inc. XXXIX) e infraconstitucional (art. 1º, CP), será aplicada para o futuro, afinal, não há crime sem lei anterior que o defina e não há pena sem prévia cominação legal. Para Renato Brasileiro (2020, p. 292-293) tal delito já era previsto no art. 3º, alínea "j", da antiga lei de abuso de autoridade (Lei 4.898/65)[56], assim, para o aludido autor, no delito em comento teria operado o denominado "princípio da continuidade normativo típica".

7.24.7. Objeto jurídico

Trata-se de crime pluriofensivo, porquanto, além de tutelar o regular funcionamento da administração pública, sua credibilidade e dignidade, tutela também os direitos e garantias fundamentais prescritos no art. 5º da Constituição Federal.

7.24.8. Objeto material

São autos de investigação preliminar, ou termo circunstanciado, ou inquérito ou qualquer outro procedimento investigatório de infração penal, civil ou administrativa, ou seja, a coisa sobre a qual recairá a conduta criminosa.

7.24.9. Núcleo do tipo

É **negar**, que significa recusar-se a admitir; recusar a reconhecer, recusar a aceitar; rejeitar; não aceitar; não admitir; já **impedir** consiste em criar obstáculo; embaraçar; interromper; obstruir; não permitir; dificultar à ação; privar; tolher. O tipo penal incrimina a conduta de negar ao interessado, seu defensor ou advogado acesso aos autos de investigação preliminar, ao termo circunstanciado, ao inquérito ou a qual-

---

[56] "Constituía abuso de autoridade "qualquer atentado aos direitos e garantias legais assegurados ao exercício profissional".

quer outro procedimento investigatório de infração penal, civil ou administrativa, assim como impedir a obtenção de cópias, ressalvado o acesso a peças relativas a diligências em curso, ou que indiquem a realização de diligências futuras, cujo sigilo seja imprescindível.

7.24.10. Autos de investigação preliminar, ao termo circunstanciado, ao inquérito ou a qualquer outro procedimento investigatório de infração penal, civil ou administrativa

Sobre autos de investigação preliminar, ao termo circunstanciado, ao inquérito ou a qualquer outro procedimento investigatório de infração penal, civil ou administrativa remetemos aos comentários anteriores (referentes ao artigo 27 desta lei).

7.24.11. Ressalvado o acesso a peças relativas a diligências em curso, ou que indiquem a realização de diligências futuras, cujo sigilo seja imprescindível

A regra no direito pátrio é o acesso ou obtenção de cópia dos autos de investigação preliminar, termo circunstanciado, ao inquérito ou a qualquer outro procedimento investigatório de infração penal, civil ou administrativa. A exceção vem justamente na ressalva do delito em comento, onde "o acesso a peças relativas a diligências em curso, ou que indiquem a realização de diligências futuras, cujo sigilo seja imprescindível", poderá ser negado ao interessado, seu defensor ou advogado. Também pudera! Caso o interessado, defensor ou advogado tivessem acesso a determinados elementos da investigação que indicassem **diligências em cursos** (ex.: interceptação telefônica, infiltração de agentes, escuta ambiental, ações controladas etc.) ou que indicassem a **realização de diligências futuras** (ex.: depoimentos contundentes sobre localização de corpos de pessoas desaparecidas, eventuais localizações de esconderijo de drogas e/ou armas, paradeiros de suspeitos foragidos da justiça, eventuais depoimentos dando conta da autoria do crime e de outras possíveis testemunhas que possam vir a corroborar com as investigações etc.) a investigação iria "por água abaixo". Percebe que não estão em jogo no processo somente os direitos do acusado, porquanto está em jogo também, muitas vezes, a apuração de delitos graves, de ação penal pública incondicionada, onde é de interesse do estado a sua cabal apuração, devendo, nestes termos, seguir critérios legais e éticos; todavia, não se pode alegar interesse do primeiro (ampla defesa com acesso irrestrito) para inibir e descaracterizar o segundo (acesso a peças relativas a diligências em curso, ou que indiquem a realização de diligências futuras, cujo sigilo seja imprescindível).

No mesmo sentido dispara Renato Brasileiro (2020, p. 297) "de fato, se se trata de diligências em andamento (v.g., interceptação telefônica) ou futura (v.g., oitiva de uma testemunha capaz de fornecer a localização da droga para fins de expedição de ulterior mandado de busca domiciliar) é de rigor a conclusão no sentido de que não apenas a extração de cópia será vedada, mas também a de que o investigado e seu defensor não poderão ter o acesso franqueado, sob pena de comprometimento de sua eficácia".

Não por acaso, o teor do art. 7º, § 11, do Estatuto da OAB, nestes termos: "§ 11. No caso do direito do advogado examinar os autos de investigação, a autoridade competente poderá delimitar o acesso do mesmo aos elementos de prova relacionados a diligências em andamento e ainda não documentados nos autos, quando houver risco de comprometimento da eficiência, da eficácia ou da finalidade das diligências".

Na mesma esteira de raciocínio adveio o art. 3º-B, XV, CPP, nestes termos: "o juiz das garantias é responsável pelo controle da legalidade da investigação criminal e pela salvaguarda dos direitos individuais cuja franquia tenha sido reservada à autorização prévia do Poder Judiciário, competindo-lhe especialmente: XV – assegurar prontamente, quando se fizer necessário, o direito outorgado ao investigado e ao seu defensor de acesso a todos os elementos informativos e provas produzidos no âmbito da investigação criminal, salvo no que concerne, estritamente, às diligências em andamento".

No mesmo sentido o art. 23 da Lei nº 12.850/2013 (Lei das Organizações Criminosas), vejamos: "o sigilo da investigação poderá ser decretado pela autoridade judicial competente, para garantia da celeridade e da eficácia das diligências investigatórias, assegurando-se ao defensor, no interesse do representado, amplo acesso aos elementos de prova que diga respeito ao exercício do direito de defesa, devidamente precedido de autorização judicial, ressalvado às diligências em andamento. Parágrafo único: Determinado o depoimento do investigado, seu defensor terá assegurada a prévia vista dos autos, ainda que classificado como sigilosos, no prazo mínimo de 3 (três) dias que antecedem ao ato".

7.24.12. Padrão de conduta sugestionado às autoridades policiais – a questão do sigilo interno e seus fundamentos

Nunca é demais repisar o assunto em tela, em especial pela necessidade de resguardo da investigação. Deve ser consignado que existe uma classificação da doutrina em sigilo sob uma ótica endoprocessual (pelas partes e outros interessados) [**sigilo en-**

284 A nova lei de abuso de autoridade

doprocessual/sigilo interno], quanto extraprocessual (pelo povo em nome de quem o poder é exercido) [**publicidade externa que pode ter variações de publicidade externa ou sigilo externo/publicidade interna**].

Abordamos também que existe outra classificação da doutrina, na vertente **publicidade externa, publicidade interna ou sigilo externo e sigilo interno**. Optaremos por esta classificação, que abarca a classificação supra e aprofunda em detalhes:

1. **Publicidade externa:** é aquela publicidade que representa a regra geral, com acesso aos autos investigatórios a todo cidadão, não se exigindo procuração de advogado para acesso (art. 7º, XIV, EAOAB). Diríamos que esta publicidade seria de primeiro nível por estar justamente na regra, embora entendamos diversamente desta classificação, pois o Código de Processo Penal impõe a regra do sigilo ao procedimento policial em sentido lato para não prejudicar possíveis diligências e comprometer investigações em sentido amplo (art. 20[57], do CPP).

2. **Publicidade interna ou sigilo externo:** os autos policiais em sentido lato são franqueados apenas às partes diretamente interessadas e seus respectivos advogados, exigindo procuração (art. 7º, § 10, EAOAB). Diríamos que esta corresponderia a um segundo nível do denominado segredo de justiça.

3. **Sigilo interno:** esta modalidade de sigilo diz respeito aos elementos atrelados às diligências policiais em curso (andamento) que não foram documentadas ao bojo do procedimento investigatório principal ou procedimento apenso a depender da situação, que nesta última circunstância costuma normalmente tramitar em autos apartados, com acesso restrito apenas às autoridades e agentes policiais, por imprescindível prazo determinado (art. 7º, § 11, EAOAB).

Em que pese a regra da publicidade externa, com acesso aos autos pelo advogado sem procuração, se a lei prever (como exemplo da Lei de Organização Criminosa) restrição de acesso e exigir autorização judicial para tanto ou o Delegado de Polícia entender necessário para tutelar a intimidade da vida privada ou intimidade dos envolvidos ou do interesse social na investigação dos fatos terá a possibilidade de impor (decretar) a publicidade interna (também denominada sigilo externo ou "segredo de justiça"), em obediência à Constituição Federal de 1988 (art. 5º, LX), art. 20 do Código de Processo Penal, e no próprio Estatuto da Ordem dos Advogados do Brasil (art. 7º, § 10, Lei Federal nº 8.906/1994).

---

[57] Art. 20. A autoridade assegurará no inquérito o sigilo necessário à elucidação do fato ou exigido pelo interesse da sociedade.

Restou recentemente aprovada a **Súmula n. 3** do Seminário "Polícia Judiciária e a nova Lei de Abuso de Autoridade (Lei 13.869/2019)", realizado na Academia de Polícia de São Paulo, com o seguinte teor:

> *Súmula nº 3: O Delegado de Polícia decretará o sigilo externo de procedimento investigatório, fundamentadamente, para a tutela da intimidade ou do interesse social e, do mesmo modo, determinará o sigilo interno quando houver risco de comprometimento da eficiência, da eficácia ou da finalidade das diligências a serem realizadas.*

Por derradeiro, caso existam diligências em curso que o acesso possa comprometer e trazer prejuízo às investigações em si, aos envolvidos e aos advogados, é possível a decretação de sigilo interno integral ou parcial, caso a lei de regência da infração penal não imponha *ex lege*, além da Constituição Federal e com arrimo também no Estatuto da Advocacia (art. 7º, § 11) e do art. 20 do Código de Processo Penal.

No entanto, alusivo ao tema, invocando a égide do Estatuto da Advocacia e a Ordem dos Advogados do Brasil que disporia sobre o ponto altercado no que se refere aos direitos dos advogados, confiramos as proposições legais seguintes: Art. 7º São direitos do advogado: (...) XIII – examinar, em qualquer órgão dos Poderes Judiciário e Legislativo, ou da Administração Pública em geral, autos de processos findos ou em andamento, mesmo sem procuração, quando não estiverem sujeitos a sigilo ou segredo de justiça, assegurada a obtenção de cópias, com possibilidade de tomar apontamentos".

Veja que a própria norma positivada da Lei Federal nº 8.906/1994 (Estatuto da Advocacia e a Ordem dos Advogados do Brasil) em questão permite aos advogados examinar, em qualquer órgão dos Poderes Judiciário e Legislativo, ou da Administração Pública em geral, autos de processos findos ou em andamento, mesmo sem procuração, com as ressalvas de **quando não estiverem sujeitos a sigilo ou segredo de justiça**.

7.24.13. Abertura de vistas formalizada no procedimento policial

É importante que o Delegado de Polícia, ao abrir vistas ao causídico ou ao interessado, o faça de maneira formal e mediante termo, a fim de que o exame fique documentado, inclusive acerca de horário, local e data.

7.24.14. Os direitos dos advogados

O Estatuto da Advocacia, Lei nº 8.906/1994, dispõe no art. 7º diversos direitos do advogado, entre eles: Art. 7º São direitos do advogado: I – exercer, com liberdade, a profissão em todo o território nacional; XIII – examinar, em qualquer órgão dos Poderes Judiciário e Legislativo, ou da Administração Pública em geral, autos de processos findos ou em andamento, mesmo sem procuração, quando não estiverem sujeitos a sigilo ou segredo de justiça, assegurada a obtenção de cópias, com possibilidade de tomar apontamentos; XIV – examinar, em qualquer instituição responsável por conduzir investigação, mesmo sem procuração, autos de flagrante e de investigações de qualquer natureza, findos ou em andamento, ainda que conclusos à autoridade, podendo copiar peças e tomar apontamentos, em meio físico ou digital; XV – ter vista dos processos judiciais ou administrativos de qualquer natureza, em cartório ou na repartição competente, ou retirá-los pelos prazos legais; XVI – retirar autos de processos findos, mesmo sem procuração, pelo prazo de dez dias; § 1º Não se aplica o disposto nos incisos XV e XVI: 1) aos processos sob regime de segredo de justiça; 2) quando existirem nos autos documentos originais de difícil restauração ou ocorrer circunstância relevante que justifique a permanência dos autos no cartório, secretaria ou repartição, reconhecida pela autoridade em despacho motivado, proferido de ofício, mediante representação ou a requerimento da parte interessada; 3) até o encerramento do processo, ao advogado que houver deixado de devolver os respectivos autos no prazo legal, e só o fizer depois de intimado. § 10. Nos autos sujeitos a sigilo, deve o advogado apresentar procuração para o exercício dos direitos de que trata o inciso XIV. § 11. No caso previsto no inciso XIV, a autoridade competente poderá delimitar o acesso do advogado aos elementos de prova relacionados a diligências em andamento e ainda não documentados nos autos, quando houver risco de comprometimento da eficiência, da eficácia ou da finalidade das diligências. § 12. A inobservância aos direitos estabelecidos no inciso XIV, o fornecimento incompleto de autos ou o fornecimento de autos em que houve a retirada de peças já incluídas no caderno investigativo implicará responsabilização criminal e funcional por abuso de autoridade do responsável que impedir o acesso do advogado com o intuito de prejudicar o exercício da defesa, sem prejuízo do direito subjetivo do advogado de requerer acesso aos autos ao juiz competente. § 13. O disposto nos incisos XIII e XIV do *caput* deste artigo aplica-se integralmente a processos e a procedimentos eletrônicos, ressalvado o disposto nos §§ 10 e 11 deste artigo".

7.24.15. Meios de execução

Não existe no tipo penal qualquer vinculação com o método pelo qual deva ser executado o delito. Portanto, trata-se de crime de forma livre, que pode ser praticado por qualquer meio de execução eleito pelo agente.

7.24.16. Sujeito ativo

É a autoridade no conceito superamplo do artigo 2º e o seu parágrafo único, devendo, todavia, o agente público ser responsável pela condução da investigação. Por se tratar de crime próprio, deve ser ressaltado que, conforme regra do art. 30 do Código Penal, as circunstâncias de caráter pessoal, quando elementares do crime, se comunicam aos demais concorrentes. Assim, se um particular, sabendo que atua em conjunto com o funcionário público, contribuir para o abuso de autoridade, ambos responderão pelo delito.

7.24.17. Sujeito passivo

O sujeito passivo direto ou imediato é a vítima (pessoa física ou jurídica) atingida pelo abuso cometido. Já o sujeito passivo indireto ou mediato será o Estado. Lembramos que a pessoa jurídica poderia ser vítima do aludido crime nas hipóteses de apuração de crime ambiental.

7.24.18. Elemento subjetivo

É o dolo de praticar de forma consciente e voluntária qualquer das condutas descritas no *caput* ou nos incisos do parágrafo único. Não há expressa previsão legal da modalidade culposa, o que torna inviável a punição por culpa. No que tange a eventual punição a título de dolo eventual, esta será de difícil visualização, tendo em vista que as finalidades específicas do § 1º do art. 1º restringem o alcance de "assumir o risco para a produção do resultado".

7.24.19. Elemento subjetivo específico (ou especial)

Observe que o § 1º do art. 1º se trata de cláusula geral, aplicável a todos os delitos da lei de abuso de autoridade, conforme já tratado alhures. Assim, deverá ser comprovado pela acusação que o agente agiu com a finalidade específica de prejudicar outrem ou beneficiar a si mesmo ou a terceiro, ou, ainda, por mero capricho ou satisfação pessoal. Caso esse elemento subjetivo específico não reste demonstrado pelo Ministério Público, a conduta será considerada atípica.

7.24.20. Vedação ao crime de hermenêutica

Nunca é demais relembrar o dispositivo geral do § 2º do art. 1º da lei em comento, onde "a divergência na interpretação de lei ou na avaliação de fatos e provas não configura abuso de autoridade", portanto, através da análise do conjunto fático-probatório, em caso de eventual celeuma se há ou não a ressalva para o acesso a peças relativas a diligências em curso, ou que indiquem a realização de diligências futuras, cujo sigilo seja imprescindível, não ensejará o delito em tela. No mais, conforme já aduzido alhures o presente dispositivo, a nosso ver, tem natureza jurídica de causa de exclusão do dolo.

7.24.21. Consumação

Dá-se com a efetiva negação de acesso ou o impedimento a obtenção de cópias aos autos de investigação preliminar, ao termo circunstanciado, ao inquérito ou a qualquer outro procedimento investigatório de infração penal, civil ou administrativa. Entendemos que em ambos os núcleos se trata de crime formal (de consumação antecipada ou de resultado cortado), ou seja, se consuma no momento em que o agente nega ou impede a obtenção de cópias aos autos de investigação, independentemente de vir efetivamente a prejudicar o investigado.

7.24.22. Tentativa

É perfeitamente possível, já que estamos diante de um delito plurissubsistente, onde poderá haver o fracionamento do *iter criminis*. Observe que no núcleo do tipo "negar", caso vier a ser praticado por meio verbal, não seria possível se falar em tentativa, pois estaríamos diante de um delito unissubsistente.

7.24.23. Pena cominada

Detenção, de 6 (seis) meses a 2 (dois) anos, e multa.

7.24.24. Ação penal

Em regra, se trata de ação penal pública incondicionada (art. 3º, *caput*). Todavia, em caso de inércia do Ministério Público, surgirá para a vítima a possibilidade de intentar a ação penal privada subsidiária da pública (art. 3º, § 1º). Há de salientar que a requisição de novas diligências ou a promoção do arquivamento pelo *Parquet* não dão ensejo a alegação de inércia, logo, inviável suscitar a ação penal subsidiária da pública.

Dos crimes e das penas **289**

7.24.25. Lei nº 9.099/1995

O delito em análise se trata de crime de menor potencial ofensivo, tendo em vista que a sua pena máxima não ultrapassa dois anos, fazendo o agente *jus* a todos os benefícios da lei dos Juizados Especiais Criminais.

7.24.26. Competência para processo e julgamento

Via de regra, será processado e julgado pelo Juizado Especial Criminal Estadual. Excepcionalmente, nos casos do art. 109 da Constituição Federal, haverá competência do Juizado Especial Federal. Não se pode perder de vista se o sujeito ativo for militar, quando a competência será da Justiça Militar Estadual ou da União, conforme o caso, nos termos do art. 9º, CPM. Devem ainda ser levadas em consideração as situações em que o sujeito ativo detiver foro por prerrogativa de função, onde será processado e julgado no respectivo tribunal competente – por exemplo, deputado federal responsável pela condução de determinada CPI que pratica o delito em análise será processado e julgado perante o STF (art. 102, I, alínea b, CF/88).

7.24.27. Classificação doutrinária

Trata-se de crime próprio (todos os crimes de abuso de autoridade são próprios, ou seja, demandam um sujeito ativo qualificado ou especial); formal ou de consumação antecipada (ou seja, não se exige a produção do resultado naturalístico); de forma livre (pode ser cometido por qualquer meio eleito pelo agente); comissivo (imperioso uma ação) e, excepcionalmente, comissivo por omissão (omissivo impróprio, ou seja, é a aplicação do art. 13, § 2º, do Código Penal); unissubjetivo, unilateral ou de concurso eventual (que pode ser praticado por um só agente); em regra, plurissubsistente (vários atos integram a conduta), excepcionalmente, se cometido por meio verbal será considerado unissubsistente (um único ato integrará a conduta).

7.24.28. Razões iniciais do veto presidencial

O art. 32, em sua totalidade, havia sido inicialmente vetado pelo Presidente da República sob os seguintes argumentos: "a propositura legislativa gera insegurança jurídica, pois o direito de acesso aos autos possui várias nuances e pode ser mitigado, notadamente, em face de atos que, por sua natureza, impõem o sigilo para garantir a eficácia da instrução criminal. Ademais, a matéria já se encontra parametrizada pelo Supremo Tribunal Federal, nos termos da Súmula Vinculante nº 14". Posteriormente, o Congresso Nacional terminou por derrubar o veto, motivo pelo qual o presente artigo se encontra em pleno vigor.

7.25. Exigir informação ou cumprimento de obrigação, inclusive o dever de fazer ou de não fazer, sem expresso amparo legal (art. 33)

> **Art. 33.** Exigir informação ou cumprimento de obrigação, inclusive o dever de fazer ou de não fazer, sem expresso amparo legal:
>
> **Pena** – detenção, de 6 (seis) meses a 2 (dois) anos, e multa.
>
> **Parágrafo único.** Incorre na mesma pena quem se utiliza de cargo ou função pública ou invoca a condição de agente público para se eximir de obrigação legal ou para obter vantagem ou privilégio indevido.

7.25.1. Introdução

A Constituição Federal, no art. 5º, XLI, determinou que "a lei punirá qualquer discriminação atentatória dos direitos e liberdades fundamentais". Assim, ao tipificar tal conduta o legislador buscou primariamente resguardar os direitos e liberdades fundamentais, especialmente no tocante ao princípio da legalidade.

7.25.2. Fundamento constitucional

A conduta descrita no artigo em comento viola o seguinte direito e garantia fundamental, previstos no art. 5º da CF/88: "II – ninguém será obrigado a fazer ou deixar de fazer alguma coisa senão em virtude de lei". Ademais, há doutrina afirmando que o delito descrito no *caput* seria vago demais, um tipo penal aberto e genérico, conforme Gabriela Marques e Ivan Marques (2019, p. 135-136), "de difícil transporte para casos práticos pela precariedade da taxatividade. Pois não é possível vislumbrar, com a precisão necessária, o início e o fim do tipo penal. (...) o que faz ou não? É amplo é completamente vago. (...) o tipo penal é aberto, que fere o princípio da taxatividade penal, ofendendo o princípio da legalidade expresso no art. 5º, XXXIX, da CF/88".

7.25.3. *Novatio legis* incriminadora

Sobre o artigo em comento, trata-se de nova lei penal incriminadora e, por força constitucional (art. 5º, inc. XXXIX) e infraconstitucional (art. 1º, CP), será aplicada para o futuro, afinal, não há crime sem lei anterior que o defina e não há pena sem prévia cominação legal.

7.25.4. Objeto jurídico

Trata-se de crime pluriofensivo, porquanto, além de tutelar o regular funcionamento da administração pública, sua credibilidade e dignidade, tutela também os direitos e garantias fundamentais prescritos no art. 5º da Constituição Federal, em especial a liberdade individual.

7.25.5. Objeto material

Recai sobre a informação ou cumprimento de obrigação, inclusive o dever de fazer ou de não fazer, sem expresso amparo legal.

7.25.6. Núcleo do tipo

No *caput* é **exigir**, que significa determinar (algo) a (alguém), por ordem; impor ou obrigar. No parágrafo único é **eximir** e **obter**. **Eximir** é tornar(-se) isento; dispensar(--se), desobrigar(-se), esquivar-se; escusar-se. Já **obter** é adquirir, receber; alcançar; conseguir, ganhar. A título de exemplo, podemos citar o ilustrado por Igor Pinheiro (2020, p. 149), do agente vir "obrigar alguém a varrer a calçada de instituição pública, a fornecer o número de telefone contra a sua vontade, a pagar dívida civil junto a determinada empresa (...)". Deve ser salientado que "a exigência de informações ou obrigações com amparo nas prerrogativas ordinárias e de persecução atreladas ao poder-dever de presidência da investigação criminal dos Delegados de Polícia retrata medida legítima e eventual desatendimento injustificado pode ensejar responsabilização civil, administrativa e penal" – este é o teor da **Súmula nº 7**, aprovada pela Polícia Civil de São Paulo.

7.25.7. Modalidade equiparada

O legislador incriminou também a conduta de utilização de cargo ou função pública ou invoca a condição de agente público para se eximir de obrigação legal ou para obter vantagem ou privilégio indevido. A famosa "carteirada", a depender do contexto, poderá configurar o tipo em estudo. Observe que determinados estabelecimentos ofertam de forma gratuita cortesias, lanches, bebidas, cafezinho ou então oferecem descontos generosos a policiais e outros agentes públicos – nestas situações, para que seja considerado abuso de autoridade, deverá ser analisado cada caso concreto, em especial, se houve prevalência da utilização do cargo pelo agente acrescido do especial fim de agir "para se eximir de obrigação legal ou para obter vantagem ou privilégio indevido".

Vale ainda acrescentar que a Polícia Civil de São Paulo, em seminário realizado sobre o tema, editou a **Súmula nº 8**, informando que "a identificação formal de agente estatal quando as circunstâncias exigirem assim como a resposta cortês a ato voluntário e gratuito de particular motivado por respeito, educação ou gentileza não configura abuso de autoridade por ausência de dolo na conduta". Nesta situação estaríamos diante dos casos cortesias, almoços servidos, cafés – onde aos olhos leigos poderia ser visto como um privilégio indevido em razão da função, motivo pelo qual a citada súmula busca blindar eventuais arbitrariedades contra o policial que se encontra na aludida situação.

7.25.8. Meios de execução

Não existe no tipo penal qualquer vinculação com o método pelo qual deva ser executado o delito. Portanto, trata-se de crime de forma livre, que pode ser praticado por qualquer meio de execução eleito pelo agente.

7.25.9. Sujeito ativo

É a autoridade no conceito superamplo do artigo 2º e o seu parágrafo único. Por se tratar de crime próprio, deve ser ressaltado que, conforme regra do art. 30 do Código Penal, as circunstâncias de caráter pessoal, quando elementares do crime, se comunicam aos demais concorrentes. Assim, se um particular, sabendo que atua em conjunto com o funcionário público, contribuir para o abuso de autoridade, ambos responderão pelo delito.

7.25.10. Sujeito passivo

O sujeito passivo direto ou imediato é a vítima (pessoa física ou jurídica) atingida pelo abuso cometido. Já o sujeito passivo indireto ou mediato será o Estado.

7.25.11. Elemento subjetivo

É o dolo de praticar de forma consciente e voluntária qualquer das condutas descritas no *caput* ou nos incisos do parágrafo único. Não há expressa previsão legal da modalidade culposa, o que torna inviável a punição por culpa. No que tange a eventual punição a título de dolo eventual, esta será de difícil visualização, tendo em vista que as finalidades específicas do § 1º do art. 1º restringem o alcance de "assumir o risco para a produção do resultado".

Dos crimes e das penas **293**

7.25.12. Elemento subjetivo específico (ou especial)

Observe que o § 1º do art. 1º trata de cláusula geral, aplicável a todos os delitos da lei de abuso de autoridade, conforme já tratado alhures. Assim, deverá ser comprovado pela acusação que o agente agiu com a finalidade específica de prejudicar outrem ou beneficiar a si mesmo ou a terceiro, ou, ainda, por mero capricho ou satisfação pessoal. Caso esse elemento subjetivo específico não reste demonstrado pelo Ministério Público, a conduta será considerada atípica.

7.25.13. Consumação

O crime em análise se trata de crime formal (de consumação antecipada ou de resultado cortado), ou seja, se consuma com a simples **exigência** de informação ou cumprimento de obrigação, inclusive o dever de fazer ou de não fazer, sem expresso amparo legal, independentemente de esta vir efetivamente a ser prestada. O mesmo se pode dizer em relação às condutas do parágrafo único (para se **eximir** de obrigação legal ou para **obter** vantagem ou privilégio indevido), onde o delito para se consumar prescinde de qualquer resultado naturalístico.

7.25.14. Tentativa

Entendemos ser perfeitamente possível, já que estamos diante de um delito plurissubsistente, onde poderá haver o fracionamento do *iter criminis*, por exemplo, em uma carta extraviada. Observe, todavia, que na modalidade verbal não seria possível o *conatus*.

7.25.15. Pena cominada

Detenção, de 6 (seis) meses a 2 (dois) anos, e multa.

7.25.16. Ação penal

Em regra, se trata de ação penal pública incondicionada (art. 3º, *caput*). Todavia, em caso de inércia do Ministério Público, surgirá para a vítima a possibilidade de intentar a ação penal privada subsidiária da pública (art. 3º, § 1º). Há de salientar que a requisição de novas diligências ou a promoção do arquivamento pelo *Parquet* não dão ensejo a alegação de inércia, logo, inviável suscitar a ação penal subsidiária da pública.

7.25.17. Lei nº 9.099/1995

O delito em análise se trata de crime de menor potencial ofensivo, tendo em vista que a sua pena máxima não ultrapassa dois anos, fazendo o agente *jus* a todos os benefícios da lei dos Juizados Especiais Criminais.

7.25.18. Competência para processo e julgamento

Via de regra, será processado e julgado pelo Juizado Especial Criminal Estadual. Excepcionalmente, nos casos do art. 109 da Constituição Federal, haverá competência do Juizado Especial Federal. Não se pode perder de vista se o sujeito ativo for militar, quando a competência será da Justiça Militar Estadual ou da União, conforme o caso, nos termos do art. 9º, CPM. Devem ainda ser levadas em consideração as situações em que o sujeito ativo detiver foro por prerrogativa de função, onde será processado e julgado no respectivo tribunal competente – por exemplo, deputado federal responsável pela condução de determinada CPI que pratica o delito em análise será processado e julgado perante o STF (art. 102, I, alínea b, CF/88).

7.25.19. Classificação doutrinária

Trata-se de crime próprio (todos os crimes de abuso de autoridade são próprios, ou seja, demandam um sujeito ativo qualificado ou especial); formal ou de consumação antecipada (ou seja, não se exige a produção do resultado naturalístico); de forma livre (pode ser cometido por qualquer meio eleito pelo agente); comissivo (imperioso uma ação) e, excepcionalmente, comissivo por omissão (omissivo impróprio, ou seja, é a aplicação do art. 13, § 2º, do Código Penal); unissubjetivo, unilateral ou de concurso eventual (que pode ser praticado por um só agente); plurissubsistente (vários atos integram a conduta).

7.25.20. Conflito aparente com o delito de extorsão – Art. 158, CP

No delito do art. 33 o agente abusa da autoridade para buscar alguma informação ou cumprimento de obrigação (devida ou não), sem expresso amparo legal, enquanto na extorsão (CP, art. 158) o agente está em busca de uma indevida vantagem econômica, e, para tanto, emprega violência ou grave ameaça. Nestes termos o art. 158, CP: "Art. 158 – Constranger alguém, mediante violência ou grave ameaça, e com o intuito de obter para si ou para outrem indevida vantagem econômica, a fazer, tolerar que se faça ou deixar de fazer alguma coisa: Pena – reclusão, de quatro a dez anos, e multa".

7.25.21. Conflito aparente com o delito de extorsão indireta – Art. 160, CP

No delito do art. 33 o agente abusa da autoridade para buscar alguma informação ou cumprimento de obrigação (devida ou não), sem expresso amparo legal, enquanto na extorsão indireta (CP, art. 160) o agente exige ou recebe, como garantia de dívida, abusando da situação de alguém, documento que pode dar causa a procedimento criminal contra a vítima ou terceiro. Nestes termos o art. 160, CP: "Art. 160 – Exigir ou receber, como garantia de dívida, abusando da situação de alguém, documento que pode dar causa a procedimento criminal contra a vítima ou contra terceiro: Pena – reclusão, de um a três anos, e multa".

7.25.22. Conflito aparente com o delito de concussão – Art. 316, CP

No delito do art. 33 o agente abusa da autoridade para buscar alguma informação ou cumprimento de obrigação (devida ou não), sem expresso amparo legal, enquanto na concussão (CP, art. 316) o agente está em busca de uma vantagem indevida (seja de cunho patrimonial ou não). Nestes termos o art. 316, CP: "Art. 316 – Exigir, para si ou para outrem, direta ou indiretamente, ainda que fora da função ou antes de assumi-la, mas em razão dela, vantagem indevida: Pena – reclusão, de dois a doze anos, e multa".

7.25.23. Conflito aparente com o delito de corrupção passiva – Art. 317, CP

No delito do art. 33, parágrafo único, o agente abusa da autoridade se utilizando de cargo ou função pública ou invocando a condição de agente público para se eximir de obrigação legal ou para obter vantagem ou privilégio indevido. Na corrupção passiva (CP, art. 317) o agente está em busca de uma vantagem indevida (seja de cunho patrimonial ou não), ou seja, uma contraprestação. Inclusive sobre o assunto vale a transcrição do **enunciado n. 22** do Conselho Nacional dos Procuradores-Gerais dos Ministérios Públicos dos Estados e da União (CNPG) e do Grupo Nacional de Coordenadores de Centro de Apoio Criminal (CNCCRIM): "quem se utiliza de cargo ou função pública ou invoca a condição de agente público para se eximir de obrigação legal ou para obter vantagem ou privilégio indevido pratica abuso de autoridade (art. 33, parágrafo único) se o comportamento não estiver atrelado à finalidade de contraprestação do agente ou autoridade. Caso contrário, outro será o crime, como corrupção passiva (art. 317 do CP)".

7.26. Art. 34 (VETADO)

> Art. 34. (VETADO)[59].

7.26.1. Razões do veto

"A propositura legislativa, ao dispor que 'erro relevante' constitui requisito como condição da própria tipicidade, gera insegurança jurídica por encerrar tipo penal aberto e que comporta interpretação. Ademais, o dispositivo proposto contraria o interesse público ao disciplinar hipótese análoga ao crime de prevaricação, já previsto no art. 34 do Código Penal, ao qual é cominado pena de três meses a um ano, e multa, em ofensa ao inciso III do art. 7º da Lei Complementar nº 95 de 1998, que dispõe sobre a elaboração, a redação, a alteração e a consolidação das leis, em razão do inadequado tratamento do mesmo assunto em mais de um diploma legislativo".

7.27. Art. 35 (VETADO)

> Art. 35. (VETADO)[60].

7.27.1. Razões do veto

"A propositura legislativa gera insegurança jurídica, tendo em vista a generalidade do dispositivo, que já encontra proteção no art. 5º, XVI, da Constituição da República, e que não se traduz em uma salvaguarda ilimitada do seu exercício, nos termos da jurisprudência do Supremo Tribunal Federal, cujo entendimento é no sentido de que o direito à liberdade de se reunir não se confunde com incitação à prática de delito nem se identifica com apologia de fato criminoso".

---

[58] "Art. 34. Deixar de corrigir, de ofício ou mediante provocação, com competência para fazê-lo, erro relevante que sabe existir em processo ou procedimento: Pena – detenção, de 3 (três) a 6 (seis) meses, e multa".
[59] "Art. 35. Coibir, dificultar ou impedir, por qualquer meio, sem justa causa, a reunião, a associação ou o agrupamento pacífico de pessoas para fim legítimo: Pena – detenção, de 3 (três) meses a 1 (um) ano, e multa".

7.28. Decretar, em processo judicial, a indisponibilidade de ativos financeiros em quantia que extrapole exacerbadamente o valor estimado para a satisfação da dívida da parte e, ante a demonstração, pela parte, da excessividade da medida, deixar de corrigi-la (art. 36)

> **Art. 36.** Decretar, em processo judicial, a indisponibilidade de ativos financeiros em quantia que extrapole exacerbadamente o valor estimado para a satisfação da dívida da parte e, ante a demonstração, pela parte, da excessividade da medida, deixar de corrigi-la:
>
> **Pena** – detenção, de 1 (um) a 4 (quatro) anos, e multa

7.28.1. Introdução

A Constituição Federal, no art. 5º, XLI, determinou que "a lei punirá qualquer discriminação atentatória dos direitos e liberdades fundamentais". Assim, ao tipificar tal conduta o legislador buscou primariamente resguardar os direitos e liberdades fundamentais, especialmente no tocante ao patrimônio do devedor.

7.28.2. Fundamento constitucional

As condutas descritas no artigo em comento violam os seguintes direitos e garantias fundamentais, previstos no art. 5º da CF/88: "XLV – nenhuma pena passará da pessoa do condenado, podendo a obrigação de reparar o dano e a decretação do perdimento de bens ser, nos termos da lei, estendidas aos sucessores e contra eles executadas, até o limite do valor do patrimônio transferido; LIV – ninguém será privado da liberdade ou de seus bens sem o devido processo legal". Há doutrina afirmando ser tal delito inconstitucional; nesse sentido Igor Pinheiro (2020, p. 151) afirma que se trata de "dispositivo manifestamente inconstitucional, que possui uma das piores redações entre os tipos penais da lei de abuso de autoridade, sendo lamentável que o Parlamento tenha aprovado algo tão aberrante".

7.28.3. *Novatio legis* incriminadora

Sobre o artigo em comento, trata-se de nova lei penal incriminadora e, por força constitucional (art. 5º, inc. XXXIX) e infraconstitucional (art. 1º, CP), será aplicada para o futuro, afinal, não há crime sem lei anterior que o defina e não há pena sem prévia cominação legal.

7.28.4. Objeto jurídico

Trata-se de crime pluriofensivo, porquanto, além de tutelar o regular funcionamento da administração pública, sua credibilidade e dignidade, tutela também os direitos e garantias fundamentais prescritos no art. 5º da Constituição Federal.

7.28.5. Objeto material

É a indisponibilidade de ativos financeiros em quantia que extrapole exacerbadamente o valor estimado para a satisfação da dívida da parte.

7.28.6. Núcleo do tipo

Os núcleos são **decretar** e **deixar**. **Decretar** consiste em dar ordens; determinar, mandar, ordenar. **Deixar** que significa não fazer; suspender; abandonar; desistir; permitir. Diante da análise do núcleo do tipo, podemos verificar a presença de um fato incriminado seguido de duas condutas distintas, por isso ser denominado de crime de conduta mista. Vejamos:

a) **Primeiro fato incriminado:** o agente **decreta**, em processo judicial, a indisponibilidade de ativos financeiros em quantia que extrapole exacerbadamente o valor estimado para a satisfação da dívida da parte. Neste caso verifica-se que há uma conduta inicial, onde a parte tomará conhecimento da indisponibilidade dos seus ativos financeiros diretamente pela decretação.

b) **Segundo fato incriminado:** o agente já decretou a indisponibilidade dos ativos financeiros, e, ante a demonstração, pela parte, da excessividade da medida, o mesmo agente deixa de corrigi-la. Neste caso verifica-se que há uma conduta posterior, onde a parte já tomou conhecimento da indisponibilidade dos seus ativos financeiros e busca demonstrar que tal indisponibilidade é uma medida excessiva.

Em resumo, para que haja o crime não basta a análise da primeira conduta, será necessária a análise da segunda, para então, através da junção, chegar-se à tipificação do fato. Nesse sentido, inclusive, há o **enunciado n. 23** do Conselho Nacional dos Procuradores-Gerais dos Ministérios Públicos dos Estados e da União (CNPG) e do Grupo Nacional de Coordenadores de Centro de Apoio Criminal (CNCCRIM): "o delito do art. 36 da Lei de Abuso de Autoridade (abusiva indisponibilidade de ativos financeiros) pressupõe, objetivamente, uma ação (decretar) seguida de uma omissão (deixar de corrigir)".

7.28.7. A expressão "extrapolar exacerbadamente"

Trata-se de elemento normativo jurídico do tipo (ou elemento normativo impróprio), dependendo de um juízo de valor acerca da situação de fato por parte do destinatário da lei penal daquilo que seria extrapolado exacerbadamente. Ademais, entendemos que não basta que haja uma extrapolação, é necessário que vá muito além, ou seja, deve ser uma extrapolação exacerbada, isto é, extremamente desproporcional. Sobre o assunto entendemos da mesma forma que Igor Pinheiro (2020, p. 152), quando aduz que, além do artigo ser extremamente mal redigido (uma aberração parlamentar), afirma ainda que "a redação escolhida pelo legislador não permite que se identifique com o mínimo de segurança quando se rompe a linha do excesso para o excesso exacerbado".

7.28.8. Meios de execução

Não existe no tipo penal qualquer vinculação com o método pelo qual deva ser executado o delito. Portanto, trata-se de crime de forma livre, que pode ser praticado por qualquer meio de execução eleito pelo agente.

7.28.9. Sujeito ativo

É especificamente os membros do Poder Judiciário (também citado no conceito superamplo do art. 2º), motivo pelo qual estamos diante de um crime próprio, devendo o agente cometer diretamente a conduta típica, não sendo admitida, via de regra, a coautoria, mas apenas a participação. Lembramos, aqui, que a decisão proferida poderá advir de órgão colegiado, motivo pelo qual poderia se admitir tranquilamente a coautoria no aludido delito.

7.28.10. Sujeito passivo

O sujeito passivo direto ou imediato é a vítima (pessoa física ou jurídica) atingida pelo abuso cometido. Já o sujeito passivo indireto ou mediato será o Estado.

7.28.11. Elemento subjetivo

É o dolo de praticar de forma consciente e voluntária qualquer das condutas descritas no *caput* ou nos incisos do parágrafo único. Não há expressa previsão legal da modalidade culposa, o que torna inviável a punição por culpa. No que tange a eventual punição a título de dolo eventual, esta será de difícil visualização, tendo em vista que as finalidades específicas do § 1º do art. 1º restringem o alcance de "assumir o risco

300 A nova lei de abuso de autoridade

para a produção do resultado". Conforme já salientado em outras linhas, o professor
Renato Brasileiro (2020, p. 313) admite o dolo eventual sem qualquer objeção.

7.28.12. Elemento subjetivo específico (ou especial)

Observe que o § 1º do art. 1º trata de cláusula geral, aplicável a todos os delitos da lei
de abuso de autoridade, conforme já tratado alhures. Assim, deverá ser comprovado
pela acusação que o agente agiu com a finalidade específica de prejudicar outrem ou
beneficiar a si mesmo ou a terceiro, ou, ainda, por mero capricho ou satisfação pessoal. Caso esse elemento subjetivo específico não reste demonstrado pelo Ministério
Público, a conduta será considerada atípica.

7.28.13. Consumação

Conforme dito alhures, estamos diante de um crime de conduta mista, isto é, para
que o crime se consume há de incialmente se **decretar**, em processo judicial, a indisponibilidade de ativos financeiros em quantia que extrapole exacerbadamente
o valor estimado para a satisfação da dívida da parte, portanto, prescinde que esta
indisponibilidade venha efetivamente a ocorrer, seguida, posteriormente, da segunda
conduta (**deixar de corrigir**). Assim, o aludido delito pressupõe para a sua consumação, objetivamente, uma ação (decretar) seguida de uma omissão (deixar de corrigir).

7.28.14. Tentativa

É inadmissível, porquanto se trata de crime omissivo próprio – unissubsistente –,
ficando inviabilizado o fracionamento dos atos executórios.

7.28.15. Pena cominada

Detenção, de 1 (um) a 4 (quatro) anos, e multa. Observe que a pena cominada a todos
os delitos da Lei nº 13.869/2009 é a de detenção.

7.28.16. Ação penal

Em regra, se trata de ação penal pública incondicionada (art. 3º, *caput*). Todavia, em
caso de inércia do Ministério Público, surgirá para a vítima a possibilidade de intentar
a ação penal privada subsidiária da pública (art. 3º, § 1º). Há de salientar que a requisição de novas diligências ou a promoção do arquivamento pelo *Parquet* não dão
ensejo a alegação de inércia, logo, inviável suscitar a ação penal subsidiária da pública.

7.28.17. Lei nº 9.099/1995

O delito em análise é crime de médio potencial ofensivo, tendo em vista que a sua pena mínima (1 ano) autoriza a incidência da suspensão condicional do processo, desde que presentes os requisitos do art. 89 da Lei nº 9.099/1995.

7.28.18. Competência para processo e julgamento

Via de regra, será processado e julgado pela justiça estadual. Excepcionalmente, nos casos do art. 109 da Constituição Federal, haverá competência da Justiça Federal. Não se pode perder de vista se o sujeito ativo for militar, quando a competência será da Justiça Militar Estadual ou da União, conforme o caso, nos termos do art. 9º, CPM. Devem ainda ser levadas em consideração as situações em que o sujeito ativo detiver foro por prerrogativa de função, onde será processado e julgado no respectivo tribunal competente – por exemplo, deputado federal que durante uma CPI pratica o delito em análise será processado e julgado perante o STF (art. 102, I, alínea b, CF/88).

7.28.19. Classificação doutrinária

Trata-se de crime próprio (todos os crimes de abuso de autoridade são próprios, ou seja, demandam um sujeito ativo qualificado ou especial); material ou causal (ou seja, se exige a produção do resultado naturalístico); de forma livre (pode ser cometido por qualquer meio eleito pelo agente); de conduta mista – comissivo na modalidade **decretar** (imperioso uma ação) e omissivo próprio na modalidade **deixar de corrigir**; unissubjetivo, unilateral ou de concurso eventual (que pode ser praticado por um só agente).

7.29. Demorar demasiada e injustificadamente no exame de processo de que tenha requerido vista em órgão colegiado, com o intuito de procrastinar seu andamento ou retardar o julgamento (art. 37)

> **Art. 37.** Demorar demasiada e injustificadamente no exame de processo de que tenha requerido vista em órgão colegiado, com o intuito de procrastinar seu andamento ou retardar o julgamento:
> **Pena** – detenção, de 6 (seis) meses a 2 (dois) anos, e multa.

7.29.1. Introdução

A Constituição Federal, no art. 5º, XLI, determinou que "a lei punirá qualquer discriminação atentatória dos direitos e liberdades fundamentais". Assim, ao tipificar tal conduta o legislador buscou primariamente resguardar os direitos e liberdades fundamentais, especialmente no tocante ao direito da celeridade do trâmite dos procedimentos judiciais ou administrativos (a duração razoável do processo).

7.29.2. Fundamento constitucional

A conduta descrita no artigo em comento viola o seguinte direito e garantia fundamental, previsto no art. 5º da CF/88: "LXXVIII – a todos, no âmbito judicial e administrativo, são assegurados a razoável duração do processo e os meios que garantam a celeridade de sua tramitação". Há de salientar que há doutrina afirmando que tal delito é nitidamente inconstitucional, neste sentido os professores Rogério Sanches e Rogério Greco (2019, p. 290).

Por outro lado, muito antes de tal delito vir a ser cogitado, o professor Aury Lopes Jr (2007, p. 76) já defendia uma solução sancionatória para aqueles que fossem responsáveis por dilações indevidas, onde aduziu que seria necessária a "punição do servidor (incluindo juízes, promotores, etc.) responsável pela dilação indevida. Isso exige, ainda, uma incursão pelo direito administrativo, civil e penal (se constituir delito)". Em resumo, do ponto de vista penal, o pedido de vista em órgão colegiado, com o intuito de procrastinar seu andamento ou retardar o julgamento, agora é crime.

7.29.3. A Convenção Americana de Direitos Humanos

As condutas descritas violam os seguintes preceitos da CADH, previstos no art. 7º, VI, e art. 25, I, nestes termos: "Artigo 7. Direito à liberdade pessoal. VI. Toda pessoa privada da liberdade tem direito a recorrer a um juiz ou tribunal competente, a fim de que este decida, sem demora, sobre a legalidade de sua prisão ou detenção e ordene sua soltura se a prisão ou a detenção forem ilegais. Nos Estados Partes cujas leis preveem que toda pessoa que se vir ameaçada de ser privada de sua liberdade tem direito a recorrer a um juiz ou tribunal competente a fim de que este decida sobre a legalidade de tal ameaça, tal recurso não pode ser restringido nem abolido. O recurso pode ser interposto pela própria pessoa ou por outra pessoa. Artigo 25. Proteção judicial. I. Toda pessoa tem direito a um recurso simples e rápido ou a qualquer outro recurso efetivo, perante os juízes ou tribunais competentes, que a proteja contra atos que violem seus direitos fundamentais reconhecidos pela constituição,

Dos crimes e das penas **303**

pela lei ou pela presente Convenção, mesmo quando tal violação seja cometida por pessoas que estejam atuando no exercício de suas funções oficiais".

7.29.4. *Novatio legis* incriminadora

Sobre o artigo em comento, trata-se de nova lei penal incriminadora e, por força constitucional (art. 5º, inc. XXXIX) e infraconstitucional (art. 1º, CP), será aplicada para o futuro, afinal, não há crime sem lei anterior que o defina e não há pena sem prévia cominação legal.

7.29.5. Objeto jurídico

Trata-se de crime pluriofensivo, porquanto, além de tutelar o regular funcionamento da administração pública, sua credibilidade e dignidade, tutela também os direitos e garantias fundamentais prescritos no art. 5º da Constituição Federal.

7.29.6. Objeto material

A conduta recai sobre o pedido de vista em órgão colegiado para examinar o processo.

7.29.7. Núcleo do tipo

É **demorar**, que significa causar o atraso; retardar, delongar; atrasar, dilatar de forma demasiada e injustificadamente no exame de processo de que tenha requerido vista em órgão colegiado, com o intuito de procrastinar seu andamento ou retardar o julgamento.

7.29.8. O binômio "demasiada e injustificadamente"

Demasiado é aquilo excessivo, desproporcional, que ultrapassa completamente o natural ou o ordinário. Já **injustificado** é aquilo que não apresenta qualquer justificativa. Este binômio (demasiado e injustificado) é elemento normativo do tipo, onde estão diretamente inseridos dentro do tipo penal os termos "demasiado e injustificadamente"; assim, para que o crime em tela se caracterize, deverá primeiramente demonstrar que se trata de uma demora demasiada (totalmente excessiva, fugindo totalmente da praxe forense) e posteriormente demonstrar que, além de uma demora demasiada, é também injustificada. Assim, em casos de **demoras** ainda que excessivas, porém, justificadas, não haveria o crime. Assim, excessos de procedimento em que tenha requerido vistas, falta de julgadores, acúmulo de funções, são fatores que demoram de forma justificada o exame de processo de que tenha requerido vista em órgão colegiado. Assim, pode se dizer que o investigado ou fiscalizado, diante da demora excessiva, porém justificada, poderá até mesmo buscar o trancamento do procedimento, por exemplo, trancamento de inquérito policial por via de *habeas corpus*, mas jamais se imputar ao agente o delito em tela.

No mais, tem que ser observado que tal delito é extremamente lacunoso devido a tais expressões, por isso afirma Igor Pinheiro (2020, p. 156) que "o tipo penal não especifica a partir de quando se considera que o atraso na apresentação do voto--vista deixa de ser um atraso simples justificado e se torna uma demora demasiada e injustificada".

7.29.9. Meios de execução

Não existe no tipo penal qualquer vinculação com o método pelo qual deva ser executado o delito. Portanto, trata-se de crime de forma livre, que pode ser praticado por qualquer meio de execução eleito pelo agente.

7.29.10. Sujeito ativo

É todo aquele descrito no conceito superamplo do art. 2º e seu parágrafo único. Ademais, deverá o agente ser integrante de órgão colegiado. Observe que não precisa ser necessariamente do Poder Judiciário. Por outra via, Gabriela Marques e Ivan Marques (2019, p. 146) entendem ser delito cujo sujeito ativo só poderá ser magistrado que atua perante o tribunal.

7.29.11. Sujeito passivo

O sujeito passivo direto ou imediato é a vítima (pessoa física ou jurídica) atingida pelo abuso cometido. Já o sujeito passivo indireto ou mediato será o Estado.

7.29.12. Elemento subjetivo

É o dolo de praticar de forma consciente e voluntária qualquer das condutas descritas no *caput* ou nos incisos do parágrafo único. Não há expressa previsão legal da modalidade culposa, o que torna inviável a punição por culpa. No que tange a eventual punição a título de dolo eventual, esta será de difícil visualização, tendo em vista que as finalidades específicas do § 1º do art. 1º restringem o alcance de "assumir o risco para a produção do resultado".

7.29.13. Elemento subjetivo específico (ou especial)

Observe que o § 1º do art. 1º trata de cláusula geral, aplicável a todos os delitos da lei de abuso de autoridade, conforme já tratado alhures. Assim, deverá ser comprovado pela acusação que o agente agiu com a finalidade específica de prejudicar outrem ou beneficiar a si mesmo ou a terceiro, ou, ainda, por mero capricho ou satisfação pessoal. Caso esse elemento subjetivo específico não reste demonstrado pelo Ministério Público, a conduta será considerada atípica.

7.29.14. O duplo elemento subjetivo específico (ou especial)

Além da finalidade específica de prejudicar outrem ou beneficiar a si mesmo ou a terceiro, ou, ainda, por mero capricho ou satisfação pessoal (art. 1º, § 1º), o tipo em comento, prevê outra, de cunho mais específico, qual seja "com o intuito de procrastinar seu andamento ou retardar o julgamento". Por isso o professor Renato Brasileiro (2020, p. 318) lembra que tal delito é classificado como "delito de intenção ou delito de tendência interna".

7.29.15. Consumação

O crime em análise se consuma no momento totalmente impreciso em que se demora de forma demasiada e injustificada no exame de processo de que tenha requerido vista em órgão colegiado, com o intuito de procrastinar seu andamento ou retardar o julgamento. Pelo fato da conduta se protrair no tempo – ainda que imprecisamente –, se trata de crime permanente.

7.29.16. Tentativa

Não é possível, pois não poderá haver o fracionamento do *iter criminis*. Assim entende a doutrina majoritária: o professor Rogério Sanches e Rogério Greco (2019, p. 291), Renato Brasileiro (2020, p. 318), André Cavalcante (2020, p. 157).

7.29.17. Pena cominada

Detenção, de 6 (seis) meses a 2 (dois) anos, e multa.

7.29.18. Ação penal

Em regra, se trata de ação penal pública incondicionada (art. 3º, *caput*). Todavia, em caso de inércia do Ministério Público, surgirá para a vítima a possibilidade de intentar a ação penal privada subsidiária da pública (art. 3º, § 1º). Há de salientar que a requisição de novas diligências ou a promoção do arquivamento pelo *Parquet* não dão ensejo a alegação de inércia, logo, inviável suscitar a ação penal subsidiária da pública.

7.29.19. Lei nº 9.099/1995

O delito em análise de trata de crime de menor potencial ofensivo, tendo em vista que a sua pena máxima não ultrapassa dois anos, fazendo o agente *jus* a todos os benefícios da referida lei.

7.29.20. Competência para processo e julgamento

Via de regra, será processado e julgado pelo Juizado Especial Criminal Estadual. Excepcionalmente, nos casos do art. 109 da Constituição Federal, haverá competência do Juizado Especial Federal. Não se pode perder de vista se o sujeito ativo for militar, quando a competência será da Justiça Militar Estadual ou da União, conforme o caso, nos termos do art. 9º, CPM. Devem ainda ser levadas em consideração as situações em que o sujeito ativo detiver foro por prerrogativa de função, onde será processado e julgado no respectivo tribunal competente – por exemplo, Ministro do Superior Tribunal de Justiça que comete o delito em tela será processado e julgado perante o STF (art. 102, I, alínea c, CF/88).

7.29.21. Classificação doutrinária

Trata-se de crime próprio (todos os crimes de abuso de autoridade são próprios, ou seja, demandam um sujeito ativo qualificado ou especial); de mera conduta; omissivo próprio (imperioso uma inação) e, excepcionalmente, comissivo por omissão (omissivo impróprio, ou seja, é a aplicação do art. 13, § 2º, do Código Penal); permanente (aquele cuja consumação se prolonga no tempo); unissubjetivo, unilateral ou de concurso eventual (que pode ser praticado por um só agente); unissubsistente (um único ato integra a conduta).

7.30. Antecipar o responsável pelas investigações, por meio de comunicação, inclusive rede social, atribuição de culpa, antes de concluídas as apurações e formalizada a acusação (art. 38)

Art. 38. Antecipar o responsável pelas investigações, por meio de comunicação, inclusive rede social, atribuição de culpa, antes de concluídas as apurações e formalizada a acusação:

Pena – detenção, de 6 (seis) meses a 2 (dois) anos, e multa.

7.30.1. Introdução

A Constituição Federal, no art. 5º, XLI, determinou que "a lei punirá qualquer discriminação atentatória dos direitos e liberdades fundamentais". Assim, ao tipificar tal conduta o legislador buscou primariamente resguardar os direitos e liberdades fundamentais, especialmente no tocante ao princípio da não culpabilidade (ou presunção de inocência).

Vale trazer os ensinamentos de Rogério Sanches e Rogério Greco (2020, p. 293-294), que afirmam que "fica claro que o tipo não impede a publicidade da condição de suspeito da pessoa objeto da investigação. Aliás, essa divulgação, não raras vezes, aparece como necessária para a apuração de determinadas infrações, podendo contar com a colaboração dos membros da comunidade em que ocorreu a infração".

7.30.2. Direito penal midiático

Apesar de termos nossa ressalva contra a "influência indevida da mídia no direito penal", de fato não podemos ignorar que a mídia também exerce um importante papel de controle e fiscalização da coisa pública. Assim, não podemos esquecer que muitos dos fatos graves em nosso meio somente vieram à tona com o papel da imprensa.

Por outro lado, não se pode olvidar de vários casos em que a mídia execrara e condenara publicamente uma pessoa, quando ao final do devido processo legal na instância própria esta pessoa foi absolvida. Nestes casos, dificilmente as marcas e as imputações publicamente dirigidas à pessoa investigada e acusada são indeléveis e sua absolvição raramente apaga os efeitos deletérios e nocivos daquela exposição. O ideal seria conciliarmos e buscarmos um ponto de equilíbrio nessas tensões, evitando os extremos que não são desejados.

308 A nova lei de abuso de autoridade

7.30.3. Fundamento constitucional

A conduta descrita no artigo em comento viola os seguintes direitos e garantias fundamentais, previstos no art. 5º da CF/88: "X – são invioláveis a intimidade, a vida privada, a honra e a imagem das pessoas, assegurado o direito a indenização pelo dano material ou moral decorrente de sua violação; LVII – ninguém será considerado culpado até o trânsito em julgado de sentença penal condenatória; XLIX – é assegurado aos presos o respeito à integridade física e moral; LXIII – o preso será informado de seus direitos, entre os quais o de permanecer calado, sendo-lhe assegurada a assistência da família e de advogado".

7.30.4. A Convenção Americana de Direitos Humanos

As condutas descritas violam os seguintes preceitos da CADH, previstos no art. 8º, II, art. 11, I, II e III, e art. 14, I, II, III, nestes termos:

> *Art. 8º. Garantias Judiciais. II. Toda pessoa acusada de delito tem direito a que se presuma sua inocência enquanto não se comprove legalmente sua culpa. Artigo 11. Proteção da honra e da dignidade. I. Toda pessoa tem direito ao respeito de sua honra e ao reconhecimento de sua dignidade. II. Ninguém pode ser objeto de ingerências arbitrárias ou abusivas em sua vida privada, na de sua família, em seu domicílio ou em sua correspondência, nem de ofensas ilegais à sua honra ou reputação; III. Toda pessoa tem direito à proteção da lei contra tais ingerências ou tais ofensas. Artigo 14. Direito de retificação ou resposta. I. Toda pessoa atingida por informações inexatas ou ofensivas emitidas em seu prejuízo por meios de difusão legalmente regulamentados e que se dirijam ao público em geral tem direito a fazer, pelo mesmo órgão de difusão, sua retificação ou resposta, nas condições que estabeleça a lei. II. Em nenhum caso a retificação ou a resposta eximirão das outras responsabilidades legais em que se houver incorrido. III. Para a efetiva proteção da honra e da reputação, toda publicação ou empresa jornalística, cinematográfica, de rádio ou televisão, deve ter uma pessoa responsável que não seja protegida por imunidades nem goze de foro especial.*

7.30.5. *Novatio legis* incriminadora

Sobre o artigo em comento, trata-se de nova lei penal incriminadora e, por força constitucional (art. 5º, inc. XXXIX) e infraconstitucional (art. 1º, CP), será aplicada para o futuro, afinal, não há crime sem lei anterior que o defina e não há pena sem prévia cominação legal. Por outro lado, o professor Renato Brasileiro (2020, p. 320) entende que tal delito já era previsto na antiga lei de abuso de autoridade (Lei nº 4.898/65), precisamente no art. 4º, alínea "h", nestes termos: "Art. 4º Constitui também abuso de autoridade: h) o ato lesivo da honra ou do patrimônio de pessoa natural ou jurídica, quando praticado com abuso ou desvio de poder ou sem competência legal", portanto, para o aludido autor teria operado o denominado princípio da continuidade normativo-típica.

7.30.6. Objeto jurídico

Trata-se de crime pluriofensivo, porquanto, além de tutelar o regular funcionamento da administração pública, sua credibilidade e dignidade, tutela também os direitos e garantias fundamentais prescritos no art. 5º da Constituição Federal, em especial a presunção de não culpabilidade e a própria honra do acusado.

7.30.7. Objeto material

São os meios de comunicação, inclusive rede social.

7.30.8. Núcleo do tipo

É **antecipar**, que significa fazer chegar ou ocorrer antes do tempo marcado; adiantar(-se). Em outras palavras, é o ato de anteceder. Criminaliza a conduta do responsável pelas investigações, que, por meio de comunicação, inclusive rede social (Facebook, Instagram, Twitter, LinkedIn etc.), vem atribuir culpa, antes de concluídas as apurações e formalizada a acusação.

Quando se fala em "antecipar" no *caput*, por si só, a conduta pressuporia que ainda não foram concluídas as apurações, diante do contexto. É até compreensível a preocupação em deixar claro o marco desta antecipação, mas, em nosso pensar, houve redundância no tipo penal. A bem da verdade, o legislador foi até redundante nesta situação também, apesar de nossas críticas quanto ao dispositivo em si.

Deve ser salientado que o MP/RS, através da orientação nº 01/2020 (aplicável tanto ao Ministério Público quanto às polícias), editou os enunciados nº 02 e nº 03, nos seguintes termos:

> *2. Não constitui abuso de autoridade tipificado na Lei 13.869/19 a divulgação, em meios de comunicação e redes sociais, de ações, procedimentos e atos relativos ao cumprimento das funções institucionais do membro do Ministério Público.*

3. Não constitui crime de abuso de autoridade a narrativa técnica e de forma oficial aos veículos de informação das diligências alcançadas a partir de elementos de prova em expediente investigatório regularmente instaurado.

7.30.9. A proibição de atribuição de culpa antes das apurações concluídas e da acusação formalizada

O legislador, sensibilizado com os criminosos que assacam o Estado (e não se engane: os criminosos de colarinho branco e não aquele criminoso marginalizado), legislou em causa própria, impedindo algo que não parece condizente com o Estado Democrático de Direito e o espírito republicano. Fora algumas situações excepcionais de espetacularização, vulgarização, banalização ou pirotecnia, em face de um indivíduo, de regra não visualizamos motivos para criminalizar essas condutas do dispositivo em voga. Todavia, deve ser levado em consideração que ampla doutrina defende o aludido dispositivo.

7.30.10. Antes de concluídas as apurações e formalizada a acusação

O que devemos entender por "antes de concluídas as apurações e formalizada a acusação"? Inicialmente deve ser observado que há um lapso temporal nítido na expressão indagada, portanto, não pode antecipar o responsável pelas investigações, por meio de comunicação, inclusive rede social, atribuição de culpa, "antes de concluídas as apurações e formalizada a acusação", isto é, só poderá haver qualquer atribuição de culpa após a formalização da acusação.

7.30.11. Antes de concluídas as apurações

Verifica-se com a conclusão da investigação, isto é, após a autoridade policial proceder com o relatório final do Inquérito Policial; ou outras autoridades procederem com a finalização e remessa para oferecimento de denúncia por parte do Ministério Público. Mas, conforme aduzimos anteriormente, é necessário outro requisito cumulativo: "a formalização da acusação", analisada a seguir.

7.30.12. Formalizada a acusação

O que devemos entender por "formalizada a acusação"? Podemos entender por "formalizada a acusação", após a apresentação da denúncia (peça incoativa, peça acusatória, peça vestibular de acusação) em Juízo ou após o recebimento da denúncia. Ainda poderiam surgir vozes em admitir a formalização da acusação após o recebimento da denúncia pelo Poder Judiciário. Em nosso pensar sobre "formalizada a acusação", entendemos como a situação mais adequada e apropriada aquela que se daria após a apresentação da denúncia (peça incoativa, peça acusatória, peça vestibular de acusação) em Juízo. Todavia, entendemos, conforme Renato Brasileiro (2020, p. 327), que "revela-se, desnecessário, para fins de tipificação do crime *sub examen*, o juízo positivo de admissibilidade da denúncia (ou queixa)".

Há doutrina defendendo que eventuais divulgações por meio de comunicação, inclusive rede social, de atribuição de culpa só deveriam ocorrer após o trânsito em julgado de sentença penal condenatória – nesse sentido, Gabriela Marques e Ivan Marques (2019, p. 149): "não se pode um dispositivo liberar a possibilidade de imputar culpa a alguém antes do trânsito em julgado".

7.30.13. Atribuição de culpa através de conversas privadas

Suponha que, após uma operação policial, determinada autoridade policial, através de conversas informais por aplicativos de mensagens (WhatsApp ou Telegram), venha a afirmar que a pessoa que ele prendeu "é o responsável pela morte da vítima", ou seja, atribui culpa a ela, antes de concluídas as apurações e formalizada a acusação. Nesta situação não haveria o crime em análise, pois para a caracterização do delito a antecipação tem que se dar através dos meios de comunicação (conhecido como *mass media*), ensinando Renato Brasileiro (2020, p. 325) que "a comunicação é o processo de informação que se realiza entre os comunicadores e a audiência, heterogênea e anônima (...), a exemplo de jornais, revistas, rádios, televisão, etc.".

7.30.14. Atribuição de culpa através do indiciamento

O ato de indiciamento é próprio e privativo da Autoridade Policial, previsto legalmente na Lei nº 12.830/2013 e com decisões já firmadas pela Suprema Corte. Assim, nas palavras de Rogério Sanches (2019, p. 1)[60]:

> *A partir da edição da Lei nº 12.830/13, reforçou-se a tese de que dentre as funções privativas do delegado de polícia está o indiciamento, a ser realizado através de ato fundamentado, "mediante análise técnico-jurídica do fato, que deverá indicar a autoria, materialidade e suas circunstâncias" (art. 2º, § 6º). Seguindo alguns precedentes do Supremo Tribunal Federal, em recente decisão o ministro*

---

[60] Disponível em: <https://meusitejuridico.editorajuspodivm.com.br/2019/05/04/stf-indiciamento-e-ato-privativo-delegado-de-policia/>.

> *Edson Fachin concedeu habeas corpus de ofício para que fosse cassada decisão judicial na parte em que determinava à autoridade policial que procedesse ao indiciamento do paciente.*
>
> *De acordo com o ministro, é incompatível com o sistema acusatório a determinação judicial para que a autoridade policial pratique o ato de indiciamento, que não é exigência legal e não pode sofrer controle irrestrito pelo magistrado. Trata-se de juízo de conveniência e oportunidade do delegado de polícia, a não ser em caso de patente ilegalidade ou abuso de poder, que a questão levada a julgamento não revelava (...).*

Ainda sobre o assunto, adverte Renato Brasileiro (2020, p. 326): "como o indiciamento deve ser praticado exclusivamente nos autos do respectivo procedimento investigatório, e não pelos meios de comunicação, denota-se que, também por tal motivo, não haveria uma perfeita subsunção dessa conduta ao crime do art. 38".

Aliás, sobre o assunto a Polícia Civil de São Paulo, em Seminário realizado sobre a Lei nº 13.869/19, editou a **Súmula nº 9** informando, na mesma linha de raciocínio, que "a exposição dos fundamentos do juízo de probabilidade voltado a indicar autoria, materialidade e circunstâncias do fato apurado, inerente à decisão de indiciamento, ato privativo do Delegado de Polícia, não exprime prévia atribuição de culpa própria da acusação formal, porquanto decorrente de exigência legal e dos postulados da publicidade e da motivação dos atos estatais".

7.30.15. Meios de execução

Trata-se de crime de **ação vinculada**, devendo o agente praticar suas condutas através de meios de comunicação, inclusive rede social.

7.30.16. Sujeito ativo

É todo aquele descrito no conceito superamplo do art. 2º e seu parágrafo único. Ademais, no tipo penal em análise, estamos diante de um crime de **mão própria**, devendo o agente (**responsável pelas investigações**) cometer direta e pessoalmente a conduta típica, não sendo admitida a coautoria, mas apenas a participação. Todavia, em casos raríssimos, a coautoria poderia ser observada, por exemplo, nos casos de força-tarefa, onde há diversos responsáveis pela investigação e, estes, em coautoria, anteciparism, por meio de comunicação, inclusive rede social, atribuição de culpa antes de concluídas as apurações e formalizada a acusação. Há doutrinadores – Renato Brasileiro (2020, p. 325), Gabriela Marques e Ivan Marques (2019, p. 148) – entendendo que se trata de crime próprio.

7.30.17. Sujeito passivo

O sujeito passivo direto ou imediato é a vítima (pessoa física ou jurídica) atingida pelo abuso cometido. Já o sujeito passivo indireto ou mediato será o Estado. Vale relembrar que a pessoa jurídica poderia ser vítima do aludido crime nas hipóteses de apuração de crime ambiental.

7.30.18. Elemento subjetivo

É o dolo de praticar de forma consciente e voluntária qualquer das condutas descritas no *caput* ou nos incisos do parágrafo único. Não há expressa previsão legal da modalidade culposa, o que torna inviável a punição por culpa. No que tange a eventual punição a título de dolo eventual, esta será de difícil visualização, tendo em vista que as finalidades específicas do § 1º do art. 1º restringem o alcance de "assumir o risco para a produção do resultado". O professor Renato Brasileiro (2020, p. 327) entende ser possível o dolo eventual, sem qualquer objeção.

7.30.19. Elemento subjetivo específico (ou especial)

Observe que o § 1º do art. 1º trata de cláusula geral, aplicável a todos os delitos da lei de abuso de autoridade, conforme já tratado alhures. Assim, deverá ser comprovado pela acusação que o agente agiu com a finalidade específica de prejudicar outrem ou beneficiar a si mesmo ou a terceiro, ou, ainda, por mero capricho ou satisfação pessoal. Caso esse elemento subjetivo específico não reste demonstrado pelo Ministério Público, a conduta será considerada atípica.

7.30.20. Vedação ao crime de hermenêutica

Observe que há uma verdadeira celeuma na interpretação do citado dispositivo (momento em que é formalizada a acusação). O que não podemos perder de vista é a cláusula geral do § 2º do art. 1º da Lei nº 13.869/2019, sendo esta uma garantia ao agente público contra eventuais responsabilizações infundadas tendo por base divergências interpretativas, portanto, vale a transcrição: "a divergência na interpretação de lei ou na avaliação de fatos e provas não configura abuso de autoridade". Conforme já salientamos alhures, entendemos que se trata de cláusula geral que exclui o próprio dolo e por via de consequência o próprio crime.

7.30.21. Consumação

O crime em análise se trata de crime de mera conduta (ou de conduta infungível), ou seja, se consuma com a simples antecipação por parte do responsável pelas investigações, por meio de comunicação, inclusive rede social, de atribuição de culpa, antes de concluídas as apurações e formalizada a acusação.

7.30.22. Tentativa

É perfeitamente possível, já que estamos diante de um delito plurissubsistente, onde poderá haver o fracionamento do *iter criminis*, como, por exemplo, no caso de uma entrevista escrita com atribuição antecipada de culpa, que venha a ser extraviada.

7.30.23. Pena cominada

Detenção, de 6 (seis) meses a 2 (dois) anos, e multa.

7.30.24. Ação penal

Em regra, se trata de ação penal pública incondicionada (art. 3º, *caput*). Todavia, em caso de inércia do Ministério Público, surgirá para a vítima a possibilidade de intentar a ação penal privada subsidiária da pública (art. 3º, § 1º). Há de salientar que a requisição de novas diligências ou a promoção do arquivamento pelo *Parquet* não dão ensejo à alegação de inércia, logo, inviável suscitar a ação penal subsidiária da pública.

7.30.25. Lei nº 9.099/1995

O delito em análise se trata de crime de menor potencial ofensivo, tendo em vista que a sua pena máxima não ultrapassa dois anos, fazendo o agente *jus* a todos os benefícios da referida lei.

7.30.26. Competência para processo e julgamento

Via de regra, será processado e julgado pelo Juizado Especial Criminal Estadual. Excepcionalmente, nos casos do art. 109 da Constituição Federal, haverá competência do Juizado Especial Federal. Não se pode perder de vista se o sujeito ativo for militar, quando a competência será da Justiça Militar Estadual ou da União, conforme o caso, nos termos do art. 9º, CPM. Devem ainda ser levadas em consideração as situações

Dos crimes e das penas **315**

em que o sujeito ativo detiver foro por prerrogativa de função, onde será processado e julgado no respectivo tribunal competente – por exemplo, deputado federal responsável pela condução de determinada CPI que pratica o delito em análise será processado e julgado perante o STF (art. 102, I, alínea b, CF/88).

7.30.27. Classificação doutrinária

Trata-se, ao nosso ver, de crime de mão própria, embora haja entendimento no sentido de ser crime próprio; de mera conduta; de ação vinculada (só pode ser cometido através dos meios de comunicação, inclusive rede social); comissivo (imperioso uma ação) e, excepcionalmente, comissivo por omissão (omissivo impróprio, ou seja, é a aplicação do art. 13, § 2º, do Código Penal); unissubjetivo, unilateral ou de concurso eventual (que pode ser praticado por um só agente); plurissubsistente (vários atos integram a conduta).

7.30.28. Conflito aparente com os crimes contra a honra – Art. 138 (calúnia), art. 139 (difamação) e art. 140 (injúria), todos do CP

Os crimes contra a honra (calúnia, difamação e injúria), via de regra, são de ação penal privada. Ao contrário, portanto, dos crimes previstos nessa lei. Ademais, os crimes dessa lei são próprios, exigindo uma qualidade especial do agente, enquanto os crimes contra a honra são comuns (podendo ser praticados por qualquer pessoa). Observe que aqui não está em jogo imputar falsamente fato definido como crime (calúnia), ou imputar fato ofensivo a reputação (difamação), ou ofender a dignidade ou decoro de alguém (injúria); o que está em jogo é simplesmente a antecipação por parte do responsável pelas investigações, por meio de comunicação, inclusive rede social, de atribuição de culpa, antes de concluídas as apurações e formalizada a acusação. Em resumo, o que se pretende com o crime do art. 38 é a vedação única e exclusiva de referências "aos culpados" por parte dos responsáveis pela investigação, pela prática do crime desbaratado em período anterior ao oferecimento da denúncia. Assim, as coletivas de determinadas operações não poderão nominar, previamente, os suspeitos como se tivessem praticado aqueles crimes ora investigados, dando a impressão de que fossem culpados. Observe ainda que o crime em análise só estará afastado após o preenchimento de dois requisitos: a) conclusão das investigações; e b) formalização da acusação.

7.30.29. O crime do art. 38 da Lei nº 13.869, inócuo em relação às Comissões Parlamentares de Inquérito

Conforme analisado no art. 2º, II, desta Lei, os membros do Poder Legislativo podem ser sujeitos ativos do crime de abuso de autoridade. Dito isso, suponhamos a seguinte situação: durante uma sessão da comissão parlamentar de inquérito, transmitida ao vivo pelo canal da TV Congresso, um dos parlamentares vem a atribuir culpa contra um dos suspeitos, no recinto parlamentar. Há de se indagar: o aludido parlamentar teria cometido o crime do art. 38? Ou tal delito será totalmente inócuo? Através dos julgados a seguir, podemos responder os aludidos questionamentos afirmando, desde já, que diante da imunidade material e da possibilidade de transmissão das CPIs não caracterizarem qualquer acinte à honra ou imagem, não restaria caracterizado o aludido crime:

> *EMENTA: COMISSÃO PARLAMENTAR DE INQUÉRITO. Depoimento. Indiciado. Sessão pública. Transmissão e gravação. Admissibilidade. Inexistência aparente de dano à honra e à imagem. Liminar concedida. Referendo negado. Votos vencidos. Não aparentam caracterizar abuso de exposição da imagem pessoal na mídia a transmissão e a gravação de sessão em que se toma depoimento de indiciado, em Comissão Parlamentar de Inquérito (STF – MS24832/MC. Relator(a): Min. CEZAR PELUSO. Julgamento: 18/03/2004. Órgão Julgador: Tribunal Pleno. Publicação: 18/08/2006).*

> *A manifestação parlamentar do querelado guardou nexo de causalidade com o exercício da atividade legislativa, não havendo justa causa para a deflagração da ação penal de iniciativa privada. Aliás, a imunidade parlamentar em seu sentido material, decorrente de manifestações proferidas no exercício do mandato, ou em razão deste, constitui prerrogativa institucional assegurada aos membros do Poder Legislativo, com vista a garantir-lhes o independente exercício de suas funções. (...) É sabido que a imunidade material parlamentar exclui a tipicidade do fato praticado pelo deputado ou senador consistente na manifestação, escrita ou falada, exigindo-se apenas que ocorra no exercício da função. (...) o STF já firmou orientação no sentido de que o relator pode determinar o arquivamento dos autos quando as supostas manifestações ofensivas estiverem acobertadas pela imunidade parlamentar material. (STF – Pet 4.934, rel. min. Dias Toffoli, decisão monocrática, julgamento em 25-9-2012, DJE de 28-9-2012).*

7.30.30. Crime de calúnia e a antiga lei de abuso de autoridade

O STF já havia decidido que o crime de calúnia não encontrava guarida na lei de abuso de autoridade. O ponto nodal da questão encontra-se no tipo de ação penal. Enquanto nos crimes contra a honra se trata de ação penal privada, via de regra; nos crimes da lei de abuso de autoridade se trata de ação penal pública incondicionada. Nesse sentido, "revela-se atípica a conduta do denunciado em relação ao crime de calúnia, tendo em vista a impossibilidade de subsumi-la a qualquer um dos tipos legais configuradores do delito de abuso de autoridade estabelecidos nos arts. 3º e 4º da Lei 4.898/1965 [STF – Inq 3.104, rel. p/ o ac. min. Dias Toffoli, j. 24-4-2011, P, DJE de 25-4-2012.]".

7.30.31. Razões iniciais do veto do art. 38

O art. 38, em sua totalidade, havia sido inicialmente vetado pelo Presidente da República sob os seguintes argumentos: "a propositura legislativa viola o princípio constitucional da publicidade previsto no art. 37, que norteia a atuação da Administração Pública, garante a prestação de contas da atuação pública à sociedade, cujos valores da coletividade prevalecem em regra sobre o individual, nos termos da jurisprudência do Supremo Tribunal Federal. Por fim, a comunicação a respeito de determinados ocorrências, especialmente sexuais ou que violam direitos de crianças e adolescentes, podem facilitar ou importar em resolução de crimes".

8. Do procedimento – Análise do art. 39

> **Art. 39.** Aplicam-se ao processo e ao julgamento dos delitos previstos nesta Lei, no que couber, as disposições do Decreto-Lei nº 3.689, de 3 de outubro de 1941, e da Lei nº 9.099, de 26 de setembro de 1995[62].

8.1. Introdução

A nova Lei de Abuso de Autoridade seguiu uma prática legislativa rotineira, qual seja, a de permitir a aplicação subsidiária procedimentalmente do Código de Processo Penal, naquilo que for compatível. Ademais, a nova Lei de Abuso de Autoridade também permitiu procedimentalmente a aplicação da Lei nº 9.099/1995 – lei dos juizados especiais criminais.

8.2. Do processo e do julgamento dos crimes de responsabilidade dos funcionários públicos

Sobre o tema, o Código de Processo Penal dispõe entre os artigos 513 e 518 o rito próprio. Sobre o assunto, o Conselho Nacional dos Procuradores-Gerais dos Ministérios Públicos dos Estados e da União (CNPG) e do Grupo Nacional de Coordenadores de Centro de Apoio Criminal (CNCCRIM) editou o **enunciado n. 24** dispondo que "os crimes de abuso de autoridade com pena máxima superior a dois anos, salvo no caso de foro por prerrogativa de função, são processados pelo rito dos crimes funcionais, observando-se a defesa preliminar do art. 514 do CPP". Já o **enunciado n. 25** exclui do rito especial eventuais particulares que concorrerem com o funcionário público em qualquer delito, nestes termos: "por ser privativa do servidor público, o particular concorrente no crime de abuso de autoridade não faz jus à preliminar contestação prevista no art. 514 do CPP".

---

[61] <http://www.planalto.gov.br/ccivil_03/Decreto-Lei/Del3689.htm>.

Assim, nos crimes de responsabilidade dos funcionários públicos, cujo processo e julgamento competirão aos juízes de direito, a queixa ou a denúncia será instruída com documentos ou justificação que façam presumir a existência do delito ou com declaração fundamentada da impossibilidade de apresentação de qualquer dessas provas.

Nos crimes afiançáveis, estando a denúncia ou queixa em devida forma, o juiz mandará autuá-la e ordenará a notificação do acusado, **para responder por escrito, dentro do prazo de quinze dias.** Se não for conhecida a residência do acusado, ou este se achar fora da jurisdição do juiz, ser-lhe-á nomeado defensor, a quem caberá apresentar a resposta preliminar. Nestas hipóteses, durante o prazo concedido para a resposta, os autos permanecerão em cartório, onde poderão ser examinados pelo acusado ou por seu defensor, sendo que a resposta poderá ser instruída com documentos e justificações.

Sobre a eventual nulidade por falta de defesa prévia do servidor público, o Conselho Nacional dos Procuradores-Gerais dos Ministérios Públicos dos Estados e da União (CNPG) e do Grupo Nacional de Coordenadores de Centro de Apoio Criminal (CNC-CRIM) editou o **enunciado n. 26** dispondo que "a inobservância do disposto no artigo 514 do CPP é causa de nulidade relativa, devendo ser alegada no tempo oportuno, comprovando-se o prejuízo, sob pena de preclusão".

Ainda sobre a defesa prévia do servidor público, pode ocorrer do crime de abuso de autoridade ser em concurso com delito de outra natureza (por exemplo, abuso de autoridade e homicídio) – neste caso, a defesa prévia também será dispensável. Nesse sentido o teor do **enunciado n. 27** do Conselho Nacional dos Procuradores-Gerais dos Ministérios Públicos dos Estados e da União (CNPG) e do Grupo Nacional de Coordenadores de Centro de Apoio Criminal (CNCCRIM): "a formalidade do art. 514 do CPP é dispensável quando a denúncia envolver, além do crime funcional, delito de outra natureza, ambos em concurso".

Dando prosseguimento, o juiz rejeitará a queixa ou denúncia, em despacho fundamentado, se convencido, pela resposta do acusado ou do seu defensor, da inexistência do crime ou da improcedência da ação.

Por outro lado, no caso de ser recebida a denúncia ou a queixa, será o acusado citado, na forma estabelecida para as citações e intimações de servidores públicos. Por fim, na instrução criminal e nos demais termos do processo, observar-se-ão as disposições gerais do rito comum.

9. Disposições finais – Análise do art. 40

> **Art. 40.** O art. 2º da Lei nº 7.960, de 21 de dezembro de 1989, passa a vigorar com a seguinte redação:

9.1. Introdução

A lei nº 7.960/1989 trata das prisões temporárias, assim, o artigo 2º enumera o seu rito. Através da tabela a seguir podemos verificar as principais mudanças:

Antes	Depois
Art. 2° A prisão temporária será decretada pelo Juiz, em face da representação da autoridade policial ou de requerimento do Ministério Público, e terá o prazo de 5 (cinco) dias, prorrogável por igual período em caso de extrema e comprovada necessidade. § 1º Na hipótese de representação da autoridade policial, o Juiz, antes de decidir, ouvirá o Ministério Público. § 2º O despacho que decretar a prisão temporária deverá ser fundamentado e prolatado dentro do prazo de 24 (vinte e quatro) horas, contadas a partir do recebimento da representação ou do requerimento. §3º O Juiz poderá, de ofício, ou a requerimento do Ministério Público e do Advogado, determinar que o preso lhe seja apresentado, solicitar informações e esclarecimentos da autoridade policial e submetê-lo a exame de corpo de delito. § 4º Decretada a prisão temporária, expedir-se-á mandado de prisão, em duas vias, uma das quais será entregue ao indiciado e servirá como nota de culpa.	**Permaneceu igual.**

Antes	Depois
Não havia previsão.	§ 4º-A O mandado de prisão conterá necessariamente o período de duração da prisão temporária estabelecido no *caput* deste artigo, bem como o dia em que o preso deverá ser libertado.
§ 5º A prisão somente poderá ser executada depois da expedição de mandado judicial. § 6º Efetuada a prisão, a autoridade policial informará o preso dos direitos previstos no art. 5° da Constituição Federal.	**Permaneceu igual.**
§ 7º Decorrido o prazo de cinco dias de detenção, o preso deverá ser posto imediatamente em liberdade, salvo se já tiver sido decretada sua prisão preventiva.	§ 7º Decorrido o prazo contido no mandado de prisão, **a autoridade responsável pela custódia deverá, independentemente de nova ordem da autoridade judicial**, pôr imediatamente o preso em liberdade, salvo se já tiver sido comunicada da prorrogação da prisão temporária ou da decretação da prisão preventiva.
Não havia previsão.	§ 8º Inclui-se o dia do cumprimento do mandado de prisão no cômputo do prazo de prisão temporária.

9.2. Breves comentários

A prisão temporária via de regra tem o prazo de cinco dias, prorrogável por igual período em caso de extrema e comprovada necessidade. Nos casos de crimes hediondos e equiparados, esse prazo passa para trinta dias e, da mesma forma, prorrogável por igual período em caso de extrema e comprovada necessidade. O § 4º-A é dotado de "poderes adivinhatórios", uma vez que antes mesmo do indivíduo ser preso "já se sabe o prazo que este deverá sair". Em resumo, não tem como afirmar no mandado de prisão temporária o dia exato em que o preso será libertado, porquanto, este só será libertado após o efetivo cumprimento do mandado, sendo que este não tem como a autoridade precisar quando efetivamente irá ocorrer.

No mais, decorrido o prazo contido no mandado de prisão, a autoridade responsável pela custódia deverá, **independentemente de nova ordem da autoridade judicial**, pôr imediatamente o preso em liberdade, salvo se já tiver sido comunicada da prorrogação da prisão temporária ou da decretação da prisão preventiva.

Por fim, como se trata de regras de direito penal material, concernentes ao status *libertatis* do indivíduo, inclui-se o dia do cumprimento do mandado de prisão no cômputo do prazo de prisão temporária. Assim, independentemente do horário do cumprimento, será contado como dia inteiro. Por exemplo, a pessoa tem sua prisão temporária cumprida às 23h:00 do dia 01/01/2020; assim, decorrida uma hora do efetivo cumprimento, às 00h:00 do dia 02/01/2020 já terá cumprido efetivamente 1 dia da prisão temporária.

10. Alterações no crime do art. 10 da Lei nº 9.296/1996 – Análise do art. 41

> **Art. 41.** O art. 10 da Lei nº 9.296, de 24 de julho de 1996, passa a vigorar com a seguinte redação:

10.1. Introdução

O art. 10 da Lei nº 9.296/1996 – Lei das Interceptações Telefônicas – trata do crime de realização de interceptação de forma ilegal. Logo, o crime em tela está fora do âmbito dos crimes da lei de abuso de autoridade. Através da tabela a seguir podemos verificar as principais mudanças no aludido dispositivo:

Antes	Depois
Art. 10. Constitui crime realizar interceptação de comunicações telefônicas, de informática ou telemática, ou quebrar segredo da Justiça, sem autorização judicial ou com objetivos não autorizados em lei.	**Art. 10.** Constitui crime realizar interceptação de comunicações telefônicas, de informática ou telemática, **promover escuta ambiental** ou quebrar segredo da Justiça, sem autorização judicial ou com objetivos não autorizados em lei:
Pena: reclusão, de dois a quatro anos, e multa.	**Pena** – reclusão, de 2 (dois) a 4 (quatro) anos, e multa.
	Parágrafo único. Incorre na mesma pena a autoridade judicial que determina a execução de conduta prevista no *caput* deste artigo com objetivo não autorizado em lei.
Comentários: observe que promover a escuta ambiental não integrava o tipo penal e, por força do princípio da estrita legalidade, não poderia abrangê-la. Ademais, não havia a modalidade equiparada no parágrafo único.	**Comentários:** promover a escuta ambiental passa a integrar o tipo penal. Ademais, cria-se uma modalidade de crime de **mão própria** no parágrafo único, destinado a autoridade judicial (Juízes, Desembargadores e Ministros) que venham a determinar qualquer das condutas do *caput* em desconformidade com a legislação vigente.

10.2. Fundamento constitucional

A conduta descrita no artigo em comento viola os seguintes direitos e garantias fundamentais, previstos no art. 5º da CF/88: "XII – é inviolável o sigilo da correspondência e das comunicações telegráficas, de dados e das comunicações telefônicas, salvo, no último caso, por ordem judicial, nas hipóteses e na forma que a lei estabelecer para fins de investigação criminal ou instrução processual penal; LIV – ninguém será privado da liberdade ou de seus bens sem o devido processo legal; LVI – são inadmissíveis, no processo, as provas obtidas por meios ilícitos".

10.3. *Novatio legis* incriminadora

Sobre o parágrafo único do artigo em comento, trata-se de nova lei penal incriminadora, tipificando conduta totalmente nova e, por força constitucional (art. 5º, inc. XXXIX) e infraconstitucional (art. 1º, CP), será aplicada para o futuro, afinal, não há crime sem lei anterior que o defina e não há pena sem prévia cominação legal.

10.4. *Novatio legis in pejus*

O crime em comento não agregava a possibilidade de se incriminar a promoção de escuta ambiental realizada de forma ilegal. Atualmente, constata-se que o fato de promover escuta ambiental passa a integrar o núcleo do tipo, tratando-se, assim, de uma nova lei penal prejudicial ao réu (*novatio legis in pejus*), motivo pelo qual há de ser dito que, por força constitucional (art. 5º, inc. XL), "a lei penal não retroagirá, salvo para beneficiar o réu".

10.5. Objeto jurídico

Trata-se de crime pluriofensivo, porquanto, além de tutelar o regular funcionamento da Administração Pública, sua credibilidade e dignidade, tutela também os direitos e garantias fundamentais prescritos no art. 5º da Constituição Federal, em especial o direito a intimidade relacionado às comunicações.

10.6. Objeto material

Recai sobre interceptação de comunicações telefônicas, de informática ou telemática, escuta ambiental ou segredo de justiça.

10.7. Núcleo do tipo

O tipo penal em comento apresenta três núcleos (**realizar**, **promover** e **quebrar**), distinguíveis da seguinte forma:

324 A nova lei de abuso de autoridade

a) **Realizar** (produzir, concretizar ou efetuar) interceptação de comunicações telefônicas, de informática ou telemática, sem autorização judicial ou com objetivos não autorizados em lei.

b) **Promover** (providenciar, favorecer ou viabilizar) escuta ambiental, sem autorização judicial ou com objetivos não autorizados em lei.

c) **Quebrar** (romper, violar, afastar) segredo de justiça, sem autorização judicial ou com objetivos não autorizados em lei.

A par disso, em seguida esmiuçaremos cada uma das situações esboçadas no núcleo de tipo.

10.8. Conceito de interceptação das comunicações telefônicas, de informática ou telemática

Os professores Luiz Flávio Gomes e Silvio Maciel (p. 530) afirmam que "o que não se pode, de qualquer modo, é confundir interceptação e escuta, de um lado, com gravação telefônica (que é a captação feita diretamente por um dos comunicadores), de outro. São conceitos distintos, com regime jurídico e com possíveis consequências legais distintas, como veremos. Apesar da diferenciação doutrinária que acaba de ser vista, na jurisprudência não tem havido muita preocupação linguística (o que é de se lamentar, em virtude das confusões que pode gerar)".

10.9. Conceito de escuta ambiental

De acordo com Luiz Francisco Toquato Avolio (2003, p. 99), quando a interceptação "de conversa entre presentes, realizada por um terceiro, se faz com o conhecimento de um ou alguns dos interlocutores, pode ser denominada de escuta ambiental". Por exemplo, duas pessoas estão em um restaurante conversando e uma pessoa da mesa ao lado está captando as conversas, sendo que um dos participantes sabe da realização da gravação.

10.10. Conceito de quebra de segredo de justiça

As interceptações através da Lei nº 9.296/96 são realizadas sob segredo de justiça, ou seja, não podendo haver sua publicidade de forma concomitante a quem quer que seja. O sucesso das investigações com interceptação das comunicações está relacionado justamente ao segredo de justiça. Assim, conforme Guilherme de Souza Nucci (2007, p. 661), aquele que vier a "quebrar (violar, romper) o segredo de justiça (situação sigilosa concernente à Justiça, entendido o termo no sentido amplo, ou seja, investigação ou processo)" estará incorrendo no delito em análise, quando diante de inexistência de autorização judicial ou com objetivos não autorizados por lei.

10.11. Modalidade equiparada

Incorre na mesma pena, reclusão, de dois a quatro anos, e multa, a autoridade judicial que determina a execução de conduta prevista no *caput* deste artigo com objetivo não autorizado em lei. Assim, a autoridade judicial que determinar a execução de interceptação de comunicações telefônicas, de informática ou telemática, de escuta ambiental ou quebrar segredo da justiça com objetivos não autorizados em lei incorrerá no crime em comento. Determinados autores comentam que o aludido dispositivo foi inserido após a divulgação de um áudio, por determinado juiz de direito, onde os interceptados seriam uma ex-presidente da república e um ex-presidente da república.

10.12. Normal penal em branco

Observe que o crime do art. 10 da Lei nº 9.296/1996 se trata de norma penal em branco, vez que necessita de complementação, uma vez que só haverá o crime quando a interceptação de comunicações telefônicas, de informática ou telemática, ou a promoção de escuta ambiental ou a quebra do segredo da Justiça, se der "sem autorização judicial ou com objetivos não autorizados em lei". Assim, a própria Lei nº 9.296/1996 enumera as hipóteses legais em que serão admitidas qualquer das medidas citadas. Para maiores informações, os tópicos a seguir.

10.13. Sem autorização judicial

Ainda na análise do núcleo do tipo se constata a presença de um elemento normativo do tipo "sem autorização judicial". Nesse sentido, disparam Luiz Flávio Gomes e Silvio Maciel (2010, p. 628): "havendo autorização judicial, a conduta é atípica. A única interceptação possível hoje, destarte, é a autorizada. Fora disso, a conduta é típica e, salvo a presença de uma causa excludente da ilicitude, crime. A autorização tem que existir no momento da conduta. Se vem depois, não afasta o delito, ressalvada alguma excludente da ilicitude".

10.14. Objetivos não autorizados em lei

Sobre o tema disparam Luiz Flávio Gomes e Silvio Maciel (2010, p. 628): "constitui crime realizar interceptação de comunicações telefônicas, de informática ou telemática, (...) com objetivos não autorizados em lei" (art. 10). Essa segunda conduta,

326 A nova lei de abuso de autoridade

também prevista no dispositivo legal em destaque, pressupõe autorização judicial precedente. Criminalizou-se, destarte, também o "desvio de finalidade". Consoante a CF (art. 5º, XII) e a Lei nº 9.296/96 (art. 1º), só cabe interceptação telefônica para fins de investigação criminal ou instrução processual penal. Se alguém se vale de uma autorização judicial para alcançar objetivos não previstos em lei (objetivos distintos dos mencionados, como, por exemplo, espionagem industrial, infidelidade matrimonial, fins políticos ou partidários, fim de instruir uma ação civil etc.), estará incorrendo em "desvio de finalidade" e isso também configura crime. Pode ser que até mesmo o juiz cometa esse crime: se ele sabe que a interceptação não é, na verdade, para fins criminais, senão para atingir outros objetivos. Também a autoridade policial e o representante do Ministério Público podem praticá-lo, caso em que irão iludir o juiz, dando uma roupagem à interceptação que não é verdadeira.

10.15. Meios de execução

Não existe no tipo penal qualquer vinculação com o método pelo qual deva ser executado o delito. Portanto, trata-se de crime de forma livre, que pode ser praticado por qualquer meio de execução eleito pelo agente.

10.16. Sujeito ativo

Na figura do *caput* trata-se de crime comum, não se exigindo qualquer qualidade especial do agente, portanto, poderá ser praticado por qualquer pessoa. Por outro lado, na modalidade do **parágrafo único** estamos diante de crime de mão própria, que só poderá ser praticado pessoalmente pelo sujeito descrito no tipo, no caso a autoridade judicial (Juízes, Desembargadores e Ministros).

10.17. Sujeito passivo

O sujeito passivo direto ou imediato é a vítima, diga-se, aquele que terá sua intimidade violada pela interceptação, escuta ambiental ou quebra de segredo de justiça realizados de forma ilícita. Já o sujeito passivo indireto ou mediato será o Estado.

10.18. Elemento subjetivo

É dolo, seja ele direto ou eventual em praticar de forma consciente e voluntária a conduta descrita no *caput*. Não há expressa previsão legal da modalidade culposa, o que torna inviável a punição por culpa.

10.19. Consumação

O crime em análise se trata de crime formal (de consumação antecipada ou de resultado cortado), sendo dispensável a produção de qualquer resultado naturalístico.

10.20. Tentativa

Via de regra, é perfeitamente possível, já que estamos diante de um delito plurissubsistente, onde poderá haver o fracionamento do *iter criminis*. Excepcionalmente na modalidade "quebrar segredo de justiça" se trata de modalidade unissubsistente, inviável o *conatus*.

10.21. Pena cominada

Reclusão, de 2 (dois) a 4 (quatro) anos, e multa. Embora não cabível a aplicação da Lei nº 9.099/95 (Lei dos Juizados Especiais Criminais) e seus institutos, salienta Guilherme de Souza Nucci (2007, p. 662) que "as penalidades mínima e máxima para este delito autorizam vários benefícios penais, evitando-se a prisão. Se aplicada a pena no mínimo legal (2 anos), pode-se aplicar o *sursis* (art. 77, CP). Além disso, tanto no mínimo, como no máximo, cabe a substituição da pena privativa de liberdade por penas restritivas de direitos (art. 44, CP). Não bastasse, ainda que se aplique pena privativa de liberdade, o regime possivelmente indicado seria o aberto (art. 33, § 2º, c, CP).

10.22. Ação penal

Em regra, se trata de ação penal pública incondicionada. Todavia, em caso de inércia do Ministério Público, surgirá para a vítima a possibilidade de intentar a ação penal privada subsidiária da pública (art. 29, CPP). Há de salientar que a requisição de novas diligências ou a promoção do arquivamento pelo *Parquet* não dão ensejo a alegação de inércia, logo, inviável suscitar a ação penal subsidiária da pública.

10.23. Competência para processo e julgamento

Via de regra, será processado e julgado pela Justiça Estadual. Excepcionalmente, nos casos do art. 109 da Constituição Federal, haverá competência da Justiça Federal. Não se pode perder de vista se o sujeito ativo for militar, quando a competência será da Justiça Militar Estadual ou da União, conforme o caso, nos termos do art. 9º, CPM. Devem ainda ser levadas em consideração as situações em que o sujeito ativo detiver foro por prerrogativa de função, onde será processado e julgado no respectivo tribunal competente – por exemplo, deputado federal que durante uma CPI praticar o delito em tela, será processado e julgado perante o STF (art. 102, I, alínea b, CF/88).

10.24. Classificação doutrinária

Trata-se de crime comum (podendo ser praticado por qualquer pessoa); formal ou de consumação antecipada (ou seja, não se exige a produção do resultado naturalístico); de forma livre (pode ser cometido por qualquer meio eleito pelo agente); comissivo (imperioso uma ação) e, excepcionalmente, comissivo por omissão (omissivo impróprio, ou seja, é a aplicação do art. 13, § 2º, do Código Penal); unissubjetivo, unilateral ou de concurso eventual (que pode ser praticado por um só agente); plurissubsistente (vários atos integram a conduta); por fim, trata-se de crime permanente (pois a conduta se prolonga no tempo).

11. Alterações na Lei nº 8.069/1990 – Análise do art. 42

> **Art. 42.** A Lei nº 8.069, de 13 de julho de 1990, passa a vigorar acrescida do seguinte art. 227-A:

11.1. Introdução

O art. 227-A da Lei nº 8.069/1990 – Estatuto da Criança e do Adolescente – foi acrescido ao referido Estatuto para tratar de efeitos penais da condenação do funcionário público, nos casos de crimes previsto no ECA e que sejam praticados por servidores públicos com abuso de autoridade, nestes termos:

> **Art. 227-A:** *Os efeitos da condenação prevista no inciso I do caput do art. 92 do Decreto-Lei nº 2.848, de 7 de dezembro de 1940 (Código Penal), para os crimes previstos nesta Lei, praticados por servidores públicos com abuso de autoridade, são condicionados à ocorrência de reincidência.*
>
> **Parágrafo único.** *A perda do cargo, do mandato ou da função, nesse caso, independerá da pena aplicada na reincidência.*

11.2. Breves comentários

Ao tratar de efeitos penais da condenação do funcionário público, nos casos de crimes previstos no ECA e que sejam praticados por servidores públicos com abuso de autoridade, a nova Lei de Abuso de Autoridade passou a preceituar que os "efeitos da condenação prevista no inciso I do *caput* do art. 92[62] do Decreto-Lei nº 2.848,

---

[62] Art. 92 – São também efeitos da condenação: I – **a perda de cargo, função pública ou mandato eletivo:** a) quando aplicada pena privativa de liberdade por tempo igual ou superior a um ano, nos **crimes praticados com abuso de poder ou violação de dever para com a Administração Pública;** b) quando for aplicada pena privativa de liberdade por tempo superior a 4 (quatro) anos nos demais casos.

de 7 de dezembro de 1940 (Código Penal), para os crimes previstos nesta Lei (Estatuto da Criança e do Adolescente), praticados por servidores públicos com abuso de autoridade, são condicionados à ocorrência de reincidência".

Vejamos que, além da disposição do art. 92, inciso I, alínea "a" ou "b", o legislador ordinário exigiu para perda do cargo, mandato ou da função especificamente que os crimes no Estatuto da Criança e do Adolescente, em virtude da nova Lei de Abuso de Autoridade, sejam **condicionados à ocorrência de reincidência**, e esta disposição implica inclusive na sobreposição da alínea "a", do art. 92, inciso I, do CPB. Ora, é preciso, para o servidor perder o cargo nestas circunstâncias, a reincidência.

A perda do cargo, do mandato ou da função, nesse caso, independerá da pena aplicada na reincidência, ou seja, não se analisará se foi pena privativa de liberdade, restritiva de direitos e nem o "quantum" em si ao que parece pela vontade do legislador.

11.3. Reincidência

O conceito de reincidência é extraído do art. 63, do Código Penal Brasileiro, que anuncia que ocorre a reincidência "quando o agente comete novo crime, depois de transitar em julgado a sentença que, no País ou no estrangeiro, o tenha condenado por crime anterior". Nestes termos: "Art. 63 – Verifica-se a reincidência quando o agente comete novo crime, depois de transitar em julgado a sentença que, no País ou no estrangeiro, o tenha condenado por crime anterior". Já o art. 64, do CP, traz as hipóteses de não ocorrência de reincidência, vejamos: "Art. 64 – Para efeito de reincidência: I – não prevalece a condenação anterior, se entre a data do cumprimento ou extinção da pena e a infração posterior tiver decorrido período de tempo superior a 5 (cinco) anos, computado o período de prova da suspensão ou do livramento condicional, se não ocorrer revogação; II – não se consideram os crimes militares próprios e políticos".

Todavia, este dispositivo gerará discussão com existência de duas correntes, já que, diferentemente do art. 4º, da nova lei de abuso de autoridade, que exige reincidência em crimes da lei em cartaz (abuso de autoridade) [reincidência específica], o dispositivo do art. 227-A, do ECA, não exige claramente. Para mais detalhes remetemos o leitor ao art. 4, da nova lei de abuso de autoridade.

12. Alterações na Lei nº 8.906/1994 – Análise do art. 43

> **Art. 43.**A Lei nº 8.906, de 4 de julho de 1994, passa a vigorar acrescida do seguinte art. 7º-B:

12.1. Introdução

O art. 7º-B da Lei nº 8.906/1994 – Estatuto da Advocacia – foi acrescido ao referido Diploma para incriminar algumas condutas, nestes termos:

> **Art. 7º-B** *Constitui crime violar direito ou prerrogativa de advogado previstos nos incisos II, III, IV e V do caput do art. 7º desta Lei:*
>
> **Pena** *– detenção, de 3 (três) meses a 1 (um) ano, e multa.*

12.2. Fundamento constitucional

A conduta descrita no artigo em comento viola os seguintes direitos e garantias fundamentais, previstos no art. 5º da CF/88: "XI – a casa é asilo inviolável do indivíduo, ninguém nela podendo penetrar sem consentimento do morador, salvo em caso de flagrante delito ou desastre, ou para prestar socorro, ou, durante o dia, por determinação judicial; XII – é inviolável o sigilo da correspondência e das comunicações telegráficas, de dados e das comunicações telefônicas, salvo, no último caso, por ordem judicial, nas hipóteses e na forma que a lei estabelecer para fins de investigação criminal ou instrução processual penal; LV – aos litigantes, em processo judicial ou administrativo, e aos acusados em geral são assegurados o contraditório e ampla defesa, com os meios e recursos a ela inerentes; LXIII – o preso será informado de seus direitos, entre os quais o de permanecer calado, sendo-lhe assegurada a assistência da família e de advogado". Vale ressaltar ainda o art. 133 da Carta Maior, onde aduz "Art. 133. O advogado é indispensável à administração

332 A nova lei de abuso de autoridade

da justiça, sendo inviolável por seus atos e manifestações no exercício da profissão, nos limites da lei".

12.3. *Novatio legis* incriminadora

Sobre o artigo em comento, trata-se de nova lei penal incriminadora e, por força constitucional (art. 5º, inc. XXXIX) e infraconstitucional (art. 1º, CP), será aplicada para o futuro, afinal, não há crime sem lei anterior que o defina e não há pena sem prévia cominação legal.

12.4. Objeto jurídico

Trata-se de crime pluriofensivo, porquanto, além de tutelar o regular funcionamento da Administração Pública, sua credibilidade e dignidade, tutela também os direitos e garantias fundamentais prescritos no art. 5º da Constituição Federal.

12.5. Objeto material

São os direitos ou prerrogativas de advogado previstos nos incisos II, III, IV e V do *caput* do art. 7º.

12.6. Núcleo do tipo

É **violar**, que significa infringir, quebrantar, descumprir, transgredir, afrontar, inobservar. Neste contexto, violar direito ou prerrogativa de advogado previstos nos incisos II, III, IV e V do *caput* do art. 7º do Estatuto da Advocacia.

12.7. Norma penal em branco

Observe que o delito do art. 7º-B foi inserido no próprio estatuto da OAB; nesta situação estamos diante de uma norma penal em branco em sentido lato homovitelina, que necessitará de complementação de uma norma de mesma hierarquia, oriunda do mesmo diploma legal (Estatuto da OAB). Assim, constituirá crime, com pena de detenção de três meses a um ano, e multa, violar direito ou prerrogativa de advogado previsto nos seguintes incisos: "Art. 7º São direitos do advogado: II – a inviolabilidade de seu escritório ou local de trabalho, bem como de seus instrumentos de trabalho, de sua correspondência escrita, eletrônica, telefônica e telemática, desde que relativas ao exercício da advocacia; III – comunicar-se com seus clientes, pessoal e reservadamente, mesmo sem procuração, quando estes se acharem presos, detidos ou recolhidos em estabelecimentos civis ou militares, ainda que considerados incomunicáveis; IV – ter a presença de representante da OAB, quando preso em flagrante, por motivo ligado ao exercício da advocacia, para lavratura do auto respectivo, sob pena de nulidade e, nos demais casos, a comunicação expressa à seccional da OAB; V – não ser recolhido preso, antes de sentença transitada em julgado, senão em sala de Estado Maior, com instalações e comodidades condignas, assim reconhecidas pela OAB[6364], e, na sua falta, em prisão domiciliar".

12.8. Meios de execução

Não existe no tipo penal qualquer vinculação com o método pelo qual deva ser executado o delito. Portanto, trata-se de crime de forma livre, que pode ser praticado por qualquer meio de execução eleito pelo agente para violar um direito ou prerrogativa do advogado.

12.9. Sujeito ativo

É todo aquele descrito no conceito superamplo do art. 2º e seu parágrafo único.

12.10. Sujeito passivo

O sujeito passivo direto ou imediato é a vítima, diga-se, advogado, atingida pelo abuso cometido. Já o sujeito passivo indireto ou mediato será o Estado.

12.11. Elemento subjetivo

É dolo, seja ele direto ou eventual em praticar de forma consciente e voluntária a conduta descrita no *caput*. Não há expressa previsão legal da modalidade culposa, o que torna inviável a punição por culpa.

---

[63] Disponível em: <http://www.stf.jus.br/portal/peticaoInicial/verPeticaoInicial.asp?base=ADIN&s1=1127&processo=1127>.

[64] No julgamento da ADIN 1.27-8, o Supremo Tribunal Federal, de forma liminar, suspendeu a eficácia da expressão "assim reconhecida pela OAB", no que diz respeito às instalações e comodidades condignas da sala de Estado Maior, em que deve ser recolhido preso o advogado, antes de sentença transitada em julgado.

12.12. Elemento subjetivo específico (ou especial)

Observe que o § 1º do art. 1º trata de cláusula geral, aplicável a todos os delitos da lei de abuso de autoridade, conforme já tratado alhures. Embora o delito em comento tenha sido inserido diretamente no Estatuto da Advocacia, ainda assim, devem os delitos, descritos nos incisos II, III, IV e V do *caput* do art. 7º, ser praticados com a finalidade específica de se abusar da autoridade.

12.13. Consumação

O crime em análise se trata de crime formal (de consumação antecipada ou de resultado cortado), ou seja, se consuma com a simples violação de direito ou prerrogativa de advogado (nos casos dos incisos II, III, IV e V do *caput* do art. 7º), sendo dispensável a produção de qualquer resultado naturalístico em decorrência da violação do direito ou prerrogativa.

12.14. Tentativa

É perfeitamente possível, já que estamos diante de um delito plurissubsistente, onde poderá haver o fracionamento do *iter criminis*.

12.15. Pena cominada

Detenção, de 3 (três) meses a 1 (um) ano, e multa.

12.16. Ação penal

Em regra, se trata de ação penal pública incondicionada. Todavia, em caso de inércia do Ministério Público, surgirá para a vítima a possibilidade de intentar a ação penal privada subsidiária da pública (art. 29, CPP). Há de salientar que a requisição de novas diligências ou a promoção do arquivamento pelo *Parquet* não dão ensejo a alegação de inércia, logo, inviável suscitar a ação penal subsidiária da pública.

12.17. Lei nº 9.099/1995

O delito em análise se trata de crime de menor potencial ofensivo, tendo em vista que a sua pena máxima não ultrapassa dois anos, fazendo o agente jus a todos os benefícios da referida lei.

12.18. Competência para processo e julgamento

Via de regra, será processado e julgado pelo Juizado Especial Criminal Estadual. Excepcionalmente, nos casos do art. 109 da Constituição Federal, haverá competência do Juizado Especial Federal. Não se pode perder de vista se o sujeito ativo for militar, quando a competência será da Justiça Militar Estadual ou da União, conforme o caso, nos termos do art. 9º, CPM. Devem ainda ser levadas em consideração as situações em que o sujeito ativo detiver foro por prerrogativa de função, onde será processado e julgado no respectivo tribunal competente – por exemplo, deputado federal que durante uma CPI impedir a comunicação do advogado com o seu cliente será processado e julgado perante o STF (art. 102, I, alínea b, CF/88).

12.19. Classificação doutrinária

Trata-se de crime próprio (todos os crimes de abuso de autoridade são próprios, ou seja, demandam um sujeito ativo qualificado ou especial); formal ou de consumação antecipada (ou seja, não se exige a produção do resultado naturalístico); de forma livre (pode ser cometido por qualquer meio eleito pelo agente); comissivo (imperioso uma ação) e, excepcionalmente, comissivo por omissão (omissivo impróprio, ou seja, é a aplicação do art. 13, § 2º, do Código Penal); unissubjetivo, unilateral ou de concurso eventual (que pode ser praticado por um só agente); plurissubsistente (vários atos integram a conduta).

12.20. Conflito aparente entre o art. 7º-B e o art. 22 da Lei nº 13.869/2019

Uma das condutas incriminadas pelo artigo 7º-B da Lei nº 8.906/1994 – Estatuto da Advocacia – é violar direito ou prerrogativa de advogado relacionado "a inviolabilidade de seu escritório ou local de trabalho, bem como de seus instrumentos de trabalho, de sua correspondência escrita, eletrônica, telefônica e telemática, desde que relativas ao exercício da advocacia". Nesta situação, caso o agente público, abusando de autoridade, invadir ou adentrar de forma ilegal em escritório de advocacia, estará incorrendo no delito especial, isto é, no delito do art. 7º-B da Lei nº 8.906/1994, ainda que sua pena seja extremamente inferior **(detenção, de 3 (três) meses a 1 (um) ano, e multa)** em relação ao crime do art. 22 da Lei de Abuso de Autoridade **(detenção, de 1 (um) a 4 (quatro) anos, e multa)**.

12.21. Razões iniciais do veto do art. 43

O art. 43, em sua totalidade, havia sido inicialmente vetado pelo Presidente da República sob os seguintes argumentos: "a propositura legislativa gera insegurança jurídica, pois criminaliza condutas reputadas legítimas pelo ordenamento jurídico. Ressalta--se que as prerrogativas de advogados não geram imunidade absoluta, a exemplo do direito à inviolabilidade do escritório de advocacia e da própria Lei nº 8.906, de 1996, com redação dada pela Lei nº 11.767, de 2008, que permite a limitação desse direito quando o próprio advogado seja suspeito da prática de crime, notadamente concebido e consumado no âmbito desse local de trabalho, sob pretexto de exercício da profissão, conforme entendimento do Supremo Tribunal Federal (v.g. INQ. 2424, Rel. Min. Cezar Peluso, p., j. 26/11/2008)."

13. Análise do art. 44

> **Art. 44.** Revogam-se a Lei nº 4.898, de 9 de dezembro de 1965[66], e o § 2º do art. 150 e o art. 350, ambos do Decreto-Lei nº 2.848, de 7 de dezembro de 1940[67] (Código Penal).

13.1. Revogação expressa da Lei nº 4.898/1965

Conforme já dito alhures, a antiga lei de Abuso de Autoridade (Lei nº 4.898/1965) foi revogada expressamente em sua totalidade. Tal revogação traz algumas consequências ao mundo jurídico, como, por exemplo, a *abolitio criminis* de algumas condutas antes consideradas criminosas e a exclusão dos crimes de atentado. Operou-se ainda em determinadas condutas o princípio da continuidade normativa típica e por via de consequência a agravação da pena nos aludidos delitos, assuntos estes que foram amplamente debatidos ao longo dos comentários desta lei.

13.2. Revogação expressa do § 2º do art. 150 do CP

Com o advento da Lei nº 13.689/2019, a causa de aumento de pena prevista no § 2º do art. 150 do Código Penal foi expressamente revogada, embora já fosse de entendimento dominante da doutrina que tal majorante já havia sido revogada tacitamente. O art. 150 do Código Penal trata do delito de violação de domicílio e o seu § 2º tratava de hipótese de causa de aumento de pena (de um terço) quando o delito de violação de domicílio fosse praticado "por funcionário público, fora dos casos legais, ou com inobservância das formalidades estabelecidas em lei, ou com abuso do poder". Assim, nada mais justo que manter a lógica sistemática do ordenamento jurídico e revogar expressamente o aludido § 2º do art. 150, CP.

---

[65] <http://www.planalto.gov.br/ccivil_03/LEIS/L4898.htm>.

[66] <http://www.planalto.gov.br/ccivil_03/Decreto-Lei/Del2848.htm#art350>.

13.3. Revogação expressa do art. 350 do CP[67]

Com o advento da Lei nº 13.689/2019, o crime de exercício arbitrário ou abuso de poder, previsto no art. 350 do Código Penal, foi expressamente revogado, embora já fosse de entendimento dominante da doutrina que tal crime já havia sido revogado tacitamente. Sobre o tema dissertou Cleber Masson (2016): "a maioria da doutrina entende que os crimes de exercício arbitrário ou abuso de poder, tanto nas modalidades fundamentais do *caput* como nas figuras equiparadas do parágrafo único, foram revogadas pela Lei 4.889/1965 – Crimes de Abuso de Autoridade, por se tratar de diploma legislativo posterior relativo à mesma matéria".

13.4. Não revogação do delito de violência arbitrária – Art. 322 do Código Penal

Conforme já tratado alhures, muito se discutia se o delito do art. 3º, alínea i, da antiga lei de abuso de autoridade, havia sido revogado pelo delito de violência arbitrária (CP, art. 322). O STF no julgamento da matéria havia entendido que não tinha havido essa revogação. Com o advento da nova lei de abuso de autoridade, onde diversos dispositivos do Código Penal foram revogados, permanecendo, ainda assim, o art. 322, é de se entender que tal dispositivo se encontra em plena vigência, aplicando-se de forma subsidiária em relação ao delito do art. 13 desta nova lei de abuso de autoridade.

---

[67] **Exercício arbitrário ou abuso de poder:** Art. 350 – Ordenar ou executar medida privativa de liberdade individual, sem as formalidades legais ou com abuso de poder: Pena – detenção, de um mês a um ano. Parágrafo único – Na mesma pena incorre o funcionário que: I – ilegalmente recebe e recolhe alguém a prisão, ou a estabelecimento destinado a execução de pena privativa de liberdade ou de medida de segurança; II – prolonga a execução de pena ou de medida de segurança, deixando de expedir em tempo oportuno ou de executar imediatamente a ordem de liberdade; III – submete pessoa que está sob sua guarda ou custódia a vexame ou a constrangimento não autorizado em lei; IV – efetua, com abuso de poder, qualquer diligência.

14. Análise do art. 45

> **Art. 45.** Esta Lei entra em vigor após decorridos 120 (cento e vinte) dias de sua publicação oficial.

14.1. *Vacatio legis* de 120 dias

Vacatio legis nada mais é que o período de tempo compreendido entre a publicação da lei e a sua entrada em vigor. Diante da *vacatio legis* de 120 dias, a lei de abuso de autoridade só entrou em vigor no dia 03 de janeiro de 2020. Durante a *vacatio legis* não existe lei, apenas expectativa de lei, por esse motivo as pessoas que eventualmente praticaram alguma conduta tipificada de forma inédita neste período não incorreram em qualquer delito.

14.2. Observações importantes quanto às discussões ao redor da *vacatio legis* da nova Lei de Abuso de Autoridade (Lei Federal nº 11.869/2019)

Apesar de grande parcela da doutrina tangenciar ou ignorar pontos importantes sobre o assunto, entendemos de insofismável importância a discussão sobre a *vacatio legis* da nova Lei de Abuso de Autoridade (Lei Federal nº 11.869/2019) publicada no dia 05 de setembro de 2019, principalmente quando deparamos com a retificação no dia 18 do mês de setembro de 2019 de parte da nova Lei de Abuso de Autoridade (Lei Federal nº 11.869/2019) e republicação no Diário Oficial da União, diante de retificação para incluir pena para os incisos I e II, do art. 13, da indigitada lei.

Por um lado, o art. 8º, § 1º, da Lei Complementar Federal nº 95/1998 (art. 59, parágrafo único, da CF88), traz uma forma de contagem de prazo. Os advogados Lenio Luiz Streck e Juliano Breda chegam a sugestionar a declaração de inconstitucionalidade do art. 44, da nova Lei de Abuso de Autoridade (Lei Federal nº 11.869/2019), com

340 A nova lei de abuso de autoridade

base no abuso do poder de veto e da incidência do princípio da vedação da proteção insuficiente, com objetivo de evitar a revogação da Lei nº 4.898/1965 e § 2º, do art. 150 e art. 350, do Código Penal Brasileiro, antes da vigência integral da mencionada lei, de modo a evitar a *abolitio criminis* de alguns delitos e conferir a continuidade típico-normativa (princípio da continuidade típico-normativa) pela sucessão de leis penais no tempo (STRECK; BREDA, 2019).

Arvorando-se do ponto de vista supra sobre a *vacatio legis*, encontramos opinião[68] a defender que, diante da fixação do prazo de 120 dias no art. 45, da nova Lei de Abuso de Autoridade (Lei Federal nº 11.869/2019), a contagem deveria ter por dia inicial o dia da primeira publicação, qual seja, dia 05 de setembro de 2019.

De outra banda, surgirá uma outra corrente com defesa do ponto de vista de que a Lei de Introdução às Normas de Direito Brasileiro (LINDB), no art. 13, § 3º, prescreve que se "[...] antes de entrar a lei em vigor, ocorre nova publicação de seu texto, destinada a correção, o prazo deste artigo e dos parágrafos anteriores começará a correr da nova publicação". Neste ponto, levando em conta o art. 13, § 3º, da Lei de Introdução às Normas de Direito Brasileiro (LINDB), excepcionalmente o art. 13, incisos I e II, ambos da Nova Lei de Abuso de Autoridade (Lei Federal nº 11.869/2019), entrariam em vigor no dia 16 de janeiro de 2020 e o art. 13, inciso III, da nova Lei de Abuso de Autoridade (Lei Federal nº 11.869/2019), passaria, excepcionalmente, a vigorar em 25 de janeiro de 2020.

---

[68] Conferir o artigo intitulado por "A nova Lei de Abuso de Autoridade e a inconstitucionalidade que não é para tanto" da autoria do delegado de polícia Ruchester Marreiros Barbosa.

Referências bibliográficas

AGÊNCIA NACIONAL DE AVIAÇÃO CIVIL. **Drones.** Disponível em: https://www. anac.gov.br/assuntos/paginas-tematicas/drones>. Acesso em: 12 mar. 2020.

AVENA, Noberto Cláudio Pâncaro. **Processo Penal**: esquematizado. 3.ed. Rio de Janeiro: Forense; São Paulo: Método, 2011.

AVOLIO, Luiz Francisco Torquato. **Provas Ilícitas**: interceptações telefônicas, ambientais e gravações clandestinas. 3.ed. São Paulo: Revista dos Tribunais, 2003.

AZEVEDO, André Boiani e. **Nova Lei de Abuso de Autoridade Comentada artigo por artigo.** *In*: MOREIRA FILHO, Guaracy (coord.). São Paulo: Rideel, 2019.

BARBOSA, Ruchester Marreiros. A nova Lei de Abuso de Autoridade e a inconstitucionalidade que não é para tanto. **CONJUR**, 01 out. 2019. Disponível em: <https://www.conjur.com.br/2019-out-01/academia-policia-abuso-autoridade--inconstitucionalidade-nao-tanto>. Acesso em: 12 mar. 2020.

BARBOSA, Ruchester Marreiros. Investigação criminal também deve cumprir prazo de duração razoável. **Revista Consultor Jurídico**, 03 nov. 2015. Disponível em: <https://www.conjur.com.br/2015-nov-03/academia-policia-investigacao--criminal-tambem-cumprir-prazo-duracao-razoavel>. Acesso em: 13 mar. 2020.

BARBOSA, Rui. **Obras completas de Rui Barbosa**. vol. XXIII, t. III.

BARROS, Flávio Augusto Monteiro de. **Direito Penal**. Volume 2. 2.ed. São Paulo: Saraiva, 2009.

BATISTA, Nilo. **Introdução Crítica ao Direito Penal Brasileiro**. 10.ed. Rio de Janeiro: Revan, 2005.

BIFFE JUNIOR, João; LEITÃO JUNIOR, Joaquim. **Concursos públicos**: terminologias e teorias inusitadas. Rio de Janeiro: Forense; São Paulo: Método, 2017.

BITENCOURT, Cezar Roberto. **Tratado de Direito Penal**: parte especial. Vol. 2. 3.ed. São Paulo: Saraiva, 2003.

342 A nova lei de abuso de autoridade

BRENE, Cleyson; LÉPORE, Paulo. **Manual do Delegado de Polícia:** teoria e prática. 6.ed. Salvador: Juspodivm, 2018.

CAPEZ, Fernando. **Curso de Direito Penal**. Vol. 2: parte especial. 8.ed. São Paulo: Saraiva, 2008.

CARVALHO FILHO, José dos Santos. **Manual de Direito Administrativo**. 32.ed. São Paulo: Atlas, 2018.

CASTRO, Henrique Hoffmann Monteiro de. Interpretação sobre foro privilegiado atrapalha investigações criminais. **CONJUR**, 17 maio 2016. Disponível em: <http://www.conjur.com.br/2016-mai-17/academia-policia-interpretacao-foro-
-privilegiado-atrapalha-investigacao-policial>. Acesso em: 12 mar. 2020.

CINTRA, Antonio Carlos de Araújo; GRINOVER, Ada Pellegrini; DINAMARCO, Cândido Rangel. **Teoria Geral do Processo**. 20. ed. São Paulo: Malheiros, 2004.

COSTA, Aldo de Campos. A justa causa para o exercício da Ação Penal. **CONJUR**, 29 nov. 2013. Disponível em: <https://www.conjur.com.br/2013-nov-29/toda-prova-
-justa-causa-exercicio-acao-penal>. . Acesso em: 12 mar. 2020.

COSTA NETO, João. **Dignidade Humana.** São Paulo: Saraiva, 2014.

CUNHA, Rogério Sanches; GRECO, Rogério. **Abuso de Autoridade**: Lei 13.869/2019: comentada artigo por artigo. Salvador: Juspodivm, 2020.

DANTAS, Tiago Baltazar Ferreira. O indiciamento de juiz e de promotor realizado pelo delegado de polícia. **Jus**, nov. 2015. Disponível em: <https://jus.com.br/artigos/44741/o-indiciamento-de-juizede-promotor-realizado-pelo-delegado-
-de-policia>. Acesso em: 12 mar. 2020.

DECARLI, Rodolfo Luiz. A prisão em flagrante delito e os detentores de foro por prerrogativa de função. **Revista Jus Navigandi**, ISSN 1518-4862, Teresina, ano 22, n. 5150, 07 ago. 2017. Disponível em: <https://jus.com.br/artigos/59198>. Acesso em: 27 out. 2019.

DEL-CAMPO, Eduardo Roberto Alcântara. **Medicina Legal**. São Paulo: Saraiva, 2005.

DIAS, Maria Berenice. **Berenice Dias: não há obstáculo legal para casamento gay.** Entrevista publicada em 24 de maio de 2011. Disponível em: <http://mariaberenice. com.br/entrevistas.php?codigo=1051&termobusca=>. Acesso em: 19 mar. 2020.

ESTEFAM, André. **Direito Penal**. Vol. 2. São Paulo: Saraiva, 2010.

FERRAJOLI, Luigi. **Direito e razão**: teoria do garantismo penal. São Paulo: Editora Revista dos Tribunais, 2002.

Referências bibliográficas **343**

FOUREAUX, Rodrigo. A Nova Lei de Abuso de Autoridade não criminaliza a violação às prerrogativas do advogado. **Meusitejurídico.com**, 30 set. 2019. Disponível em: <https://meusitejuridico.editorajuspodivm.com.br/2019/09/30/nova-lei--de-abuso-de-autoridade-nao-criminaliza-violacao-prerrogativas-advogado/>. Acesso em: 13 mar. 2020.

FOUREAUX, Rodrigo. A prática de crime de abuso de autoridade por particular. Meusitejurídico.com. **Meusitejurídico.com**, 04 out. 2019. Disponível em: <https://meusitejuridico.editorajuspodivm.com.br/2019/10/04/pratica-de-crime-de--abuso-de-autoridade-por-particular/>. Acesso em: 13 mar. 2020.

GOMES, Hélio. **Medicina Legal**. 31.ed. Rio de Janeiro: Freitas Bastos, 1994.

GOMES, Luiz Flávio; MACIEL, Silvio. Interceptação Telefônica: Lei 9.296/1996. *In*: GOMES, Luiz Flávio; CUNHA, Rogério Sanches. (coords.). **Legislação criminal especial.** (Coleção ciências criminais; 6) 2.ed. São Paulo: Revista dos Tribunais, 2010.

GRECO, Rogério. **Código Penal comentado**. 5.ed. Niterói: Impetus, 2011.

GRECO, Rogério. **Curso de Direito Penal:** Parte Especial. Vol.II. 15.ed. Niterói: Impetus, 2018.

GRECO, Rogério. **Curso de Direito Penal**: volume IV. 4.ed. Niterói: Impetus, 2008.

HABIB. Gabriel. **Leis Penais Especiais**. Tomo I. Salvador: Juspodivm, 2009.

JESUS, Damásio de. **Direito penal**. Vol. 2. Parte especial; Crimes contra a pessoa a crimes contra o patrimônio. 33.ed. São Paulo: Saraiva, 2013.

JESUS, Damásio de. **Direito penal**. Vol. 4. Parte especial; Crimes contra a fé pública e crimes contra a administração pública. 17.ed. São Paulo: Saraiva, 2012.

JOPPERT. Alexandre Couto. **Fundamentos de Direito Penal:** aplicação da lei penal, teoria geral do delito e concurso de agentes. 2.ed. Rio de Janeiro: Lumen Juris, 2008.

LEITÃO JUNIOR, Joaquim. A (des)necessidade ou não de autorização judicial para instauração de investigação criminal e indiciamento de investigado com prerrogativa de função. **Jusbrasil**, 2017. Disponível em: <https://genjuridico.jusbrasil.com.br/artigos/415867276/a-des-necessidade-ou-nao-de-autorizacao-judicial-para--instauracao-de-investigacao-criminal-e-indiciamento-de-investigado-com--prerrogativa-de-funcao>. Acesso em: 13 mar. 2020.

LEITÃO JÚNIOR, Joaquim. A condução coercitiva judicial na investigação foi extinta após o STF decidir pela sua (não) recepção pela CF/88 para fins de interrogatórios? **Revista Jus Navigandi**, ISSN 1518-4862, Teresina, ano 23, n. 5548, 9 set. 2018. Disponível em: <https://jus.com.br/artigos/68856>. Acesso em: 13 mar. 2020.

LEITÃO JÚNIOR, Joaquim; BIFFE JUNIOR, João. O acesso pela polícia a conversas gravadas no whatsapp e as gerações probatórias decorrentes das limitações à atuação estatal. **Revista Jus Navigandi**, Teresina, ano 21, n. 4799, 21 ago. 2016. Disponível em: <https://jus.com.br/artigos/51391>. Acesso em: 13 mar. 2020.

LEITÃO JÚNIOR, Joaquim; SOUSA, António Francisco de Souza; HOFFMANN, Henrique. (orgs.) **Tratado Contemporâneo de Polícia Judiciária**. Cuiabá: Umanos, 2019.

LESSA, Marcelo de Lima. Afinal, é permitida a exibição de imagem de preso ou detento após a nova Lei de Abuso de Autoridade? **Revista Jus Navigandi**, ISSN 1518-4862, Teresina, ano 25, n. 6058, 01 fev. 2020. Disponível em: <https://jus.com.br/artigos/78894>. Acesso em: 13 mar. 2020.

LESSA, Marcelo de Lima. Padrões sugeridos de conduta policial diante da nova Lei de Abuso de Autoridade. **Revista Jus Navigandi**, ISSN 1518-4862, Teresina, ano 25, n. 6077, 20 fev. 2020. Disponível em: <https://jus.com.br/artigos/77119>. Acesso em: 13 mar. 2020.

LESSA, Marcelo de Lima; MORAES, Rafael Francisco Marcondes de; GIUDICE, Benedito Ignácio. **Nova Lei de Abuso de Autoridade (Lei 13.869/2019)**: diretrizes de atuação de Polícia Judiciária. São Paulo: ACADEPOL, 2020.

LIMA, Renato Brasileiro de. **Manual de Processo Penal**. 2.ed. Niterói: Impetus, 2012.

LIMA, Renato Brasileiro de. **Nova Lei de Abuso de Autoridade**. Salvador: Juspodivm, 2020.

LIRA, Daniel Ferreira de. Crimes de abuso de autoridade: uma análise atual da Lei nº 4.898/65 à luz da jurisprudência dos tribunais superiores. **Âmbito Jurídico**, 01 jul. 2012. Disponível em: <https://ambitojuridico.com.br/cadernos/direito-penal/crimes-de-abuso-de-autoridade-uma-analise-atual-da-lei-n-4-898-65-a-luz-da--jurisprudencia-dos-tribunais-superiores/>. Acesso em: 13 mar. 2020.

LOPES JR, Aury. Prazo razoável e (de)mora jurisdicional no prazo penal. *In*: SCHMITT, Ricardo Augusto (org.). **Princípios Penais Constitucionais**: direito e processo penal à luz da Constituição Federal. Salvador: Juspodivm, 2007.

LOPES JR, Aury. **Sistemas de Investigação Preliminar no Processo Penal**. 3.ed. Rio de Janeiro: Lumen Juris, 2005.

MACIEL, Silvio. Abuso de Autoridade: Lei 4.898/1965. *In*: GOMES, Luiz Flávio; CUNHA, Rogério Sanches. (coords.). **Legislação criminal especial**. (Coleção ciências criminais; 6) 2.ed. São Paulo: Revista dos Tribunais, 2010.

MARQUES, José Frederico. **Tratado de Direito Penal**. Vol. IV. Campinas: Millennium, 1999.

MARTINS, Jonatas de Pessoa Albuquerque. Lei nº 13271/2016: aplicabilidade e limites para as revistas íntimas. **Âmbito Jurídico**, 01 out. 2016. Disponível em: <https://ambitojuridico.com.br/edicoes/revista-153/lei-n-13271-2016-aplicabilidade-e--limites-para-as-revistas-intimas/>. Acesso em: 13 mar. 2020.

MASSON, Cleber. **Código Penal Comentado**. 4.ed. Rio de Janeiro: Forense; São Paulo: Método, 2016.

MASSON, Cleber. **Direito Penal Esquematizado**: parte geral. 11.ed. São Paulo: Método, 2017.

MAXIMILIANO, Carlos. **Hermenêutica e aplicação do Direito**. 16.ed. Rio de Janeiro: Forense, 2006.

MAZZUOLI, Valerio de Oliveira. **Curso de direito internacional público**. 9.ed. rev., atual. e ampl. São Paulo: Revista dos Tribunais, 2015.

MINISTÉRIO DA JUSTIÇA; SECRETARIA NACIONAL DE SEGURANÇA PÚBLICA. **Atuação policial na proteção dos direitos humanos de pessoas em situação de vulnerabilidade**: cartilha. 2.ed. Brasília: Ministério da Justiça, Secretaria Nacional de Segurança Pública, 2013.

MINISTÉRIO PÚBLICO DO RIO GRANDE DO SUL. **MPRS publica orientações acerca da aplicação da lei de abuso de autoridade**. 04 mar. 2020. Disponível em: <https://www.mprs.mp.br/noticias/50752>. Acesso em: 27 mar. 2020.

MIRABETE, Julio Fabbrini. **Código de Processo Penal Interpretado**, 11.ed. São Paulo: Atlas, 2003.

MIRABETE, Julio Fabbrini. **Código Penal Interpretado**. 6.ed. São Paulo: Atlas, 2007.

MIRABETE, Julio Fabbrini. **Manual de Direito Penal**. Vol. III. 25.ed. São Paulo: Atlas, 2011.

MIRABETE, Julio Fabbrini. **Processo Penal**. 15.ed. São Paulo: Atlas, 2004.

NASCIMENTO, Amauri Mascaro. **Curso de direito do trabalho**. 26.ed. São Paulo: Saraiva, 2011.

NORONHA, E. Magalhães. **Curso de Direito Processual Penal**. 28.ed. São Paulo: Saraiva, 2002.

NORONHA, E. Magalhães. **Direito Penal**. Vol. II. 24.ed. São Paulo: Saraiva, 1990.

NUCCI, Guilherme de Souza. A nova lei de abuso de autoridade. **Migalhas**, 03 out. 2019. Disponível em: <https://www.migalhas.com.br/dePeso/16,MI312282,31047--A+nova+lei+de+abuso+de+autoridade>. Acesso em: 13 mar. 2020.

NUCCI, Guilherme de Souza. **Código de processo penal comentado**. 8.ed. São Paulo: Revista dos Tribunais, 2009.

NUCCI, Guilherme de Souza. **Código penal comentado**: estudo integrado com processo e execução penal: apresentação esquemática da matéria: jurisprudência atualizada. 14.ed. Rio de Janeiro: Forense, 2014.

NUCCI, Guilherme de Souza. **Leis penais e processuais penais comentadas**. 2.ed. São Paulo: Editora Revista dos Tribunais, 2007.

NUCCI, Guilherme de Souza. **Manual de Processo Penal e Execução Penal**. 5.ed. São Paulo: Revista dos Tribunais, 2008.

OLIVEIRA, Marcel Gomes de. Interpretação da Lei Penal e Analogia: Uma Análise Aprofundada da Doutrina e Jurisprudência. **Revista Âmbito Jurídico**, n. 180, ano 22, jan. 2019. ISSN – 1518-0360. Disponível em: <https://ambitojuridico.com.br/edicoes/180/interpretacao-da-lei-penal-e-analogia-uma-analise-aprofundada--da-doutrina-e-jurisprudencia/>. Acesso em: 13 mar. 2020.

OLIVEIRA, Rafael Carvalho Rezende. **Curso de Direito Administrativo**. 5.ed. Rio de Janeiro: Forense, 2017.

ONU. **Conjunto de Princípios para a Proteção de Todas as Pessoas Sujeitas a Qualquer forma de Detenção ou Prisão.** Doc. Das Nações Unidas n. [8] 43/173, 09 dez. 1988. Biblioteca Virtual de Direitos Humanos, USP. Disponível em: <http://www.direitoshumanos.usp.br/index.php/Direitos-Humanos-na-Administra%C3%A7%C3%A3o--da-Justi%C3%A7a.-Prote%C3%A7%C3%A3o-dos-Prisioneiros-e-Detidos.-Prote%C3%A7%C3%A3o-contra-a-Tortura-Maus-tratos-e-Desaparecimento/conjunto-de-principios-para-a-protecao-de-todas-as-pessoas-sujeitas-a-qualquer--forma-de-detencao-ou-prisao.html>. Acesso em: 27 mar. 2020.

PINHEIRO, Igor; CAVALCANTE, André Clark Nunes; CASTELO BRANCO, Emerson. **Nova Lei do Abuso de Autoridade**: comentada artigo por artigo. São Paulo: JHMizuno, 2020.

PORTOCARRERO, Cláudia Barros. **Legislação penal especial para concursos**. Niterói: Impetus, 2010.

SANNINI NETO, Francisco. "Indiciamento complexo" fere isonomia e imparcialidade do juiz. **Consultor Jurídico**, 08 de jul. 2016. Disponível em: <http://www.conjur.

com.br/2016-jul-08/sannini-neto-indiciamento-complexo-fere-imparcialidade--juiz>. Acesso em: 13 mar. 2020.

SANNINI NETO, Francisco. Crime de violação virtual de domicílio pode ser enquadrado pelo artigo 150 do CP. **Consultor Jurídico**, 26 maio 2018. Disponível em: <https://www.conjur.com.br/2018-mai-26/sannini-neto-cp-enquadrar-violacao--virtual-domicilio>. Acesso em: 13 mar. 2020.

SILVA, Ivan Luís Marques da; MARQUES, Gabriela Alves Campos. **A Nova Lei de abuso de autoridade**: Lei 13.869/2019 – comentada artigo por artigo. São Paulo: Thomson Reuters Brasil, 2019.

SMANIO, Gianpaolo Poggio; FABRETTI, Humberto Barrionuevo. **Introdução ao Direito Penal**: criminologia, princípios e cidadania. São Paulo: Atlas, 2010.

SOUZA, Renee do Ó. **Comentários à Nova Lei de Abuso de Autoridade.** Salvador: Juspodivm, 2020.

STRECK, Lenio Luiz; e BREDA, Juliano. Veto do presidente à nova Lei de Abuso de Autoridade é inconstitucional. **Consultor Jurídico**, 07 set. 2019. Disponível em: <https://www.conjur.com.br/2019-set-07/veto-lei-abuso-autoridade-inconstitucional>. Acesso em: 13 mar. 2020.

SUPERIOR TRIBUNAL DE JUSTIÇA. **Investigação do MP sobre pessoa com foro privilegiado não depende de autorização judicial.** STJ, 11 nov. 2016. Disponível em: <http://www.stj.jus.br/sites/STJ/default/pt_BR/Comunica%C3%A7%C3%A3o/noticias/Not%C3%ADcias/Investiga%C3%A7%C3%A3o-do-MP-sobre-pessoa--com-foro-privilegiado-n%C3%A3o-depende-de-autoriza%C3%A7%C3%A3o--judicial>. Acesso em: 13 mar. 2020.

SUPREMO TRIBUNAL FEDERAL. 2ª Turma. **HC 115015/SP**, Rel. Min. Teori Zavascki, julgado em 27 ago. 2013.

SUPREMO TRIBUNAL FEDERAL. **AG. REG. NOS EMB. DIV. NOS EMB. DECL. NO AG. REG. NO ARE N. 845.201-RS.** Relator: Min. Celso de Mello.

SUPREMO TRIBUNAL FEDERAL. **Boletim de Jurisprudência Internacional**: revista íntima. Vol. 7. STF, 2019. Disponível em: <http://www.stf.jus.br/arquivo/cms/jurisprudenciaInternacional/anexo/BJI7REVISTANTIMArevisado.pdf>. Acesso em: 12 mar. 2020.

SUPREMO TRIBUNAL FEDERAL. **Coletânea temática de jurisprudência [recurso eletrônico]**: direito penal e processual penal. 3.ed. Brasília: STF, Secretaria de Documentação, 2017.

348 A nova lei de abuso de autoridade

SUPREMO TRIBUNAL FEDERAL. **CPIs:** o Supremo Tribunal Federal e as Comissões Parlamentares de Inquérito. STF, s.d. Disponível em: <http://www.stf.jus.br/arquivo/cms/publicacaoPublicacaoTematica/anexo/CPI.pdf>. Acesso em: 12 mar. 2020.

SUPREMO TRIBUNAL FEDERAL. **Inq. Nº 2.411 QO/MT,** Rel. Min. Gilmar Mendes, 24 abr. 2008.

SUPREMO TRIBUNAL FEDERAL. **MANDADO DE SEGURANÇA nº 30793 DF.** Data de publicação: 24 set. 2014.

SUPREMO TRIBUNAL FEDERAL. **Pet 3825 QO/MT,** Rel. Orig. Min. Sepúlveda Pertence, rel. p/ o acórdão Min. Gilmar Mendes, 10 out. 2007.

SUPREMO TRIBUNAL FEDERAL. **SEGUNDO AG. REG. NO RECURSO EXTRAORDINÁRIO nº 425974 GO.** Data de publicação: 14 ago. 2013.

TÁVORA, Nestor; ANTONNI, Rosmar Rodrigues Alencar. **Curso de Direito Processual Penal.** 3.ed. Salvador: Juspodivm, 2009.

TORNAGHI, Hélio. **Curso de Processo Penal.** São Paulo: Saraiva, 1983.

TRIBUNAL REGIONAL ELEITORAL RONDÔNIA. Questão de Ordem em Inquérito Criminal nº 24085 (QO-INQ 24085 RO (TRE-RO)) – Data de publicação: 21 mar. 2012.

Acompanhe a BRASPORT nas redes sociais e receba regularmente informações sobre atualizações, promoções e lançamentos.

 @Brasport

 /brasporteditora

 /editorabrasport

 /editoraBrasport

Sua sugestão será bem-vinda!

Envie uma mensagem para **marketing@brasport.com.br** informando se deseja receber nossas newsletters através do seu e-mail.